***ACCESO GRATIS** a la Lectura en la Nube*

Para visualizar el libro electrónico en la nube de lectura envíe junto a su nombre y apellidos una fotografía del código de barras situado en la contraportada del libro y otra del ticket de compra a la dirección:

ebooktirant@tirant.com

En un máximo de 72 horas laborales le enviaremos el código de acceso con sus instrucciones.

INTRODUCCIÓN AL DERECHO PROCESAL

Procedimiento de selección de originales, ver página web:
www.tirant.net/index.php/editorial/procedimiento-de-seleccion-de-originales

INTRODUCCIÓN AL DERECHO PROCESAL

2ª edición

Director

José María Asencio Mellado
Catedrático de Derecho Procesal
Universidad de Alicante

Coordinadora

Olga Fuentes Soriano
Catedrática de Derecho Procesal
Universidad Miguel Hernández

*Autores**

José María Asencio Mellado
Catedrático de Derecho Procesal
Universidad de Alicante

Sonia Calaza López
Catedrática de Derecho Procesal
Universidad Nacional de Educación a Distancia

Carmen Cuadrado Salinas
Profra. Permanente laboral de Derecho Procesal (Acreditada a Profra. Titular) Universidad de Alicante

Yolanda Doig Díaz
Profra. Titular de Derecho Procesal
Universidad de Castilla-La Mancha

Mercedes Fernández López
Profra. Titular de Derecho Procesal
Universidad de Alicante

Olga Fuentes Soriano
Catedrática de Derecho Procesal
Universidad Miguel Hernández

Verónica López Yagües
Profra. Titular de Derecho Procesal
Universidad de Alicante

Virtudes Ochoa Monzó
Profra. Titular de Derecho Procesal
Universidad de Alicante

Belén Rizo Gómez
Profra. Titular de Derecho Procesal
Universidad de Alicante

Soledad Ruiz de la Cuesta Fernández
Profra. Permanente laboral de Derecho Procesal
Universidad de Alicante

* De los esquemas de los temas 6 y 13 es autora Paloma Arrabal Platero, Profra. Permanente laboral de Derecho Procesal (Acreditada a Profra. Titular). Universidad Miguel Hernández. De los esquemas de los temas 7, 10, 11 y 12 es autora Tamara Funes Beltrán, Profra. Ayudante Doctora de Derecho Procesal. Universidad de Alicante.

tirant lo blanch
Valencia, 2024

En caso de erratas y actualizaciones, la Editorial Tirant lo Blanch publicará la pertinente corrección en la página web www.tirant.com.

EDITA: TIRANT LO BLANCH
C/ Artes Gráficas, 14 - 46010 - Valencia
TELFS.: 96/361 00 48 - 50
FAX: 96/369 41 51
Email: tlb@tirant.com
www.tirant.com
Librería virtual: www.tirant.es
DEPÓSITO LEGAL: V-2510-2024
ISBN: 978-84-1071-523-3

Si tiene alguna queja o sugerencia, envíenos un mail a: *atencioncliente@tirant.com*. En caso de no ser atendida su sugerencia, por favor, lea en *www.tirant.net/index.php/empresa/politicas-de-empresa* nuestro Procedimiento de quejas.

Responsabilidad Social Corporativa: http://www.tirant.net/Docs/RSCTirant.pdf

Índice

Tema 1

CONCEPTO Y FUENTES DEL DERECHO PROCESAL

YOLANDA DOIG DÍAZ

Tema 2

LA JURISDICCIÓN COMO PODER

SOLEDAD RUIZ DE LA CUESTA FERNÁNDEZ

Tema 3

EL GOBIERNO DEL PODER JUDICIAL

YOLANDA DOIG DÍAZ

Tema 4

ÓRGANOS DEL PODER JUDICIAL. CONSTITUCIÓN Y FUNCIONAMIENTO

MERCEDES FERNÁNDEZ LÓPEZ

Tema 5
JURISDICCIÓN Y COMPETENCIA

Sonia Calaza López

Tema 6

EL DERECHO AL JUEZ LEGAL O PREDETERMINADO POR LA LEY

Olga Fuentes Soriano

Tema 7

PERSONAL JUZGADOR

José Mª Asencio Mellado

Tema 8

PERSONAL NO JUZGADOR

Mercedes Fernández López

Tema 9

PERSONAL COLABORADOR CON LA ADMINISTRACIÓN DE JUSTICIA

SONIA CALAZA LÓPEZ

Tema 10

ÓRGANOS JURISDICCIONALES NO INTEGRANTES DEL PODER JUDICIAL

JOSÉ Mª ASENCIO MELLADO

Tema 11

PERSONA Y ESTADO

José Mª Asencio Mellado

Tema 12

PROCESO Y PROCEDIMIENTO. PRINCIPIOS

José Mª Asencio Mellado

Tema 13

LAS PARTES

OLGA FUENTES SORIANO

Tema 14
LOS ACTOS PROCESALES
VIRTUDES OCHOA MONZÓ

Tema 15

LOS ACTOS DE ALEGACIÓN EN EL PROCESO CIVIL Y PENAL

Soledad Ruiz de la Cuesta Fernández

Tema 16

ACTOS DE PRUEBA

Verónica López Yagües

Tema 17

LA SENTENCIA

VERÓNICA LÓPEZ YAGÜES

Tema 18

LOS RECURSOS

BELÉN RIZO GÓMEZ

Tema 19

MEDIDAS CAUTELARES Y EJECUCIÓN

Carmen Cuadrado Salinas

Tema 1

CONCEPTO Y FUENTES DEL DERECHO PROCESAL

YOLANDA DOIG DÍAZ

SUMARIO: 1. DEFINICIÓN DE DERECHO PROCESAL. 2. RASGOS CARACTERÍSTICOS DEL DERECHO PROCESAL. 3. EFICACIA DE LAS NORMAS PROCESALES. 3.1. Eficacia temporal. 3.2. Eficacia espacial. 4. FUENTES DEL DERECHO PROCESAL. 4.1. La Constitución. 4.2. Tratados Internacionales. 4.3. La Ley. 4.4. Otras fuentes del Derecho. 4.5. La Jurisprudencia.

1. DEFINICIÓN DE DERECHO PROCESAL

Para el estudio del Derecho Procesal, como el de otras disciplinas jurídicas, resulta muy oportuno conocer cuál es su ámbito de actuación, cuál es su finalidad, qué rol cumple en el ordenamiento, en suma, cuál es la razón por la cual un estudiante de Derecho ha de conocer todas aquellas instituciones, principios y procedimientos que integran esta rama del Derecho.

Tratándose de la primera lección y la que abordará el concepto y las fuentes del derecho procesal, es oportuno adelantar una idea esencial sobre la que pivota esta disciplina: su finalidad última es resolver un conflicto, que puede presentarse entre dos personas que han puesto en marcha un negocio, entre el ciudadano y la Administración, entre el trabajador o el empresario o puede deberse a la agresión que ha sufrido una persona, y en todos estos casos, el ordenamiento ha previsto que sean los jueces y magistrados los llamados a resolver esa controversia, ha establecido un cauce —el proceso— y sentado unos principios.

De modo que, cuando surgen problemas o discrepancias entre los sujetos o se incumplen las reglas, los ciudadanos acuden a los tribunales, solicitan su tutela y discuten sus pretensiones mediante el proceso. Precisamente, jurisdicción, acción y proceso constituyen conceptos esenciales del derecho procesal.

La jurisdicción está prevista en el art. 117 CE, como el ejercicio de la potestad jurisdiccional en todo tipo de procesos, juzgando y haciendo ejecutar lo juzgado, y, como precisa el art. 117.3 CE, dicha potestad se ejerce exclusivamente por jueces y magistrados. Por su parte, la acción puede definirse como el derecho fundamental del ciudadano a dirigirse al órgano jurisdiccional para solicitar la tutela de sus intereses y derechos y obtener una decisión sobre la petición realizada. Lejos queda pues la autotutela o autodefensa como forma de solventar los conflictos.

Y, por último, el proceso se presenta como el instrumento exclusivo a través del cual se ejerce esa potestad jurisdiccional, y se concibe como una secuencia de actos, todos jurídicamente regulados, que se suceden en el tiempo con la finalidad de aplicar el derecho a un caso concreto.

Estas tres nociones integran el Derecho Procesal, que puede definirse como aquella rama del Derecho público encargada de regular el ejercicio de la potestad jurisdiccional de manera integral, tanto desde los principios y garantías con que dicha potestad debe ejercitarse hasta los presupuestos y requisitos que las partes deben cumplir para dar respuesta a las pretensiones y las resistencias que interpongan en el proceso.

2. RASGOS CARACTERÍSTICOS DEL DERECHO PROCESAL

Sentada una preliminar definición de Derecho Procesal, pueden identificarse rasgos característicos que permiten delinear su papel en el ordenamiento jurídico.

a. El Derecho Procesal es Derecho público, y en su finalidad última prima el interés o utilidad común a todos, en oposición al derecho privado, en el que subyacen intereses particulares y personales. Así entendido, el Derecho Procesal es público porque es aplicado por jueces y magistrados integrados en el Poder Judicial, cuya primordial función es aplicar el Derecho a la tutela solicitada.

b. El Derecho Procesal es autónomo. Su ámbito de aplicación tiene una realidad distinta de la del derecho material, con principios y reglas propios. En relación con la aplicación de la ley en el tiempo y en el espacio tiene connotaciones singulares. Por ello, las normas de naturaleza procesal disciplinan la estructura y funcionamiento de los órganos jurisdiccionales, de los sujetos que intervienen y de la sucesión de actos hasta culminar en la sentencia, mientras el derecho material tiene por objetivo servir de fundamento a esa decisión.

c. El Derecho Procesal es instrumental. El proceso constituye un instrumento al servicio del derecho material, que dirigido por jueces y magistrados tiene por objetivo aplicar el Derecho al caso concreto. Constituye un medio para un específico fin: resolver el conflicto concreto, de modo que, puede afirmarse que el proceso solo se pone en marcha cuando se requiere tutelar o proteger un derecho lesionado.

d. Las normas de Derecho Procesal son imperativas. Ello significa que la autonomía de la voluntad no integra las normas de Derecho Procesal, que no pueden ser sustituidas por la voluntad de las partes, ni derogadas y tampoco ser objeto de negociaciones o pactos entre las partes o los jueces, pues no existe un proceso convencional. Las normas procesales son vinculantes, irrenunciables y su carácter imperativo se enmarca en el principio de legalidad, en virtud del cual, los jueces y magistrados están sometidos únicamente al imperio de la ley (art. 117 CE) y los ciudadanos y poderes públicos están sujetos a la Constitución y al ordenamiento jurídico (art. 9 CE), donde se integran las normas de Derecho Procesal. Ahora bien, dichas normas imperativas y de obligatorio cumplimiento, admiten excepcionalmente cierto margen de disposición a las partes, como sucede con algunas de las normas que determinan la competencia territorial de los tribunales civiles (art. 52 y 54 LEC), tal y como se estudiará en el Tema 1 de Derecho Procesal Civil.

3. EFICACIA DE LAS NORMAS PROCESALES

La eficacia de las normas procesales está sujeta a dos límites, uno temporal y otro espacial. De modo que rigen en un momento determinado y en un ámbito territorial concreto. En cada caso, se articulan reglas para su vigencia que se abordarán a continuación.

3.1. Eficacia temporal

Como ocurre en toda disciplina jurídica, y el Derecho Procesal no podía ser una excepción, no es infrecuente que los textos legales sufran ajustes, incorporen preceptos o se reformen íntegra o parcialmente. Y, cuando ello ocurre, es preciso conocer el momento en el que extenderá sus efectos la nueva norma procesal.

Habrá que distinguir para ello entre las normas de Derecho Procesal Penal y Administrativo sancionador, y el resto de leyes procesales.

En el primer caso —Derecho Procesal Penal y Administrativo sancionador— debe respetarse el mandato de retroactividad favorable al reo previsto en el art. 9.3 CE, que prescribe la irretroactividad de las disposiciones sancionadoras no favorables o restrictivas de derechos individuales. De modo que, si la nueva norma procesal tiene incidencia en la pena y en la sanción, podrá aplicarse retroactivamente si resulta más favorable al investigado en vía penal o administrativa, atendiendo siempre al momento de comisión de la infracción.

Y es lo que sucedió, a título ilustrativo, con la entrada en vigor de la LO 1/2015, de 30 de marzo, por la que se modificó la Ley Orgánica 10/1995, de 23 de noviembre, del Código Penal. Dicha norma atribuye al Fiscal la potestad de instar la terminación anticipada del procedimiento por razones de estricta oportunidad, y en su Disposición transitoria primera autorizó su aplicación a infracciones que tuvieron lugar con anterioridad a su entrada en vigor, tras lo cual, las antiguas faltas públicas cometidas antes de la entrada en vigor de la LO 1/2015, que no quedaron despenalizadas ni sometidas al régimen de denuncia previa, y pendientes de enjuiciamiento, pudieron ser archivadas por motivos de oportunidad.

En el resto de los procesos se aplica el Código Civil, cuyo art. 2 establece que las normas entrarán en vigor a los veinte días de su completa publicación en el Boletín Oficial del Estado y el art. 2 LEC (de aplicación supletoria en los procesos penales, contencioso-administrativos, laborales y militares), según el cual los asuntos que correspondan a los tribunales civiles se sustanciarán con arreglo a las normas procesales vigentes, que nunca serán retroactivas. Dichos preceptos no se refieren a la norma procesal vigente en el momento del conflicto o el de la controversia —como sí ocurre en el caso anterior— sino a la vigente al comenzar el proceso. De acuerdo con dicho marco normativo y en aplicación del principio de seguridad jurídica (art. 9.3 CE), se pretende garantizar al justiciable que al empezar el proceso conoce cómo ejercitar sus derechos, qué obligaciones deberá cumplir y qué cargas procesales debe observar.

Dos ideas terminan de delinear dicho marco, primero —y salvo las normas procesales con incidencia en la determinación de la pena— el proceso y cada uno de sus actos se rige por la ley vigente al momento de su tramitación, de forma que no podrán modificarse los actos procesales ocurridos con anterioridad, que han surtido efectos y resultan firmes bajo la vigencia de la ley anterior.

Segundo, el legislador puede modular la aplicación de las leyes procesales en las disposiciones de Derecho transitorio; y, dado que el proceso está dividido en fases, y cada una concentra actos procesales cuyos efectos jurídicos se consuman en la etapa, puede disponer que la reforma no afecte a una fase por encontrarse en trámite o mantener vigente temporalmente la norma derogada hasta la finalización del proceso en curso.

3.2. Eficacia espacial

Según el art. 3 LEC, los procesos civiles incoados en territorio español se rigen por las normas procesales españolas. Se entiende que dichas normas se aplican en todo el territorio, y de allí que el art. 149.1.6ª CE establezca que el Estado tiene competencia exclusiva en materia de legislación procesal. Dicha competencia tiene por objeto preservar la unidad y uniformidad del derecho aplicado por los tribunales y supone que, con carácter general, todo acto procesal celebrado en España por jueces y magistrados se somete a las normas procesales españolas. Incluso aquellos supuestos de cooperación judicial internacional, se realizan conforme al derecho interno, salvo que se haya establecido un régimen distinto en Tratados y Convenios Internacionales suscritos por España. Ocurrirá lo mismo si en el curso de un proceso ventilado en los tribunales españoles, es preciso llevar a cabo actuaciones en el extranjero, en las que el juez del país requerido aplicará su legislación procesal.

Ahora bien, que la legislación procesal sea una competencia exclusiva del Estado, conforme al art. 149.1.6 CE, no ha impedido reconocer, con carácter excepcional, que las Comunidades Autónomas pueden dictar normas procesales que se deriven de las particularidades de su derecho sustantivo.

Dicha cláusula no permite, sin embargo, introducir en su ordenamiento normas procesales amparadas en el hecho de haber promulgado regulaciones de Derecho sustantivo en el ejercicio de sus competencias, puesto que ello supondría privar de sentido a la especialidad con la que se contempla dicha excepción en la Constitución.

Es cierto que la Constitución permite a las Comunidades vertebrar instrumentos procesales, pero solo mientras respondan a "necesarias especialidades", en íntima conexión con las particularidades que vengan requeridas por el derecho sustantivo autonómico. Es el caso, por ejemplo, de la Ley 5/2005, de 25 de abril, reguladora del recurso de casación en materia de derecho civil de Galicia, dictada al amparo de los artículos 22 y 27.5 del Estatuto de autonomía de Galicia o la ley 4/2005, de 14 de junio, sobre la casación foral aragonés previsto en el art. 35.1.4 Estatuto de Autonomía de Aragón)

4. FUENTES DEL DERECHO PROCESAL

Dentro del concepto de fuente del Derecho se comprenden aquellos procedimientos que tienen como resultado normas jurídicas con carácter obligatorio. Constituye un tema esencial en el estudio del Derecho Procesal, puesto que nos permite identificar los textos normativos que regirán la actividad procesal y a los que habrá que acudir cuando surjan dudas sobre la norma aplicable.

Dado que en nuestro ordenamiento rige el principio de legalidad procesal, la primera fuente del Derecho Procesal no puede ser otra que la Constitución, tras lo cual, serán normas con rango de ley las llamadas a disciplinar el derecho Procesal, tanto las de carácter general, como la LOPJ o la LEC —debido a su carácter de Derecho supletorio— o las especializadas, como la Ley de Enjuiciamiento Criminal, la Ley de la Jurisdicción Contencioso-administrativa y la ley de Procedimiento Laboral.

4.1. La Constitución

No son pocos los preceptos de la Constitución que abordan materias de orden procesal, tanto al reconocer derechos del justiciable que se proyectan en el marco de los procesos, cuanto al tratar cuestiones orgánicas relacionadas con los Tribunales y la Administración de Justicia.

Son un ejemplo de los primeros, el art. 15 CE que prohíbe la tortura o tratos inhumanos o degradantes, el art. 17 CE que concreta el plazo máximo de la detención en 72 hrs. y cómo se habrá de proceder en caso de detención preventiva o el art. 18 CE que consagra el derecho a la inviolabilidad del domicilio y al secreto de las comunicaciones, que puede ser limitado por resolución judicial.

Desde una perspectiva orgánica, el art. 117 CE reconoce que Jueces y Magistrados están sometidos únicamente al imperio de la ley; que el ejercicio de la potestad jurisdiccional corresponde a Juzgados y Tribunales determinados por la leyes; que las normas de competencia y procedimiento que rigen el ejercicio de dicha potestad están previstas en leyes; que los Juzgados y Tribunales no ejercerán más funciones que las previstas en la ley y que será una ley el instrumento que sirva para regular el ejercicio de la jurisdicción militar. En el art. 122 CE también se contemplan remisiones a una ley orgánica, que abordará la determinación, funcionamiento y gobierno de los Juzgados y Tribunales; el estatuto de los Jueces y Magistrados de carrera y del personal al servicio de la Administración de Justicia; el estatuto, régimen de incompatibilidades y funciones de los miembros del CGPJ y la forma en que han de ser elegidos los 12 miembros que provienen de todas las categorías judiciales.

4.2. Tratados Internacionales

"Los tratados internacionales válidamente celebrados, una vez publicados oficialmente en España, formarán parte del ordenamiento interno", y muchos de ellos contemplan normas de orden procesal, de naturaleza distinta, puesto que en algunos casos consagran derechos fundamentales, en otros vertebran una instancia que opera como tribunal de garantías —como el Tribunal Europeo de Derechos Humanos— o crean un órgano de enjuiciamiento como la Corte Penal Internacional. Piénsese en el Convenio para la Protección de los Derechos Humanos y de las Libertades Fundamentales, firmado en Roma el 4 de noviembre de 1950, que consagra en su art. 6 el derecho del justiciable a ver su causa "oída equitativa, públicamente y dentro de un plazo razonable, por un Tribunal independiente e imparcial, establecido por ley...", y vertebra una instancia judicial como el Tribunal de Derechos Humanos, a quien encarga la tarea de asegurar el cumplimiento de los compromisos suscritos en el Convenio, tras agotar la vía judicial de cada Estado miembro. Igualmente, el Pacto Internacional de Derechos Civiles y Políticos, de diciembre de 1966, consagra en el art. 14 derechos de orden procesal, entre los que se encuentra el derecho de la persona declarada culpable de un delito a que el fallo condenatorio y la pena que se le haya impuesto sean sometidos a un tribunal superior.

Un ejemplo de la incidencia de los tratados se aprecia en los sucesivos pronunciamientos del Comité de Derechos Humanos emitidos a tenor del párrafo 4 del artículo 5 del Protocolo Facultativo del Pacto Internacional de Derechos Civiles y Políticos, contra España, que determinó la modificación de la LOPJ y de la LECrim para establecer con carácter general el recurso de apelación en todos los procesos penales.

4.3 La Ley

Como se aprecia, son continuas y constantes las exigencias de desarrollo que se realizan en los preceptos constitucionales antes anotados. Se trata de materias reservadas para ser tratadas en una ley, tal y como sucede con los siguientes textos normativos.

- Ley Orgánica 6/1985, de 1 de julio, del Poder Judicial. Organiza territorialmente, a efectos judiciales, la potestad jurisdiccional; establece las atribuciones y composición del CGPJ; determina la carrera judicial, tanto el acceso como los ascensos, categorías, provisión de destinos y régimen disciplinario, establece el marco básico regulador de los cuerpos de funcionarios y profesionales que, sin integrar el Poder Judicial, colaboran en diversas formas con él, etc. Y en su art. 1 LOPJ reitera el sometimiento de los Jueces a la Constitución y al imperio de la ley, y en el 5.1 LOPJ consagra la vinculación de los Jueces y Magistrados a la Constitución y a la interpretación y aplicación de leyes y los reglamentos según los preceptos y principios constitucionales.
- Ley de Enjuiciamiento Criminal, aprobada por Real Decreto de 14 de septiembre de 1882. Se ha sometido a innumerables reformas y constituye la única norma procesal que no ha sufrido una reforma integral. Establece las reglas que determinan la competencia de los órganos del orden penal, las distintas fases de los procesos, los medios de investigación, los recursos, etc. Según el art. 1 LECrim no se impondrá pena alguna si no es de conformidad con sus disposiciones o leyes especiales.

- Ley 1/2000 de Enjuiciamiento Civil, de 8 de enero. Dicha norma constituye junto con la LOPJ, la ley procesal común de aplicación supletoria en el resto de los ordenamientos procesales (art. 2 LEC). El texto procesal establece disposiciones generales sobre la jurisdicción y competencia, los sujetos del proceso, sus actos y diligencias, las resoluciones, los recursos. Y en su art. 1 consagra el principio de legalidad procesal, en virtud del cual, los tribunales y quienes ante ellos acudan e intervengan deberán actuar con arreglo a lo dispuesto en esta Ley.
- Ley 29/1998, reguladora de la Jurisdicción Contencioso-administrativa de 13 de julio. Fija el ámbito propio, el alcance y los límites de la Jurisdicción Contencioso-administrativa, asume el control de la potestad reglamentaria y de la legalidad de la actuación administrativa sujeta a Derecho Administrativo, etc.
- Ley 36/2011, reguladora de la Jurisdicción social de 10 de octubre, delimita la Jurisdicción y competencia, fija los presupuestos de las partes, las modalidades procesales, los recursos, etc.

Hasta este punto, de acuerdo con lo expuesto, se considera fuente del Derecho Procesal los actos promulgados por las Cortes Generales, dentro de los que cabe comprender a la Constitución y las leyes. Cuando la materia regulada afecte derechos fundamentales, deberá tratarse de una Ley Orgánica (art. 81.1 CE). Y tendrá también la consideración de norma procesal, aquella ley de ámbito autonómico, promulgada al amparo del art. 149.1.6ª CE, que se ajuste a las especialidades derivadas de las particularidades del Derecho sustantivo y con las restricciones anteriormente expuestas.

Pero las normas de contenido procesal no se agotan en los textos reseñados, existen reglas que disciplinan el proceso en materia específicas, como sucede con la Jurisdicción Militar que se rige por la Ley Orgánica 4/1987, de la Competencias y Organización de la Jurisdicción Militar de 1989 y por la Ley Orgánica 2/1989, Procesal Militar; la materia concursal prevista en el texto refundido de la Ley Concursal, aprobada por Real Decreto Legislativo 1/2020, de 5 de mayo que contempla normas de derecho mercantil y procesal o la Ley de Propiedad Horizontal 49/1960 que junto a las reglas de derecho material, también contempla especialidades de orden procesal.

4.4. Otras fuentes del Derecho

Aunque el art. 1 CC establece que, además de la ley, son fuentes del ordenamiento jurídico español la costumbre y los principios generales del derecho, lo cierto es que se requiere de ciertas precisiones cuando se les incluye en dicha categoría.

En el caso de la costumbre, difícilmente puede considerarse como fuente del derecho procesal. En primer lugar, porque tal consideración tiene vigencia en el ámbito del Derecho privado pero no cabe extrapolarlo a todo el ordenamiento y menos al Derecho Procesal. Y, en segundo lugar, porque el ordenamiento procesal tal y como se ha afirmado anteriormente integra el Derecho Público, tiene carácter imperativo y no depende de la voluntad o el acuerdo de los sujetos, sino que exige una necesaria previsibilidad para asegurar que el justiciable conoce con precisión qué órgano, a través de qué proceso y según qué consecución de actos se sustanciará la tutela incoada. Tal previsibilidad decae cuando depende de normas consuetudinarias, con el detrimento que supone para la seguridad jurídica y el derecho de defensa de las partes. En tercer y último lugar, la costumbre tiene alcance local o regional, y supondría aplicar una regla del proceso en un territorio que puede no aplicarse en sus mismos términos en otro, con la desigualdad que ello supone. No puede calificarse de costumbre, sino de uso o regla forense de los Tribunales, aquella que dentro del ámbito de aplicación de un precepto legal siguen los operadores jurídicos.

Distinto es el caso de los principios del derecho que, en caso de la normativa procesal, tienen carácter de fuente del derecho, siempre y cuando se desprendan de la Constitución y de la ley. Véase, por ejemplo, el art. 1° CE que propugna como valores superiores la libertad y la justicia, lo que supone determinar su contenido e interpretarlos en el marco del sistema procesal.

4.5. La Jurisprudencia

¿Puede considerarse a la Jurisprudencia fuentes del Derecho? Tal y como se ha configurado el Derecho en el sistema jurídico continental, entendido como de creación legislativa, la jurisprudencia se concibe como una fuente secundaria y derivada de la ley, en tanto expresión de esta.

Recuérdese que tal y como prescribe el art. 117 CE y el art. 1 LOPJ, los jueces y magistrados están sometidos únicamente a la Constitución y al imperio de la ley, e interpretarán y aplicarán las leyes y los reglamentos según los preceptos y principios constitucionales (art. 5.1 LOPJ).

Mientras la ley consagra reglas de carácter general, la potestad jurisdiccional comporta aplicar el Derecho al caso concreto, de allí que pueda afirmarse que la jurisprudencia es una expresión de la ley. Y, si la ley es fuente del Derecho Procesal, la jurisprudencia puede concebirse como su complemento.

La insuficiencia de la legislación y, en algunos casos, de la actividad legislativa ha provocado que los tribunales asuman una tarea determinante en la actuación del Derecho, que se traduce en la asunción de la misión de acomodar la interpretación del Derecho a los cambios sociales y económicos. Como correlato de lo anterior, al atribuirse a la jurisdicción la tarea de búsqueda de la solución más justa, debe admitirse la posibilidad de que un tribunal concreto disienta de las soluciones alcanzadas por otros, con la sensación de incertidumbre jurídica que ello conlleva.

Frente a esa realidad, la función de los Tribunales Supremos a través de la casación debe reconducirse —si de los Estados de Derecho hablamos— a la interpretación uniforme del Derecho material y procesal y del principio de igualdad, y según este planteamiento, la jurisprudencia que de modo reiterado establezca el Tribunal Supremo al interpretar y aplicar la ley sirve de complemento, tal y como establece el art. 1.6 CC.

Esa interpretación uniforme —y necesaria— se refleja en el art. 477.3 LEC como motivo para recurrir en casación una sentencia dictada por la Audiencia Provincial, siempre y cuando se alegue que dicha sentencia se aparta de la doctrina jurisprudencial de la Sala Civil del Tribunal Supremo, resuelva puntos y cuestiones sobre los que exista jurisprudencia contradictoria de las Audiencias Provinciales o aplique normas sobre las que no existiese doctrina jurisprudencial del Tribunal Supremo, tal y como se estudiará en el Tema 30 del Manual de Derecho Procesal Civil.

Si su función es servir de directriz y auxiliar en la interpretación de la ley, queda por determinar si tiene carácter vinculante. En primer lugar, es un hecho que el Juez no puede apartarse de la ley y resolver un litigio contra el texto expreso de la ley, pero no puede afirmarse que tenga la obligación de aplicar la jurisprudencia. Si no la aplica, la consecuencia puede ser su revocación en caso la decisión sea recurrida por el órgano superior. En segundo lugar, según el art. 5.1 LOPJ la interpretación que realizan los jueces y magistrados debe realizarse conforme a las resoluciones dictadas por el Tribunal Constitucional y el art. 417.1 LOPJ, contempla como infracción disciplinaria muy grave, el incumplimiento consciente del deber de fidelidad a la Constitución establecido en el art. 5.1. LOPJ, cuando así se aprecie en sentencia firme. Pero no toda infracción de los preceptos constitucionales por una resolución judicial constituye incumplimiento del deber de fidelidad a la Constitución, que exige unas conductas manifiestamente contrarias a lo que la Constitución es y representa, así como a los principios del sistema democrático de gobierno que instituye.

ESQUEMA TEMA 1

Derecho Procesal	→ Rama del Derecho Público encargada de regular el ejercicio de la potestad jurisdiccional de manera integral, tanto desde los principios y garantías con que dicha potestad debe ejercitarse hasta los presupuestos y requisitos que las partes deben cumplir para dar respuesta a las pretensiones y las resistencias que opongan en el proceso.
Derecho Procesal. Caracteres	→ Público → Autónomo → Instrumental → Normas imperativas
Eficacia Temporal de Normas procesales	→ Regla: Proceso y sus actos se rigen por ley vigente al momento de su tramitación → Regla especial en régimen de transitoriedad, se aplica ley anterior según fases del proceso o finalización de proceso → Especialidad orden penal: Proceso y sus actos se rigen por ley vigente cuando se comete delito
Eficacia Espacial de Normas Procesales	→ Normas procesales de un Estado se aplican en todo el territorio. Excepción: 149.1.6 CE
Fuentes del Derecho Procesal	→ Constitución → Tratados Internacionales → Ley → Principios (si derivan de Constitución)
No es Fuente	→ Costumbre
No es Fuente, pero complementa ordenamiento	→ Jurisprudencia

Tema 2

LA JURISDICCIÓN COMO PODER

SOLEDAD RUIZ DE LA CUESTA FERNÁNDEZ

SUMARIO: 1. PODER JUDICIAL Y POTESTAD JURISDICCIONAL. 2. LA INDEPENDENCIA DE LA JURISDICCIÓN ENTENDIDA COMO PODER. GARANTÍAS CONSTITUCIONALES DE LA JURISDICCIÓN. 2.1. La unidad jurisdiccional. 2.1.1. Alcance y límites de la unidad jurisdiccional. Tribunales especiales. 2.1.2. Unidad jurisdiccional y Comunidades Autónomas. 2.2. La exclusividad jurisdiccional. 3. LA INDEPENDENCIA DE QUIENES EJERCEN LA POTESTAD JURISDICCIONAL: GARANTÍAS CONSTITUCIONALES DE JUECES Y MAGISTRADOS. 3.1. Inamovilidad e inmunidad de jueces y magistrados. 3.2. Independencia e imparcialidad. 3.2.1. Mecanismos previstos para la preservación de la independencia y la imparcialidad judiciales. 3.2.1.1. Prohibiciones o incompatibilidades que tienen como finalidad preservar la independencia judicial. 3.2.1.2. Imparcialidad judicial. Circunstancias que conducen a la abstención o recusación. 3.2.2. Mecanismos de reacción de jueces y magistrados ante una eventual perturbación de su independencia. 3.3. La sumisión a la ley de los jueces y magistrados. 3.4. La responsabilidad de jueces y magistrados. 3.4.1. Responsabilidad civil. 3.4.2. Responsabilidad penal. 3.4.3. Responsabilidad disciplinaria.

1. PODER JUDICIAL Y POTESTAD JURISDICCIONAL

A diferencia de lo que sucedía en el periodo inmediatamente anterior, y en otros periodos históricos, la Constitución Española de 1978, en su art. 1.1, diseña un modelo de Estado basado en la división de poderes. Así, se define a España como un "Estado Social y Democrático de Derecho, que propugna como valores superiores del Ordenamiento jurídico la libertad, la justicia, la igualdad y el pluralismo político" y se articula la división de poderes a través de la regulación contenida en los Títulos III (relativo al Poder Legislativo, bajo la rúbrica *De las Cortes Generales*), IV (que regula el Poder Ejecutivo, con el nombre de *Del Gobierno y de la Administración*) y VI (en el que se regula el Poder Judicial, bajo una rúbrica idéntica: *Del Poder Judicial*).

El hecho de que el constituyente se decidiera por el empleo de la expresión *Del Poder Judicial,* no debe interpretarse como una mera opción terminológica —en comparación con el resto de las rúbricas utilizadas en torno a los otros dos poderes del Estado—, sino que, por el contrario, se perseguía con ello el objetivo de romper con la situación anterior e introducir una nueva concepción política del Estado que restableciera en nuestro sistema constitucional el principio de "división de poderes". Al decidirse por la rúbrica expresa *Del Poder Judicial,* se evidencia de manera clara la naturaleza del Judicial como Poder del Estado y, especialmente, su independencia respecto de los otros dos y, más enfáticamente, respecto del Poder Ejecutivo, tentado casi continuamente a controlar la función jurisdiccional.

Son dos las ideas básicas que deben tenerse en cuenta en relación con lo expuesto:

a) Por un lado, que la independencia del Poder Judicial debe asegurarse respecto del resto de poderse del Estado (especialmente del Ejecutivo) y, por lo tanto, el Judicial debe configurarse como un auténtico poder, con capacidad para garantizar la independencia de sus miembros;

b) Por otro lado, que pese al reconocimiento de un "Poder Judicial", integrado por los jueces y magistrados, la potestad jurisdiccional, entendida como la facultad de juzgar y hacer ejecutar lo juzgado, corresponde únicamente a los jueces y magistrados individualmente considerados, no al Poder Judicial como organización o poder.

2. LA INDEPENDENCIA DE LA JURISDICCIÓN ENTENDIDA COMO PODER. GARANTÍAS CONSTITUCIONALES DE LA JURISDICCIÓN

Debe partirse de la idea fundamental de que la principal garantía constitucional de las que rodean a la Jurisdicción es su independencia respecto del resto de poderes del Estado, hasta el punto de que es posible afirmar, como se verá, que el resto de las garantías previstas en la CE tienden a preservar la independencia como valor último de la Jurisdicción.

Es preciso distinguir entre la independencia como garantía individual de cada juez o magistrado, dirigida a impedir toda injerencia en el ejercicio de la potestad jurisdiccional —y que se estudiarán más adelante, en este mismo Tema—, de la independencia de la Jurisdicción. Esta última supone el reconocimiento en clave política de un verdadero poder del Estado, rodeado de suficientes garantías para ser considerado como tal y, especialmente, de una esfera de autogobierno que impide las intromisiones en el mismo del Poder Ejecutivo y del Poder Legislativo.

En la órbita de las garantías constitucionales que tienden a preservar la independencia de la Jurisdicción, entendida como poder, se encuentra la del autogobierno del Poder Judicial, que se estudiará con detalle en el Tema 3. En relación con la idea de autogobierno, baste señalar aquí que es el Consejo General del Poder Judicial quien asume las funciones relativas a la selección, formación, nombramientos, ascensos, inspección y régimen disciplinario del personal jurisdiccional. Funciones que, de ser asumidas por el Poder Ejecutivo, le permitirían influir sin cortapisas sobre los órganos jurisdiccionales. Igualmente, la garantía conocida como derecho al juez legal (que se estudia en el Tema 6) también se articula para preservar la independencia de la Jurisdicción entendida como poder.

En esta sede se analizan a continuación el resto de las garantías que la CE diseña para preservar la independencia de la Jurisdicción entendida como poder del Estado. Se trata, en concreto, de las garantías de la unidad y de la exclusividad jurisdiccionales.

2.1. La unidad jurisdiccional

El principio de unidad jurisdiccional se refiere a la necesidad de que la potestad jurisdiccional sea ejercida por un único cuerpo de jueces y magistrados, investidos de todas las garantías y requisitos exigidos. A la unidad jurisdiccional se refiere el art. 117.5 CE, señalando que es "la base de la organización y funcionamiento de los Tribunales".

El principio constitucional de unidad de la Jurisdicción tiene una doble manifestación. Por un lado, significa que los órganos jurisdiccionales deben responder a un modo concreto de organización y, por otro, adquiere un significado especial derivado de la actual organización territorial, denominada "Estado de las autonomías".

2.1.1. Alcance y límites de la unidad jurisdiccional. Tribunales especiales

En relación con el primer aspecto (organización de la Jurisdicción), la unidad jurisdiccional exige que todos los órganos con funciones jurisdiccionales formen parte de una misma organización judicial; que estén previstos en una misma ley (LOPJ); que sus miembros tengan un estatuto profesional único y que estén sometidos a un mismo órgano de gobierno.

No obstante, dada la fórmula de cláusula abierta empleada en la redacción del art. 117.5 CE, es posible encontrar en nuestro modelo de organización judicial una serie de órganos que ejercitan la potestad jurisdiccional sin formar parte del Poder Judicial. En este sentido, el art. 3.1 LOPJ, tras declarar el carácter único de la Jurisdicción, reconoce que ello es compatible con el ejercicio de la potestad jurisdiccional por parte de otros órganos constitucionalmente reconocidos, que pueden encuadrarse en la categoría de "Tribunales especiales".

Con esta denominación se hace referencia al conjunto de órganos que, pese a no formar parte del Poder Judicial, reúnen en su actuación las notas esenciales de la potestad jurisdiccional, lo que impide que puedan ser considerados como una jurisdicción distinta y especial.

Los conceptos “tribunal especial” y “jurisdicción especial” son bien distintos. Este último se refiere a la idea de los tribunales *ad hoc* o constituidos y creados al margen de las garantías esenciales, con la finalidad de sustraer del conocimiento de determinados asuntos a los órganos jurisdiccionales ordinarios, y resulta, por lo tanto, incompatible con el diseño constitucional de nuestro modelo de Justicia.

Por su parte, los tribunales especiales, pese a estar fuera de la órbita del Poder Judicial, encuentran un fundamento constitucional y pueden, a su vez, clasificarse en dos niveles:

a) Tribunales expresamente previstos en la CE:

Lo son el Tribunal Constitucional, el Tribunal del Jurado (art. 125 CE, art. 83 LOPJ y LO 5/1995, de 22 de mayo), el Tribunal de Cuentas (art. 136 CE, LO 2/1982, de 12 de mayo y Ley 7/1988, de 5 de abril) y los tribunales consuetudinarios y tradicionales (art. 125 CE): el Tribunal de las Aguas de la Vega de Valencia y el Consejo de Hombres Buenos de Murcia (cuyas competencias se sitúan en el ámbito de resolución de conflictos surgidos en relación con el riego de la Vega de Valencia y de la Huerta murciana respectivamente).

b) Tribunales supranacionales:

La legitimación de los tribunales supranacionales proviene de la suscripción de Tratados Internaciones por parte de España, en el caso de los tribunales de carácter internacional (Corte Penal Internacional, por ejemplo); y de la pertenencia de España a la Unión Europea, en el caso de los tribunales de ámbito europeo (Tribunal de Justicia de la Unión Europea, Tribunal Europeo de Derechos Humanos...).

2.1.2. Unidad jurisdiccional y Comunidades Autónomas

En este ámbito conviene distinguir entre los conceptos “Administración de Justicia” y “administración de la Administración de Justicia”.

El primero de ellos, “Administración de Justicia” en sentido estricto, hace referencia a la idea de Jurisdicción como Poder, de manera que el ejercicio de la potestad jurisdiccional en todo tipo de procesos, corresponde exclusivamente a los juzgados y tribunales. Las decisiones que correspondan al Legislativo en materia de justicia son de estricta competencia estatal.

Sin embargo, el concepto de “administración de la Administración de Justicia” se refiere a quién debe asumir la obligación de poner a disposición de la primera los medios materiales y personales necesarios para su funcionamiento. Cada Comunidad Autónoma con competencias trasferidas en materia de justicia debe dotar a juzgados y tribunales del personal, instalaciones y medios necesarios para el adecuado desarrollo de sus funciones.

Las Comunidades Autónomas, por lo tanto, solo podrán legislar en este segundo ámbito, de modo que el diseño de la Jurisdicción permanece en todo caso como competencia estatal y responde al principio de unidad de la Jurisdicción.

2.2. *La exclusividad jurisdiccional*

La afirmación de que la Jurisdicción es un auténtico poder del Estado resultaría irrelevante en la práctica si los órganos que la integran no tuvieran la facultad "de recabar para sí el conocimiento de todos los conflictos, de solucionarlos (...) y de hacer cumplir sus decisiones". En este sentido, nuestra Constitución, en su art. 117.3, vincula el ejercicio de la potestad jurisdiccional al carácter exclusivo con el que la misma ha de ser ejercitada.

La doctrina procesal ha distinguido tradicionalmente entre un sentido positivo y otro negativo del principio de exclusividad, división de la que se hace eco el texto constitucional.

Así, el sentido positivo de la exclusividad jurisdiccional se plasma en el art. 117.3 y supone que el ejercicio de la potestad jurisdiccional únicamente ha de corresponder la Jurisdicción, sin que en ningún caso puedan decidir definitiva e irrevocablemente órganos distintos a aquellos que la integran (piénsese, por ejemplo, en la actuación desarrollada por las llamadas comisiones parlamentarias de investigación, que en modo alguno debe considerarse de naturaleza jurisdiccional). Se conforma, así, el llamado "monopolio de la Jurisdicción".

Por su parte, el sentido negativo del principio de exclusividad jurisdiccional se reconoce en el art. 117.4 CE y se concreta en la exclusión de la realización de otras funciones por los miembros de la Jurisdicción que no sean las específicas de juzgar y hacer ejecutar lo juzgado. Con base en esta idea se sostienen tradicionalmente las posturas que abogan por desjudicializar los Registros Civiles o, con apoyo también en ideas más complejas, las que defienden la necesaria reforma de la investigación criminal en España, dejando en manos del Ministerio Fiscal el peso de la instrucción penal.

3. LA INDEPENDENCIA DE QUIENES EJERCEN LA POTESTAD JURISDICCIONAL: GARANTÍAS CONSTITUCIONALES DE JUECES Y MAGISTRADOS

Es posible afirmar que la independencia y la imparcialidad persiguen conformar al juez como un tercero ajeno al conflicto que se somete a su consideración, situado, por lo tanto, en una posición *supra partes* y sin interés alguno, directo o indirecto, en el pleito o cuestión litigiosa. Si ello se cumple, el juez goza de la *auc-*

toritas derivada de su posición neutral, y de ello se sigue la aceptación social de sus decisiones. Esta sería, por lo tanto, la finalidad de la independencia judicial: la resolución de los conflictos por parte de los órganos jurisdiccionales de forma desinteresada y con sujeción a la ley.

La garantía de independencia debe entonces proyectarse en un doble nivel: por un lado, como independencia de la Jurisdicción, entendida como poder Poder Judicial y, por otro lado, como independencia de cada uno de sus miembros. La primera se preserva a través del autogobierno del Poder Judicial y del derecho al juez legal —objeto de estudio en Temas siguientes— y de los principios de unidad y exclusividad jurisdiccionales, que acaban de analizarse.

La segunda —la necesaria independencia de cada juez y magistrado en el ejercicio de la función jurisdiccional— persigue garantizar una correcta aplicación del derecho al caso concreto, ajena cualquier tipo de influencias.

En este sentido, la independencia de cada juez o magistrado individualmente considerado se protege mediante las garantías constitucionales de la inamovilidad, la independencia en sentido estricto, la imparcialidad, la responsabilidad judicial y la sumisión a la ley, junto con la garantía legal de la Inmunidad judicial.

3.1. Inamovilidad e inmunidad de jueces y magistrados

La inamovilidad de jueces y magistrados resulta mencionada en el conjunto de garantías reconocidas por el art. 117.1 CE y, además, se prevé específicamente en el art. 117.2 CE cuando declara que: "Los jueces y magistrados no podrán ser separados, suspendidos, trasladados ni jubilados, sino por alguna de las causas y con las garantías previstas en la ley".

Por su parte, los arts. 378 a 388 LOPJ (y su desarrollo reglamentario por parte del CGPJ mediante el Reglamento 2/2011 de la Carrera Judicial) llevan a cabo la concreción de las circunstancias en las que procederá bien la pérdida de la condición de magistrado (por ejemplo, en los supuestos de jubilación, o de renuncia, o de pérdida de la nacionalidad española), bien la suspensión de dicha condición (como ejemplo, el supuesto de una sentencia firme condenatoria en la que se imponga como pena principal o accesoria la de suspensión).

No obstante, en ciertos supuestos de separación definitiva o pérdida de la condición de juez o magistrado cabe solicitar la rehabilitación al CGPJ (arts. 380 a 382 LOPJ).

Por lo que se refiere a la garantía de la inmunidad, no se trata de una garantía con anclaje constitucional, sino legal, prevista en los arts. 398 a 400 LOPJ. La inmunidad judicial, básicamente, significa lo siguiente:

a) en primer lugar, la imposibilidad de detención gubernativa de jueces y magistrados salvo en los casos de flagrante delito;

b) en segundo lugar, la prohibición a las autoridades civiles y militares de intimar a jueces y magistrados o de citarlos a su presencia salvo en la forma prevista legalmente;

c) por último, se regula la forma en la que prestarán declaración en el marco de una instrucción penal.

3.2. Independencia e imparcialidad

Cuando se habla de la independencia de cada juez y magistrado se hace referencia a la necesidad de un espacio para la decisión judicial exento de influencias indebidas. Por su parte, la idea de la imparcialidad resalta el papel del juez como un tercero ajeno a los intereses en juego.

Ambas garantías se configuran, además, desde los textos supranacionales más relevantes, como auténticos derechos de la ciudadanía. Así, el art. 10 de la Declaración Universal de los Derecho Humanos se refiere al derecho a un tribunal independiente e imparcial, y el art. 6 del Convenio Europeo para la protección de los Derechos Humanos y las Libertades Fundamentales alude, en términos similares, al derecho a un tribunal independiente e imparcial.

En la misma línea, los Principios de Ética Judicial aprobados por el CGPJ en 2016, definen la independencia judicial como un derecho de todo ciudadano cuya protección y defensa forma parte inexcusable de los deberes profesionales del juez. Este texto señala que el juzgador debe situarse en una disposición de ánimo que, al margen de sus propias convicciones ideológicas y de sus sentimientos personales, excluya de sus decisiones cualquier interferencia ajena a su valoración de la totalidad de la prueba practicada, a la actuación de las partes en el proceso, de acuerdo con las reglas del procedimiento, y a su entendimiento de las normas jurídicas que haya de aplicar.

Pues bien, el estudio de la independencia judicial y de su resultante, la actuación imparcial del órgano jurisdiccional, puede llevarse a cabo desde dos perspectivas:

La primera, en relación con los mecanismos previstos por el ordenamiento jurídico procesal para preservarla.

La segunda, relativa a los mecanismos de reacción de los que dispone el juzgador que considera perturbada su independencia a partir de actos de terceros.

3.2.1. Mecanismos previstos para la preservación de la independencia y la imparcialidad judiciales

Los mecanismos que se diseñan desde el ordenamiento jurídico procesal para garantizar la independencia de cada juez o magistrado son de dos tipos:

- por un lado, los que se configuran como prohibiciones o incompatibilidades;
- por otro, los que operan a partir de una serie de circunstancias objetivas que, de concurrir, deberán provocar bien la abstención, o bien la recusación del juez o magistrado.

3.2.1.1. Prohibiciones o incompatibilidades que tienen como finalidad preservar la independencia judicial

Con carácter general, el desarrollo de una actividad distinta a la jurisdiccional requiere —si es que procede— de la declaración de compatibilidad por parte de la Comisión Permanente del CGPJ (siguiendo el procedimiento detallado en el Reglamento 2/2011 de la Carrera Judicial).

Excepcionalmente, una serie de actividades legalmente tasadas no requieren de la declaración de compatibilidad y podrán desarrollarse sin conflicto. Por ejemplo, las actividades previstas en el art. 19 de la Ley de Incompatibilidades del Personal al Servicio de las Administraciones Públicas (gestión o administración del propio patrimonio, la intervención puntual en seminarios, cursos o conferencias dirigidos a la formación de funcionarios o profesorado; las producciones científica, literaria o artística y las publicaciones que se deriven de ellas siempre que no tengan su origen en una relación de empleo o de prestación de servicios...).

Fuera de los supuestos expresamente permitidos, será preciso, para desarrollar una actividad distinta a la judicial, que el juez o magistrado solicite la compatibilidad y que ésta le sea concedida.

Como indica el art. 330 del Reglamento 2/2011, debe denegarse cualquier petición de compatibilidad de una actividad cuando su ejercicio pueda impedir o menoscabar el estricto cumplimiento de los deberes judiciales o comprometer la imparcialidad o independencia del juez o magistrado afectado.

Por su parte, la LOPJ contiene un catálogo de actividades y situaciones que el legislador ha considerado potencialmente peligrosas para el desarrollo independiente de la función jurisdiccional.

Estas actividades o circunstancias se pueden clasificar en función del ámbito de influencia del que se quiere proteger al juzgador. Así, es posible distinguir:

a) Aquellas prohibiciones que tienden a preservar la independencia del juez frente al resto de los poderes del Estado.

Se persigue con ellas evitar que el juez o magistrado se coloque en una situación tal que favorezca la injerencia de otros poderes del Estado (especialmente el Ejecutivo) en la toma de decisiones jurisdiccionales.

Por ejemplo, las previstas en el art. 389 LOPJ: la prohibición de ejercicio de cualquier otra jurisdicción ajena al Poder Judicial, o la relativa al ejercicio de cualquier cargo de elección popular o designación política. O las contempladas en el art. 395, como la prohibición de pertenecer a partidos políticos o sindicatos, o la de dirigir a los poderes, autoridades y funcionarios públicos o censuras por sus actos.

b) Las prohibiciones e incompatibilidades que preservan la independencia judicial frente a la sociedad y frente a los propios intereses objetivos del juez.

Entre otras, se prohíben una serie de actividades de las que se presupone que su desarrollo pondrá en peligro la independencia del juez, como las contenidas en el art. 389 LOPJ (incompatibilidad del ejercicio judicial con todo empleo, cargo o profesión retribuida, con ciertas excepciones; e incompatibilidad, igualmente, con el ejercicio de la Abogacía y de la Procura, con todo tipo de asesoramiento jurídico, sea o no retribuido, con el ejercicio de toda actividad mercantil...etc.).

Igualmente, en los arts. 391 a 394 LOPJ, se establecen una serie prohibiciones relacionadas con la existencia de vínculos personales en determinadas circunstancias (bien entre los propios miembros de una sala o tribunal, o sala de gobierno, o entre jueces o magistrados de diferentes instancias judiciales en relación con un mismo asunto; bien entre los jueces o magistrados y otro personal colaborador de la Administración de Justicia, en determinadas circunstancias). Con la misma finalidad, se prohíbe el ejercicio de la actividad jurisdiccional en determinadas poblaciones en las que el juez o sus allegados puedan tener intereses económicos (art. 394 LOPJ).

Por su parte, el art. 396 LOPJ señala que los jueces y magistrados no podrán revelar los hechos o noticias referentes a personas físicas o jurídicas de los que hayan tenido conocimiento en el ejercicio de sus funciones.

c) Las prohibiciones que tienen a proteger la independencia del juez frente a eventuales injerencias de sus superiores jerárquicos

Si bien la organización judicial española queda integrada por un complejo entramado de órganos jurisdiccionales que descansa sobre la base de un criterio jerárquico —de tal forma que los "superiores" están llamados a revisar las actuaciones y decisiones de los "inferiores"—, esta facultad de revisión es posible únicamente a través de los medios legalmente previstos: el sistema de recursos devolutivos.

De este modo, el ejercicio de la potestad jurisdiccional por cada juez o magistrado se desarrolla de manera independiente y soberana respecto del resto de órganos judiciales y de los órganos de gobierno del Poder Judicial. Para proteger la independencia judicial en este ámbito, el art. 12 LOPJ prohíbe las siguientes actuaciones:

- cualquier corrección en la aplicación o interpretación del ordenamiento jurídico por parte de los superiores jerárquicos, salvo en vía de recurso;
- cualquier emisión de instrucciones generales o particulares en el ámbito relativo a la aplicación de la ley.

El desarrollo por parte del juzgador de tales actuaciones prohibidas se configura, desde la perspectiva disciplinaria, como una falta muy grave (art. 417.4 LOPJ).

3.2.1.2. Imparcialidad judicial. Circunstancias que conducen a la abstención o recusación

Si el primer grupo de mecanismos arbitrados para garantizar la independencia judicial, y que acaban de exponerse, consisten mayoritariamente en la declaración de actividades prohibidas y de incompatibilidades para los jueces y magistrados, el segundo grupo queda integrado por una serie de circunstancias objetivas a las que se presupone el potencial de perturbar la independencia del juez en relación, esta vez, con las partes y el objeto del litigio.

Este ámbito de la independencia judicial es el que guarda una vinculación más estrecha con la garantía de la imparcialidad, definida esta como la posición de neutralidad y la falta de prejuicios del juez frente a las partes y frente al objeto del proceso.

Si se toma como referencia la jurisprudencia constitucional al respecto, es posible trazar las líneas fundamentales sobre el derecho a un juez imparcial, que el TC ubica en el derecho fundamental a un proceso con todas las garantías, previsto en el art. 24.2 CE:

a) La imparcialidad del juez puede analizarse desde una doble vertiente. Una "imparcialidad subjetiva", que garantiza que el juez no ha mantenido relaciones indebidas con las partes, en la que se integran todas las dudas que deriven de las relaciones del juez con aquellas; y una "imparcialidad objetiva", es decir, referida al objeto del proceso, por la que se asegura que el juez se acerca al mismo sin haber tomado postura en relación con él.

b) No basta que las dudas sobre la imparcialidad surjan en la mente de la parte, sino que es preciso determinar caso a caso si las mismas alcanzan una consistencia tal que permitan afirmar que se hallan objetiva y legítimamente justificadas. Ello hace necesario examinar las circunstancias en cada supuesto concreto, ya que la imparcialidad del juez no puede examinarse en abstracto, sino caso por caso.

Por otro lado, tanto el TEDH como el TC apuntan igualmente a la importancia de la apariencia de imparcialidad por parte de los jueces y magistrados. En este sentido, en los Principio de Ética Judicial (CGPJ) se establece —con categoría de reglas de conducta cuyo incumplimiento no generan ningún tipo de responsabilidad disciplinaria, civil o penal— que el juzgador velará por el mantenimiento de la apariencia de imparcialidad, evitando situaciones que puedan hacer dudar de la existencia de un conflicto de intereses.

Los instrumentos legales que se prevén para preservar la imparcialidad judicial se articulan de la siguiente manera:

1º Mediante la identificación de una serie de circunstancias a las que se considera con un potencial objetivo de mermar o quebrantar la imparcialidad del juez, previstas en el art. 219 LOPJ (por ejemplo, la amistad íntima o la enemistad manifiesta con alguna de las partes; haber participado en la instrucción penal o haber resuelto el asunto en una instancia anterior; o haber ocupado el juez o magistrado cargo público o administrativo con ocasión del cual haya podido tener conocimiento del objeto del litigio y formar criterio en detrimento de la debida imparcialidad).

2º Ante la concurrencia de alguna o algunas de las circunstancias del art. 219 LOPJ, la previsión legal es la de que el propio juzgador se abstenga de conocer o seguir conociendo del asunto y, ante la falta de abstención del órgano jurisdiccional, que las partes a las que se refiere el art. 218 LOPJ soliciten su recusación. La regulación de los procedimientos de la abstención y recusación la llevan a cabo los arts. 217 a 228 LOPJ.

3.2.2. Mecanismos de reacción de jueces y magistrados ante una eventual perturbación de su independencia

Se analizan en este epígrafe las previsiones que el ordenamiento jurídico adopta con la finalidad de poner a disposición de jueces y magistrados mecanismos que les permitan hacer frente a actuaciones de terceros que pueden perturbar su independencia.

Por un lado, debe partirse de la obligación que impone el art. 13 LOPJ cuando establece que "todos están obligados a respetar la independencia de los jueces y magistrados". De este modo, el derecho humano consagrado en los textos supranacionales al juez independiente e imparcial tiene, a su vez y en el ámbito de nuestro ordenamiento jurídico, la dimensión de deber. Se trata, pues, de un derecho-deber.

Así las cosas, el incumplimiento de este deber generará distintas consecuencias dependiendo de si llega a tener, o no, una dimensión penal (por concretarse, por ejemplo, en un delito de coacciones). No se analizará con detalle esta dimensión penal, de la que únicamente se destacará, de modo breve, el papel del Ministerio Fiscal.

En este sentido, por un lado, el art. 3 de su Estatuto Orgánico incluye como función del Ministerio Fiscal la de "ejercer cuantas funciones le atribuya la ley en defensa de la independencia de los jueces y magistrados". Por otro, el art. 14.2 LOPJ dispone que promoverá, por sí mismo o a petición de los jueces o magistrados afectados, las acciones pertinentes en defensa de la independencia judicial.

Es este mismo precepto, el art. 14 LOPJ, en su número 1, el que establece que cuando los jueces y magistrados se consideren inquietados o perturbados en su independencia lo pondrán en conocimiento del Consejo General del Poder Judicial, dando cuenta de los hechos al juez o tribunal competente para seguir el procedimiento adecuado, sin perjuicio de practicar por sí mismos las diligencias estrictamente indispensables para asegurar la acción de la justicia y restaurar el orden jurídico.

El desarrollo de esta norma se lleva a cabo desde el Reglamento 2/2011, de la Carrera Judicial (arts. 318 a 325), al regular el llamado "procedimiento de amparo". El mismo reglamento proporciona una definición de las que deben considerarse actuaciones perturbadoras de la independencia judicial. Lo son, según la norma:

a) Las declaraciones o manifestaciones hechas en público y recogidas en medios de comunicación que objetivamente supongan un ataque a la independencia judicial y sean susceptibles de influir en la libre capacidad de resolución del juez o magistrado.

b) Aquellos actos y manifestaciones carentes de la publicidad a que se refiere la letra anterior y que, sin embargo, en atención a la cualidad o condición del autor o de las circunstancias en que tuvieren lugar pudieran afectar, del mismo modo, a la libre determinación del juez o magistrado en el ejercicio de sus funciones.

Por lo que se refiere al procedimiento de amparo que se sustancia ante la Comisión Permanente del CGPJ, cabe destacar las siguientes notas características:

- Se desarrolla con contradicción ante la Comisión Permanente del CGPJ y se decide por su Pleno, que acordará otorgar o denegar el amparo solicitado;

- Si se concede el amparo, la resolución motivada del Pleno del CGPJ acordará:

  1° requerir a la persona, entidad o asociación el cese de la actuación que motivó la solicitud de amparo.

  2° adoptar o promover la adopción de las medidas que resulten necesarias para restaurar la independencia judicial dañada;

3.3. *La sumisión a la ley de los jueces y magistrados*

La sumisión a la ley (art. 117.1 CE) es la expresión máxima de independencia, puesto que los jueces y magistrados no son independientes para hacer lo que en cada momento estimen oportuno de acuerdo con su sola voluntad, sino que lo son para aplicar la ley al caso concreto. La sumisión a la Ley es, por lo tanto, una garantía esencial a la hora de legitimar el ejercicio de la función jurisdiccional.

La consecuencia básica del sometimiento a la ley es que las resoluciones judiciales han de dictarse de conformidad con lo dispuesto en los textos legales. El control de esta exigencia solo puede hacerse si las resoluciones judiciales son motivadas, tal y como exige el art. 120.3 CE, motivación que sirve, a su vez, para efectuar dicho control en vía de recursos.

3.4. *La responsabilidad de jueces y magistrados*

3.4.1. Responsabilidad civil

Hace años que se eliminó la responsabilidad civil directa de jueces y magistrados (mediante Ley Orgánica 7/2015, de 21 de julio, por la que se modifica la LOPJ), dado que resultaba escasísimamente utilizada en la práctica. Con ello se alinea la responsabilidad de los jueces con la del resto de los empleados públicos y se da cumplimiento a las recomendaciones del Consejo de Europa en esta materia. Esa exención de responsabilidad no excluye lógicamente, que la Administración pueda repetir, en vía administrativa, contra el juez o magistrado si éste ha incurrido en dolo o culpa grave.

Así pues, los daños y perjuicios causados por los jueces y magistrados en el ejercicio de sus funciones darán lugar, en su caso, a responsabilidad del Estado por error judicial o por funcionamiento anormal de la Administración de Justicia sin que, en ningún caso, puedan los perjudicados dirigirse directamente contra aquellos.

3.4.2. Responsabilidad penal

Es posible exigir responsabilidad penal a jueces y magistrados por los delitos o faltas cometidos en el ejercicio de su cargo (art. 405 LOPJ). Su enjuiciamiento es competencia de diversos órganos jurisdiccionales, dependiendo de cuál sea la categoría y adscripción del juez o magistrado encausado. En cuanto al procedimiento, este presenta una notable especialidad: la facultad del órgano competente para conocer de la instrucción de recabar los antecedentes que considere oportunos a fin de determinar su propia competencia, así como la relevancia penal de los hechos objeto de querella o la verosimilitud de la imputación.

3.4.3. Responsabilidad disciplinaria

La responsabilidad disciplinaria resulta exigible por las faltas cometidas en el ejercicio del cargo de juez o magistrado, las cuales podrán ser muy graves, graves o leves (arts. 416 a 419 LOPJ), estableciéndose en la LOPJ las sanciones a imponer (art. 420) y el procedimiento disciplinario (arts. 421 a 427).

ESQUEMA TEMA 2

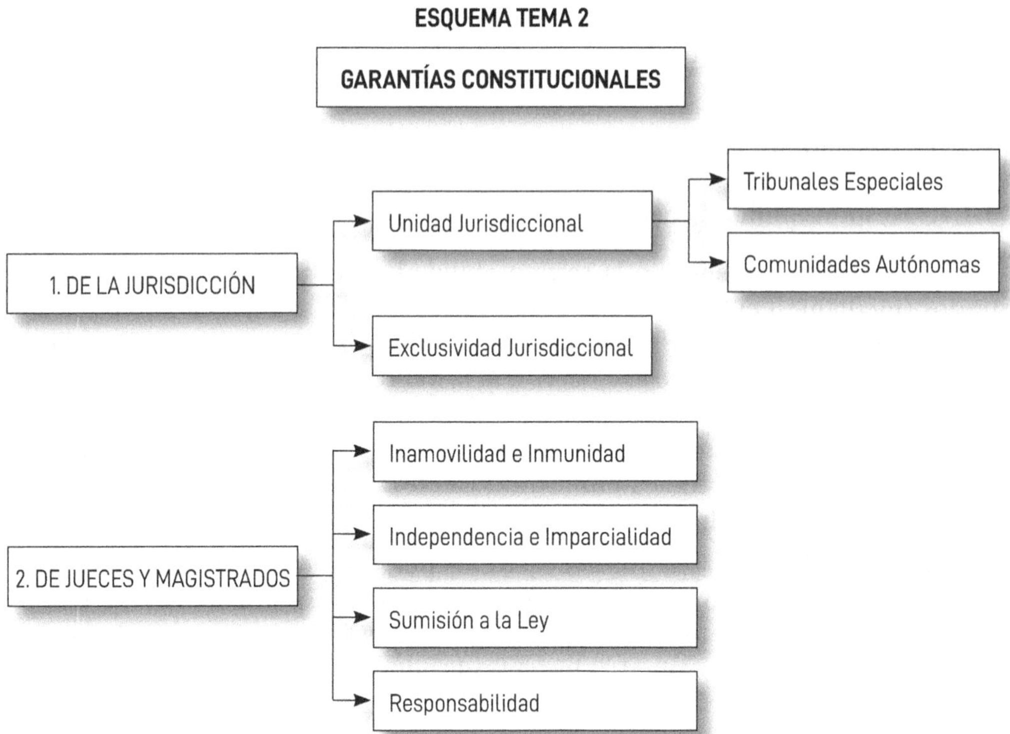

Tema 3

EL GOBIERNO DEL PODER JUDICIAL

YOLANDA DOIG DÍAZ

SUMARIO: 1. INTRODUCCIÓN. 2. EL GOBIERNO DEL PODER JUDICIAL. 2.1. Composición. 2.2. Atribuciones del CGPJ. 3. EL GOBIERNO DE JUZGADOS Y TRIBUNALES. 3.1. Salas de Gobierno. 3.2. Presidentes de los Tribunales y Audiencias. 3.3. Presidentes de Salas. 3.4. Jueces, Jueces Decanos y Juntas de Jueces.

1. INTRODUCCIÓN

Según el art. 117.1 CE, la "justicia se administra en nombre del Rey, por jueces y magistrados, integrantes del Poder Judicial, independientes, inamovibles, responsables y sometidos únicamente al imperio de la ley".

Lamentablemente, no basta con proclamar la independencia del Juez, es preciso articular un órgano capaz de garantizar el cumplimiento de dicho mandato, y el CGPJ asume dicha tarea, en tanto órgano constitucional de garantía, sin vinculación con los otros dos poderes del Estado. El CGPJ se concibe como el órgano de gobierno, encargado de toda una serie de atribuciones en materia de organización y funcionamiento de Juzgados y Tribunales, que tiene como fin último que los órganos jurisdiccionales se encuentren en condiciones de decir y realizar el Derecho, con independencia e imparcialidad.

Según este diseño, el CGPJ adquiere un carácter instrumental para la independencia, puesto que tiene entre sus funciones aquellas que podrían ser utilizadas por otros Poderes para intentar influir sobre los tribunales, como ocurre con la selección, formación, perfeccionamiento, provisión de destinos, ascensos, situaciones administrativas, inspecciones y régimen disciplinario de jueces y magistrados.

Tampoco la existencia de un órgano de gobierno basta para considerar garantizada la independencia. Se requiere contar con un sistema de ingreso, ascensos y provisión debidamente reglado, de tal manera que se elimine por completo o reduzca al mínimo, el margen de discrecionalidad de quien debe decidir en esos sistemas. La atribución de estas funciones al gobierno autónomo del Poder Judicial supone menos posibilidades de intervención, favoritismos o arbitrariedades en los nombramientos, que si dependiesen del Poder Ejecutivo.

Pero el CGPJ no es el único órgano con funciones de gobierno, tal y como establece el art. 104 LOPJ "El gobierno del Poder Judicial corresponde al Consejo General del Poder Judicial, que ejerce sus competencias en todo el territorio nacional, de acuerdo con la Constitución y lo previsto en la presente Ley. Con subordinación a él, las salas de Gobierno del Tribunal Supremo, de la Audiencia Nacional y de los Tribunales Superiores de Justicia ejercerán las funciones que esta Ley les atribuye, sin perjuicio de las que correspondan a los Presidentes de dichos tribunales y a los titulares de los restante órganos jurisdiccionales".

Según dicho precepto, se distingue entre un gobierno externo y uno interno. Esa clasificación se construye en la LOPJ a partir del citado art. 104 LOPJ, en función del cual se entiende que el gobierno externo lo ejerce el CGPJ, en tanto órgano constitucional que gobierna desde el principio de autonomía y desde fuera del Poder Judicial; y, el gobierno interno será el ejercido por aquellos órganos integrados por miembros del Poder Judicial, que ejercen la potestad jurisdiccional. Al gobierno externo se le atribuyen funciones decisivas en materia de aplicación del estatuto legal de los jueces y magistrados, de incidencias de la carrera judicial y de los juristas que no pertenecen a ella. También ostenta la suprema potestad en materia de organización y funcionamiento de los juzgados y tribunales. Por su parte, las funciones de gobierno interno tienen —evidentemente— alcance y dimensión inferior a las del gobierno externo, puesto que se ejercen sobre un número determinado de órganos jurisdiccionales.

Se abordará a continuación el gobierno externo ejercido por el Consejo General del Poder Judicial, con especial atención en su composición y en sus competencias; y el gobierno interno de los juzgados y tribunales, con determinación de sus órganos y atribuciones.

2. EL GOBIERNO DEL PODER JUDICIAL

2.1. Composición

Según establece el art. 122.3 CE, el CGPJ estará integrado por el Presidente del Tribunal Supremo, que lo presidirá, y por veinte miembros nombrados por el Rey por un período de cinco años. "De estos, doce entre jueces y magistrados de todas las categorías judiciales, en los términos en los que establezca la ley orgánica; cuatro a propuesta del Congreso de los Diputados, y cuatro a propuesta del Senado, elegidos en ambos casos por mayoría de tres quintos de sus miembros, entre abogados y otros juristas, todos ellos de reconocida competencia con más de quince años de ejercicio de su profesión".

De la lectura de este precepto podría concluirse que el CGPJ es un órgano de representación de los jueces o un órgano de defensa de intereses profesionales, pero no es esa su razón de ser, sino la de representar intereses constitucionalmente reconocidos, en especial, el de la independencia de la magistratura como garantía de los derechos y libertades de los ciudadanos. De acuerdo con dicha tarea, la presencia de juristas y de jueces y magistrados tiene por finalidad concentrar en el CGPJ experiencias acerca de la actividad desempeñada por los operadores jurídicos.

La elección de los miembros del CGPJ constituye un tema polémico, puesto que la Constitución ha confiado el sistema de designación a los legisladores, y este se ha hecho depender en ocasiones de intereses que no siempre responden a ese valor independencia judicial, que supuestamente debe proteger y garantizar el CGPJ.

1. Primer sistema de elección. La Ley Orgánica del Poder Judicial 1/1980, de 10 de enero, entendió que la voluntad de la Constitución era que ocho de los miembros debían ser designados por las Cortes Generales, mientras los 12 restantes tendrían que ajustarse al sistema que diseñara la ley de desarrollo, que no recaería en la Cortes Generales, puesto que así lo habría establecido la Constitución. Por ello, se decidió que los doce miembros de procedencia judicial sean elegidos por todos los jueces y magistrados en activo.

2. Segundo sistema de elección. Como la Constitución se remitía a la Ley Orgánica para regular el sistema de elección de los 12 miembros, la Ley Orgánica del Poder Judicial 6/ 1985, de 6 de julio, decidió modificar el sistema previsto en la LO 1/1980, y atribuyó a las Cortes Generales su elección, de modo que correspondía a cada una elegir a diez vocales por mayoría de tres quintos, cuatro entre juristas de reconocida competencia y seis entre jueces y magistrados (art. 112 LOPJ). Dicha modificación fue recurrida por 55 Diputados del Congreso ante el Tribunal Constitucional, por contravenir el art. 122.3 CE en relación con el 66.2 CE, puesto que dicho precepto se refiere solo a la regulación de los términos de la elección, no a la determinación del órgano que deba hacerla. Consideraban que el cupo de miembros del CGPJ procedente de la propia Carrera debería ser elegido por jueces y magistrados. El Tribunal Constitucional entendió que el art. 122.3 LOPJ no es contrario al texto constitucional, y es susceptible de una interpretación conforme a la Constitución, aunque advierte del riesgo de que las Cámaras, a la hora de efectuar sus propuestas, olviden que la composición del Consejo debe reflejar el pluralismo de la sociedad y, muy especialmente, el del Poder Judicial. Se verá frustrado tal objetivo si se atiende solo a la división de fuerzas existente en su propio seno, con el consiguiente reparto de puestos a cubrir entre los distintos partidos, en proporción a la fuerza parlamentaria de estos. Lamentablemente, puesto en marcha el sistema de elección, las advertencias del TC no fueron aten-

didas por los partidos políticos, que sucumbieron al reparto de plazas del CGPJ.

3. Tercer sistema de elección, LO 2/2001, de 28 de junio de modificación de la Ley Orgánica del Poder Judicial 6/ 1985. Implanta un nuevo procedimiento de designación de los Vocales del Consejo General del Poder Judicial. La decisión continuaba residiendo en el Congreso de los Diputados y el Senado, que elegían seis vocales, por mayoría de tres quintos de sus miembros, entre los presentados a las Cámaras por los jueces y magistrados. Precisamente, en la relación de "presentados", residía la clave de la reforma, que provenía de las propuestas que realizasen las asociaciones de jueces y magistrados o, en caso de no afiliación, de un número de jueces y magistrados que represente, al menos, al 2 por cien de todos los que se encuentren en servicio activo. Como máximo podría incluirse en la propuesta 36 candidatos, y el número que pueden presentar unos y otros se ajustará a criterios estrictos de proporcionalidad, de modo que, los 36 candidatos se distribuirán en proporción al número de afiliados de cada asociación y al número de no afiliados a ninguna de las asociaciones.
4. Cuarto sistema de elección, LO 4/2013, de 28 de junio de modificación de la Ley Orgánica del Poder Judicial 6/ 1985. Mantiene la competencia para elegir a los jueces y magistrados en las Cámaras, entre los candidatos que hayan presentado su candidatura al Congreso de los Diputados o al Senado y que puedan aportar el aval de veinticinco miembros de la carrera judicial en servicio activo o el aval de una asociación judicial legalmente constituida en el momento en que se decrete la apertura del plazo de presentación de candidaturas. Cada uno de los jueces o magistrados o asociaciones judiciales podrá avalar hasta un máximo de doce candidatos (art. 572-574 LOPJ). El candidato presentará una instancia manifestando su intención de ser designado vocal e incluirá una memoria justificativa de las líneas de actuación que debería desarrollar el CGPJ. Con este sistema, vigente cuando se escriben estas líneas, el CGPJ lleva sin renovarse desde el 4 de diciembre de 2018, momento en el que caducó el mandato iniciado en 2013.

Desde que se atribuyó en 1985 a las Cámaras la selección de los jueces y magistrados que integran el CGPJ, se han pronunciado críticamente distintos sectores de la sociedad debido al riesgo de "pactos" o "cupos" entre las fuerzas políticas de las Cortes y del Senado que, por un lado, marginen la debida valoración de los candidatos y, por otro, respondan a las afinidades ideológicas o afiliaciones asociativas de los candidatos.

Será preciso tener presente, frente a tales críticas, que la posición de independencia de los Jueces y Magistrados responde a la situación que el ordenamiento les otorga, y corresponde a los legisladores articular un sistema que garantice una plena y total independencia.

2.2. *Atribuciones del CGPJ*

Las competencias que desempeña el CGPJ pueden clasificarse en cuatro categorías según la actividad sobre la que recae. Primero, la función decisora que tiene lugar cuando propone —tras una deliberación en el Pleno— los nombramientos del Presidente del TS y del CGPJ, Magistrados del TC o Magistrados del TS (art. 560.1.1-3 LOPJ); segundo, la función organizativa, cuando gestiona las selección, formación y ascensos de los Jueces y Magistrados (art. 299 y ss. LOPJ); tercero, la función consultiva, que realiza al informar de los anteproyectos de ley y disposiciones generales que aborden las materias previstas en el art. 561 LOPJ y al elaborar la Memoria anual sobre el estado, funcionamiento y actividades del CGPJ (art. 563 LOPJ); y por último, en cuarto término, la función, reglamentaria, que desempeña en el marco de las previsiones de la LOPJ en concretas materias contempladas en el art. 560.1.16ª LOPJ.

Las funciones son ejercidas a través de la Presidencia, el Pleno y las Comisiones. A continuación se precisarán sus competencias.

1. Presidente. El Presidente del CGPJ será también Presidente del TS, y será elegido entre los miembros de la carrera judicial con la categoría de Magistrado del TS, que reúna las condiciones para ser Presidente de Sala o bien ser un jurista de reconocida competencia con más de veinticinco años de antigüedad (art. 586 LOPJ). Como Presidente del CGPJ, ostenta la representación, convoca y preside las sesiones del Pleno y de la Comisión Permanente, decide los empates con voto de calidad; fija el orden del día de las sesiones del Pleno y de la Comisión Permanente, y las demás previstas en el art. 598 LOPJ.
2. Pleno del CGPJ. Compuesto por todos los vocales y el Presidente, tiene encomendada la propuesta de nombramiento, por mayoría de tres quintos, de los magistrados del Tribunal Constitucional cuya designación corresponde al CGPJ; el nombramiento del Vicepresidente del Tribunal Supremo, del Secretario General y del Vicesecretario General del Consejo General del Poder Judicial; el nombramiento o propuesta de nombramiento que suponga ciertas discrecionalidad o apreciación de méritos; la aprobación de Memoria Anual y todas aquellas atribuciones que consagra el art. 599 LOPJ.
3. Comisión Permanente. Compuesta por el Presidente y 7 vocales, nombrados por el Pleno del CGPJ. Le corresponde preparar las sesiones del Pleno de conformidad con el plan de trabajo y directrices que se establezcan,

velar por la ejecución de los Acuerdos del Pleno; decidir el nombramiento de jueces y magistrados que tienen carácter íntegramente reglado, y todas aquellas otras que contempla el art. 602 LOPJ.

4. Comisión Disciplinaria. Compuesta por siete vocales, debe resolver los expedientes disciplinarios incoados por infracciones graves y muy graves e imponer, en su caso, las sanciones que correspondan a Jueces y Magistrados, salvo la separación del servicio, y la resolución de los recursos de alzada interpuestos contra las resoluciones sancionadoras de los órganos de gobierno interno de los Tribunales. Un órgano distinto pero vinculado a esta Comisión, es el Promotor de la Acción Disciplinaria —que podrá ser un Magistrado del TS o un Magistrado con más de 25 años— a quien corresponde recibir las quejas sobre el funcionamiento de los órganos judiciales, la recepción de denuncias, iniciación e instrucción de expedientes disciplinarios y la presentación de los cargos ante la Comisión Disciplinaria (arts. 605 y 606 LOPJ).
5. Comisión de Asuntos Económico. Integrada por tres Vocales del Consejo, tiene el encargo de realizar estudios y proyectos de carácter económico y financiero que le sean encomendados por el Pleno del Consejo, el control de la actividad financiera y contable de la gerencia y aquellas otras que resulten necesarias para el correcto desempeño de las funciones del CGPJ en materia económica (art. 609 LOPJ).
6. Comisión de Igualdad. Integrada por tres Vocales del Consejo que deberán ser elegidos por el Pleno, atendiendo al principio de presencia equilibrada entre hombres y mujeres. Le corresponde asesorar al Pleno sobre las medidas necesarias o convenientes para integrar activamente el principio de igualdad entre mujeres y hombres en el ejercicio de las atribuciones del CGPJ. En concreto, han de elaborar informes previos sobre impacto de género de los Reglamentos, proponer medidas para mejorar los parámetros de igualdad en la carrera judicial y conducir el estudio y seguimiento de la respuesta judicial en materia de violencia doméstica y de género, sirviéndose para ello del Observatorio contra la Violencia Doméstica y de Género (art. 610 LOPJ)

3. EL GOBIERNO DE JUZGADOS Y TRIBUNALES

Tal y como se explicó en el primer epígrafe, la LOPJ concibe un gobierno externo a cargo del CGPJ y, otro interno, que reparte entre Salas de Gobierno, Presidentes de Tribunales y Audiencias y Jueces Decanos y Juntas de Jueces. A continuación serán descritos los órganos que ejercen funciones de gobierno, su composición y funciones.

3.1. Salas de Gobierno

Las tareas de gestión y organización del Tribunal, se llevan a cabo, según el órgano jurisdiccional por tres Salas de Gobierno: del Tribunal Supremo, de la Audiencia Nacional y del Tribunal Superior de Justicia.

En cuanto a las reglas que predeterminan su composición, cada Sala tiene unos criterios propios.

1. La Sala de Gobierno del TS está constituida por el Presidente, por los Presidentes de las cinco salas, y por 5 magistrados (art. 149 LOPJ).
2. La Sala de Gobierno de la Audiencia Nacional está integrada por su Presidente, los Presidentes de las 3 salas, y por 3 magistrados (art. 149 LOPJ).
3. La Sala de Gobierno del TSJ está formada por el Presidente del TSJ, los Presidentes de Sala, los Presidentes de las Audiencias Provinciales de la Comunidad Autónoma, y por un número igual de magistrados o jueces, elegidos por todos los miembros de la Carrera Judicial destinados en ella, con la exigencia de que, como mínimo, uno de los miembros sea de la categoría de Juez, salvo que no hubieran candidatos Jueces (art. 149 LOPJ).

Entre sus funciones, las Salas de Gobierno así constituidas, aprueban las normas de reparto de asuntos entre las distintas secciones; establecen los turnos para la composición y funcionamiento de las Salas y Secciones del Tribunal y de las Audiencia Provinciales, fijan de modo vinculante las normas de asignación de la ponencias; proponen al CGPJ los magistrados suplentes; ejercen facultades disciplinarias; proponen medidas para mejorar la Administración de Justicia y las demás que establece el art. 152 LOPJ.

3.2. Presidentes de los Tribunales y Audiencias

El nombramiento de los Presidentes de los Tribunales y de las Audiencias Provinciales, constituye una de las potestades discrecionales que ejerce el CGPJ. Tal y como establece la LOPJ, corresponde al Pleno del CGPJ el nombramiento o propuesta de nombramiento que implique algún margen de discrecionalidad o apreciación de méritos (art. 599 LOPJ), y precisamente dichos destinos en la carrera judicial no se proveen por concurso, sino que responden a la decisión discrecional del Pleno que establecerá en la convocatoria los méritos, tanto las aptitudes de excelencia jurisdiccional cuando las relacionadas con las funciones de gobierno (art. 326.2 LOPJ).

Entre sus funciones, los Presidentes de los Tribunales y de las Audiencias, tienen atribuidas, sin ánimo exhaustivo, las siguientes funciones de gobierno: convocar, presidir y dirigir las deliberaciones de la Sala de Gobierno; fijar el orden del día de las sesiones de la Sala de Gobierno; someter propuestas a la Sala de

Gobierno; autorizar los Acuerdos de la Sala de Gobierno y velar por su cumplimiento; y las demás previstas en el art. 160 LOPJ.

3.3. *Presidentes de Salas*

Los Presidentes de Sala de la Audiencia Nacional y los de los Tribunales Superiores de Justicia, son propuestos por el CGPJ, por un período de cinco años renovables por un único mandato de otros cinco años, entre Magistrados que hubieren prestado diez años de servicios en esta categoría y ocho en el orden jurisdiccional de que se trate. Salvo la presidencia de la Sala de Apelación de la Audiencia Nacional que se proveerá entre Magistrados con más de quince años de antigüedad en la carrera que hayan prestado servicios al menos durante diez años en el orden jurisdiccional penal (art. 333 LOPJ).

Como Presidente de las Salas, además de la funciones jurisdiccionales, les corresponde como tareas de gobierno en su ámbito competencial: la dirección e inspección de todos los asuntos; adoptar las resoluciones para la buena marcha que la Administración de Justicia aconseje; dar cuenta al Presidente de Tribunal y Audiencia de las anomalías o faltas y ejercerán las funciones disciplinarias sobre los profesionales que se relacionen con el tribunal (art. 165 LOPJ).

3.4. *Jueces, Jueces Decanos y Juntas de Jueces*

Los Jueces, como los Presidente de Sala, asumen funciones de gobierno en el ámbito de su Juzgado, tanto mediante la dirección e inspección de los asuntos que tramitan, cuanto impulsando su buena marcha e informando a la Audiencia Provincial los problemas que observan (art. 165 LOPJ).

Si los Jueces asumen funciones de Gobierno en su Juzgado, los Jueces Decanos la desempeñan en la relación con los poderes públicos y el justiciable (art. 168 LOPJ). Así, en las poblaciones donde haya diez o mas Juzgados, se elegirá por mayoría de tres quintos a uno de los Jueces y donde sean menos de 10, ejercerá las funciones de Decano, el Juez o Magistrado con mejor puesto en el escalafón.

Entre sus funciones está la de velar por la correcta utilización de los locales y materiales; garantizar que el servicio de guardia se presta continuadamente; adoptar medidas para corregir el no reparto de asuntos; recibir quejas y representar a los Juzgados ante los poderes públicos (art. 168 LOPJ).

Como Juez Decano, preside la Junta de Jueces para tratar asuntos de interés común relativos a la actividad jurisdiccionales de los titulares de los órganos judiciales (art. 168).

ESQUEMA TEMA 3

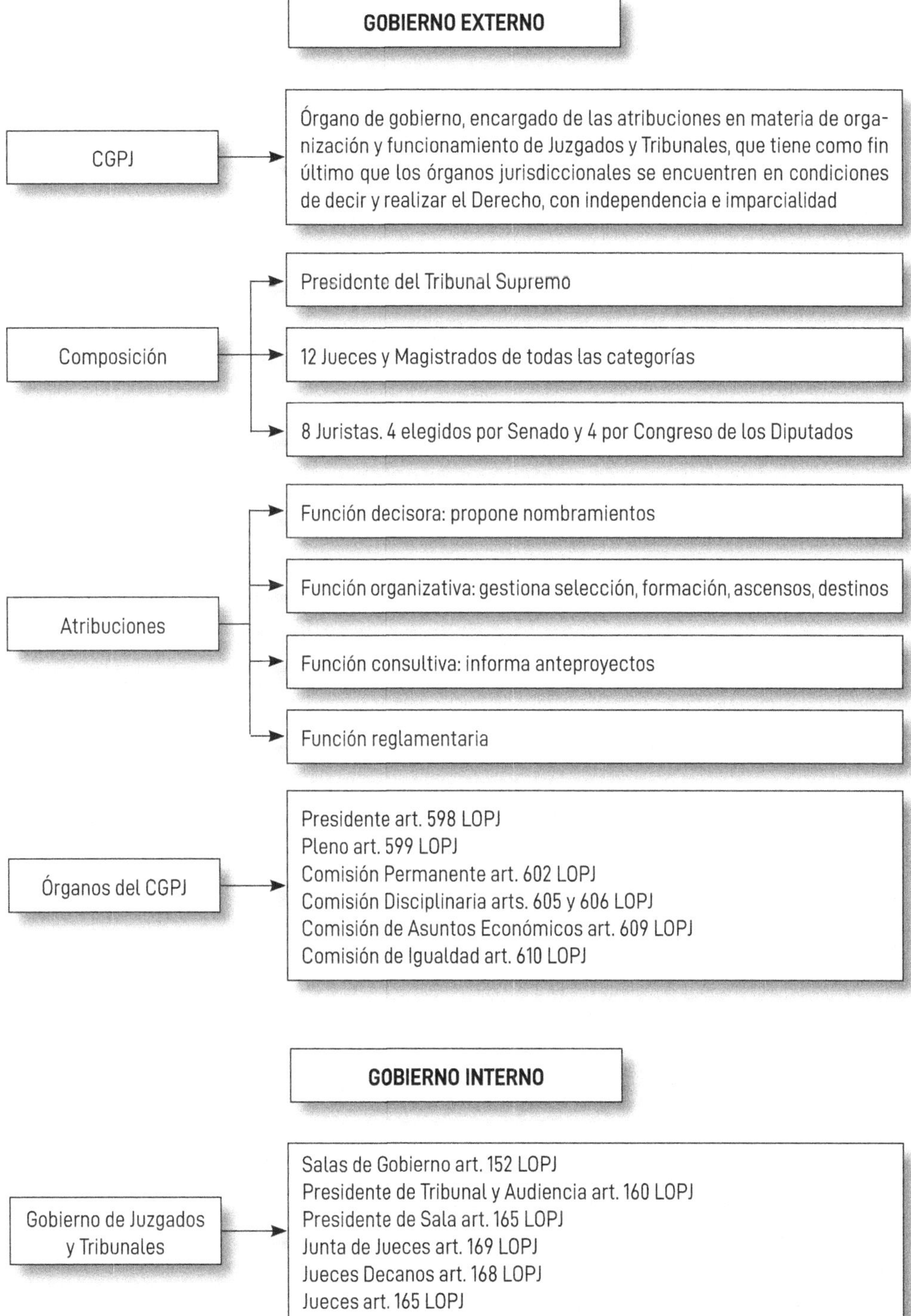

Tema 4

ÓRGANOS DEL PODER JUDICIAL. CONSTITUCIÓN Y FUNCIONAMIENTO

Mercedes Fernández López

1. CRITERIOS DE CLASIFICACIÓN DE LOS ÓRGANOS JURISDICCIONALES INTEGRANTES DEL PODER JUDICIAL

Los criterios de clasificación de los órganos jurisdiccionales pertenecientes al Poder Judicial en los que se basa la LOPJ son cuatro: el relativo a la naturaleza de las pretensiones de las que conocen (criterio material), el que alude a su carácter de órganos unipersonales o colegiados (criterio de la composición), el relativo al conocimiento de los asuntos (criterio de la jerarquía funcional) y, por último, el criterio que atiende al ámbito territorial al que cada órgano jurisdiccional extiende su competencia (criterio territorial).

1.1. Material

En atención a la naturaleza jurídica de los asuntos que resuelven, los órganos judiciales pertenecientes al Poder Judicial se dividen en cuatro órdenes jurisdiccionales (art. 9 LOPJ): civil, penal, contencioso-administrativo y social. Muy a grandes rasgos, por cuanto es materia que se aborda en otra lección, el ámbito de actuación de cada orden jurisdiccional es el siguiente:

A) El orden jurisdiccional civil conoce de las materias reguladas por el Derecho Privado (asuntos civiles y mercantiles, incluyendo los conflictos relativos a actuaciones de la Administración Pública cuando actúa sujeta al Derecho Privado) y de las materias no atribuidas expresamente a otros órdenes jurisdiccionales.

Pertenecen al orden jurisdiccional civil los juzgados de paz, los juzgados de primera instancia, los juzgados de lo mercantil (y de marca comunitaria), las secciones civiles de las audiencias provinciales, la sala de lo civil (y penal) de los tribunales superiores de justicia y la Sala Primera del Tribunal Supremo.

B) El orden jurisdiccional penal conoce de los procedimientos dirigidos al enjuiciamiento y fallo de los delitos y delitos leves, a excepción de los que correspondan a la Jurisdicción Militar.

Pertenecen al orden jurisdiccional penal: los juzgados de instrucción, los juzgados de violencia sobre la mujer, los juzgados de lo penal, los juzgados de menores, los juzgados de vigilancia penitenciaria, los juzgados centrales de instrucción, los juzgados centrales de lo penal, los juzgados centrales de menores, los juzgados de vigilancia penitenciaria, las secciones penales de las audiencias provinciales, la sala de lo (civil y) penal de los tribunales superiores de justicia, la Sala de lo Penal Audiencia Nacional, la Sala de Apelación de la Audiencia Nacional y la Sala Segunda del Tribunal Supremo.

C) El orden jurisdiccional contencioso-administrativo conoce de los conflictos que tengan su origen en actuaciones de la Administración cuando actúa como sujeto de Derecho Público, en disposiciones normativas de rango inferior a la ley y de pretensiones relativas a la responsabilidad patrimonial de la Administración Pública y del personal a su servicio.

Pertenecen al orden jurisdiccional contencioso-administrativo los juzgados de lo contencioso-administrativo, la sala de lo contencioso-administrativo de los tribunales superiores de justicia, la Sala de lo Contencioso-Administrativo de la Audiencia Nacional y la Sala Tercera del Tribunal Supremo.

D) El orden jurisdiccional social conoce de las pretensiones relativas a conflictos individuales y colectivos de Derecho Laboral, de las reclamaciones a la Seguridad Social y de la responsabilidad del Estado cuando venga atribuida por la legislación laboral.

Pertenecen al orden jurisdiccional social los juzgados de lo social, la sala de lo social de los tribunales superiores de justicia, la Sala de lo Social de la Audiencia Nacional y la Sala Cuarta del Tribunal Supremo.

1.2. Composición

Según sea su composición, los órganos jurisdiccionales pueden dividirse en unipersonales, llamados *juzgados* (servidos por un único juez o magistrado) y colegiados (servidos por varios magistrados que actúan colegiadamente), que reciben la denominación de *tribunales* (es el caso de los tribunales superiores de justicia y del Tribunal Supremo) o audiencias (audiencias provinciales y Audiencia Nacional). A su vez, los órganos colegiados se dividen en salas (cada una de las cuales pertenece a un orden jurisdiccional) y éstas se dividen en secciones, a excepción de las audiencias provinciales, que directamente están integradas por secciones.

1.3. Jerarquía funcional

La clasificación de los órganos jurisdiccionales en atención al criterio jerárquico alude exclusivamente al grado de conocimiento de los distintos asuntos que se les someten, sin que a partir de ello se pueda concluir que existe una relación de jerarquía o sometimiento de los jueces y magistrados a quienes se encuentran en una posición superior del escalafón judicial o a quienes ejercen sus funciones en otro órgano jurisdiccional que conoce de recursos frente a las sentencias que dictan. La idea de jerarquía entre órganos judiciales debe entenderse, por tanto, reducida a su competencia para conocer de las distintas instancias o fases procesales, de manera que quienes han intervenido en fases anteriores están vinculados por las decisiones (confirmatorias o revocatorias) de los órganos judiciales que resuelvan los ulteriores recursos, pero sin que por ello pierdan su independencia para resolver cada causa judicial con exclusivo sometimiento a la ley.

De acuerdo con este criterio, el Poder Judicial está integrado por órganos de primera instancia y órganos que conocen en apelación o casación, si bien existen algunas reglas especiales en virtud de las cuales los órganos que generalmente son competentes para conocer de los recursos frente a las resoluciones de los órganos de primera instancia conocen también, como órganos de primera instancia, de determinados asuntos (como sucede con el enjuiciamiento de los delitos cometidos por personas aforadas).

Así, por ejemplo, de acuerdo con el criterio jerárquico, la competencia para el enjuiciamiento y fallo de los delitos que lleven aparejada una pena privativa de libertad que no supere los cinco años corresponde a los juzgados de lo penal, mientras que la competencia para conocer del recurso de apelación frente a la sentencia que resuelva sobre tal delito recae en la audiencia provincial y en la Sala Segunda del Tribunal Supremo para el conocimiento del recurso de casación. Sólo en este sentido restringido, por tanto, cabe hablar de jerarquía.

1.4. *Territorial*

Entre los órganos jurisdiccionales del Poder Judicial los hay que extienden sus competencias al territorio nacional (por ejemplo, el Tribunal Supremo o la Audiencia Nacional), a la comunidad autónoma (así sucede con los tribunales superiores de justicia), a la provincia (es el caso de las audiencias provinciales o los juzgados de menores, entre otros), al partido judicial (por ejemplo, los juzgados de primera instancia, los juzgados de lo mercantil o los juzgados de instrucción) o al municipio (como sucede con los juzgados de paz).

Las demarcaciones judiciales coinciden con las correspondientes demarcaciones o unidades territoriales establecidas por el art. 137 CE, a excepción del partido judicial, que existe exclusivamente a efectos judiciales y que consiste en una unidad territorial integrada por dos o más municipios limítrofes pertenecientes a la misma provincia, pudiendo llegar a coincidir con el territorio de esta (art. 32 LOPJ).

2. ÓRGANOS JURISDICCIONALES INTEGRANTES DEL PODER JUDICIAL

2.1. *Órganos unipersonales*

2.1.1. Los juzgados de paz

Los juzgados de paz son órganos unipersonales con sede y ámbito territorial en el municipio. De acuerdo con el art. 99 LOPJ, en cada municipio donde no exista un juzgado de primera instancia e instrucción, habrá un juzgado de paz.

Los jueces de paz no pertenecen a la carrera judicial. Pueden ser nombrados jueces de paz quienes, sin necesidad de ser titulados en Derecho, cumplan los requisitos para acceder a la carrera judicial. Les son aplicables las mismas causas de incapacidad e incompatibilidad establecidas para jueces y magistrados de carrera, a excepción de las relativas al desempeño de actividades profesionales o mercantiles, puesto que los honorarios que recibe por el ejercicio de la función judicial son muy escasos (art. 102 LOPJ). Su nombramiento, con una duración de cuatro años, corresponde al pleno del Ayuntamiento.

Los juzgados de paz tienen atribuidas funciones propias del orden jurisdiccional civil y del orden jurisdiccional penal. En el ámbito civil, conocen de las demandas relativas a pretensiones que, tramitándose en atención a la cuantía, no superen los 90 euros (art. 47 LEC) y de actos de conciliación. Asumen también funciones de registro civil y de auxilio a otros registros civiles (art. 100 LOPJ).

En el orden penal, su competencia se reduce a ejercer funciones de auxilio a otros órganos jurisdiccionales penales.

2.1.2. Los juzgados de primera instancia e instrucción

Los juzgados de primera instancia e instrucción son órganos que pertenecen al orden civil (como juzgados de primera instancia) y al orden penal (como juzgados de instrucción). La LOPJ se refiere a ellos en el art. 84 como un único tipo de órgano jurisdiccional con competencias mixtas. Sin embargo, las dificultades que plantea la asunción de competencias tan variadas y dispares, llevó a establecer en el art. 21.1 de la Ley de Demarcación y Planta Judicial (LDPJ) la posibilidad de que el Gobierno, a propuesta del CGPJ y con el informe previo de las comunidades autónomas con competencias transferidas en materia de Justicia, establezca la separación entre juzgados de primera instancia y juzgados de instrucción en los partidos judiciales en los que el número de juzgados mixtos existentes así lo aconseje. Dada esta posibilidad —y por razones de claridad expositiva—, sus características y competencias se van a analizar por separado.

Los juzgados de primera instancia extienden su competencia al ámbito del partido judicial (art. 84 LOPJ). Forman parte del orden jurisdiccional civil y conocen de todos los asuntos civiles en primera instancia (a excepción de aquellos de los que conocen los juzgados de paz y los juzgados de lo mercantil), de los actos de jurisdicción voluntaria, de las cuestiones de competencia entre los juzgados de paz de su partido judicial y de los recursos frente a las resoluciones de estos que sean apelables (art. 85 LOPJ). Son, además, competentes para conocer del procedimiento de exequátur relativo al reconocimiento y ejecución de resoluciones extranjeras.

Además de sus competencias jurisdiccionales, los juzgados de primera instancia asumen también la llevanza del registro civil.

El art. 98 LOPJ prevé la posibilidad de establecer juzgados especializados en determinados tipos de asuntos de entre los pertenecientes al mismo orden jurisdiccional y a la misma categoría (como sucede, por ejemplo, en asuntos de familia o de cláusulas abusivas), cuya creación corresponde al CGPJ mediante acuerdo que debe ser publicado en el Boletín Oficial del Estado.

2.1.3. Los juzgados de lo mercantil

Los juzgados de lo mercantil son órganos unipersonales con competencia en el territorio de la provincia, si bien podrán tener un ámbito inferior al provincial o superior (dos provincias de una misma comunidad autónoma) en atención a las particulares circunstancias de los territorios en los que se establezcan (art. 86 LOPJ).

Ejercen sus competencias con carácter exclusivo y excluyente respecto de las siguientes materias, siempre que pertenezcan al orden jurisdiccional civil: propiedad intelectual e industrial; competencia desleal y publicidad; sociedades mercantiles, sociedades cooperativas, agrupaciones de interés económico; transporte terrestre, nacional o internacional; Derecho marítimo, y Derecho aéreo (salvo por lo que respecta a las reclamaciones relativas al equipaje facturado, a denegaciones de embarques, cancelaciones y retrasos de vuelos, derechos y obligaciones de los pasajeros de ferrocarril y derechos de los pasajeros que viajan por mar y vías navegables).

Asimismo, conocen de las acciones fundadas en infracciones del Derecho de la competencia y de los recursos directos contra las calificaciones negativas de los registradores mercantiles o, en su caso, contra las resoluciones expresas o presuntas de la Dirección General de Seguridad Jurídica y de Fe Pública relativas a esas calificaciones (art. 86 bis LOPJ).

Igualmente, conocen de los concursos de acreedores (con independencia de que el deudor sea persona física o persona jurídica), de los planes de reestructuración y del procedimiento especial para microempresas, así como de todas las acciones vinculadas al concurso a las que se refieren los apartados 2 a 6 del art. 86 ter LOPJ.

Por último, son también competentes para el reconocimiento y ejecución de resoluciones judiciales extranjeras cuando versen sobre materias de su competencia, salvo que los tratados u otras normas internacionales atribuyan esa competencia a otros tribunales (art. 86 quáter LOPJ).

Entre todos los juzgados de lo mercantil, los de Alicante tienen la competencia exclusiva para conocer de los litigios relativos a marcas, dibujos y modelos comunitarios (también cuando las acciones relativas a estas materias se ejerciten junto con otras relativas a marcas nacionales o internacionales idénticas o similares). A estos solos efectos, reciben la denominación de juzgados de marca de la Unión Europea y su competencia se extiende a todo el territorio nacional (art. 86 quinquies LOPJ).

2.1.4. Los juzgados de instrucción

Son órganos jurisdiccionales pertenecientes al orden jurisdiccional penal. Como los juzgados de primera instancia (con los que, en muchas ocasiones, conforman un órgano jurisdiccional mixto, de primera instancia e instrucción), extienden su competencia al ámbito del partido judicial (art. 84 LOPJ). Son fundamentalmente órganos de investigación, no de enjuiciamiento, y, en particular, sus competencias son las establecidas en el art. 87 LOPJ. Entre ellas, destacan la instrucción de las causas por delito cuyo enjuiciamiento corresponda a los juzgados de lo penal y a las audiencias provinciales (a excepción de las que corresponda instruir a los juzgados de violencia sobre la mujer); el enjuiciamiento y fallo de delitos leves, la autorización de internamiento de extranjeros en los centros habilitados para ello, así como la resolución de las peticiones y quejas de estos por infracción de sus derechos fundamentales.

2.1.5. Los juzgados de violencia sobre la mujer

Son órganos unipersonales penales cuyo ámbito competencial es el partido judicial, aunque en determinados supuestos se puede acordar que extiendan su competencia al territorio de dos o más partidos judiciales dentro de la misma provincia o que sus competencias sean asumidas por un mismo juzgado de primera instancia y de instrucción o un juzgado de instrucción (art. 87 bis LOPJ).

Conocen de la investigación de las causas por delitos de violencia de género, de la adopción de órdenes de protección y del enjuiciamiento y fallo de los delitos leves de violencia de género (arts. 87 ter 1 LOPJ y 14.5 LECrim).

Aunque son órganos penales, son competentes en el orden civil (siempre que exista un procedimiento penal en curso por un delito de violencia de género y las partes del proceso civil sean también partes en el procedimiento penal) para conocer de los procesos de familia, liquidación del régimen económico matrimonial instados por o frente a los herederos de la víctima y de los procesos de oposición a resoluciones administrativas en materia de protección de menores (art. 87 ter apartados 2 y 3 LOPJ).

2.1.6. Los juzgados de lo penal

Los juzgados de lo penal son órganos unipersonales con competencia en el ámbito de la provincia, si bien excepcionalmente puede disponerse su creación en el territorio de uno o más partidos judiciales de la misma provincia (art. 89 bis LOPJ).

Su principal competencia es el enjuiciamiento y fallo de las causas penales por delito cuya pena privativa de libertad no exceda de cinco años, cuando la pena que tengan atribuida sea de multa (con independencia de su cuantía) o, por último, cuando se trate de penas de cualquier otra naturaleza cuya duración no exceda de diez años. También son competentes para el enjuiciamiento y fallo de los delitos leves conexos con los anteriores (art. 14.3 LECrim).

En los delitos contra la libertad y la indemnidad sexual, a los solos efectos de determinar la competencia para el enjuiciamiento, únicamente se tendrán en cuenta las penas de prisión o de multa, correspondiendo al juez de lo penal de la circunscripción donde el delito fue cometido, o al juez de lo penal correspondiente a la circunscripción del juzgado de violencia sobre la mujer, en su caso, el conocimiento y fallo de los delitos que tengan atribuida pena privativa de libertad de duración no superior a cinco años o pena de multa de cualquier cuantía (art. 14.3 LECrim).

2.1.7. Los juzgados de menores

Los juzgados de menores radican en el ámbito de la provincia, si bien pueden extender su competencia en situaciones que así lo aconsejen al ámbito de uno o más partidos judiciales de la misma provincia o a dos provincias de la misma comunidad autónoma (art. 96 LOPJ).

Pertenecen al orden jurisdiccional penal y su principal competencia es el conocimiento y fallo de las causas por delitos y delitos leves cometidos por menores (art. 97 LOPJ).

2.1.8. Los juzgados de vigilancia penitenciaria

Los juzgados de vigilancia penitenciaria pertenecen al orden jurisdiccional penal y extienden su competencia al ámbito de la provincia (art. 94 LOPJ), si bien pueden establecerse en un ámbito territorial menor (uno o varios partidos judiciales de la misma provincia) o mayor (dos o más provincias de la misma comunidad autónoma).

Son competentes para adoptar las medidas dirigidas a la ejecución de las penas privativas de libertad y de las medidas de seguridad, para conocer de los recursos frente a las decisiones de la autoridad penitenciaria y para velar por los derechos de los internos en centros penitenciarios (art. 94 LOPJ).

2.1.9. Los juzgados de lo contencioso-administrativo

Como regla general, los juzgados de lo contencioso-administrativo extienden su competencia al ámbito de la provincia, pero cuando las circunstancias lo aconsejen, podrán establecerse en el ámbito de uno o más partidos judiciales dentro de la misma provincia o en el ámbito de dos o más provincias dentro de la misma comunidad autónoma (art. 90 LOPJ).

Conocen, en primera o única instancia, de los recursos contra los actos administrativos que la ley determine. Les compete, además, autorizar mediante auto la entrada en domicilios y edificios cuando sea necesario para la ejecución forzosa de las resoluciones administrativas y no se obtenga el consentimiento del afectado (art. 91 LOPJ).

2.1.10. Los juzgados de lo social

Los juzgados de lo social, con competencia en el ámbito de la provincia (aunque la LOPJ prevé, como en casos anteriores, la posibilidad de establecer un ámbito territorial superior o inferior cuando así se considere necesario), conocen en primera o en única instancia de las pretensiones en materia de Derecho Laboral o contra la Seguridad Social que no estén atribuidas a otros órganos del orden jurisdiccional social (art. 93 LOPJ).

2.1.11. Órganos unipersonales con competencia sobre todo el territorio nacional: los juzgados centrales

2.1.11.1. Los juzgados centrales pertenecientes al orden jurisdiccional penal

Se trata de órganos jurisdiccionales unipersonales con sede en Madrid y con competencia sobre todo el territorio nacional.

Los juzgados centrales de instrucción y juzgados centrales de vigilancia penitenciaria cumplen las funciones ordinarias establecidas por la LOPJ para los juzgados de instrucción y para los juzgados de vigilancia penitenciaria pero exclusivamente respecto de las causas penales cuyo conocimiento y fallo corresponde a los juzgados centrales de lo penal o a la Audiencia Nacional (arts. 88 y 94.4 LOPJ). Desde 2021, como consecuencia de la creación de la Fiscalía Europea, sus titulares conocen también, en su calidad de jueces de garantías, de las peticiones de la Fiscalía Europea relativas a la adopción de medidas cautelares personales y a la autorización de actuaciones que impliquen la limitación de los derechos fundamentales, así como de cualquier otra actuación que se establezca legalmente en el marco de los procedimientos penales instruidos por aquélla. Por último, conocen también de los recursos frente a los decretos dictados por los fiscales europeos delegados (art. 88 LOPJ).

Por su parte, los juzgados centrales de lo penal son competentes para el enjuiciamiento y fallo de las causas previstas en el art. 65 LOPJ cuando, por su gravedad, no le corresponda hacerlo a la Audiencia Nacional (apartado 3 del art. 89 bis LOPJ).

El juzgado central de menores se encarga del conocimiento y fallo de los delitos de terrorismo (arts. 571 a 580 CP) cometidos por menores, así como del conocimiento y fallo de todos los delitos cometidos por menores en el extranjero cuando España sea competente para su persecución (art. 96.2 LOPJ y 2.4 LORPM).

2.1.11.2. Los juzgados centrales de lo contencioso-administrativo

Los juzgados centrales de lo contencioso-administrativo tienen su sede en Madrid y competencia sobre todo el territorio nacional.

Conocen en primera o única instancia de los recursos contencioso-administrativos contra disposiciones y actos de organismos, autoridades, órganos y entidades públicas con competencia sobre todo el territorio nacional. Poseen también competencia para acordar medidas dirigidas a la protección de la propiedad intelectual, tales como la interrupción de servicios de la sociedad de la información o la retirada de contenidos. Les corresponde también declarar la extinción de un partido político de conformidad con el procedimiento previsto en el art. 12 bis de la Ley Orgánica de Partidos Políticos (apartados 4 y 5 del art. 90 LOPJ).

2.2. Órganos colegiados

Se indican a continuación las principales características, la composición y las funciones de los órganos colegiados pertenecientes al Poder Judicial, sin aludir a los órganos de gobierno integrados en ellos, por cuanto fueron objeto de estudio en la lección anterior.

2.2.1. Las audiencias provinciales

Las audiencias provinciales extienden su competencia al ámbito de una provincia. Se dividen en secciones, que tienen competencia en el orden civil y en el orden penal.

Están integradas por el presidente y dos o más magistrados. En el caso de contar con dos o más secciones, tendrán la misma composición y el presidente de la audiencia presidirá una de las secciones (art. 81.1 LOPJ).

En el orden jurisdiccional civil, las audiencias provinciales conocen de los recursos de apelación contra las resoluciones de los juzgados de primera instancia, contra las resoluciones sobre materias civiles de los juzgados de violencia sobre la mujer y contra las resoluciones de los juzgados de lo mercantil. Una sección especializada en Derecho Mercantil de la Audiencia Provincial de Alicante conoce también en exclusiva de los recursos de apelación en materia de marcas, dibujos y diseños comunitarios, y a estos solos efectos, tiene competencia sobre todo el territorio nacional y recibe la denominación de Tribunal de Marca de la Unión Europea (art. 82.3 LOPJ).

En el orden jurisdiccional penal, las audiencias provinciales conocen del enjuiciamiento y fallo de los delitos cuyo conocimiento no esté atribuido a otros órganos jurisdiccionales (generalmente, todos aquellos cuya pena privativa de libertad supere los cinco años) y, como órgano de apelación, conocen de los recursos frente a las resoluciones apelables de los órganos unipersonales penales del ámbito de su provincia (juzgados de instrucción, juzgados de violencia sobre la mujer, juzgados de lo penal, juzgados de menores y juzgados de vigilancia penitenciaria). Asimismo, conocen del procedimiento de decomiso autónomo por los delitos para cuyo conocimiento sean competentes (art. 82.1 LOPJ).

Las audiencias provinciales conocen también de las cuestiones de competencia civiles y penales que surjan entre órganos judiciales de la provincia que no tengan otro superior común y del procedimiento de recusación de sus magistrados cuando este no se atribuya a la sala especial de los tribunales superiores de justicia (art. 82.4 LOPJ).

El tribunal del jurado se constituye, como regla general, en el ámbito de las audiencias provinciales, salvo en aquellos casos en los que, por tratarse de delitos cometidos por personas aforadas en el ejercicio de sus cargos, deba constituirse en el ámbito del tribunal superior de justicia o del Tribunal Supremo (art. 83 LOPJ).

2.2.2. Los tribunales superiores de justicia

Los tribunales superiores de justicia culminan la organización judicial en el ámbito de cada comunidad autónoma, a la que extienden su competencia (arts. 70 y 71 LOPJ).

Se componen de un presidente —que preside también su sala de lo civil y penal—, de los presidentes de sala y de los magistrados que determine la ley para cada una de las salas y, en su caso, de las secciones en las que pueda dividirse cada sala (art. 72.2 LOPJ).

Cada tribunal superior de justicia cuenta con tres salas: la sala de lo civil y penal, la sala de lo contencioso-administrativo y la sala de lo social.

La sala de lo civil y penal conoce, como sala civil, de los recursos de casación y revisión en materias de Derecho foral frente a resoluciones dictadas por los órganos del orden jurisdiccional civil radicados en el ámbito de la comunidad autónoma cuando así se establezca en los estatutos de autonomía, de las demandas de responsabilidad civil frente a miembros del gobierno autonómico o del parlamento autonómico cuando no se atribuyan al Tribunal Supremo por los correspondientes estatutos de autonomía y de las cuestiones de competencia entre órganos jurisdiccionales civiles que radiquen en la comunidad autónoma cuando no tengan otro órgano superior común (art. 73.2 LOPJ).

Como sala penal, conoce en primera instancia de la instrucción, enjuiciamiento y fallo de los delitos cometidos por personas aforadas en el ámbito de su territorio (siempre que los estatutos de autonomía no reserven esta competencia al Tribunal Supremo), del procedimiento de decomiso autónomo por los delitos para cuyo conocimiento sea competente, del recurso de apelación frente a las sentencias penales dictadas en primera instancia por las audiencias provinciales y de las cuestiones de competencia entre órganos jurisdiccionales penales que radiquen en la comunidad autónoma cuando no tengan otro órgano superior común (art. 73.3 a 5 LOPJ).

La sala de lo contencioso-administrativo conoce en única instancia de los recursos frente a actos administrativos y disposiciones normativas dictados en el ámbito de la comunidad autónoma y cuyo conocimiento no corresponda ni a los juzgados de lo contencioso-administrativo ni a los juzgados centrales de lo contencioso-administrativo ni a la Sala Tercera del Tribunal Supremo, así como de las cuestiones de competencia entre los juzgados de lo contencioso-administrativo con sede en la comunidad autónoma (art. 74 LOPJ).

La sala de lo social conoce en primera o única instancia de conflictos laborales en el ámbito superior al del juzgado de lo social e inferior al de la comunidad autónoma, de los recursos que se establezcan frente a las resoluciones de los juzgados de lo social y de las cuestiones de competencia entre los juzgados de lo social con sede en la comunidad autónoma (art. 75 LOPJ).

Cada sala conocerá de las recusaciones contra sus magistrados, siempre que la competencia no corresponda a una sala especial integrada por el presidente del tribunal superior de justicia, los presidentes de sala y el magistrado más moderno de cada sala, que conoce de las recusaciones contra el presidente, los presidentes de sala o de audiencias provinciales con sede en la comunidad autónoma o de dos o más magistrados de una sala o sección o de una audiencia provincial (art. 77 LOPJ).

2.2.3. La Audiencia Nacional

La Audiencia Nacional es un órgano colegiado con sede en Madrid y competencia sobre todo el territorio nacional.

Se compone de su presidente, los presidentes de sala y los magistrados que determine la ley para cada una de sus salas y secciones (art. 63.1 LOPJ).

Consta de cuatro salas: la Sala de lo Penal, la Sala de Apelación, la Sala de lo Contencioso-Administrativo y la Sala de lo Social (art. 64.1 LOPJ).

La Sala de lo Penal conoce del enjuiciamiento y fallo de los delitos establecidos en el art. 65 LOPJ y de los delitos de terrorismo (disposición transitoria de la LO 4/1988, de 25 de mayo, de reforma de la LECrim), del procedimiento de decomiso autónomo por los delitos para cuyo conocimiento sea competente y de los recursos de apelación frente a las resoluciones de los juzgados centrales de instrucción, juzgados centrales de lo penal, juzgados centrales de menores y juzgados centrales de vigilancia penitenciaria (art. 65 LOPJ).

La Sala de Apelación conoce de los recursos de apelación frente a las resoluciones dictadas por la Sala de lo Penal de la Audiencia Nacional (art. 64 bis LOPJ).

La Sala de lo Contencioso-Administrativo conoce, en única instancia, de los recursos contencioso-administrativos contra las disposiciones y actos de los ministros y secretarios de Estado que no se atribuyan a los juzgados centrales de lo contencioso-administrativo, contra los actos de la comisión de vigilancia de actividades de financiación del terrorismo, de los recursos devolutivos frente a las resoluciones de los juzgados centrales de lo contencioso-administrativo y de las cuestiones de competencia que se susciten entre estos (art. 66 LOPJ).

La Sala de lo Social conoce de las demandas relativas a la impugnación de convenios colectivos y a conflictos colectivos cuyo ámbito de aplicación (o efectos de la resolución que se dicte) sea superior al territorio de una comunidad autónoma y de la impugnación de actos de las Administración General del Estado dictados en materia laboral (art. 67 LOPJ y art. 8 Ley 36/2011, de 10 de octubre, reguladora de la jurisdicción social).

Cada sala conocerá de las recusaciones contra sus magistrados, siempre que la competencia no corresponda a una sala especial compuesta por el presidente, los presidentes de las salas y el magistrado más antiguo y el más moderno de cada una, cuya función es la de conocer y resolver los incidentes de recusación contra el presidente, los presidentes de sala o frente a más de dos magistrados de una sala (art. 69 LOPJ).

2.2.4. El Tribunal Supremo

El Tribunal Supremo culmina la organización judicial española en todos los órdenes jurisdiccionales, función que le atribuye el art. 123.1 CE. Tiene su sede en Madrid y su competencia se extiende al territorio nacional (art. 53 LOPJ). Se trata fundamentalmente de un órgano de casación cuya misión es la unificación de doctrina material o sustantiva y procesal.

Está integrado por el presidente (que a su vez lo es también del CGPJ), el presidente de cada una de las cinco salas y los magistrados adscritos a cada una de las salas y sus correspondientes secciones (art. 54 LOPJ).

Consta de cinco salas jurisdiccionales y tres salas especiales.

Las salas de naturaleza jurisdiccional se identifican con cada uno de los cuatro órdenes jurisdiccionales, a las que se suma la sala que culmina la Jurisdicción Militar (la Sala Quinta).

La Sala Primera (civil) conoce de los recursos de casación y otros extraordinarios que establezcan las leyes y de las demandas de responsabilidad civil por los daños causados por hechos cometidos por los aforados señalados en el art. 56.2° LOPJ.

La Sala Segunda (penal) conoce de los recursos de casación y otros extraordinarios que establezcan las leyes, de la instrucción, enjuiciamiento y fallo de las causas contra las personas aforadas señaladas en el art. 57.1.2° y 3° LOPJ y de los procedimientos de decomiso autónomo por los delitos para cuyo conocimiento sean competentes (art. 57 LOPJ).

La Sala Tercera (contencioso-administrativo) conoce de los recursos extraordinarios de casación y revisión y de los recursos contencioso-administrativos contra actos y disposiciones del Consejo de Ministros, del CGPJ, del Tribunal de Cuentas, del Defensor del Pueblo y del resto de órganos a los que se refiere el art. 58.1 LOPJ.

La Sala Cuarta (social) conoce de los recursos de casación y revisión, así como cualquier otro recurso extraordinario que establezca las leyes en materia laboral (art. 59 LOPJ).

La Sala Quinta (militar) fue creada por la Disposición Adicional sexta de la LO 4/1987, de 15 de julio, de competencia y organización de la Jurisdicción Militar, que la introdujo en el art. 55 LOPJ. Su funcionamiento se rige por la citada Ley reguladora de la Jurisdicción Militar y, supletoriamente, por lo dispuesto en la LOPJ. Conoce de los recursos de casación y revisión contra las resoluciones del Tribunal Militar Central y de los tribunales militares territoriales y, en primera instancia, de las causas por delito militar cometidas por los mandos del ejército indicados en el art. 23 LO 4/1987, de 15 de julio.

Las salas especiales están previstas en los arts. 38, 39 y 61 LOPJ.

El Tribunal de conflictos de Jurisdicción, denominación que recibe por el art. 1 de la Ley Orgánica 2/1987, de 18 de mayo, de conflictos jurisdiccionales, tiene por finalidad resolver los conflictos surgidos entre los juzgados o tribunales y la Administración. Está compuesto por el presidente del Tribunal Supremo y por cinco vocales, de los que dos son magistrados de la Sala Tercera del Tribunal Supremo y los otros tres son consejeros permanentes de Estado (art. 38 LOPJ).

La Sala de conflictos de Jurisdicción resuelve los conflictos de esta clase surgidos entre los juzgados o tribunales de cualquier orden jurisdiccional de la Jurisdicción ordinaria y los órganos jurisdiccionales pertenecientes a la Jurisdicción militar. Está compuesta por el presidente del Tribunal Supremo, dos magistrados de la Sala del Tribunal Supremo del orden jurisdiccional en conflicto y dos magistrados de la Sala de lo Militar (arts. 39 LOPJ y 22 de la Ley Orgánica 2/1987, de 18 de mayo, de conflictos jurisdiccionales).

Una sala especial regulada en el art. 61 LOPJ (la Sala del art. 61 LOPJ) y compuesta por el presidente del Tribunal Supremo, los presidentes de Sala y el magistrado más antiguo y más moderno de cada una de ellas, conoce de las siguientes materias: recurso de revisión frente a las sentencias dictadas por la Sala Tercera, incidentes de recusación frente al presidente del Tribunal Supremo, presidentes de Sala o más de dos magistrados de una sala, de la instrucción y enjuiciamiento de las causas por delitos cometidos en el ejercicio de su cargo por los presidentes de sala o dos o más de los magistrados de una sala en los términos previstos en el precepto, de la declaración de error judicial cuando este se imputa a una sala del Tribunal Supremo y de la declaración de ilegalidad y disolución de partidos políticos.

Una sección de esa sala especial integrada exclusivamente por el presidente del Tribunal Supremo y el presidente y cinco magistrados de la Sala Tercera conocerá del recurso de casación para la unificación de doctrina cuando se dicten sentencias contradictorias entre secciones pertenecientes a la citada Sala Tercera (art. 61.3 LOPJ).

3. CONSTITUCIÓN Y FUNCIONAMIENTO DE LOS ÓRGANOS JURISDICCIONALES

3.1. Constitución

La válida constitución de los órganos jurisdiccionales es presupuesto ineludible del desarrollo de la actividad jurisdiccional, y requiere la presencia del Letrado de la Administración de Justicia y del juez o de los magistrados que conformen el órgano de que se trate. Puesto que los órganos colegiados están integrados por varios magistrados, es preciso destacar la existencia de ciertas especialidades relativas a su constitución y funcionamiento.

A) La primera especialidad es la relativa a su división en salas y de éstas, a su vez, en secciones. Las salas se reparten el conocimiento de los asuntos en atención a la materia (de ahí que cada sala pertenezca a un orden jurisdiccional distinto), pero no sucede lo mismo con las secciones, cuya creación no responde al criterio material, sino a la necesaria división del trabajo dentro de un mismo orden jurisdiccional. De hecho, la división en secciones se produce cuando el número de magistrados adscritos a una sala es igual o superior a seis, pero todas las secciones pertenecientes a la misma sala conocen de asuntos relativos al orden jurisdiccional al que se adscriba dicha sala. Sólo se apartan de esta regla las audiencias provinciales, que están integradas directamente por secciones (no por salas), y tales secciones reparten sus funciones en atención al criterio material (secciones civiles y penales).

B) La segunda especialidad del régimen de actuación colegiada es la establecida en el art. 196 LOPJ, en virtud de la cual el órgano colegiado se constituirá válidamente con la asistencia de tres de sus magistrados, regla que sólo encuentra dos excepciones:

a) Formarán sala (esto es, conocerán de un asunto) todos los magistrados que la integran cuando lo estime necesario el presidente de la sala o sección o a petición de la mayoría de los magistrados, y ello con la finalidad de unificar la doctrina sobre un determinado tipo de asuntos (art. 197 LOPJ).

b) Para conocer del recurso de apelación frente a resoluciones de los juzgados de instrucción en juicios por delitos leves y frente a las resoluciones dictadas por los juzgados de primera instancia en juicios verbales por razón de la cuantía, la sección de la audiencia provincial que sea competente estará formada por un único magistrado (art. 82 LOPJ).

3.2. Funcionamiento de los órganos colegiados

3.2.1. El magistrado ponente

El desempeño de la función jurisdiccional en los órganos colegiados gira en torno a la figura del magistrado ponente, encargado de un examen más directo de las actuaciones y de la redacción de la resolución en la que se expresa la opinión del órgano judicial en el asunto del que se trate.

El turno de designación de magistrados ponentes se realiza anualmente de acuerdo con criterios objetivos entre los magistrados pertenecientes a la sala o sección (art. 203 LOPJ), por cuanto el derecho constitucional al juez ordinario predeterminado por la ley alcanza a la designación del ponente, de modo que sólo podrá ser sustituido por las razones que prevé la LOPJ.

Sus funciones se encuentran previstas en los arts. 205 LOPJ y 181 LEC, y se concretan en las siguientes:

a) Despachar y supervisar la tramitación de los asuntos que le hayan sido turnados, sin perjuicio del impulso que corresponda al Letrado de la Administración de Justicia.

b) Examinar la proposición de medios de prueba e informar a la sala sobre su admisibilidad, pertinencia y utilidad.

c) Informar los recursos interpuestos contra las decisiones del tribunal y los recursos interpuestos contra las decisiones del Letrado de la Administración de Justicia que deba resolver el tribunal.

d) Dictar las providencias y proponer las demás resoluciones que deba dictar el tribunal.

e) Redactar las resoluciones que dicte el tribunal, salvo que no esté de acuerdo con el parecer mayoritario, en cuyo caso redactará un voto particular y la ponencia le corresponderá a otro de los magistrados, que será designado por el presidente de la sala o sección de acuerdo con el turno preestablecido de asignación de ponencias (arts. 205 y 206 LOPJ y 181 y 203 LEC).

3.2.2. La adopción de decisiones. Deliberación, votación y fallo

Las actuaciones colegiadas suponen la concurrencia de la voluntad de los magistrados que integran el órgano jurisdiccional, de modo que todos los que conformen la sala o sección deben participar en la toma de sus decisiones, que se produce tras la preceptiva deliberación. Esta, que tiene lugar una vez turnado el asunto al magistrado ponente o, en su caso, una vez celebrado el juicio o vista, contará con la intervención de todos los magistrados que participan en el conocimiento del asunto y se celebrará siempre a puerta cerrada, sin que ni su contenido ni el resultado de las votaciones puedan hacerse públicos (art. 233 LOPJ). Sí deberá publicarse el voto particular suscrito por alguno de los magistrados de la sala cuando disienta de la opinión mayoritaria, que se notificará a las partes junto con la resolución —sentencia o auto— a la que se refiera (art. 260 LOPJ).

Las resoluciones que se dicten deberán ser firmadas por todos los magistrados que la hayan adoptado, incluyendo a los disidentes que hayan suscrito voto particular (arts. 204 y 205 LOPJ).

4. RÉGIMEN DE SUSTITUCIONES DE JUECES Y MAGISTRADOS

4.1. La sustitución de jueces y magistrados en órganos unipersonales

Los arts. 210 y siguientes de la LOPJ establecen los mecanismos de sustitución de jueces y magistrados en el ámbito de los órganos unipersonales cuando se produzca una vacante, licencia, una situación de servicios especiales u otras causas que provoquen la ausencia del titular. En estos casos, la sustitución se realiza siguiendo el orden que se indica en el art. 210 LOPJ:

1°) Serán llamados en primer lugar quienes participen voluntariamente en los planes anuales de sustitución.

2º) De existir compatibilidad en los señalamientos entre el órgano del que sea titular el sustituto y el órgano del sustituido, será llamado el correspondiente sustituto ordinario o natural del sustituido, cuya propuesta se realizará por las juntas de jueces y la sala de gobierno respectiva.

3º) En su defecto, serán llamados (por este mismo orden): los jueces de adscripción territorial que se encuentren disponibles, comenzando por el más antiguo en el escalafón; los jueces en expectativa de destino por idéntico orden y, por último, los jueces en prácticas por el orden que al efecto haya establecido la Escuela Judicial.

4º) En su defecto, se estará al régimen de sustituciones previsto en el artículo 211 LOPJ con respecto al resto de miembros de la carrera judicial del mismo partido judicial.

5º) En todo caso y sin sujeción al orden referido en los anteriores apartados de este número, podrá prorrogarse la jurisdicción de otro juzgado, conforme a lo previsto en la LOPJ.

6º) En último término y agotadas las anteriores posibilidades, se procederá al llamamiento de un juez sustituto.

4.2. La sustitución de magistrados adscritos a órganos colegiados

El orden de sustituciones en el ámbito de las audiencias provinciales y los tribunales superiores de justicia se establece en los arts. 199.1 y 200 LOPJ. Deberán concurrir, por este orden:

1º) Los magistrados que participen voluntariamente en el turno establecido cada año para ser llamados a formar sala, siendo preferentes los que pertenezcan al mismo órgano jurisdiccional.

2º) Los jueces de adscripción territorial.

3º) Los miembros de la carrera judicial del orden correspondiente que tengan menor carga de trabajo en el respectivo territorio, siempre que no exista incompatibilidad de señalamientos.

4º) Los magistrados del mismo órgano en el turno que se establezca, en el que serán preferentes los que no tengan señalamientos y, entre estos, los más modernos.

5º) En último término, y no siendo posible integrar la sala de acuerdo con las reglas anteriores, se designará un magistrado suplente.

En el ámbito de la Audiencia Nacional, el art. 199.2 LOPJ prevé la sustitución preferente mediante magistrados del mismo órgano y, de no ser esta posible, mediante el llamamiento de magistrados suplentes, que también podrán formar sala en el ámbito del Tribunal Supremo (art. 92.1 del Reglamento 2/2011, de 28 de abril, del CGPJ, sobre la carrera judicial).

ESQUEMA TEMA 4

ÓRGANO	ÁMBITO TERRITORIAL	COMPETENCIAS
ORDEN JURISDICCIONAL CIVIL		
UNIPERSONALES		
JUZGADO DE PAZ	Municipal	100 LOPJ y 47 LEC
JUZGADO DE PRIMERA INSTANCIA	Partido judicial	85 LOPJ y 52 Ley 29/2015, de 30 de julio
JUZGADO DE LO MERCANTIL	Provincial	86 ter LOPJ
JUZGADO DE MARCA COMUNITARIA	Nacional (sede en Alicante)	86 bis.4 LOPJ
COLEGIADOS		
AUDIENCIA PROVINCIAL	Provincial	82.2 LOPJ
TRIBUNAL DE MARCA COMUNITARIA	Nacional (sede en Alicante)	82.2 LOPJ
SALA DE LO CIVIL (Y DE LO PENAL) DEL TSJ	Autonómico	73. 1 y 73.2 LOPJ
SALA PRIMERA DEL TS	Nacional	56 LOPJ
ORDEN JURISDICCIONAL PENAL		
UNIPERSONALES		
JUZGADO DE INSTRUCCIÓN	Partido judicial	87 LOPJ
JUZGADO DE VIOLENCIA SOBRE LA MUJER	Partido judicial	87 ter LOPJ
JUZGADO DE LO PENAL	Provincial	89 bis.2 y 89 bis.4 LOPJ
JUZGADO DE MENORES	Provincial	97 LOPJ
JUZGADO DE VIGILANCIA PENITENCIARIA	Provincial	94.1 LOPJ
JUZGADOS CENTRALES (DE INSTRUCCIÓN, DE LO PENAL DE MENORES Y DE VIGILANCIA PENITENCIARIA)	Nacional	88, 89 bis.3, 94.4 Y 96.2 LOPJ
COLEGIADOS		
AUDIENCIA PROVINCIAL (SECCIONES PENALES)	Provincial	82.1 LOPJ
SALA DE (LO CIVIL Y) PENAL DEL TSJ	Autonómico	73.3 LOPJ

SALA DE LO PENAL DE LA AN	Nacional	65 LOPJ
SALA DE APELACIÓN DE LO PENAL DE LA AN	Nacional	64 bis LOPJ
SALA SEGUNDA DEL TS	Nacional	57 LOPJ

ÓRGANO	ÁMBITO TERRITORIAL	COMPETENCIAS
ORDEN JURISDICCIONAL CONTENCIOSO-ADMINISTRATIVO		
UNIPERSONALES		
JUZGADO DE LO CONTENCIOSO-ADMINISTRATIVO	Provincial	91 LOPJ
JUZGADO CENTRAL DE LO CONTENCIOSO-ADMINISTRATIVO	Nacional	90.4 a 90.6 LOPJ
COLEGIADOS		
SALA DE LO CONTENCIOSO-ADMINISTRATIVO DEL TSJ	Autonómico	74 LOPJ
SALA DE LO CONTENCIOSO-ADMINISTRATIVO DE LA AUDIENCIA NACIONAL	Nacional	66 LOPJ
SALA TERCERA DEL TS	Nacional	58 LOPJ
ORDEN JURISDICCIONAL SOCIAL		
UNIPERSONALES		
JUZGADO DE LO SOCIAL	Provincial	93 LOPJ
COLEGIADOS		
SALA DE LO SOCIAL DEL TSJ	Autonómico	75 LOPJ
SALA DE LO SOCIAL DE LA AUDIENCIA NACIONAL	Nacional	67 LOPJ
SALA CUARTA DEL TS	Nacional	59 LOPJ
JURISDICCIÓN MILITAR		
SALA QUINTA DEL TRIBUNAL SUPREMO	Nacional	23 LO 4/1987, de 15 de julio
SALAS ESPECIALES DEL TRIBUNAL SUPREMO		
TRIBUNAL DE CONFLICTOS DE JURISDICCIÓN	Nacional	38 LOPJ y 1 LO 2/1987, de 18 de mayo

SALA DE CONFLICTOS DE JURISDICCIÓN	Nacional	39 LOPJ y 22 LO 2/1987, de 18 de mayo
SALA ESPECIAL DEL ART. 61 LOPJ	Nacional	61.1 LOPJ
SECCIÓN ESPECIAL DE LA SALA DEL ART. 61 LOPJ	Nacional	61.3 LOPJ

Tema 5

JURISDICCIÓN Y COMPETENCIA

Sonia Calaza López

SUMARIO: 1. JURISDICCIÓN. 1.1. Concepto, naturaleza, fundamento y criterios de atribución. 1.2. Jurisdicción *strictu sensu*. 1.3. Jurisdicción ordinaria y Jurisdicción especial militar. 1.4. Jurisdicción civil, penal, contencioso-administrativa y social. 1.5. Jurisdicción contenciosa y Jurisdicción voluntaria. 1.6. Jurisdicción internacional y Jurisdicción interna. 1.6.1. Extensión y límites de la Jurisdicción internacional. 1.6.2. Extensión y límites de la Jurisdicción interna española. 1.6.2.1. En el orden jurisdiccional civil. 1.6.2.2. En el orden jurisdiccional penal. 1.6.2.3. En el orden jurisdiccional contencioso-administrativo. 1.6.2.4. En el orden jurisdiccional social. 1.7. Conflictos de Jurisdicción y conflictos de competencia. 1.7.1. Conflictos de Jurisdicción. 1.7.1.1. Conflictos entre la Administración y la Jurisdicción. 1.7.1.2. Conflictos entre la Jurisdicción ordinaria y la Jurisdicción militar. 1.7.2. Conflictos de competencia o conflictos entre los distintos órdenes jurisdiccionales. 1.8. Cooperación judicial internacional. Instrumentos de cooperación en la UE. 2. COMPETENCIA. 2.1. Criterios de atribución. 2.2. Cuestiones prejudiciales. 2.3. Cuestiones de competencia. 2.4. Reparto de asuntos.

1. JURISDICCIÓN

La Jurisdicción es un concepto global, integrador y omnicomprensivo (como poder, como potestad, como función) de una multiplicidad de manifestaciones o proyecciones interrelacionadas y orientadas, —todas ellas a cargo de jueces y magistrados conforme a un procedimiento legal, público, transparente, garantista y eficaz— de un lado, (i) a la **resolución definitiva de conflictos jurídicos** públicos o privados, así como a su posterior **ejecución**; y, de otro, (ii) a la de **homologación, supervisión o amparo de situaciones o relaciones jurídicas, precisadas de intervención judicial**, en garantía de derechos legalmente reconocidos.

1.1. Concepto, naturaleza, fundamento y criterios de atribución

La Jurisdicción se identifica, en primer término, con el **Poder Judicial**, por tratarse, en efecto, del tercer Poder del Estado, considerado "el más alto", por fiscalizar al resto; poder independiente, autónomo y ajeno a cualesquiera interferencias de los otros dos Poderes (Ejecutivo y Legislativo). El Título VI de la Constitución Española ("Del Poder Judicial") dedica once preceptos, del 117 al 127, a la Jurisdicción, dónde se entremezclan las funciones, principios informadores y atributos de los miembros que integran dicho alto Poder estatal. Este Poder es, a su vez, el único al que la Constitución se refiere por su nombre "Poder Judicial", pues el Título III, correspondiente al Poder Legislativo ha sido rubricado: "De las Cortes Generales" y el Título IV, relativo al Ejecutivo: "Del Gobierno y de la Administración".

El Poder Judicial, entendido como organización, cuerpo único o conjunto de órganos jurisdiccionales, integra, en régimen de autogobierno, en el Consejo General del Poder Judicial (CGPJ), a sus jueces y magistrados, todos ellos independientes, inamovibles, responsables y, tan solo, sometidos al "imperio de la Ley". La Ley orgánica 1/1985, de 1 de julio, del Poder Judicial (LOPJ) determinará la constitución, funcionamiento y gobierno de los juzgados y tribunales, así como el estatuto jurídico de los jueces y magistrados de carrera, que formarán un Cuerpo único, y del personal al servicio de la Administración de Justicia.

La Jurisdicción ha de identificarse, asimismo, en nuestro trípode conceptual (recuérdese: poder, potestad, función), con la **potestad jurisdiccional**, pues a los jueces y magistrados corresponde, en régimen de exclusividad, esta específica potestad, que se concreta en "juzgar y hacer ejecutar lo juzgado". El ejercicio de la potestad jurisdiccional, como proyección profesional y humana, ha de predicarse, además, de todos y cada uno de los jueces y magistrados que integran concretamente el Poder Judicial y no, desde luego, de una abstracción de la Jurisdicción, entendida como Poder, ni tampoco de su propio órgano de gobierno, el CGPJ.

Finalmente, la Jurisdicción integra en su núcleo duro, la propia **función jurisdiccional**, atribuida en exclusiva a sus jueces y magistrados, y ejercida a través del único instrumento legalmente establecido para la resolución estatal de conflictos: el proceso judicial. Esta concepción de la Jurisdicción, más humilde, modesta y cercana, hace referencia a su efectiva finalidad: (i) de tutela de los derechos subjetivos e intereses legítimos, (ii) de control normativo y, en su caso, (iii) de creación jurisprudencial del Derecho, lo que debe conectarse con una vertiente, proyección o manifestación de "servicio público", pues no cabe duda alguna respecto de la relevante prestación estatal que los jueces y tribunales, ofrecen a los ciudadanos cuando otorgan fundada respuesta a sus conflictos, a través de los procesos judiciales en todos los órdenes jurisdiccionales.

El fundamento de la Jurisdicción reside, esencialmente, (i) en la realización de un valor superior del ordenamiento jurídico: **la Justicia** —alcanzada merced al (i.1) reconocimiento de los derechos subjetivos y al (i.2) control de las normas jurídicas; así como, (ii) en elementales razones de **seguridad**, y por supuesto: (iii) de (imprescindible) sustento del **orden público y** mantenimiento de **la paz social**.

Tras este sintético estudio sobre la pluralidad de significados que cabe atribuir al concepto global de Jurisdicción (poder, potestad, función), hemos de concretar, se utilizará este término también como sinónimo del **enjuiciamiento** global, total o integral del Poder Judicial español (en su conjunto), por contraste al que deba atribuirse, dentro de cada uno de los órdenes jurisdiccionales, conforme a las normas de competencia, y dentro de ellas, concretamente por reparto, a cada uno de los jueces y tribunales.

La Jurisdicción española no es ilimitada, incondicionada o infinita, sino que, como es lógico, ha de verse constreñida, contenida o sujeta por una serie de controles internos —que habrán de ser estudiados desde la órbita de sus propios principios inspiradores— y externos, que se encuentran perfectamente delimitados en nuestra legislación procesal.

Así, cabe hablar, en sentido amplio, de **Jurisdicción**, por contraste ahora a cualesquiera otra fórmulas complementarias o alternativas, de resolución de conflictos —arbitraje, mediación, transacción— que no se identifiquen con la emisión de una respuesta judicial por un órgano del Estado tras la celebración del procedimiento público legalmente articulado. Dentro de este amplio concepto —y acorde a esta nueva configuración—, cabe acometer una segunda clasificación, entre otras, de las siguientes formulaciones, especialidades o modalidades: En primer lugar, nos referimos a la **Jurisdicción española**, por relación a la internacional; en segundo, reseñamos la **Jurisdicción ordinaria**, para distinguirla de la única Jurisdicción especial admitida por nuestro ordenamiento jurídico, la Jurisdicción militar; en tercero, apelamos a la **Jurisdicción civil, penal, contencioso-administrativa y laboral**, por razón de la rama del ordenamiento jurídico sustantivo que debe aplicarse, siempre en el marco del procedimiento, al concreto conflicto suscitado; y, al fin, en cuarto, aludimos a la **Jurisdicción contenciosa**, por contraste a la Jurisdicción voluntaria, que será objeto de estudio en la parte especial del manual de Derecho procesal civil.

Así, ha de estimarse ahora, conforme a un esclarecedor criterio negativo, consonante con la anterior clasificación, que corresponderá la adjudicación de la resolución de un determinado conflicto: (i) a la **Jurisdicción** ***propie dicta*** cuando los sujetos en contradicción no se hubieren sometido previamente, por voluntad propia, en materias de derecho dispositivo, a otros mecanismos de resolución de controversias; (ii) a la **Jurisdicción española**, cuando no deba adjudicarse —por razón de las normas que se estudiarán a continuación— a la extranjera; (iii) a la **Jurisdicción ordinaria**, cuando no deba ventilarse el conflicto a través de la militar; (iv) a la **Jurisdicción de un determinado orden jurisdiccional**, cuando no se encuentren prioritariamente comprometidos los restantes, siendo (siempre y en cualquier caso) preferente el penal y, (v) a la **Jurisdicción contenciosa**, cuando no deba derivarse esa concreta respuesta jurídica a la Jurisdicción voluntaria, si bien en muchos de estos casos, dada la alternatividad existente entre ambas modalidades jurisdiccionales, la elección de una u otra suele corresponder al justiciable.

En este (v) supuesto de concreción de la Jurisdicción, por tratarse generalmente (como se acaba de exponer) de una elección voluntaria, no hay posibilidad de conflicto entre la Jurisdicción voluntaria y la contenciosa, siendo preferente (en caso de cuestionamiento) esta última (la contenciosa), por su mayor alcance, frente a la primera (la voluntaria); pero en los anteriores supuestos —(i) a (iv)—, puede efectivamente suscitarse un **conflicto**, tanto **positivo** —cuando los dos órganos de la Jurisdicción reclaman para sí la atribución de un determinado asunto— como **negativo** —cuando los dos órganos en conflicto rehúsan la asunción de una concreta controversia—. La relevancia de estos conflictos merece que se le dedique un epígrafe aparte. Veamos antes, por elementales razones de metodología sistemática, la atribución de la Jurisdicción en función de los parámetros recién enunciados: (i) Jurisdicción *propie dicta*; (ii) Jurisdicción española; (iii) Jurisdicción ordinaria; (iv) Jurisdicción de un determinado orden jurisdiccional y (v) Jurisdicción contenciosa.

1.2. Jurisdicción **strictu sensu**

El principio de exclusividad, monopolio o de reserva de jurisdicción conlleva la asunción, por los miembros integrantes del Poder Judicial, de la potestad jurisdiccional en régimen de monopolio, esto es, sin concesiones, alternativas, ni complementos estatales posibles: ningún otro órgano, del Estado ni ajeno al Estado, puede solventar los conflictos de los ciudadanos mediante la aplicación del Derecho en el marco de un proceso. Este principio tiene una doble vertiente, *positiva o exclusiva* y *negativa o excluyente*, en función de su distinto alcance: así, su proyección positiva o exclusiva comporta que tan solo los jueces y magistrados tienen atribuida la función del enjuiciamiento —"*El ejercicio de la potestad jurisdiccional en todo tipo de procesos, juzgando y haciendo ejecutar lo juzgado, corresponde exclusivamente a los juzgados y tribunales determinados por las leyes, según las normas de competencia y procedimiento que las mismas establezcan*" (*ex* art. 117.3 CE) —y su manifestación negativa o excluyente se contrae a la imposibilidad, de estos mismos jueces y magistrados, de asumir funciones distintas a las del referido enjuiciamiento— "*Los juzgados y tribunales no ejercerán más funciones que las señaladas en el apartado anterior y las que expresamente les sean atribuidas por ley en garantía de cualquier derecho*" (*ex* art. 117.4 CE)—.

La **función positiva o exclusiva de la Jurisdicción** incluye tan solo, en sentido estricto, la potestad constitucionalmente encomendada del enjuiciamiento y de la ejecución —*juzgar y hacer ejecutar lo juzgado*— si bien, respecto de esta última función coercitiva o ejecutiva, cabe advertir que no resulte preceptiva, siempre y en todo caso, la intervención directa del juez. Aun cuando el núcleo esencial de la Jurisdicción venga integrado, en exclusiva, por las referidas funciones de (i) enjuiciamiento y ejecución, integradas en la denominada "potestad jurisdiccional", resulta conveniente señalar que los jueces y magistrados también tienen encomendadas otras relevantes potestades, como la de (ii) ordenación —de sistematización o impulso procesal del procedimiento—; (ii) de auxilio judicial —nacional e internacional—, (iii) de comunicación, (iv) de impulso y hasta de (v) de documentación, si bien muchas de estas funciones han venido siendo objeto de progresiva atribución a los Letrados de la Administración de Justicia cuando no afecten a los derechos fundamentales.

La **función negativa o excluyente de la Jurisdicción** expulsa de su ámbito de acción cualquier actividad distinta a la que deba entenderse incluida en el ejercicio de las tres responsabilidades (exclusivamente judiciales) siguientes: (i) la potestad jurisdiccional —*juzgar y hacer ejecutar lo juzgado*— y las expresamente atribuidas en las Leyes en garantía de cualquier derecho; (ii) la asunción del Registro Civil; y (iii) la investigación o instrucción penal

1.3. Jurisdicción ordinaria y Jurisdicción especial militar

La Jurisdicción es única en todo el territorio del Estado español. El artículo 117.5 de la CE establece, en su primer párrafo, que "*el principio de unidad jurisdiccional es la base de la organización y funcionamiento de los Tribunales*". A diferencia de lo que acontece con los otros dos Poderes del Estado, que tienen transferidas, a las comunidades autónomas, competencias ejecutivas y legislativas, la Administración de Justicia es competencia exclusiva del Estado (*ex* art. 149.1.5ª CE) y, en consecuencia, todos los jueces y magistrados españoles: (i) integran un solo Poder Judicial; (ii) se encuentran investidos de una misma potestad jurisdiccional, que alcanza a todo el territorio; (iii) están regulados por una única y exclusiva Ley Orgánica del Poder Judicial (LOPJ); (iv) forman parte de un solo Consejo General del Poder Judicial (CGPJ); y (v) desempeñan una única función jurisdiccional, cuya cúspide, a efectos de unificación de la doctrina jurisprudencial en todos los órdenes jurisdiccionales (incluido, por cierto, el proveniente de la Jurisdicción especial militar), se residencia en (vi) un único Tribunal Supremo. Asimismo, todos los jueces y magistrados, integrantes del Poder Judicial, encauzarán los conflictos públicos y privados de los ciudadanos por idénticos cauces procedimentales —regulados en las distintas y respectivas Leyes de procedimiento, todas ellas estatales: Ley de Enjuiciamiento Civil (LEC); Ley de Enjuiciamiento Criminal (LECrim); Ley reguladora de la Jurisdicción Contencioso-Administrativa (LJCA) y Ley reguladora de la Jurisdicción Social (LJS)— con independencia del objeto, de los sujetos y del territorio.

Esta **unidad jurisdiccional** comporta, en consecuencia, que no cabe la creación de jurisdicciones especiales en función de la persona, de la materia, del territorio, ni de ningún otro posible criterio de atribución *ad hoc*, a salvo la Jurisdicción militar que mantiene su vigencia, por reconocimiento expreso del artículo

117.5 CE, en su párrafo segundo, "*en el ámbito estrictamente castrense y en los supuestos de estado de sitio, de acuerdo con los principios de la Constitución*". Naturalmente, este principio general de unidad —cuya única excepción es, probablemente por asentadas razones históricas o tradicionales de salvaguarda de la disciplina castrense y de seguridad, la Jurisdicción militar—, no se ve mermado, minimizado o frustrado por la existencia de Tribunales distintos —y, acaso, en consecuencia, especiales— a los integrantes en el Poder Judicial, tales como (i) el Tribunal Constitucional; (ii) el Tribunal de Cuentas; (iii) los Tribunales consuetudinarios y tradicionales; o incluso (iv) los Tribunales internacionales, puesto que estos Tribunales gozan, precisamente por razón de la función que están llamados a desempeñar o, en su caso, de los atributos con los que han de desempeñarla (neutralidad, imparcialidad, objetividad e independencia respecto de todos los poderes del Estado, incluido el tercero o más alto, el Poder Judicial), de un régimen de organización, de funcionamiento y de actuación propios, contenidos en sus normas específicas.

El principio de unidad jurisdiccional tampoco quiebra por la creación de diversos órdenes jurisdiccionales (civil, penal, contencioso-administrativo, laboral o social), ni mucho menos por la proliferación, dentro de ellos, de Juzgados especializados (de Familia, de lo Mercantil, de Violencia sobre la mujer o de menores), pues todos ellos se encuentran integrados bajo el común denominador del Poder Judicial y, en consecuencia, sujetos a la misma LOPJ e integrados en idéntico CGPJ.

1.4. Jurisdicción civil, penal, contencioso-administrativa y social

El criterio de atribución de la Jurisdicción en todos los órdenes es siempre positivo, al advertir el art. 9.1 de la LOPJ que "*los Juzgados y Tribunales ejercerán su jurisdicción exclusivamente en aquellos casos en que les venga atribuida por esta u otra Ley*", de dónde clara y llanamente se infiere, *a sensu contrario,* que carecerán de Jurisdicción cuando no les venga atribuida de manera positiva, explícita y expresa. Veamos, a continuación, los (positivos) criterios de atribución de la Jurisdicción por razón del orden jurisdiccional comprometido en cada caso: civil, penal, administrativo o social.

El artículo 9.2 de la propia LOPJ, de forma poco esclarecedora, establece que "*los Tribunales y Juzgados del orden civil conocerán, además de las materias que les son propias, de todas aquellas que no estén atribuidas a otro orden jurisdiccional*".

Por "materias que le son propias" cabe entender (lógicamente) las incluidas en la Jurisdicción civil: (i) tanto contenciosa —Ley 1/2000, de Enjuiciamiento Civil—; (ii) como voluntaria —Ley 15/2015, de Jurisdicción voluntaria—; (iii) así como todas aquellas carentes de inclusión legal expresa, en un determinado orden jurisdiccional, y que se encuentren, por razón de esta evidenciable laguna, en un limbo jurídico y judicial.

De manera sintética y clarificadora, podemos advertir que corresponderá a la **Jurisdicción civil ordinaria**, el conocimiento de: (i) todos los asuntos privados de naturaleza civil y mercantil (de naturaleza dispositiva); así como (ii) las controversias civiles de marcado contenido o alcance público (y por tanto de naturaleza indisponible), por encontrarse comprometidos derechos o intereses de personas con discapacidad y/o de menores; e, incluso, (iii) los conflictos que no encuentren encaje en ningún otro orden jurisdiccional y queden aquí absorbidos —en la Jurisdicción civil (se entiende) por razón de la *vis atractiva* o capacidad de atracción, anclaje e integración, propia de este orden (civil), respecto de (esos) asuntos que no están expresamente atribuidos a los restantes (órdenes jurisdiccionales).

En este orden civil, corresponderá, sin embargo, a la Jurisdicción militar, según el segundo párrafo del precepto 9.2 de la LOPJ, "*la prevención de los juicios de testamentaría y de abintestato de los miembros de las Fuerzas Armadas que, en tiempo de guerra, fallecieren en campaña o navegación, limitándose a la práctica de la asistencia imprescindible para disponer el sepelio del difunto y la formación del inventario y aseguramiento provisorio de sus bienes, dando siempre cuenta a la Autoridad judicial civil competente*".

Corresponderá a la **Jurisdicción penal ordinaria**, el conocimiento de todos los delitos integrados en la Ley Orgánica 10/1995, de 23 de noviembre, del Código Penal, y a la **Jurisdicción penal especial**: **la militar**, el de los delitos integrados en su propia legislación sustantiva, la Ley orgánica, 14/2015, de 14 de octubre, del Código Penal Militar. El artículo 9.3 de la LOPJ establece, concisamente que "*los del orden jurisdiccional penal tendrán atribuido el conocimiento de las causas y juicios criminales, con excepción de los que correspondan a la Jurisdicción militar*".

Corresponderá a la **Jurisdicción contencioso-administrativa** el conocimiento de todos los conflictos en los que se vea comprometida, de cualquier modo, la Administración Pública. El artículo 9. 4 de la LOPJ acomete, en este orden, una exposición detallada, al señalar que los del orden contencioso-administrativo conocerán: 1°) de las pretensiones que se deduzcan en relación con la actuación de las Administraciones públicas sujeta al derecho administrativo, con las disposiciones generales de rango inferior a la ley y con los reales decretos legislativos en los términos previstos en el artículo 82.6 de la Constitución, de conformidad con lo que establezca la Ley de esa jurisdicción; 2°) de los recursos contra la inactividad de la Administración y contra sus actuaciones materiales que constituyan vía de hecho; 3°) de las pretensiones que se deduzcan en relación con la responsabilidad patrimonial de las Administraciones públicas y del personal a su servicio, cualquiera que sea la naturaleza de la actividad o el tipo de relación de que se derive.

Finalmente, corresponderá, a la **Jurisdicción laboral o social**, el conocimiento de los conflictos suscitados entre trabajadores y empresarios, así como con la Seguridad Social. El artículo 9.5 de la LOPJ establece, a este respecto, que "*los del orden jurisdiccional social conocerán de las pretensiones que se promuevan dentro de la rama social del derecho, tanto en conflictos individuales como colectivos, así como las reclamaciones en materia de Seguridad Social o contra el Estado cuando le atribuya responsabilidad la legislación laboral*".

1.5. Jurisdicción contenciosa y Jurisdicción voluntaria

La Jurisdicción contenciosa se identifica, en exclusiva, como ya se ha expuesto, con la potestad jurisdiccional del enjuiciamiento y la ejecución, a la que se refiere el artículo 117.3° de la CE ("*El ejercicio de la potestad jurisdiccional en todo tipo de procesos, juzgando y haciendo ejecutar lo juzgado, corresponde exclusivamente a los Juzgados y Tribunales determinados por las leyes, según las normas de competencia y procedimiento que las mismas establezcan*").

En el ámbito civil y mercantil, se producen múltiples manifestaciones de controversias de baja entidad, por su escasa relevancia social, o de mitigada intensidad, por su prácticamente nulo nivel de conflictividad, dónde los jueces y tribunales ostentan una relevante función jurisdiccional fuera del marco de aquella Jurisdicción contenciosa —regulada en la Ley 1/2000, de 7 de enero, de Enjuiciamiento Civil)— para adentrarse en este ámbito de la Jurisdicción voluntaria —regulada en la Ley 15/2015, de 2 de julio de Jurisdicción voluntaria—, por razones de simplificación, eficacia, rapidez, economía, flexibilidad y humanidad, sin pérdida de garantías procesales.

Sin perjuicio de esta función eminente o exclusivamente jurisdiccional, que los jueces y tribunales asumen, en régimen de monopolio, en el seno de ambas modalidades de nuestra única Jurisdicción —la contenciosa y la voluntaria—, con la sola diferencia del distinto alcance de la entidad o intensidad conflictiva de las partes procesales, hemos de contemplar también otras funciones constitucionalmente encomendadas. Así, el artículo 117.4° CE establece que "*los juzgados y tribunales no ejercerán más funciones que las señaladas en el apartado anterior y las que expresamente les sean atribuidas por ley en garantía de cualquier derecho*". Estas otras funciones no cristalizan en un enjuiciamiento puro, sino en otra suerte de finalidades tales como la homologación, supervisión, vigilancia, control de la justicia, ecuanimidad, equilibrio e igualdad que debe presidir las situaciones, relaciones u obligaciones, muy especialmente cuando se encuentran comprometidos derechos e intereses de personas especialmente vulnerables.

La **Jurisdicción voluntaria judicial** puede definirse, pues, por contraste a la contenciosa, de un lado, (i) como aquella potestad de enjuiciamiento, encomendada exclusivamente a los jueces y tribunales, por el artículo 117.2 CE ("*ejercicio de la potestad jurisdiccional juzgando y haciendo ejecutar lo juzgado*") en los supuestos controvertidos de baja entidad o escasa intensidad; y de otro, (ii) como aquella función de homologación, supervisión, vigilancia, control y, al fin, constitución o condena de situaciones u obligaciones jurídicas, de nuevo encomendadas expresamente a los jueces y tribunales (así como, ocasionalmente a los letrados de la Administración de Justicia), por el artículo 118.2 CE ("*ejercicio de funciones atribuidas por Ley en garantía de cualquier derecho*") conferidas por la Ley 15/2015, de 2 de julio, de Jurisdicción voluntaria, en garantía de muy diversos derechos, cuando no hubiere confrontación, oposición o controversia, especialmente de los de las personas más desfavorecidas de la sociedad, por razón de su minoría de edad o discapacidad.

1.6. Jurisdicción internacional y Jurisdicción interna

La **Jurisdicción internacional** ha de identificarse con la atribuida a nuestros jueces y tribunales españoles, ante la presencia de algún elemento internacional (objeto, sujetos, territorio o instituciones estatales), por parte de los Convenios y Tratados internacionales, en los que España sea parte, de aplicación prioritaria frente a nuestra normativa. La **Jurisdicción interna** ha de relacionarse, por contraste, con la atribuida a nuestros jueces y tribunales españoles por nuestra propia LOPJ, y ello conforme a diversos parámetros, así, (i) para determinar la Jurisdicción territorial: (i.1) la personalidad (activa o pasiva), (i.2) la territorialidad y (i.3) la institucionalidad; (ii) para concretar el ámbito de actuación ordinario o militar de la Jurisdicción comprometida: la naturaleza del conflicto; y, al fin, (iii) para determinar el orden jurisdiccional: la materia sustantiva controvertida.

1.6.1. Extensión y límites de la Jurisdicción internacional

Bajo el título ***Competencia Judicial internacional*** se engloban y estudian, en puridad, los supuestos de atribución de la Jurisdicción a los distintos Tribunales, en nuestro caso, a los españoles, para conocer de aquellos asuntos conflictivos dónde se encuentra comprometido algún elemento extranjero, sea personal, territorial o institucional. El establecimiento de límites precisos a la Jurisdicción de los distintos Estados encuentra su razonable fundamento en los (poderosos) argumentos siguientes: (i) la **racionalización** —constituiría un indeseable *imperialismo jurisdiccional* la atribución, a un Estado, de una Jurisdicción ilimitada, indefinida, indeterminada o desproporcionada—; (ii) la **coherencia interna e internacional**— no parece razonable la interpretación y aplicación de nuestra legislación a supuestos íntegramente extranjeros, sin el menor nexo con España, más allá de suponer un fuerte inhibidor de integración, tráfico, comercio o relación internacional; (iii) el **respeto a la Jurisdicción extranjera** —la invasión irracional de una Jurisdicción en otra comportaría, a buen seguro, un ataque frontal a los derechos fundamentales más elementales de sus nacionales —; (iv) **y eficacia**— en tanto en cuánto ninguna resolución adoptada sin la debida atribución jurisdiccional tendrá reconocimiento, valor, ni fuerza ejecutiva alguna (atributos que deben presidir, con la debida proporcionalidad y reciprocidad, las relaciones judiciales internacionales), pudiendo quedar, tal en caso, inobservada por el Estado contrariado—.

La **extensión y límites la Jurisdicción española** o, si se prefiere, la competencia judicial internacional de nuestros Tribunales se encuentra regulada, de un lado, (i) en reglamentos europeos y convenios internacionales en los que España es parte; así como, de otro, (ii) en nuestra legislación interna (artículos 36 a 39 de la LEC y 22 a 22 *nonies* de la LOPJ), siendo prioritaria la normativa internacional y, en su defecto, la interna.

El Reglamento UE nº 1215/2012, de 12 de diciembre, del Parlamento Europeo y del Consejo, relativo a la competencia judicial, el reconocimiento y la ejecución de resoluciones judiciales en materia civil y mercantil, conocido como Reglamento Bruselas I bis (en adelante, RB I bis) es el instrumento más relevante para fijar los criterios de distribución legal de la Jurisdicción a los distintos Estados de la UE, en aplicación del artículo 81 del Tratado de funcionamiento de la UE, dónde se establece que "*la Unión desarrollará una cooperación judicial en asuntos civiles con repercusión transfronteriza, basada en el principio de reconocimiento mutuo de las resoluciones judiciales y extrajudiciales. Esta cooperación podrá incluir la adopción de medidas de aproximación de las disposiciones legales y reglamentarias de los Estados miembros*".

Los criterios de atribución de la competencia, fueros o, si se prefiere, foros regulados en el Reglamento Bruselas I bis son, esencialmente, cuatro: (i) los fueros legales imperativos o exclusivos; (ii) los fueros de sumisión voluntaria (expresa o tácita), a los que se conoce como "*de prórroga de competencia*" (por permitir un cambio de la competencia legalmente establecida, que quedará extinguida ante esa nueva, voluntaria y distinta elección pre-procesal o procesal, según dicha modulación competencial haya sido adoptada antes del surgimiento del conflicto o al tiempo de canalizarse su resolución ante los Tribunales); (iii) el fuero del domicilio del demandado; y, al fin, los fueros específicos por razón de la materia. El orden de prioridad es exactamente el recién expresado, de suerte que serán preferentes los exclusivos, frente a los de sumisión (expresa o tácita); así como estos lo serán, a su vez, si bien ahora indistintamente, respecto a los del domicilio del demandado y los especiales.

Los **fueros de competencia exclusiva** (legales, imperativos o exclusivos) se encuentran en el artículo 24 del referido Reglamento Bruselas I bis y son, con total independencia del domicilio de las partes, los siguientes *numerus clausus*:

1) *en materia de derechos reales inmobiliarios y de contratos de arrendamiento de bienes inmuebles,* los órganos jurisdiccionales del Estado miembro donde el inmueble se halle sito; 2) *en materia de validez, nulidad o disolución de sociedades y personas jurídicas, así como en materia de validez de las decisiones de sus órganos,* los órganos jurisdiccionales del Estado miembro en que la sociedad o persona jurídica esté domiciliada; 3) *en materia de validez de las inscripciones en los registros públicos,* los órganos jurisdiccionales del Estado miembro en que se encuentre el registro 4) *en materia de inscripciones o validez de patentes, marcas, diseños o dibujos y modelos y demás derechos análogos sometidos a depósito o registro, independientemente de que la cuestión se haya suscitado por vía de acción o por vía de excepción,* los órganos jurisdiccionales del Estado en que se haya solicitado, efectuado o tenido por efectuado el depósito o registro en virtud de lo dispuesto en algún instrumento de la Unión o en algún convenio internacional. 5) *en materia de ejecución de las resoluciones judiciales,* los órganos jurisdiccionales del Estado miembro del lugar de ejecución.

En defecto de estos fueros legales imperativos, el RB I bis permite, como se ha anticipado, la **sumisión expresa o tácita** de los litigantes, en el entendimiento de que esta segunda opción voluntaria redunda en otorgar una mayor estabilidad, previsibilidad y seguridad, al tiempo que una mayor comodidad, racionalidad y economía, a las relaciones jurídicas, en su gran mayoría comerciales. Así, bajo el título "*prórroga de competencia*" y de nuevo con total independencia del domicilio de las partes, el artículo 25 del RB I bis establece, respecto de la **sumisión expresa**, que "si las partes, con independencia de su domicilio, han acordado que un órgano jurisdiccional o los órganos jurisdiccionales de un Estado miembro sean competentes para conocer de cualquier litigio que haya surgido o que pueda surgir con ocasión de una determinada relación jurídica, tal órgano jurisdiccional o tales órganos jurisdiccionales serán competentes, a menos que el acuerdo sea nulo de pleno derecho en cuanto a su validez material según el Derecho de dicho Estado miembro. Esta competencia será exclusiva, salvo pacto en contrario entre las partes. El acuerdo atributivo de competencia deberá celebrarse: a) por escrito o verbalmente con confirmación escrita; b) en una forma que se ajuste a los hábitos que las partes tengan establecido entre ellas, o c) en el comercio internacional, en una forma conforme a los usos que las partes conozcan o deban conocer y que, en dicho comercio, sean ampliamente conocidos y regularmente observados por las partes en los contratos del mismo tipo en el sector comercial considerado. 2. Se considerará hecha por escrito toda transmisión efectuada por medios electrónicos que proporcione un registro duradero del acuerdo".

En defecto de esta sumisión expresa, también cabrá la **sumisión tácita**, entendida (esta última) como la inferida de la libre actuación de las partes, que se estimará cumplida, para el demandante, *por el mero hecho de la interposición de la demanda* y, para el demandado, *por su sola comparecencia cuando esta no se refiera, precisamente a la oposición o impugnación de la Jurisdicción elegida por el demandante.* Así, el artículo 26 del RB I bis establece que "con independencia de los casos en los que su competencia resulte de otras disposiciones del presente Reglamento, será competente el órgano jurisdiccional de un Estado miembro ante el que comparezca el demandado. Esta regla no será de aplicación si la comparecencia tiene por objeto impugnar la competencia o si existe otra jurisdicción exclusivamente competente".

En defecto de los precedentes foros —exclusivos y de sumisión expresa o tácita— el Reglamento establece, de modo alternativo, otros dos fueros: el **domicilio del demandado** —así, "las personas domiciliadas en un Estado miembro estarán sometidas, sea cual sea su nacionalidad, a los órganos jurisdiccionales de dicho Estado" (*ex* art. 4.1 RB I bis): fuero general que no solo beneficia al demandado, sino también la celeridad, economía, flexibilidad, eficiencia y eficacia del propio proceso— y los **fueros especiales por razón de la materia**, referidos a la posibilidad de demandar a una persona en un Estado miembro distinto a aquel en que estuviere domiciliada, entre los que cabe destacar los siguientes (*ex* arts. 7 a 23 RB I bis): 1) *en materia contractual*, ante el órgano jurisdiccional del lugar en el que se haya cumplido o deba cumplirse la obligación que sirva de base a la demanda; 2) *en materia extracontractual*, ante el órgano jurisdiccional del lugar donde se haya producido o pueda producirse el hecho dañoso; 3) *si se trata de acciones por daños y perjuicios, o de acciones de restitución fundamentadas en un acto que dé lugar a un proceso penal*, ante el órgano jurisdiccional que conozca de dicho proceso, en la medida en que, de conformidad con su ley, dicho órgano jurisdiccional pueda conocer de la acción civil.

La **falta de Jurisdicción** de nuestros Tribunales puede ser apreciada **de oficio**, con audiencia de las partes y del Ministerio Fiscal, tan pronto como sea advertida, o **a instancia de la parte demandada mediante declinatoria**. La abstención del conocimiento o **declaración de oficio de falta de Jurisdicción** interna podrá ampararse en dos supuestos: 1°) *cuando la Jurisdicción corresponda a otro Estado por imposición de un fuero legal exclusivo y excluyente*: "el órgano jurisdiccional de un Estado miembro que conozca a título principal de un litigio para el que los órganos jurisdiccionales de otro Estado miembro sean exclusivamente competentes se declarará de oficio incompetente" (*ex* art. 27 RB I bis)— y 2°) *ante la incomparecencia del demandado en los supuestos en que procediere amparar la Jurisdicción, precisamente, en la sumisión tácita*: "cuando una persona domiciliada en un Estado miembro sea demandada ante un órgano jurisdiccional de otro Estado miembro y no comparezca, dicho órgano jurisdiccional se declarará de oficio incompetente si su competencia no se fundamenta en lo dispuesto en el presente reglamento (*ex* art. 28.1 RB I bis)—.

1.6.2. Extensión y límites de la Jurisdicción interna española

Una vez expuestos los criterios de atribución general de la Jurisdicción internacional, procedemos ahora a delimitar la extensión y límites de la española, (de nuevo) no como Poder, sino en su significación como conjunto de jueces y magistrados, precisados de una serie de criterios, fórmulas o reglas, diseñadas *a priori*, que permitan la correcta y ecuánime adjudicación de los procesos que, concretamente, en los que les corresponda dilucidar determinados tipos de conflictos, y ello por elementales razones de distribución de la carga de trabajo, de eficacia, de eficiencia, de operatividad, de especialización e, incluso, de refuerzo de sus atributos más esenciales, la independencia, la imparcialidad, la responsabilidad y la exclusiva sumisión a la Ley.

El Título I del Libro I de la LOPJ, diseña, bajo el título "*De la extensión y límites de la Jurisdicción*", el verdadero alcance internacional de nuestros jueces y tribunales en todos los órdenes. Así, LOPJ se ocupa, en los artículos 21 a 25, de delimitar los criterios de distribución de la Jurisdicción por razón de (i) la persona, (ii) de la materia y (iii) del territorio, con un criterio muy similar al del RB I bis, al establecer en primer lugar, los **fueros exclusivos**; en su defecto, los referidos a la **sumisión expresa o tácita** y el **domicilio del demandado**; así como, de nuevo en su defecto, los **fueros especiales**.

El punto de partida recoge un criterio positivo universal de conocimiento, por nuestros órganos jurisdiccionales, de la totalidad de conflictos sustantivos que se puedan suscitar, sin que (en su lógica consecuencia) quede fuera del Poder Judicial, por razón de la materia, ningún asunto. Así, el artículo 21. 1 de la LOPJ establece que "los Tribunales civiles españoles conocerán de las pretensiones que se susciten en territorio español con arreglo a lo establecido en los tratados y convenios internacionales en los que España sea parte, en las normas de la Unión Europea y en las leyes españolas" Sin perjuicio de esta declaración general positiva, la propia LOPJ, en el apartado segundo del mismo artículo, establece, sin embargo, que "no conocerán de las pretensiones formuladas respecto de sujetos o bienes que gocen de inmunidad de jurisdicción y de ejecución de conformidad con la legislación española y las normas de Derecho Internacional Público".

Una vez establecido este **principio general de universalidad** de atribución por razón de la materia, con la sola excepción de los casos de inmunidad —también existentes a nivel interno, así: "*la persona del Rey es inviolable y no está sujeta a responsabilidad*" (*ex* art. 56.3 CE); "*Durante el período de su mandato, los Diputados gozarán asimismo de inmunidad y solo podrán ser detenidos en caso de flagrante delito. No podrán ser inculpados ni procesados sin la previa autorización del Congreso*" (*ex* art. 11 del Reglamento del Congreso de los Diputados); "*Durante el período de su mandato, los Senadores gozarán de inmunidad y no podrán ser retenidos ni detenidos salvo en* *caso de flagrante delito. La retención o detención será comunicada inmediatamente a la Presidencia del Senado*" (*ex* art. 22.1 del Reglamento del Senado)— la propia LOPJ establece unos criterios positivos de atribución de la Jurisdicción.

Estos **criterios positivos de atribución de la competencia**, denominados "fueros", son reglas, fórmulas o, si se prefiere, criterios legales que permiten conferir a la Jurisdicción de un determinado país, en nuestro caso a la española, el conocimiento de determinados asuntos por razón de la vinculación, conexión o aproximación de alguno de sus elementos esenciales —objetivos: el propio conflicto; o subjetivos: uno o ambos litigantes son españoles— a la ubicuidad física de nuestros confines territoriales.

En la LOPJ se establecen **fueros exclusivos de atribución de la Jurisdicción** —a la que, de modo impropio, se refiere como competencia— y esta exclusividad conlleva que, a su vez, sean excluyentes, por cuánto, al venir expresa y únicamente atribuida la Jurisdicción española, ello comporta que la resolución efectuada por la de cualquier otro país, en clara desatención a este fuero legal exclusivo y excluyente, carecerá de todo valor, debiendo, en consecuencia, resultar inobservada.

La propia LOPJ también regula el modo de proceder cuando nuestros Juzgados y Tribunales españoles carezcan —probablemente por ausencia de nexo, vínculo o conexión— de Jurisdicción para conocer de determinados asuntos, debiendo identificarse el criterio negativo, sencillamente, con la ausencia de precepto alguno que atribuya esta Jurisdicción: así, en defecto de norma que reconozca, de manera expresa, la Jurisdicción para el enjuiciamiento de un determinado conflicto, ha de entenderse que nuestros jueces y tribunales carecen de dicha Jurisdicción. Así, el artículo 22 *octies* de la LOPJ establece, en su apartado primero, con toda claridad, que "*no serán competentes los tribunales españoles en aquellos casos en que los fueros de competencia previstos en las leyes españolas no contemplen dicha competencia*"

El momento de determinación de la Jurisdicción —que será apreciada de oficio o a instancia de parte por nuestros Tribunales— es el primero o inicial, (identificado con el de interposición de la demanda en el proceso civil) y no podrá ser alterado ulteriormente, en virtud del **principio de la *perpetuatio iurisdictionis*,** por la modificación de las circunstancias concurrentes a aquel momento. El artículo 22.2 *octies* LOPJ, establece, en este sentido, que "los Tribunales españoles apreciarán, de oficio o a instancia de parte, su competencia de conformidad con las normas vigentes y las circunstancias concurrentes en el momento de presentación de la demanda, y el proceso se sustanciará hasta su conclusión, aunque dichas normas o circunstancias hayan sido modificadas con posterioridad, salvo que expresamente se determine lo contrario".

Frente a la premisa general, de **apreciación *ex oficio* de la ausencia de Jurisdicción**, de nuestros Tribunales —"los Tribunales españoles se declararán incompetentes si su competencia no estuviera fundada en las disposiciones de las leyes españolas, de conformidad con lo previsto en las leyes procesales" (*ex* art. 22.3 *octies* LOPJ)— se establecen unas razonables excepciones con la legítima finalidad de que ningún conflicto conectado o vinculado con España, siquiera sea remotamente, quede fuera del ámbito de actuación y conocimiento de nuestro Poder Judicial. Así, este mismo artículo 22.3 *octies* de la LOPJ, en su segundo apartado, establece que "los Tribunales españoles no podrán abstenerse o declinar su competencia cuando el supuesto litigioso presente vinculación con España y los Tribunales de los distintos Estados conectados con el supuesto hayan declinado su competencia. Tampoco lo podrán hacer cuando se trate del reconocimiento y la ejecución de resoluciones judiciales, decisiones arbitrales y acuerdos de mediación dictados por los Tribunales extranjeros". Finalmente, ha de advertirse que las excepciones de litispendencia y de conexidad internacionales se alegarán y tramitarán, según el artículo 22 *nonies* LOPJ, con arreglo a las normas generales que regulan las leyes procesales.

La falta de Jurisdicción de nuestros Tribunales puede ser apreciada de oficio, con audiencia de las partes y del Ministerio Fiscal, tan pronto como sea advertida (*ex* art. 38 LEC) o a **instancia de la parte demandada mediante declinatoria** (*ex* art. 39 LEC). La abstención del conocimiento o declaración de oficio de falta de jurisdicción interna podrá ampararse en tres supuestos (*ex* art. 36.2 LEC): 1º) cuando se haya formulado demanda o solicitado ejecución respecto de sujetos o bienes que gocen de inmunidad de jurisdicción o de ejecución de conformidad con la legislación española y las normas de Derecho internacional público (*ex* art. 36.2.1ª LEC); 2º) cuando en virtud de un tratado o convenio internacional en el que España sea parte, el asunto se encuentre atribuido con carácter exclusivo a la jurisdicción de otro Estado (*ex* art. 36.2.2ª LEC) y 3º) cuando no comparezca el demandado emplazado en debida forma, en los casos en que la competencia internacional de los tribunales españoles únicamente pudiera fundarse en la sumisión tácita de las partes (*ex* art. 36.2.3ª LEC).

Veamos ahora, pues, los criterios legales de atribución de la Jurisdicción en todos los órdenes jurisdiccionales.

1.6.2.1. En el orden jurisdiccional civil

El criterio esencial de **atribución legal de la Jurisdicción en el orden civil** es exclusivo y excluyente, quedando formulado en el artículo 22 de la LOPJ, de la siguiente manera: Con carácter exclusivo, los Tribunales españoles serán competentes en todo caso y con preferencia de cualquier otro, para conocer de las pretensiones relativas a las siguientes materias: 1) Derechos reales y arrendamientos de bienes inmuebles que se hallen en España; 2) Constitución, validez, nulidad o disolución de sociedades o personas jurídicas que tengan su domicilio en territorio español; 3) Validez o nulidad de las inscripciones practicadas en un registro español; 4) Inscripciones o validez de patentes, marcas, diseños o dibujos y modelos y otros derechos sometidos a depósito o registro, cuando se hubiera solicitado o efectuado en España el depósito o el registro; y 5) Reconocimiento y ejecución en territorio español de sentencias y demás resoluciones judiciales, decisiones arbitrales y acuerdos de mediación dictados en el extranjero.

Asimismo, la LOPJ diseña un segundo criterio, en su artículo 22 *bis*, de atribución de la jurisdicción en el orden civil en función de la voluntaria **sumisión expresa** —pacto escrito, verbal con confirmación escrita o efectuado por medio electrónico que conste en registro duradero, por el que las partes deciden atribuir a los Tribunales españoles el conocimiento de determinadas controversias— o **sumisión tácita** —recuérdese: se infiere del libre actuar de las partes, así de la simple y mera comparecencia— de las partes, siempre que a ello no obste la asunción un criterio imperativo interno o internacional.

Finalmente, en defecto de fuero legal o de sumisión convencional, el artículo 22 ter de la LOPJ establece el del **domicilio o residencia habitual en España del demandado.** En defecto de los fueros anteriores, la LOPJ establece, en su artículo 22 *quater*, una serie de fueros especiales que atribuyen la Jurisdicción a nuestros Tribunales españoles, entre otros supuestos, en los siguientes: 1°) en materia de declaración de ausencia o fallecimiento, cuando el desaparecido hubiera tenido su último domicilio en territorio español o tuviera nacionalidad española; 2°) En materia relacionada con la capacidad de las personas y las medidas de protección de las personas mayores de edad o de sus bienes, cuando estos tuviesen su residencia habitual en España; 3°) En materia de relaciones personales y patrimoniales entre cónyuges, nulidad matrimonial, separación y divorcio y sus modificaciones, siempre que ningún otro Tribunal extranjero tenga competencia, cuando ambos cónyuges posean residencia habitual en España al tiempo de la interposición de la demanda o cuando hayan tenido en España su última residencia habitual y uno de ellos resida allí, o cuando España sea la residencia habitual del demandado; 4°) En materia de filiación y de relaciones paterno-filiales, protección de menores y de responsabilidad parental, cuando el hijo o menor tenga su residencia habitual en España al tiempo de la interposición de la demanda o el demandante sea español o resida habitualmente en España o, en todo caso, al menos desde seis meses antes de la presentación de la demanda; 5°) En materia de adopción, en los supuestos de adopción internacional; 6°) En materia de alimentos, cuando el acreedor o el demandado de los mismos tenga su residencia habitual en España; 7°) En materia de sucesiones, cuando el causante hubiera tenido su última residencia habitual en España o cuando los bienes se encuentren en España y el causante fuera español en el momento del fallecimiento.

1.6.2.2. En el orden jurisdiccional penal

El criterio de atribución de la Jurisdicción en el orden jurisdiccional penal cristaliza, en primer término, en dos **fueros principales o esenciales**: (i) el de la **territorialidad** (lugar de comisión del hecho delictivo) y (ii) el de la **personalidad pasiva** (nacionalidad del acusado).

Así, el artículo 23. 1 de la LOPJ establece que "en el orden penal corresponderá a la jurisdicción española el conocimiento de las causas por delitos *cometidos en territorio español o cometidos a bordo de buques o aeronaves españoles*, sin perjuicio de lo previsto en los tratados internacionales en los que España sea parte".

También conocerá la Jurisdicción española de los delitos que hayan sido cometidos fuera del territorio nacional, según el artículo 23.2 LOPJ, "siempre que *los criminalmente responsables fueren españoles o extranjeros que hubieran adquirido la nacionalidad española con posterioridad a la comisión del hecho* y concurrieren los siguientes requisitos: 1) Que el hecho sea punible en el lugar de ejecución, salvo que, en virtud de un Tratado internacional o de un acto normativo de una Organización internacional de la que España sea parte, no resulte necesario dicho requisito, sin perjuicio de lo dispuesto en los apartados siguientes; 2) Que el agraviado o el Ministerio Fiscal interpongan querella ante los Tribunales españoles; 3) Que el delincuente no haya sido absuelto, indultado o penado en el extranjero, o, en este último caso, no haya cumplido la condena. Si solo la hubiere cumplido en parte, se le tendrá en cuenta para rebajarle proporcionalmente la que le corresponda".

Asimismo, la LOPJ, en aplicación de una suerte de **"fuero de interés estatal"**, atribuye Jurisdicción a los Tribunales españoles para *la persecución de delitos cuyo bien jurídico protegido es esencialmente español.* Así, conocerá la Jurisdicción española de los hechos cometidos por españoles o extranjeros fuera del territorio nacional, según el artículo 23.3 LOPJ, "cuando sean susceptibles de tipificarse, según la ley penal española, como alguno de los siguientes delitos: 1) De traición y contra la paz o la independencia del Estado; 2) Contra el titular de la Corona, su Consorte, su Sucesor o el Regente; 3) Rebelión y sedición; 4) Falsificación de la firma o estampilla reales, del sello del Estado, de las firmas de los Ministros y de los sellos públicos u oficiales; 5) Falsificación de moneda española y su expedición; 6) Cualquier otra falsificación que perjudique directamente al crédito o intereses del Estado, e introducción o expedición de lo falsificado; 7) Atentado contra autoridades o funcionarios públicos españoles; 8) Los perpetrados en el ejercicio de sus funciones por funcionarios públicos españoles residentes en el extranjero y los delitos contra la Administración Pública española; 9) Los relativos al control de cambios".

Finalmente, la LOPJ atribuye, en el apartado cuarto de su artículo 23, Jurisdicción a nuestros Tribunales españoles, para conocer de los **delitos considerados más graves, repugnantes y deleznables** —antes perseguidos por la denominada "Jurisdicción universal": genocidio, lesa humanidad, tortura, desaparición forzada, piratería, terrorismo, trata de seres humanos, tráfico ilegal de drogas y terrorismo, entre otros—, ya no de manera ilimitada e incondicionada, sino bajo cumplimiento de determinados requisitos de vinculación personal, territorial o de interés institucional estatal con España.

1.6.2.3. En el orden jurisdiccional contencioso-administrativo

En el orden contencioso-administrativo la Jurisdicción española actuará cuando, según el artículo 24 LOPJ, la pretensión que se deduzca se refiera a disposiciones de carácter general o a actos de las Administraciones Públicas españolas. Asimismo, nuestra Jurisdicción contencioso-administrativa española conocerá de las (pretensiones) que se deduzcan en relación con actos de los poderes públicos españoles, de acuerdo con lo que dispongan las leyes.

1.6.2.4. En el orden jurisdiccional social

En el orden social, los Juzgados y Tribunales españoles serán competentes, según el artículo 25 de la LOPJ:

1º En materia de derechos y obligaciones derivados de contrato de trabajo: (i) cuando los servicios se hayan prestado en España o el contrato se haya celebrado en territorio español; (ii) cuando el demandado tenga su domicilio en territorio español o una agencia, sucursal, delegación o cualquier otra representación en España; (iii) cuando el trabajador y el empresario tengan nacionalidad española, cualquiera que sea el lugar de prestación de los servicios o de celebración del contrato; y, además, (iv) en el caso de contrato de embarque, si el contrato fue precedido de oferta recibida en España por trabajador español.

2º En materia de control de legalidad de los convenios colectivos de trabajo celebrados en España y de pretensiones derivadas de conflictos colectivos de trabajo promovidos en territorio español.

3º En materia de pretensiones de Seguridad Social frente a entidades españolas o que tengan domicilio, agencia, delegación o cualquier otra representación en España.

1.7. Conflictos de Jurisdicción y conflictos de competencia

Bajo la nomenclatura "**conflictos de Jurisdicción**" contempla la LOPJ —en sus artículos 38 a 41— los conflictos suscitados (i) **entre la Jurisdicción y la Administración**, así como (ii) **entre la Jurisdicción ordinaria y la única Jurisdicción especial reconocida por nuestra legislación: la militar.** Con distinta, y acaso errónea, denominación, titulada "**conflictos de competencia**" regula esta misma LOPJ —en sus artículos 42 a 52— los **conflictos suscitados entre los distintos órdenes jurisdiccionales** —civil, penal, contencioso-administrativo y laboral— de nuestra Jurisdicción ordinaria, siendo esta una controversia exclusivamente jurisdiccional, que nada tiene que ver con los criterios de atribución de la competencia objetiva, funcional y territorial, que se estudiarán al término de este Tema. Es por ello por lo que, a pesar de su diferente nomenclatura, acometemos el estudio de todos los conflictos de jurisdicción de manera conjunta, ya sean los suscitados entre la Jurisdicción y la Administración; ya sean los surgidos entre la Jurisdicción ordinaria y la militar; ya sean, al fin, los acontecidos entre los distintos órdenes jurisdiccionales —a los que, sin embargo, se ha denominado, de modo confuso, "de competencia"—.

1.7.1. Conflictos de Jurisdicción

En el marco de los conflictos de Jurisdicción, por atenernos a la nomenclatura legal, hemos de estudiar, de un lado, las contiendas suscitadas entre la Administración y la Jurisdicción y, de otros, las surgidas entre la Jurisdicción ordinaria y la especial, la militar.

1.7.1.1. Conflictos entre la Administración y la Jurisdicción

Los tres poderes del Estado (Ejecutivo, Legislativo y Judicial) tienen atribuidas funciones clara, indubitada y nítidamente diferenciadas (así, en síntesis y de manera simplificada: gestionar la política del Estado, elaborar las leyes y solventar los conflictos jurídicos, respectivamente). Pese a ello, en no pocas ocasiones se producen, de manera inconveniente, interferencias, fisuras o, incluso, controversias, generalmente entre dos Poderes del Estado, en concreto el Ejecutivo y el Judicial (Administración y Jurisdicción), por considerar ambos que deben asumir positivamente una determinada materia (**conflictos positivos**) o rehusar ambos, en otro caso, la asunción de una misma cuestión (**conflictos negativos**).

El artículo 38 de la LOPJ establece, en su apartado primero, que "los conflictos de jurisdicción entre los Juzgados o Tribunales y la Administración serán resueltos por un órgano colegiado constituido por el Presidente del Tribunal Supremo, que lo presidirá, y por cinco vocales, de los que dos serán Magistrados de la Sala de lo Contencioso-Administrativo del Tribunal Supremo, designados por el Pleno del Consejo General del Poder Judicial, y los otros tres serán Consejeros Permanentes de Estado, actuando como Secretario el de Gobierno del Tribunal Supremo" y, en su apartado segundo, que "el Presidente tendrá siempre voto de calidad en caso de empate". El procedimiento se encuentra oportunamente regulado en la LO 2/1987, de 18 de mayo, de conflictos jurisdiccionales.

1.7.1.2. Conflictos entre la Jurisdicción ordinaria y la Jurisdicción militar

El concreto ámbito de actuación sustantivo y procesal de la Jurisdicción ordinaria y la única Jurisdicción especial admitida en nuestro ordenamiento jurídico, la militar, se encuentra, en principio, nítida, expresa y explícitamente diferenciado. Sin embargo, en ocasiones alguno de los elementos estructurales que definen la naturaleza, configuración o caracterización ordinaria o militar, de un determinado conflicto, por razón de su objeto, sujetos o territorio, precisan una complementaria interpretación, pues ambas modalidades de nuestra Jurisdicción (ordinaria y militar) reclaman (**conflicto positivo**) o rehúsan (**conflicto negativo**) su conocimiento.

El artículo 39 de la LOPJ señala, en su apartado primero, que "los conflictos de jurisdicción entre los Juzgados o Tribunales de cualquier orden jurisdiccional de la jurisdicción ordinaria y los órganos judiciales militares, serán resueltos por la Sala de Conflictos de Jurisdicción, compuesta por el Presidente del Tribunal Supremo, que la presidirá, dos Magistrados de la Sala del Tribunal Supremo del orden jurisdiccional en conflicto y dos Magistrados de la Sala de lo Militar, todos ellos designados por el Pleno del Consejo General del Poder Judicial. Actuará como Secretario de esta Sala el de Gobierno del Tribunal Supremo" y, en su apartado segundo, que "el Presidente tendrá siempre voto de calidad en caso de empate".

1.7.2. Conflictos de competencia o conflictos entre los distintos órdenes jurisdiccionales

La Jurisdicción, como se ha visto al mismo inicio del tema, puede clasificarse, manifestarse o diversificarse en cuatro órdenes jurisdiccionales a los que hemos dedicado un epígrafe específico: (i) **civil** para la resolución, de un lado, de controversias privadas y, en consecuencia, disponibles y, de otro, de situaciones indisponibles —controvertidas o no— precisadas de intervención judicial y afectantes a derechos o intereses de personas débiles, frágiles, desvalidas o vulnerables: así, menores y/o personas con discapacidad; (ii) **penal** para el enjuiciamiento de los delitos; (iii) **contencioso-administrativo** para ventilar conflictos con la Administración pública; y, al fin, (iv) **social o laboral** para solucionar las disputas entre empresarios y trabajadores, así como las de todos ellos con la Seguridad Social.

Naturalmente, estos órdenes jurisdiccionales no son compartimentos estancos, cerrados, bloqueados, ni imbatibles, pues en un buen número de situaciones, se entremezclan elementos correspondientes a dos o más órdenes (con la única excepción del penal, que será siempre preferente, conforme al artículo 44 de la LOPJ, no admitiendo, en consecuencia duda, conflicto, ni cuestionamiento alguno—, a modo de ejemplo, civiles y laborales, o incluso, se desconoce —por diluida, desdibujada o desfigurada en el caso concreto— la verdadera naturaleza sustantiva de la específica relación o situación jurídica en expectativa de resolución judicial.

Al igual que acontece con los restantes conflictos jurisdiccionales, estas dudas, controversias o diferencias pueden ser **positivas o negativas** en función de si reclaman o rehúsan el conocimiento de un determinado conflicto o situación jurídica precisada de intervención judicial. Y en todo caso resolverá la Sala especial de Conflictos del TS. Así, el artículo 42 de la LOPJ establece que "los conflictos de competencia que puedan producirse entre Juzgados o Tribunales de distinto orden jurisdiccional, integrados en el Poder Judicial, se resolverán por una Sala especial del Tribunal Supremo, presidida por el Presidente y compuesta por dos Magistrados, uno por cada orden jurisdiccional en conflicto, que serán designados anualmente por la Sala de Gobierno. Actuará como Secretario de esta Sala especial el de Gobierno del Tribunal Supremo".

1.8. Cooperación judicial internacional. Instrumentos de cooperación en la UE.

Sin perjuicio del alcance, extensión y límites de la Jurisdicción interna e internacional de nuestros jueces y tribunales, recién estudiada, el Poder Judicial español ha cedido una parte de su Jurisdicción en favor de los siguientes Tribunales internacionales:

El **Tribunal o Corte Internacional de Justicia** (TIJ o CIJ), ubicado en La Haya (Países Bajos), integrada por quince jueces —elegidos por la Asamblea General y el Consejo de Seguridad de Naciones Unidas para mandatos de 9 años, procurándose una representación suficiente de los principales sistemas jurídicos del mundo— es el órgano judicial por excelencia de Naciones Unidas —la mayor organización internacional existente— y tiene por función esencial resolver controversias jurídicas entre los distintos Estados parte y emitir decisiones u opiniones consultivas para Naciones Unidas y sus distintas organizaciones.

Este Tribunal o Corte penal internacional (TPI o CPI) es un Tribunal de Justicia internacional, de carácter estable y permanente, con personalidad jurídica internacional, cuya función o misión esencial se residencia en el enjuiciamiento de los acusados por los execrables delitos de genocidio, de guerra, de agresión y de lesa humanidad. La estructura de la CPI está compuesta por una Presidencia, integrada por tres magistrados; por la División Judicial con tres secciones (Casos Preliminares, Primera Instancia y Apelaciones) a cargo de 18 jueces; la Oficina del Fiscal y el Registro.

El principio esencial de actuación del TPI es el de complementariedad con las jurisdicciones nacionales de los Estados Parte, de modo que su intervención se restringe a los casos en que estas no la ejerzan o no estén en condiciones de hacerlo. El artículo 27 del Estatuto de Roma, ratificado en la actualidad por 124 países, establece que "*este Estatuto es aplicable por igual a todos sin distinción alguna basada en el cargo oficial*". En particular, el cargo oficial de una persona sea Jefe de Estado o de Gobierno, miembro de un gobierno o parlamento, representante elegido o funcionario de gobierno, en ningún caso la eximirá de responsabilidad penal ni constituirá por sí mismo motivo para reducir la pena. Asimismo, las inmunidades y las normas de procedimiento especiales que conlleve el cargo oficial de una persona, con arreglo al derecho interno o al derecho internacional, no impedirán que la Corte ejerza su competencia sobre ella. Los crímenes de competencia del TPI no prescriben. El TPI solo puede imponer penas máximas de 30 años de prisión y, de forma excepcional, cadena perpetua si la extrema gravedad del caso lo justifica, pero nunca puede condenar a muerte.

El **Tribunal Europeo de Derechos Humanos** (TEDH), ubicado en Estrasburgo (Francia) es el Tribunal destinado a enjuiciar, bajo determinadas circunstancias, las posibles violaciones de derechos contenidos en el Convenio Europeo de Protección de los Derechos Humanos y las Libertades Públicas (CEDH) y en sus protocolos por los Estados parte de este Convenio. Está compuesto por tantos jueces, cuántos Estados miembros integren el Consejo de Europa, 47 en la actualidad, elegidos por la Asamblea Parlamentaria de dicho Consejo, por un período de 9 años.

La demanda habrá de presentarse en un plazo máximo de 6 meses a partir de la última notificación o decisión interna, una vez agotados los recursos internos del país correspondiente: Se requiere, pues, haber recurrido a todas las instancias ordinarias —no discrecionales o extraordinarias— posibles en el sistema judicial interno del Estado presuntamente infractor, incluyendo el recurso de amparo, aunque no haya sido admitido. También se exige haber alegado la infracción —no necesariamente el artículo concreto del CEDH— en vía interna, que la demanda no sea manifiestamente infundada, ni sea abusiva, y que el perjuicio sea importante. Sin embargo, la regla de la alegación de la infracción en vía interna desde el mismo inicio del proceso es flexible, no pudiendo ser excesivamente formalista, pues ello impediría el acceso al TEDH.

El **Tribunal de Justicia de la Unión Europea** (TJUE), ubicado en Luxemburgo, tiene una doble función: por una parte, garantizar que los países miembros y las instituciones europeas cumplan la legislación de la UE y, por otra, que esta legislación se interprete y aplique de la misma forma en todos y cada uno de los Estados miembros. Este TJUE consta de dos órganos: primero, el **Tribunal de Justicia** (TJ), compuesto por 28 jueces (designados de común acuerdo por los Gobiernos de los distintos Estados miembros) y 11 Abogados Generales, que resuelve las cuestiones prejudiciales planteadas por los tribunales nacionales, ciertos recursos de anulación y los recursos de casación; y segundo, el **Tribunal General** (TG), compuesto por 46 jueces (uno al menos por cada Estado nombrados de común acuerdo por sus respectivos Gobiernos) que resuelve los recursos de anulación que interponen los particulares, las empresas y, en algunos casos, los gobiernos nacionales. Esto significa que, en la práctica, el tribunal se ocupa, fundamentalmente, de la legislación sobre competencia, ayudas estatales, comercio, agricultura y marcas comerciales.

2. COMPETENCIA

Una vez confirmado que la controversia/discordia/conflicto deba solventarse ante la Jurisdicción —y descartada la asunción, cuando fuere posible, de mecanismos complementarios o alternativos (en definitiva: extrajudiciales)—, al tiempo que fijada, desde este incipiente momento, la más precisa determinación de la concreta Jurisdicción a la que corresponda su específico conocimiento —recuérdese: (i) la ordinaria, por no encontrarse en la discordia los elementos legalmente exigidos para derivarlo a la militar; (ii) la de un concreto orden jurisdiccional: civil, pongamos por caso, dado que la naturaleza de la controversia es privada; y, al fin (iii) la española por así corresponderle con arreglo a las normas (internacionales o internas) examinadas— debe procederse a examinar la competencia, entendiendo por tal la concreción del exacto órgano jurisdiccional que está llamado a conocer de aquel conflicto, y ello (ahora) por razón (i) del objeto y de los sujetos, (ii) de la función y (iii) del territorio. Veamos, por fin, este trípode de criterios de atribución competencial.

2.1. Criterios de atribución

La atribución de la competencia se realiza, pues, en función de tres criterios: (i) por razón del objeto y, en su caso, del sujeto sometido a juicio: **competencia objetiva**; (ii) por razón de la función que está llamado a desempeñar, el juez o tribunal, en cada fase del procedimiento: **competencia funcional**; y al fin, (iii) por razón del territorio en el que se suscita el conflicto: **competencia territorial**.

Sin perjuicio del detallado examen de la competencia en los órdenes orden civil y penal, que se afrontará más adelante —en concreto, en los Temas correspondientes a la competencia de los Manuales de Derecho procesal civil y Derecho procesal penal, respectivamente—, conviene en este momento dejar sentadas las bases de ese ulterior estudio más profundo, con el análisis de los elementos conceptuales esenciales.

El criterio de atribución referido a la **competencia objetiva** evidencia la necesidad de examinar, prioritariamente, el *sujeto demandado* y a continuación, el *objeto litigioso*, para averiguar cuál sea exactamente —caso por caso— el juez o tribunal competente. Así, si el sujeto demandado es una persona protegida por razón del cargo público desempeñado en el momento del conflicto, esto es, si se trata de un *aforado*, y, además, ese concreto conflicto puede relacionarse o conectarse, precisamente, con el ejercicio de este cargo, entonces la competencia corresponderá a Tribunales de superior grado, jerarquía o rango.

El objeto habrá de ser examinado, una vez descartado el aforamiento —recuérdese que **el sujeto es preferente frente al objeto en la atribución de la competencia objetiva**— desde una doble perspectiva: (i) por razón de la materia y (ii) por razón de la cuantía. Así, pues, si un determinado conflicto tuviere expresamente atribuida la competencia **por razón de la materia**, a determinados Juzgados, como sucede con los Juzgados de Violencia sobre la Mujer o con los Juzgados de lo Mercantil, entonces, en buena lógica, tan solo a ellos corresponderá conocer del referido conflicto. Otro tanto sucederá con los Juzgados que asuman el conocimiento de determinadas clases de asuntos, previo acuerdo del CGPJ, en aquellas circunscripciones donde exista más de un Juzgado de la misma clase, como los de Familia, a quiénes corresponderá, en exclusiva, por razón de su especialización, la resolución de ese concreto tipo de conflictos.

En detrimento de la posibilidad de atribución, a un concreto órgano jurisdiccional, de la competencia, por razón de la materia —ni su demandado es aforado, ni la naturaleza del objeto controvertido precisa la singular reconducción a Juzgados especializados—, entonces cabe aplicar el criterio general, que encuentra una segunda distinción —estadísticamente residual o marginal— por **razón de la cuantía**. Así, según el artículo 45 de la LEC, corresponde a los Juzgados de primera instancia el conocimiento, en primera instancia, de todos los asuntos civiles que por disposición legal expresa no se hallen atribuidos a otros tribunales. Dentro de estos asuntos, y siempre en el marco del juicio verbal, así como en defecto de atribución legal expresa de la competencia con arreglo a la materia, corresponde, según el artículo 47 de la LEC, "a los Juzgados de Paz el conocimiento en primera instancia, de los asuntos civiles de cuantía no superior a 90 euros".

El criterio de atribución referido a la **competencia funcional** evidencia la posibilidad de reconocer, a lo largo de la sustanciación del proceso, al juez competente para asumir cada una de las relevantes decisiones parciales que integran el recorrido hasta la resolución final, así, el examen, la admisión o denegación y, en su caso, la decisión, entre otros extremos, sobre pruebas anticipadas, diligencias preliminares, medidas cautelares, cuestiones prejudiciales, pruebas principales, recursos y ejecución. La LEC fija un razonable criterio de atribución general, al juez competente para conocer de la cuestión principal —el *tema decidendi*— en un determinado proceso, de coetánea y coherente competencia para conocer también de todos sus incidentes. Así, el artículo 61 establece que "salvo disposición legal en contrario, el tribunal que tenga competencia para conocer de un pleito, la tendrá también para resolver sobre sus incidencias, para llevar a efecto las providencias y autos que dictare y para la ejecución de la sentencia o convenios y transacciones que aprobare". Naturalmente, esta premisa general no se encuentra exenta de excepciones, tal y como acontece, a modo de ejemplo, con la resolución de los recursos devolutivos, a cargo de Tribunal distinto, siguiente o, si se prefiere, superior en grado al que dictó la resolución, objeto de impugnación.

Finalmente, el criterio de atribución referido a la **competencia territorial** residencia, como puede desprenderse de su simple enunciado, residencia en la circunscripción, la demarcación o el territorio, el elemento de distinción entre unos Tribunales y otros, todos ellos igualmente competentes por razón del objeto y la función, a expensas ya tan solo de quedar determinados por el lugar dónde deban ventilar el concreto conflicto.

La competencia territorial guarda, en cuánto a su criterio de atribución, cierto paralelismo con la Jurisdicción interna e internacional, habida cuenta de que todas ellas centran sus fueros en el territorio, sea de las personas, de los objetos litigiosos o, incluso de la defensa de las propias instituciones. Así, la competencia territorial, al igual que acontecía con la Jurisdicción, se bifurca en cuatro grandes bloques de atribución: primero, los **fueros imperativos, improrrogables** (no modificables a la libre disposición de las partes) **o de *ius cogens*** establecidos en el artículo 52 de la LEC; en su defecto, **la sumisión expresa** —así acordada mediante pacto entre las partes explícito y previo— **o tácita** —la inferida de la actitud procesal de las partes favorable a la asunción de un concreto juez o Tribunal—; y al fin, en su detrimento, los **fueros específicos** —contenidos en algunas alternativas dispositivas del propio art. 52 de la LEC— **y generales** legalmente establecidos —domicilio, residencia o lugar en que se encuentre el demandado y, en su defecto, domicilio del actor—.

La competencia constituye, al igual que la Jurisdicción, un auténtico presupuesto procesal, detectable de oficio, por el propio juez, y a instancia de la parte demandada, mediante la declinatoria, que será objeto de estudio en los Manuales de Derecho procesal civil (parte general) y Derecho procesal penal.

2.2. Cuestiones prejudiciales

Los distintos órdenes jurisdiccionales a los que ya nos hemos referido, muy a pesar de la aparente precisión de su delimitación temática, material o sustantiva, no son compartimentos estancos, bloqueados, cerrados o automáticamente excluyentes. De ahí que se susciten, ocasionalmente, conflictos a los que la ley titula "de competencia", pero, en verdad, lo son "de jurisdicción, por afectar a los distintos órdenes jurisdiccionales. Nos hemos referido a ellos al comienzo de este Tema. La imprescindible diversificación y ocasional alteración de la atribución de la competencia cuando un mismo objeto litigioso se vea afectado por la necesaria resolución conjunta —o más bien sucesiva— de órganos judiciales de distintos órdenes, impone la necesaria asunción de las denominadas "cuestiones prejudiciales", diseñadas por el Legislador, precisamente, para sistematizar, ordenar y priorizar, dentro de un mismo objeto litigioso, cuáles son las cuestiones que deban estar previamente resueltas, respecto a las restantes; así, a modo de elocuentes ejemplos: (i) la declaración de paternidad previa a la reclamación de alimentos (pues los alimentistas tan sólo pueden reclamar alimentos frente a los alimentantes y esta pretensión de alimentos depende, cuando resultase incierta, de la previa declaración judicial de la filiación); o (ii) la declaración de nulidad (o validez) del testamento previa al reparto judicial de la herencia conforme a las normas generales de reparto legalmente establecidas (en el primer caso: de nulidad) o al exacto contenido del testamento (en el segundo: de validez). Así, cuando la resolución de un conflicto precise, a su vez, la de una cuestión previa, con antelación en el tiempo, y además, del sentido judicial (positivo o negativo) de la primera respuesta judicial halla de partirse, por fuerza prejudicial positiva, en la siguiente resolución, también judicial, entonces nos encontramos ante una **cuestión prejudicial**, que podrá ser **homogénea** —cuando la cuestión previa y la principal correspondan a un mismo orden jurisdiccional: así, el civil en el ejemplo de la declaración de la paternidad y ulterior constitución de un derecho de alimentos— o **heterogénea** —cuando la cuestión previa y la principal correspondan a dos órganos jurisdiccionales distintos: así, el penal y civil, respectivamente, en la declaración de nulidad del documento público notarial en que consta el testamento y ulterior reparto, sin atención al testamento nulo y conforme a las normas legales de reparto—. A su vez, estas cuestiones prejudiciales podrán ser **devolutivas** —cuando la resolución por órganos de distintos órdenes jurisdiccionales imponga la respuesta separada de ambas cuestiones, así en este último ejemplo, la nulidad del testamento habrá de ser declarada por un juez de lo penal y el ulterior reparto por un juez de lo civil, en el entendimiento de que la Jurisdicción penal, por razón de su preferencia o prioridad, será siempre devolutiva— o **no devolutivas** —cuando la resolución de ambas cuestiones, prejudicial y principal, pueda acometerse por el mismo órgano, bien por ser estas homogéneas, o bien porque el orden jurisdiccional que conoce de la primera puede extender su ámbito de actuación a la segunda, y resolver ambas de manera conjunta, por no ser una materia atribuida privativamente a otro orden—.

El tratamiento procesal de estas cuestiones prejudiciales excede la pretensión del conocimiento que deba exponerse en esta Introducción al Derecho procesal, por lo que nos remitimos al tema correspondiente al "objeto", del Manual de Derecho procesal civil, parte general, dónde se acomete un estudio en profundidad sobre esta relevante cuestión.

2.3. *Cuestiones de competencia*

Finalmente, bajo la denominación **cuestiones de competencia** regula la LEC —en sus artículos 51 y 52— aquellos conflictos o contrastes suscitados **entre los jueces y tribunales de un mismo orden jurisdiccional**, siendo esta realmente una cuestión de competencia y no de Jurisdicción —puesto que la Jurisdicción de cada orden no se cuestiona, residenciándose el conflicto entre los órganos de esa pacífica, por asumida, Jurisdicción—. Es por ello por lo que, a efectos didácticos y pedagógicos, nos parece oportuno estudiarlos en este epígrafe insertado en el capítulo de la competencia y no, sin embargo, en el dedicado a la Jurisdicción.

El apartado primero del artículo 51 de la LOPJ establece un sencillo criterio de priorización de la competencia, cuando esta se hubiere cuestionado, al advertir que "las cuestiones de competencia entre Juzgados y Tribunales *de un mismo orden jurisdiccional se resolverán por el órgano inmediato superior común,* conforme a las normas establecidas en las leyes procesales. En el apartado segundo, del mismo artículo, se establece la obligación judicial de publicitar, a los interesados, la competencia que corresponda, al sentenciarse que "en la resolución en que se declare la falta de competencia se expresará el órgano que se considere competente".

Finalmente, se establece una imposibilidad general de planteamiento de cuestión de competencia alguna cuando los órganos en conflicto fueren de diferente rango, pues el criterio del superior eclipsará, en buena lógica, al del inferir. Así, según el artículo 52 de la LOPJ, "*no podrán suscitarse cuestiones de competencia entre jueces y tribunales subordinados entre sí.* El juez o tribunal Superior fijará, en todo caso, y sin ulterior recurso, su propia competencia, oídas las partes y el Ministerio Fiscal por plazo común de diez días. Acordado lo procedente, recabarán las actuaciones del juez o tribunal inferior o le remitirán las que se hallare conociendo".

2.4. *Reparto de asuntos*

Tras la exacta determinación de la Jurisdicción y competencia de los jueces y tribunales concretamente llamados a conocer de cada específico conflicto, presupuestos procesales de extrema relevancia a los que hemos dedicado la totalidad del presente Tema, todavía queda por establecer, en aquellas circunscripciones en que exista más de un juez o tribunal del mismo grado, siendo todos ellos competentes por razón del objeto y de la función, cuál de ellos sea el destinatario directo del referido conflicto. Para ello habrá de acudirse a las normas de reparto de asuntos, que están determinadas con antelación al mismo inicio del proceso y, además, son de público conocimiento. Conviene precisar que la finalidad de la aprobación de estas normas de reparto, de naturaleza administrativa, es la de ordenar, compensar, organizar, sopesar o, si se prefiere, distribuir de forma razonable, equilibrada y equitativa el volumen de trabajo de nuestros jueces y tribunales.

La aprobación de estas normas de reparto de asuntos entre las distintas Secciones de cada Sala corresponderá a las Salas de Gobierno de los tribunales (*ex* art. 152.1.1° LOPJ). Dónde hubiere dos o más Juzgados del mismo orden jurisdiccional, los asuntos se distribuirán entre ellos conforme a normas de reparto prefijadas. Las normas de reparto se aprobarán por la Sala de Gobierno del Tribunal Superior de Justicia, a propuesta de la Junta de jueces del respectivo orden jurisdiccional. (*ex* art. 167.1° LOPJ).

ESQUEMA TEMA 5

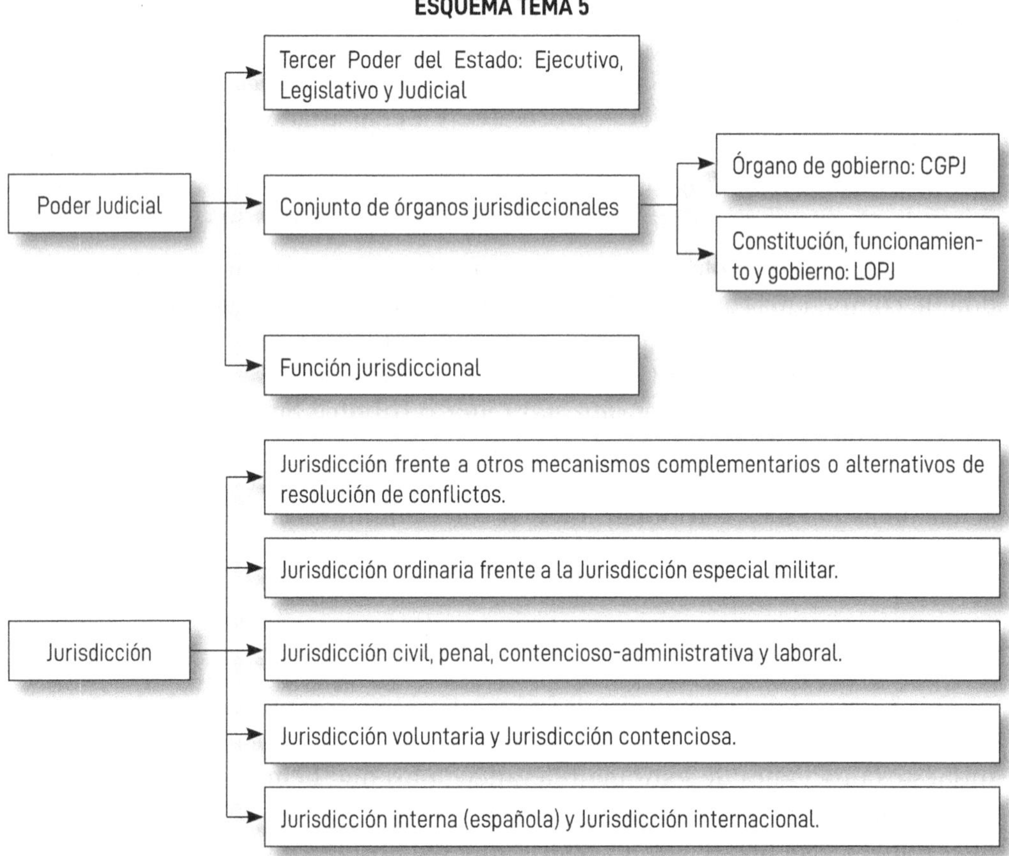

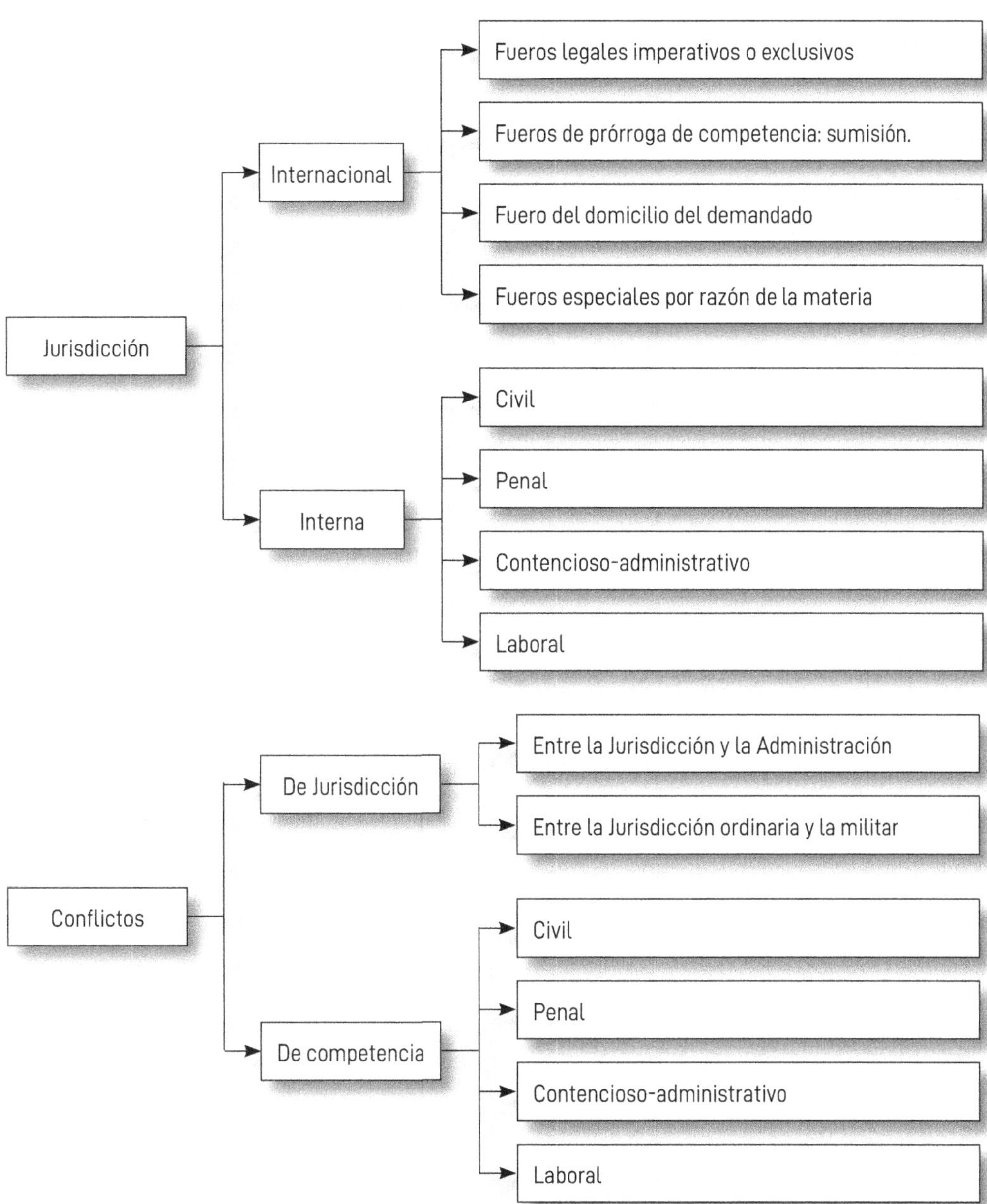
Jurisdicción
Internacional
Fueros legales imperativos o exclusivos
Fueros de prórroga de competencia: sumisión.
Fuero del domicilio del demandado
Fueros especiales por razón de la materia
Interna
Civil
Penal
Contencioso-administrativo
Laboral
Conflictos
De Jurisdicción
Entre la Jurisdicción y la Administración
Entre la Jurisdicción ordinaria y la militar
De competencia
Civil
Penal
Contencioso-administrativo
Laboral

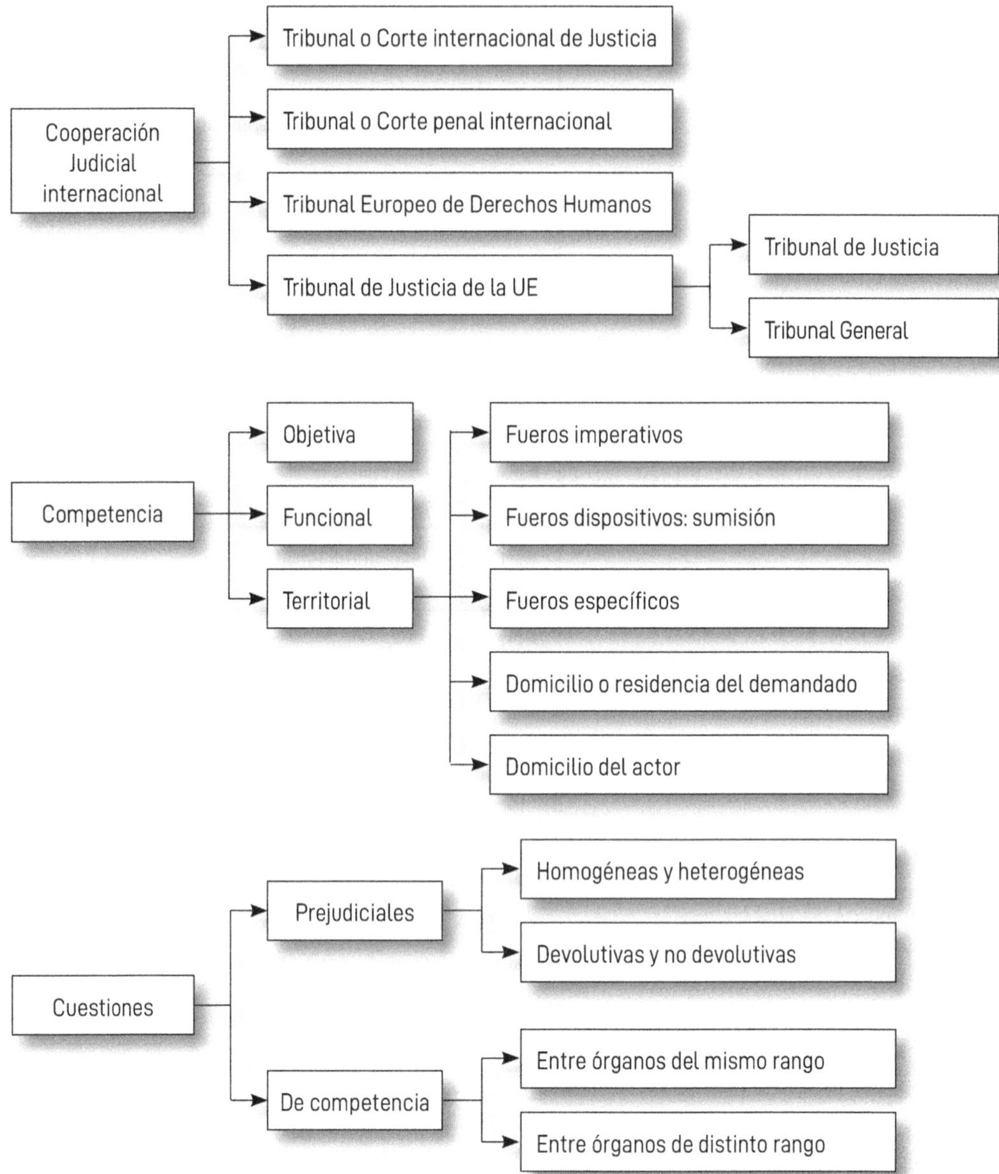
Cooperación Judicial internacional
Tribunal o Corte internacional de Justicia
Tribunal o Corte penal internacional
Tribunal Europeo de Derechos Humanos
Tribunal de Justicia de la UE
Tribunal de Justicia
Tribunal General
Competencia
Objetiva
Funcional
Territorial
Fueros imperativos
Fueros dispositivos: sumisión
Fueros específicos
Domicilio o residencia del demandado
Domicilio del actor
Cuestiones
Prejudiciales
Homogéneas y heterogéneas
Devolutivas y no devolutivas
De competencia
Entre órganos del mismo rango
Entre órganos de distinto rango

Tema 6

EL DERECHO AL JUEZ LEGAL O PREDETERMINADO POR LA LEY

OLGA FUENTES SORIANO

SUMARIO: 1. CONCEPTO Y FUNDAMENTO. 2. VERTIENTE POSITIVA: EL DERECHO FUNDAMENTAL AL JUEZ LEGAL. 2.1. Caracteres. 2.2. Contenido. 3. VERTIENTE NEGATIVA: PROHIBICIÓN DE LOS TRIBUNALES DE EXCEPCIÓN.

1. CONCEPTO Y FUNDAMENTO

La propia existencia de un Estado de Derecho pasa por reconocer la independencia de la jurisdicción, entendida esta no solo respecto del poder judicial en su conjunto, sino también de todos y cada uno de los órganos judiciales en el enjuiciamiento de los casos concretos que les son asignados.

Para dar cumplimiento a esta premisa es necesario que los órganos judiciales estén legalmente predeterminados o prestablecidos conforme a criterios generales, tanto en su creación, cuanto en su composición, funcionamiento y competencias. Solo así se evitará la posibilidad (y la "tentación" por parte de otros poderes) de asignar el conocimiento de un asunto —imaginemos, políticamente delicado— a un órgano judicial especialmente diseñado para conocer de él, con la aspiración de obtener una solución concreta y específicamente buscada para favorecer unos intereses determinados.

El Derecho al Juez legal o, lo que es lo mismo, al juez ordinario predeterminado por la Ley garantizará que el conocimiento de los asuntos se encomiende a órganos judiciales cuya existencia, composición y competencias esté legalmente prestablecida —con carácter previo, por tanto— al nacimiento del conflicto. Se pretende evitar con ello, tanto la creación de tribunales "*ex post facto*" —creados con posterioridad al hecho—, cuanto la posible modificación de la composición o de las competencias de los tribunales ya existentes con el fin de configurar un órgano judicial "*ad hoc*" proclive a la adopción de una resolución determinada en un conflicto concreto. Sin la vigencia del Derecho al Juez legal, el resto de garantías constitucionales de la jurisdicción (la unidad jurisdiccional, la exclusividad, la independencia, la imparcialidad…) no podrían impedir la manipulación de los Tribunales; de ahí la exigencia de que no solo la creación de estos, sino su composición y también sus competencias vengan predeterminadas por Ley y que cualquier posible modificación se realice con absoluto respeto de los procedimientos legalmente previstos.

El Derecho al Juez legal se constituye así, como una más de las garantías constitucionales de la Jurisdicción que —como no podía ser de otro modo— encuentra su correspondiente reflejo normativo en la propia CE, en la que aparece regulado en sus dos posibles vertientes: la vertiente positiva, recogida en el art. 24.2 al establecer que "todos tienen derecho al Juez ordinario predeterminado por la ley"; y la vertiente negativa, en el art. 117. 6 al prohibir la creación de Tribunales de excepción.

La tradicional equiparación, por otra parte, de la figura del Juez legal o Juez ordinario predeterminado por la Ley, con la del Juez natural (el del "*locus delicti comissi*", considerado como Juez competente por ser el más próximo a los hechos y el que por tanto estará en mejores condiciones para conocer) debe considerarse hoy superada: en primer lugar porque el derecho al Juez legal es un derecho predicable de los cuatro órdenes jurisdiccionales y no solo del orden jurisdiccional penal; y desde luego, porque el Tribunal Constitucional consideró ajustada a la constitución (STC 56/1990) la competencia de la Audiencia Nacional para conocer —entre otros— de los delitos de terrorismo independientemente del lugar en el que estos se produjeran.

La clave pues para considerar respetado el Derecho al Juez legal estará en la predeterminación legal de la creación, composición y competencias de los órganos judiciales si bien, dicha predeterminación legal no puede significar —como se verá— que se admita cualquier tipo de Ley para regular estos aspectos, sino que su regulación habrá de venir dada, necesariamente, por Ley Orgánica.

2. VERTIENTE POSITIVA: EL DERECHO FUNDAMENTAL AL JUEZ LEGAL

Según se ha anotado con anterioridad, el Derecho al Juez legal en su vertiente positiva aparece constitucionalizado en el art. 24.2 de la Norma Fundamental, al reconocer el derecho de "todos" al "Juez ordinario predeterminado por la Ley".

2.1. Caracteres

De su regulación constitucional cabe destacar, en primera lugar, que se trata de un Derecho Fundamental que, como tal, tendrá acceso a la protección procesal específica que le brinda el art. 53.2 CE ante los Tribunales ordinarios por la vía del procedimiento preferente y sumario previsto al efecto y, en su caso, mediante el recurso de amparo ante el TC.

En segundo lugar, se trata de un derecho que se predica de "todos"; y por "todos" habrá pues que entender a cualquier persona física o jurídica, nacional o extranjera que, litigue o esté sometida a un proceso en territorio Español. Es un Derecho, pues, que asiste a "todos" los que estén sometidos a la tramitación de un proceso en España y garantiza que la composición, funcionamiento y competencias del Tribunal que haya de resolver el asunto estará fijada con anterioridad al propio nacimiento del conflicto.

En tercer lugar, ese derecho del art. 24.2 CE, lo es al "Juez ordinario predeterminado por la Ley". De ello derivan dos exigencias fundamentales. La primera se refiere a la exigencia de que el Juez que haya de resolver el conflicto sea un "juez ordinario": es decir, ha de pertenecer al poder judicial entendido este como jurisdicción ordinaria, informada por el principio de unidad y exclusividad (solo a sus integrantes, *ex* art. 117.3 CE, corresponde el ejercicio de la potestad jurisdiccional —juzgar y hacer ejecutar lo juzgado—). La segunda se refiere a la exigencia de que el Juez esté "predeterminado por la Ley": lo que supone que su existencia y aplicación al enjuiciamiento de cada caso concreto venga establecida con carácter previo al nacimiento del conflicto, en una norma de rango legal (norma que, a mayor abundamiento y según se verá a continuación, no podrá tener carácter de Ley ordinaria sino que requerirá del rango de Ley Orgánica con lo que ello conlleva del juego de las mayorías cualificadas para a su aprobación).

2.2. Contenido

El art. 24.2 CE se limita a consagrar la existencia de un derecho al Juez ordinario predeterminado por la Ley, sin aportar mayores precisiones sobre su contenido y alcance. En desarrollo, pues, de dicho Derecho Fundamental, ha sido la doctrina del TC la que ha establecido los precisos contornos que lo configuran. Así, el respeto al Juez legal exige:

Primero, que la creación de órganos jurisdiccionales se realice: A) mediante Ley Orgánica y B) con carácter previo al nacimiento del conflicto concreto.

Como es sabido, los Derechos Fundamentales (y el Derecho al Juez legal, lo es —art. 24.2 CE—) han de desarrollarse mediante Ley Orgánica, precisamente para asegurar que su aprobación va a estar sometida a las mayorías cualificadas que se exigen para ello, sustrayendo estas materias de la potestad reguladora del poder ejecutivo (vía real-Decreto) o incluso del régimen de mayorías simples por el que se rige el poder legislativo para la aprobación de las leyes ordinarias.

En consonancia con ello, el propio art. 122.1 CE establece que la constitución, funcionamiento y gobierno de los Tribunales se determinará en la LOPJ. La remisión no lo es solo a una Ley Orgánica sino que, concretamente, se especifica que será la LOPJ la ley encargada de regular todos estos extremos.

Determinados así en la LOPJ los distintos órganos jurisdiccionales existentes en todo el territorio nacional, su composición y una definición genérica sobre sus competencias, serán las respectivas Leyes de enjuiciamiento las que se encarguen de desarrollar con precisión dicha competencia (que no podrá exceder del ámbito general reconocido en la LOPJ).

La participación del poder ejecutivo (ya sea central o autonómico para las CCAA que tiene asumidas competencias en materia de Justicia) queda limitada a determinar y proveer el número de órganos judiciales que se necesita cubrir en cada territorio.

Determinados en la LOPJ los distintos tipos de órganos jurisdiccionales, el establecimiento, sin embargo, de la planta judicial sí es objeto de Ley ordinaria (art. 21 LOPJ) regulándose, de hecho, en la Ley 38/1988, de 28 de diciembre, de Demarcación y de Planta Judicial.

La determinación de los distintos órganos jurisdiccionales tiene que ser, además, preexistente al nacimiento del litigio. De no ser así, se admitiría con ello la posibilidad de crear tribunales *ad hoc* para el enjuiciamiento de un caso concreto una vez ocurrido este en la vida real. Esta posibilidad es, precisamente, la que prohíbe el Derecho al Juez legal en su vertiente negativa.

En segundo lugar, el Derecho al Juez legal exige también que la atribución de competencia a los órganos jurisdiccionales se realice mediante normas de carácter general e igualmente preexistente al nacimiento del conflicto. De lo contrario, si se pudieran alterar las normas de competencia o se pudiera atribuir competencia a un determinado tribunal para el conocimiento de una causa concreta una vez acaecido el conflicto, aunque el tribunal estuviera constituido con carácter previo al nacimiento de este, se habría vulnerado igualmente el Derecho al Juez legal por manipular su asunción de competencias forzándole a conocer de determinados asuntos para los cuales no había previsión legal alguna. Constituiría esta una vía encubierta para seleccionar el tribunal que conviniera a la adopción de una solución concreta.

La competencia de los tribunales se determina a través de la conjugación de criterios de carácter objetivo, funcional y territorial. Así, tanto la competencia objetiva, cuanto la competencia funcional y la competencia territorial por la que un tribunal pasará a conocer de un asunto concreto deberán estar fijadas con carácter prexistente y general, al planteamiento del litigio.

Sin embargo, la predeterminación de criterios legales de atribución de competencia no es suficiente para establecer el órgano concreto que haya de conocer de un asunto en aquellas poblaciones —la práctica totalidad— en que existen varios órganos jurisdiccionales de un mismo tipo o categoría jurisdiccional. Así, por ejemplo, las normas de competencia determinarán que el órgano competente para conocer de unas lesiones sufridas como consecuencia de una pelea ocurrida en Elche son los Juzgados de lo Penal de Elche; o que el órgano competente para conocer de un incumplimiento de contrato por parte de un ciudadano que vive en Alicante será el Juzgado de primera instancia de Alicante...pero si en Elche existen varios juzgados de lo Penal o en Alicante varios Juzgados de primera instancia, la determinación del órgano judicial concreto que va a conocer del asunto no vendrá dada por las normas de competencia sino por lo que se conocen como las "normas de reparto".

Así, en tercer lugar, es exigencia igualmente del Derecho al Juez Legal que las normas de reparto de asuntos entre órganos jurisdiccionales del mismo tipo o rango jurisdiccional sean de carácter objetivo y estén también preestablecidas, mediante normas internas que aprobarán los Órganos de Gobierno de los Tribunales y que, de nuevo, evitarán cualquier posible manipulación en el reparto y, por tanto, en el conocimiento de los asuntos, por los distintos órganos judiciales.

Si bien se observa, lo perseguido con todas estas cautelas es garantizar que la imparcialidad de los tribunales no pueda ponerse en entredicho ni por el modo en que fueron creados, ni por las competencias que tienen asumidas, ni por el caso concreto del que les haya tocado conocer. De ahí la necesidad de establecer con carácter previo todos estos criterios que harán que, efectivamente, el Juez esté "predeterminado por la Ley".

Con todo y con ello, si aún respetadas todas estas exigencias, se diera la circunstancia de que el conocimiento de un asunto concreto ha correspondido a un órgano jurisdiccional de cuya imparcialidad se duda, existen previstos al efecto los mecanismos de abstención y recusación de jueces y magistrados.

En cuarto y último lugar, el Derecho al juez legal exige que tanto la provisión de plazas de los órganos judiciales, cuanto la posible designación de magistrados de refuerzo o el régimen de sustitución, así como la propia composición de las Salas de Justicia no pueda ser arbitrariamente determinada ni modificada. Conviene alertar de este aspecto como elemento integrante del Derecho al Juez legal en este preciso momento en el que son muchas y muy diversas las situaciones administrativas que se contemplan en lo que a la provisión de plazas judiciales respecta (jueces de refuerzo, de adscripción territorial, magistrados suplentes, jueces sustitutos, jueces de apoyo...). Su régimen de nombramiento e intervención debiera estar claramente preestablecido a fin de no vulnerar el derecho al

Juez legal y para ello resultará imprescindible que se garantice su independencia e imparcialidad.

3. VERTIENTE NEGATIVA: PROHIBICIÓN DE LOS TRIBUNALES DE EXCEPCIÓN

Sin duda influida por el contexto histórico que precedía de forma inmediata a la entrada en vigor de la CE de 1978, se manifiesta en ella una especial preocupación por garantizar la inviabilidad de Tribunales de excepción, creados *ad hoc* y *ex post facto* para el enjuiciamiento de materias concretas y que, durante la dictadura Franquista proliferaron indiscriminadamente para sustraer el enjuiciamiento de determinadas materias consideradas sensibles, a la jurisdicción ordinaria. Al margen de la existencia de Jurisdicciones especiales, de entre los Tribunales de excepción creados durante la dictadura de Franco cabría destacar los Tribunales de responsabilidades políticas, el Tribunal para la represión de la masonería y el comunismo, el Tribunal de Orden Público o los Tribunales de honor (expresamente prohibidos hoy por el art. 26 CE), etc.

Se trata en todos los casos, o bien de tribunales creados "*ex* post facto" para el enjuiciamiento de un caso concreto, o bien de tribunales cuya composición se manipulaba convenientemente a fin de garantizar que la solución de los conflictos iba a ser exactamente la querida por el régimen del dictador.

El blindaje de la CE frente a este tipo de Tribunales inadmisibles en un Estado de Derecho queda garantizado por la prohibición de Tribunales de excepción consagrada en el art. 117.6 y por la prohibición de Tribunales de honor, del art. 26 CE.

Ello no obstante perviven una serie de instituciones sobre cuya vulneración del Derecho al Juez legal se ha dudado, para acabar conviniendo —finalmente— que no vulneran el mencionado Derecho Fundamental.

Esta oposición se sostuvo respecto de la Audiencia Nacional por cuanto: 1. Se constituyó mediante Real-Decreto; 2. Resultó heredera directa del antiguo Tribunal de Orden Público; y 3. Establecía normas especiales de competencia que alteraban el principio del Juez natural (el del *locus delicti comisi*) como norma determinante de la competencia penal y, con ella, del Derecho al Juez legal. El TC, sin embargo, consideró que la AN era un tribunal ordinario y alegó que el Derecho al Juez legal no excluye la posibilidad de establecer reglas especiales de atribución de competencia, siempre que se realice con carácter predeterminado y mediante Ley Orgánica (STC 56/1990, de 30 de marzo; cuenta con un interesante voto particular de GIMENO SENDRA). Esta tesis sigue suscitando controversias entre la doctrina, no faltando quien considera excesiva la asunción de competencia penal de la AN —a salvo terrorismo— efectuada por los arts. 62 y ss. LOPJ (ASENCIO)

Tampoco se considera que vulnera el Derecho al Juez legal la existencia de aforamientos, ni la de reglas especiales de competencia siempre que estén predeterminadas por la Ley, no supongan la impunidad de las personas a que se refieren y se justifiquen por la necesidad de garantizar el libre ejercicio de la institución a la que sirven y representan las personas por ellas afectadas. En cualquier caso, quizás debiera plantarse el legislador si aunque dichas instituciones no vulneren el Derecho al Juez legal, se justifica hoy su existencia (especialmente por lo que a las reglas especiales de competencia respecta)

En cuanto, por último, a la jurisdicción militar, no se considerará que la atribución a esta de competencia vulnera el Derecho a Juez legal siempre que lo sea dentro del "ámbito estrictamente castrense".

ESQUEMA TEMA 6[1]

El Derecho al Juez legal (o al juez ordinario predeterminado por la Ley) garantiza que la existencia, composición, funcionamiento y competencias de los órganos judiciales esté legalmente prestablecida al nacimiento del conflicto.

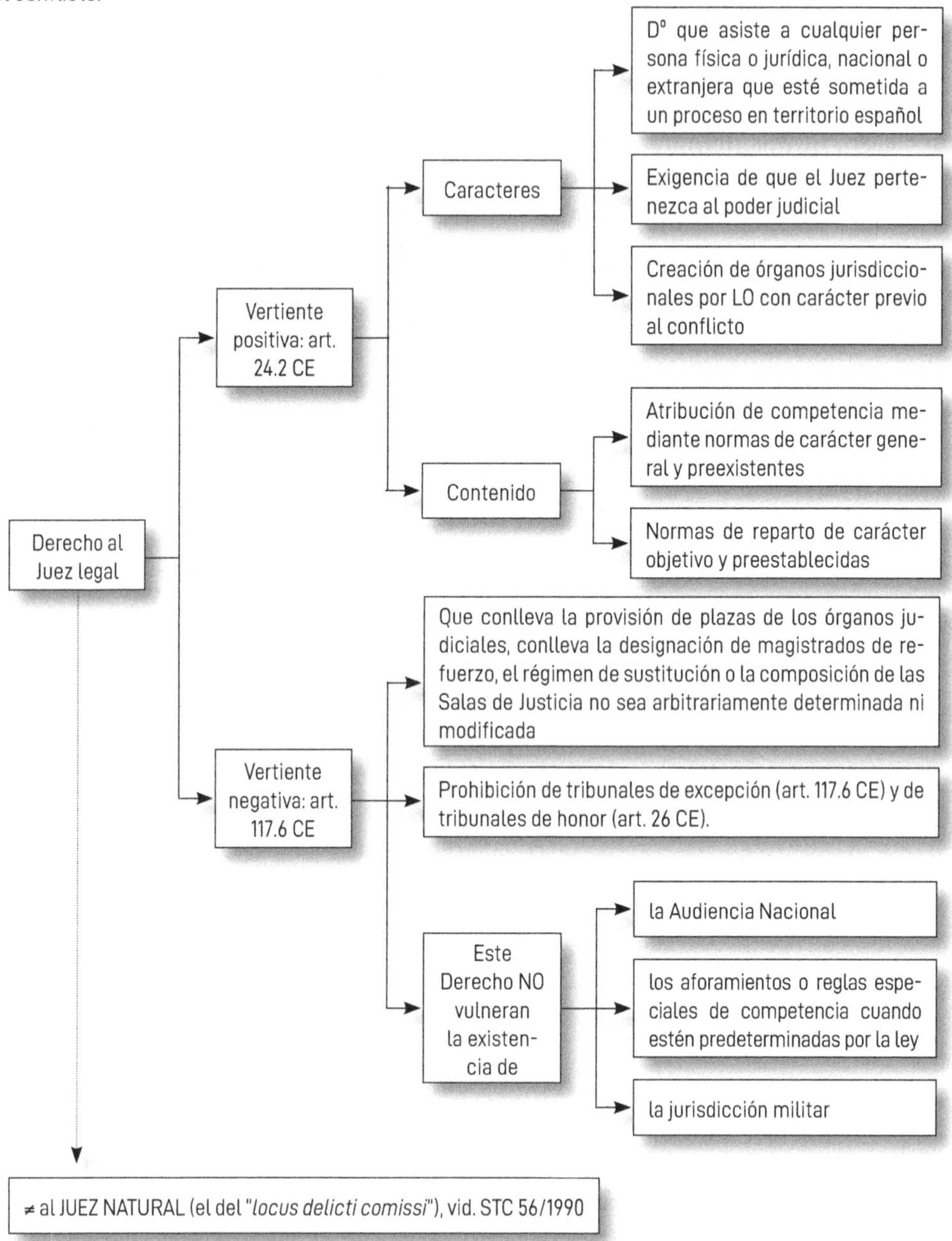

---

1 Esquema realizado por Paloma Arrabal Platero.

Tema 7

PERSONAL JUZGADOR

JOSÉ Mª ASENCIO MELLADO

1. INTRODUCCIÓN

Estudiados los diferentes órganos jurisdiccionales que integran el Poder Judicial, vamos a prestar atención al personal que forma parte de aquellos, tanto el jurisdiccional (que tiene atribuida la potestad de juzgar y hacer ejecutar lo juzgado), cuanto el no jurisdiccional, el auxiliar y colaborador, así como los Letrados de la Administración de Justicia.

El art. 122.1 de la Constitución, en desarrollo de lo establecido en el art. 117.5, prescribe una de las claves del principio de unidad jurisdiccional: la configuración de una sola carrera Judicial en la que se integren los Jueces y Magistrados formando así un cuerpo único y con un estatuto jurídico peculiar desarrollado en la LOPJ.

Pero, no solo la potestad jurisdiccional es ejercida por este tipo de Jueces y Magistrados, sino que la LOPJ, en respuesta a una suerte de supuestos de carácter extraordinario, contempla otros sujetos que, aun no perteneciendo a la Carrera Judicial, desempeñan funciones jurisdiccionales.

De acuerdo con lo señalado en el art. 298 de la LOPJ los Jueces y Magistrados pueden formar parte de la Carrera Judicial (art. 298.1); o no integrar la misma, ejerciendo en este último caso la función jurisdiccional en situaciones determinadas y extraordinarias (art. 298.2).

2. JUECES Y MAGISTRADOS NO PERTENECIENTES A LA CARRERA JUDICIAL

Con todos los riesgos que comporta su existencia, tales como la falta en ocasiones de la suficiente preparación y la "profesionalización" encubierta generada por el dilatado tiempo de permanencia en la función, la LOPJ contempla la posibilidad de que ciertos Juzgados y Tribunales sean provisionalmente servidos o completados con personas ajenas a la Carrera Judicial con el fin de ofrecer solución a situaciones excepcionales y evitar retrasos en la tramitación de los asuntos.

Situaciones, tales como la no cobertura de plazas que se encuentran vacantes y la ausencia de los titulares de los Juzgados o de alguno de los Magistrados de una Sala son causas justificativas de la existencia de este tipo de Jueces y Magistrados que, en ningún caso gozan de inamovilidad absoluta, sino solo la relativa a la concreta contingencia que están llamados a resolver.

2.1. Magistrados suplentes

Ejercen su función en el Tribunal Supremo, la Audiencia Nacional, los Tribunales Superiores de Justicia y las Audiencias Provinciales y concurren a formar Sala cuando la misma no puede constituirse regularmente con la totalidad de sus miembros (art. 200.2 LOPJ).

Es de aplicación a estos Magistrados el régimen común de incapacidades, incompatibilidades y prohibiciones (art. 201.4 LOPJ) y su cargo es remunerado.

Junto a estos pueden los miembros de la carrera judicial ser llamados, voluntariamente, a formar Sala (art. 200.1 LOPJ).

En ambos casos se elabora una lista para cada orden jurisdiccional que establecerá un orden de prelación en los llamamientos.

Dichas relaciones han de ser confeccionadas por los Presidentes de las Audiencias Provinciales y de los TSJ, que se remitirán a las Salas de Gobierno que las aprobarán provisionalmente, correspondiendo la definitiva al CGPJ.

2.2. Jueces sustitutos (art. 213 LOPJ)

Concurren a suplir la falta del titular de un Juzgado siempre y cuando esta ausencia no pueda ser cubierta por los medios ordinarios previstos en los arts. 207 y ss. de la LOPJ. Su designación se reserva, pues, a casos excepcionales.

Tienen el mismo régimen jurídico y de nombramiento que los Magistrados suplentes.

2.3. Jueces de apoyo

No mencionados expresamente en el art. 298.2 de la LOPJ, están contemplados en los arts. 216 bis y ss.

Cuando exista un excepcional retraso o acumulación de asuntos, se podrán acordar medidas de apoyo consistentes en el nombramiento de:

- Jueces y magistrados titulares en activo con escasa carga de trabajo.
- Jueces de adscripción territorial.
- Jueces en expectativa de destino.
- Jueces en prácticas.
- Excepcionalmente jueces sustitutos o magistrados suplentes.

2.4. Jueces de Paz

Son nombrados por un periodo de cuatro años por la Sala de Gobierno de los Tribunales Superiores de Justicia, entre las personas elegidas por los Plenos de los respectivos Ayuntamientos (art. 101 LOPJ).

Puede recaer el nombramiento en personas no licenciadas en Derecho (art. 102 LOPJ).

El cargo es compatible, lógicamente, con el ejercicio de actividades profesionales o mercantiles y es retribuido (arts. 102 y 103 LOPJ).

3. JUECES Y MAGISTRADOS PERTENECIENTES A LA CARRERA JUDICIAL

3.1. Ingreso en la Carrera Judicial

3.1.1. Requisitos de capacidad

Se efectúa a través de diversas fórmulas que permiten una mayor simbiosis entre esta Carrera y el resto de profesiones jurídicas.

En todo caso y como requisito general, toda persona que desee acceder al cargo de Juez o Magistrado debe reunir unos requisitos de capacidad y no incurrir en causa alguna de incompatibilidad (art. 302 LOPJ).

En concreto, es necesario ser español, mayor de edad, licenciado en Derecho, no estar impedido física o psíquicamente para el desempeño de la función judicial, no haber sido condenado por delito doloso salvo rehabilitación, no estar procesado o inculpado por delito doloso hasta ser absuelto y ostentar el pleno ejercicio de los derechos civiles (arts. 302-303 LOPJ).

3.1.2. Nombramiento

Los Jueces son nombrados por el CGPJ mediante Orden (arts. 316.1 LOPJ).

Los Magistrados y Magistrados del Tribunal Supremo, mediante Real Decreto, a propuesta del CGPJ, refrendado por el Ministro de Justicia (arts. 316.2-3 LOPJ).

3.1.3. Formas de ingreso

Son variadas las formas de ingreso en la Carrera Judicial previstas en la LOPJ.

3.1.3.1. Oposición libre

Es el sistema ordinario de acceso a la Carrera Judicial por la categoría de Juez. Consiste en la superación de una oposición libre y de un curso teórico práctico en el Centro de Selección y Formación de Jueces y Magistrados (art. 301.3 LOPJ).

Tras la reforma operada en la LOPJ por la LO 9/2000, de 22 de diciembre, se ha unificado el procedimiento selectivo en fase de oposición, para el ingreso en las Carreras Judicial y Fiscal, con pruebas y tribunales únicos.

El Tribunal que juzga las pruebas teóricas, común para el acceso a las Carreras Judicial y Fiscal por las categorías de Juez y Abogado Fiscal, está presidido, conforme a lo establecido en el art. 304 LOPJ por un magistrado del Tribunal Supremo o de un Tribunal Superior de Justicia o un fiscal de Sala o fiscal del Tribunal Supremo o de una Fiscalía de Tribunal Superior de Justicia, siendo vocales dos magistrados, dos fiscales, un catedrático de universidad de disciplina jurídica, un abogado con más de diez años de ejercicio profesional, un abogado del Estado y un Letrado de la Administración de Justicia de la categoría primera o segunda (art. 304). El nombramiento del tribunal se llevará a efecto en la forma determinada por los arts. 304.2 y 305 de la LOPJ.

El curso teórico práctico, al que se accede tras superar el ejercicio teórico, consta de una parte teórica de formación por un tiempo no inferior a nueve meses y otra práctica, que consiste en unas prácticas tuteladas que contemplan la realización de tareas en calidad de Juez adjunto en diferentes órganos jurisdiccionales. En general, tales tareas no excederán de la realización de meros borradores o proyectos de resolución que, sin embargo, pueden ser plenamente asumidos por el Juez titular. Posteriormente, otra fase en la que se realizan funciones de sustitución o apoyo. Ninguna con una duración inferior a cuatro meses.

3.1.3.2. Concurso-oposición

Tras la reforma operada en la LOPJ por medio de la LO 19/2003, se ha suprimido este sistema para el acceso a la Carrera Judicial por la categoría de juez, limitándolo a la de magistrado. Para ingresar a la Carrera Judicial, por la categoría de magistrado, se prevé en la LOPJ un sistema particular consistente en la realización de un concurso oposición. En este sentido, ha de reservarse en cada convocatoria para el acceso a dicha categoría un número de plazas equivalente a la cuarta parte de las convocadas para ser ofertadas mediante este sistema a juristas con al menos diez años de ejercicio profesional (art. 311.1 LOPJ)

Superado el concurso-oposición se debe acceder al curso teórico-práctico de selección en las condiciones arriba expuestas al abordar la oposición libre (art. 311.1 LOPJ).

3.1.3.3. Acceso por la categoría de Magistrado del Tribunal Supremo

De cada cinco plazas de Magistrado del Tribunal Supremo correspondientes a cada Sala, una ha de cubrirse por Abogados u otros juristas, de reconocida competencia y prestigio que hayan desempeñado su actividad profesional por tiempo superior a quince años.

Los méritos son apreciados por el CGPJ y la experiencia profesional exigida lo habrá de ser preferentemente en el orden jurisdiccional de la Sala para la que son designados (arts. 343 y 345 LOPJ).

3.1.3.4. Acceso por la categoría de Magistrado de los Tribunales Superiores de Justicia

En la Sala de lo Civil y Penal de los Tribunales Superiores de Justicia, una de cada tres plazas se ha de cubrir por juristas de reconocido prestigio con más de diez años de ejercicio profesional en la Comunidad Autónoma correspondiente. Se nombran por Real Decreto a propuesta del CGPJ sobre una terna presentada por la respectiva Asamblea Legislativa (art. 330.4 LOPJ).

Esta propuesta de los órganos legislativos de las CCAA constituye una concesión a un Poder ajeno y extraño a la función jurisdiccional, que afecta directamente al ejercicio de la misma. Teniendo en cuenta que los TSJ tienen competencia para juzgar a "aforados" de su territorio, el riesgo de merma de la independencia es innegable por mucho que se disfrace de apariencias democráticas.

Y casos se han dado de nombramientos de personas no especialistas en civil o penal, cuya designación no encuentra justificación alguna desde razones distintas a las políticas y cuyos resultados son en muchas ocasiones perjudiciales para el Poder Judicial.

Los así nombrados, y a salvo de su acceso al Tribunal Supremo por el sistema previsto en los arts. 343 y 345 de la LOPJ —nunca por el ordinario—, no pueden ejercer la función jurisdiccional en otros Juzgados o Tribunales (arts. 330.3 y 331 LOPJ).

3.2. *Traslados y ascensos*

a) Los traslados de Jueces y Magistrados pueden ser tanto voluntarios, cuanto forzosos.

Los voluntarios se producen cuando se solicita la ocupación de una plaza vacante por un Juez o Magistrado en activo. En este caso se adjudicará la plaza a aquel que tenga el mejor puesto en el escalafón. Esto es, prima el criterio de la antigüedad a salvo en los órdenes contencioso-administrativo y social, en el caso de los Juzgados de Menores, los Juzgados de lo Mercantil y los de violencia contra la mujer, donde se exige o se valora la especialización (art. 329 LOPJ).

Los forzosos se imponen como consecuencia de la comisión de una falta muy grave (art. 420 LOPJ).

b) Los ascensos desde la categoría de Juez a la de Magistrado o desde esta última a la de Magistrado del Tribunal Supremo se resuelven por medio de dos sistemas: la antigüedad o las pruebas selectivas y la especialización.

Así, de cada cuatro vacantes que se producen en la categoría de Magistrado, dos se cubren mediante ascenso por el sistema de antigüedad y una por medio de pruebas selectivas para el orden jurisdiccional civil o penal o a través de la especialización en los otros órdenes jurisdiccionales (art. 311 LOPJ).

Recuérdese que la cuarta lo es por el sistema de concurso oposición.

Del mismo modo, de cada cinco plazas de Magistrados del Tribunal Supremo, dos se proveerán por Magistrados en general y otras dos entre Magistrados que hubieran accedido a esta categoría por el sistema de las pruebas selectivas o la especialización (art. 344 LOPJ).

Llama la atención que no se aplique el estricto criterio de la antigüedad que, por su objetividad, impide manipulaciones interesadas e indeseables en un órgano tan significativo como es el Tribunal Supremo. Teniendo en cuenta la "politización" del CGPJ, todo criterio discrecional suele traducirse en un reparto proporcional por cuotas entre las diversas mayorías parlamentarias. De ahí el riesgo de que el TS se vea afectado por un fraccionamiento interesado si no se acude a criterios objetivos y exentos de cualquier manipulación.

3.3. *Jubilación*

La jubilación es forzosa a los setenta años. No obstante, se podrá extender a los setenta y dos con carácter general.

ESQUEMA TEMA 7[1]

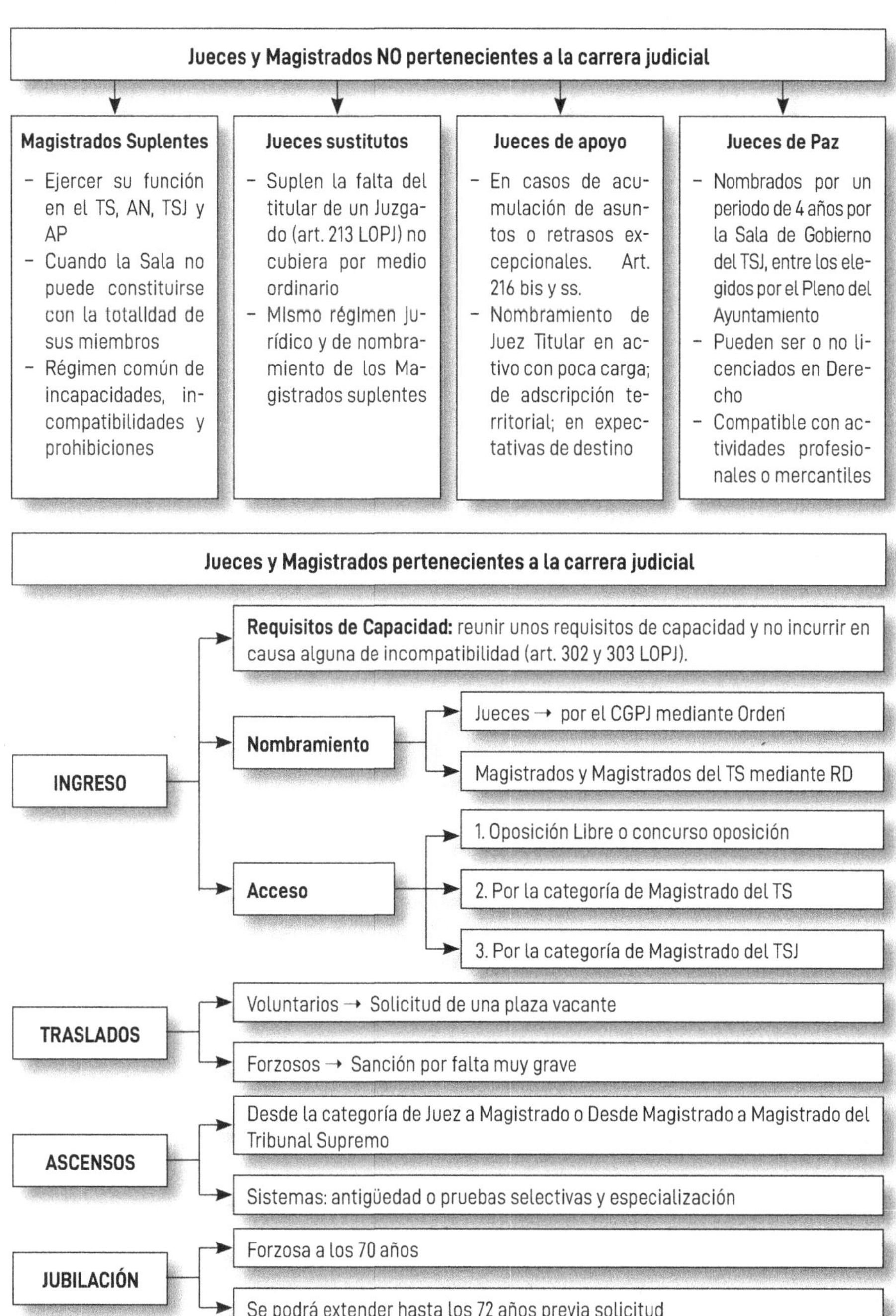

[1] Esquema realizado por Tamara Funes Beltrán.

Tema 8

PERSONAL NO JUZGADOR

Mercedes Fernández López

1. INTRODUCCIÓN

El ejercicio de la función jurisdiccional por parte de jueces y magistrados requiere la intervención de diversas categorías de funcionarios que, con atribuciones muy variadas, contribuyen a su normal desempeño. Se trata, por un lado, de los Letrados de la Administración de Justicia, pieza clave en el impulso y tramitación procesal y, por otro lado, de los funcionarios al servicio de la oficina judicial. Junto a ellos, y particularmente en el orden jurisdiccional penal, destacan las funciones de colaboración asumidas por los Institutos de Medicina Legal y de Toxicología, en los que se integran diversos cuerpos de funcionarios al servicio de la Administración de Justicia (entre ellos, los médicos forenses) y por las Fuerzas y Cuerpos de Seguridad, que desarrollan funciones de policía judicial.

2. PERSONAL NO JUZGADOR AL SERVICIO DE LA ADMINISTRACIÓN DE JUSTICIA

2.1. Los Letrados de la Administración de Justicia

2.1.1. Estatuto orgánico

Los Letrados de la Administración de Justicia (en lo sucesivo, LAJ) constituyen un Cuerpo Superior Jurídico, único, de carácter nacional, dependiente del Ministerio de Justicia, que ejerce sus funciones con el carácter de autoridad y ostenta la dirección de la oficina judicial (art. 440 LOPJ). La regulación de su estatuto orgánico se recoge en la LOPJ (arts. 440 y siguientes) y en el Reglamento orgánico del Cuerpo de Secretarios Judiciales, aprobado por el RD 1608/2005, de 30 de diciembre.

Los LAJ actúan bajo los principios generales de legalidad e imparcialidad y, por tanto, ninguna vinculación ni relación de sujeción o dependencia jerárquica les une a los jueces o magistrados que desempeñan sus funciones en el mismo juzgado o tribunal. En particular, tanto el art. 452 LOPJ como el art. 3 de su reglamento orgánico establecen que los LAJ ejercen las funciones relativas a la fe pública judicial con autonomía e independencia, mientras que en el resto de actuaciones que no se correspondan con las propias del fedatario público, los LAJ actúan sometidos a los principios de unidad de actuación y dependencia jerárquica, pero en todo caso con plena vinculación a los principios de legalidad e imparcialidad. Como garantía de su imparcialidad, se prevé la abstención y recusación de los LAJ por las mismas causas previstas para los jueces y magistrados (art. 446 LOPJ).

El ingreso en este cuerpo de funcionarios se reserva a quienes sean españoles, licenciados o graduados en Derecho, no estén incursos en causas de incapacidad o incompatibilidad y superen las pruebas selectivas y el curso teórico-práctico que se establezca (art. 442.3 LOPJ).

El régimen de sustituciones de los LAJ es el establecido en el art. 451 LOPJ, que prevé la elaboración anual de un turno con aquellos que quieran participar voluntariamente en las sustituciones y, en último término, la posibilidad de designar LAJ sustitutos entre quienes cumplan los requisitos de acceso.

2.1.2. Funciones de los Letrados de la Administración de Justicia

Las funciones de los LAJ son amplísimas y de ellos depende en buena medida el correcto funcionamiento de la oficina judicial y el normal desarrollo de los procedimientos judiciales. Tales funciones se encuentran previstas en las normas procedimentales, en la LOPJ y en el Reglamento Orgánico del Cuerpo de Secretarios Judiciales, sin que ninguna de ellas pueda invadir el ámbito de la actividad jurisdiccional, que corresponde en exclusiva a jueces y magistrados. De acuerdo con la citada normativa, cabe destacar las siguientes funciones:

A Dirección de la oficina judicial. La LOPJ concibe la oficina judicial como una organización integrada por las llamadas *unidades procesales* (art. 437 LOPJ), que asumen competencias vinculadas a la ordenación de las actuaciones jurisdiccionales y que, pueden ser, a su vez, de apoyo directo a jueces y magistrados en el ejercicio de la función jurisdiccional (y en este caso se constituyen en el ámbito de cada juzgado y de cada sección o sala jurisdiccional, tal y como sucedía con la clásica oficina judicial), o de carácter común, asumiendo en este caso funciones centralizadas de apoyo a diversos órganos en determinadas actuaciones procesales (por ejemplo, en materia de registro y reparto, actos de comunicación, auxilio judicial, ejecución de resoluciones judiciales, jurisdicción voluntaria, mediación u ordenación del procedimiento). Las unidades procesales de servicios comunes prestan apoyo a todos los órganos jurisdiccionales de su ámbito territorial con independencia del orden jurisdiccional al que estos pertenezcan (art. 438.2 LOPJ).

Al frente de las unidades procesales, ya sean de apoyo directo o de servicios comunes, hay un LAJ, que asume su dirección técnico-procesal (art. 457 LOPJ).

Junto a las unidades procesales, la LOPJ prevé la existencia de *unidades administrativas,* si bien estas quedan fuera del organigrama de la oficina judicial (que está integrada exclusivamente por unidades procesales de apoyo y por unidades procesales de servicios comunes). Su función consiste en ordenar y gestionar los recursos humanos y los medios materiales con los que cuenta la oficina judicial (art. 439 LOPJ). Frente a las funciones de impulso y ordenación procesal de la oficina judicial, estas unidades tienen funciones puramente administrativas, lo que explica que al frente de las mismas no se sitúe un LAJ.

B) Fe pública judicial. La principal y más característica función de los LAJ es el ejercicio de la fe pública en el ámbito judicial, consistente en dejar constancia fehaciente de los actos procesales que se realicen y de la producción de hechos con trascendencia en el proceso mediante las oportunas actas y diligencias. Cuando se trate de vistas orales y estas se documenten mediante el uso de medios de grabación, no será precisa su asistencia a la vista, si bien el LAJ deberá garantizar en todo caso la autenticidad e integridad de lo grabado (art. 453.1 LOPJ). Esta función resulta completada por la función de documentación a la que se refiere el art. 454.1 LOPJ.

Como responsable de la fe pública en el ámbito jurisdiccional, el LAJ emite certificaciones y testimonios de las actuaciones judiciales a petición de las partes y terceros interesados, siempre que no se refieran a actuaciones declaradas secretas (arts. 234 y 235 LOPJ). Desde este punto de vista, el LAJ garantiza la efectividad del principio de publicidad y del derecho de información en el que aquel se manifiesta, por cuanto es el responsable de permitir el acceso a los libros, archivos y registros judiciales a los interesados. En el ejercicio de estas funciones, el LAJ debe adoptar las medidas necesarias para garantizar la protección de datos de carácter personal (art. 236 *quinquies* LOPJ).

También como responsable de la fe pública, autoriza y documenta el otorgamiento de poderes para pleitos a los procuradores (apoderamiento *apud acta*).

C) Impulso y ordenación procesal. El LAJ es competente para acordar todas aquellas actuaciones procesales de impulso y ordenación de las actuaciones que no se reserven a jueces y magistrados por tratarse de decisiones directamente vinculadas al ejercicio de la potestad jurisdiccional. De acuerdo con el art. 456 LOPJ, esta función de impulso y ordenación se desarrolla mediante distintos tipos de resoluciones: diligencias, decretos y acuerdos.

   a) En atención a su objeto, las diligencias pueden ser de ordenación (dirigidas a dar a los procesos el curso establecido por la ley y cuyo ámbito de actuación y eficacia resulta difícil de deslindar del propio de las providencias judiciales), de constancia, de comunicación y de ejecución.

   b) Los decretos —que siempre son motivados— son las resoluciones del LAJ mediante las que se acuerda admitir la demanda o poner término al procedimiento. Adoptan también la forma de decreto las decisiones de impulso u ordenación procesal cuando requieran ser motivadas.

   c) Los acuerdos son resoluciones del LAJ de naturaleza gubernativa.

D) Competencias procesales no estrictamente jurisdiccionales. El art. 456.6 LOPJ prevé la posibilidad de que las leyes procesales atribuyan al LAJ el conocimiento de determinadas materias en aquellos aspectos que no se atribuyan a los jueces y magistrados por su naturaleza jurisdiccional y, en particular, establece su intervención en fase de ejecución, en el procedimiento de jurisdicción voluntaria, en materia de conciliación, tramitación y resolución de procedimientos monitorios, mediación y cualquier otra que expresamente se prevea.

E) Elaboración de la estadística judicial (art. 461 LOPJ).

2.2. Los cuerpos de funcionarios al servicio de la oficina judicial

2.2.1. El Cuerpo de Gestión Procesal y Administrativa

Los funcionarios que lo integran (*gestores procesales*) son los encargados de la tramitación de las causas judiciales bajo la dirección del LAJ. Sus funciones se encuentran detalladas en el art. 476 LOPJ y entre ellas destacan las relativas a la tramitación de los procedimientos, la práctica y documentación de las comparecencias que realicen las partes (por ejemplo, la comparecencia *apud acta* de quienes se encuentran en situación de libertad provisional), documentación de embargos y lanzamientos, recepción de escritos y documentos o expedición de copias simples de actuaciones judiciales documentadas.

2.2.2. El Cuerpo de Tramitación Procesal y Administrativa

Este Cuerpo, integrado por funcionarios que se denominan *tramitadores procesales*, lleva a cabo funciones de apoyo al Cuerpo de Gestión Procesal y Administrativa consistentes en la realización de las actuaciones que le sean encomendadas para la tramitación del procedimiento, el registro y la clasificación de la correspondencia, la formación de autos y expedientes bajo supervisión del superior jerárquico o la confección de las cédulas pertinentes para la práctica de los actos de comunicación (art. 477 LOPJ).

2.2.3. El Cuerpo de Auxilio Judicial

Sus funcionarios son los encargados de realizar funciones de auxilio a la actividad de los órganos jurisdiccionales y, entre ellas, practicar actos de comunicación, ejecutar embargos y lanzamientos, archivar autos y expedientes judiciales o velar por las adecuadas condiciones de uso de las salas de vistas y de los medios técnicos necesarios para el desempeño de la función judicial (art. 478 LOPJ).

2.3. Médicos forenses y otros funcionarios integrados en institutos especializados

Los institutos de medicina legal y ciencias forenses y el Instituto Nacional de Toxicología son órganos técnicos dirigidos a prestar colaboración a la Administración de Justicia en materias de su disciplina. Existe al menos un instituto de medicina legal y ciencias forenses en el ámbito de cada comunidad autónoma, mientras que el Instituto Nacional de Toxicología tiene su sede en Madrid y presta sus servicios a cualquier órgano jurisdiccional o fiscalía del territorio nacional que los soliciten.

Los médicos forenses se encuentran adscritos a un instituto de medicina legal y ciencias forenses o al Instituto Nacional de Toxicología y Ciencias Forenses, y sus principales funciones —que desempeñan con absoluta independencia— son las de auxiliar a juzgados, tribunales y fiscalías emitiendo los informes que estos les soliciten y las relativas a la asistencia facultativa a detenidos (art. 479 LOPJ).

En ambas instituciones se integran también los Cuerpos de Facultativos, de Técnicos Especialistas y de Ayudantes de Laboratorio, encargados de elaborar los informes periciales que les sean requeridos por las autoridades judiciales o fiscales en el ámbito de sus especialidades (art. 480 LOPJ).

2.4. *La policía judicial*

Las funciones de auxilio que presta la policía judicial en materia penal resultan de gran importancia dada la especialización y preparación de las Fuerzas y Cuerpos de Seguridad en la investigación criminal. La LECrim reguló en sus arts. 282 y siguientes tales funciones, pero no creó un cuerpo específico, sino que para su constitución acudió a la conversión en agentes de policía judicial de autoridades no policiales y funcionarios administrativos (art. 283 LECrim, apartados tercero a noveno) junto a otros profesionales de la seguridad (art. 283 LECrim, apartados primero, segundo y cuarto), con dependencias orgánicas diversas, unidos por el hecho de ser auxiliares de jueces y tribunales penales y del Ministerio Fiscal en la investigación de los delitos y la persecución de los delincuentes.

El art. 126 CE no establece un modelo de policía judicial, sino que se limita a señalar dos exigencias dirigidas al legislador: la primera, la necesidad de crear y regular una policía judicial y, la segunda, que la misma dependa de jueces, tribunales y Ministerio Fiscal. Fuera de estas condiciones, en la Constitución no se prevé la asignación de las funciones de policía judicial a un cuerpo específico ni se establece si la dependencia de órganos jurisdiccionales y fiscalías ha de ser de naturaleza orgánica o funcional.

2.4.1. Organización de la policía judicial

No puede hablarse en la actualidad de la existencia, como tal, de un verdadero cuerpo de policía judicial, cuya organización resulta ciertamente compleja. En relación con su estructura, cabe destacar tres características:

1) Todos los miembros de las Fuerzas y Cuerpos de Seguridad, cualquiera que sea su naturaleza y dependencia (Policía Nacional, Guardia Civil, policías autonómicas y Policía Local) y dentro de sus respectivas competencias, asumen la función genérica de prevención y descubrimiento de delitos atribuida a la policía judicial (art. 547 LOPJ). A ellos se suman diversos colaboradores externos a los cuerpos policiales, pero siempre que su colaboración se desarrolle en el ejercicio de sus competencias, como es el caso de los miembros del Servicio de Vigilancia Aduanera o de los agentes forestales cuando sus normas reguladoras les confieran estas funciones. En el ámbito europeo, la policía judicial cuenta, además, con la colaboración de Europol y, a nivel internacional, de Interpol, instituciones policiales cuya finalidad es facilitar la cooperación en la lucha contra la delincuencia transnacional.

2) Los agentes integrantes de la policía judicial se organizan en las llamadas *unidades orgánicas* de policía judicial, dependientes funcionalmente de jueces, magistrados y del Ministerio Fiscal y, orgánicamente, del Ministerio del Interior

(art. 30.1 de la Ley Orgánica 2/1986, de 13 de marzo, de Fuerzas y Cuerpos de Seguridad y art. 7 del RD 769/1987, de 19 de junio).

3) Las unidades orgánicas pueden adscribirse total o parcialmente a determinadas juzgados, tribunales o fiscalías (art. 30.2 LOFCS). Se trata en estos casos de la denominadas *unidades adscritas*, cuyo funcionamiento responde a los principios de permanencia y estabilidad y tienen su sede en las propias dependencias judiciales y fiscales (arts. 23 a 25 RD 769/1987, de 19 de junio). Sus funciones se establecen en el art. 28 del citado Real Decreto.

Los funcionarios de la policía judicial actúan con independencia funcional del Ministerio del Interior para evitar presiones del Poder Ejecutivo en el desarrollo de sus actuaciones en el marco del proceso penal, de modo que sólo podrán ser apartados de un asunto por decisión —o con la autorización— del juez o fiscal correspondiente o cuando hayan acabado su investigación (art. 550.2 LOPJ y art. 16 RD 769/1987). Por el contrario, orgánicamente —esto es, por lo que se refiere al régimen de acceso, ascensos, traslados, etc.— dependerán de sus mandos, ya que se encuentran sometidos al principio de jerarquía (art. 31 LOFCS).

2.4.2. Funciones de la policía judicial

La función genérica que se atribuye a la policía judicial es la averiguación y descubrimiento de los delitos y el aseguramiento de los delincuentes (arts. 126 CE y 547 LOPJ). Más específicamente, en virtud de lo dispuesto en el art. 549 LOPJ, corresponde a la policía judicial: a) La averiguación de los hechos delictivos y de sus autores, procediendo a su detención y dando cuenta inmediata a la autoridad judicial y fiscal; b) El auxilio a la autoridad judicial y fiscal en cuantas actuaciones requieran su intervención, incluidas aquellas que exijan el ejercicio de la coerción y c) La garantía del cumplimiento de las decisiones de la autoridad judicial o fiscal.

ESQUEMA TEMA 8

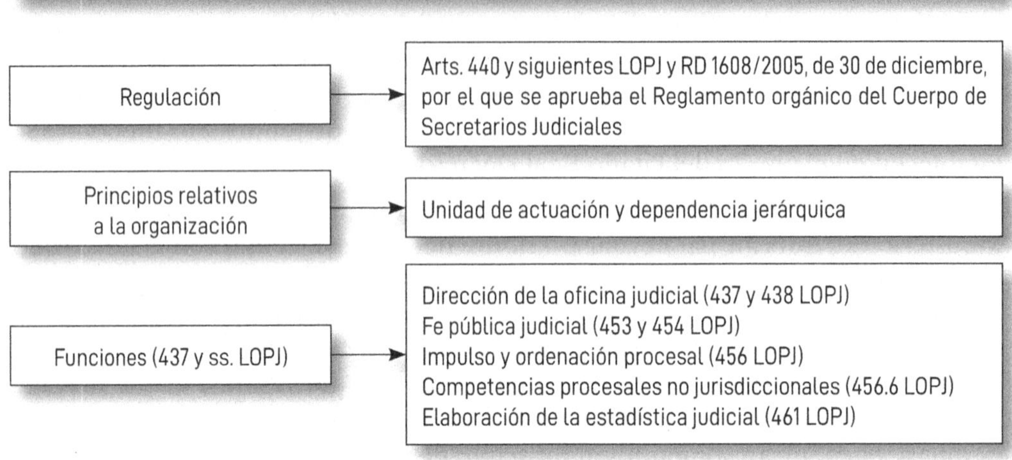

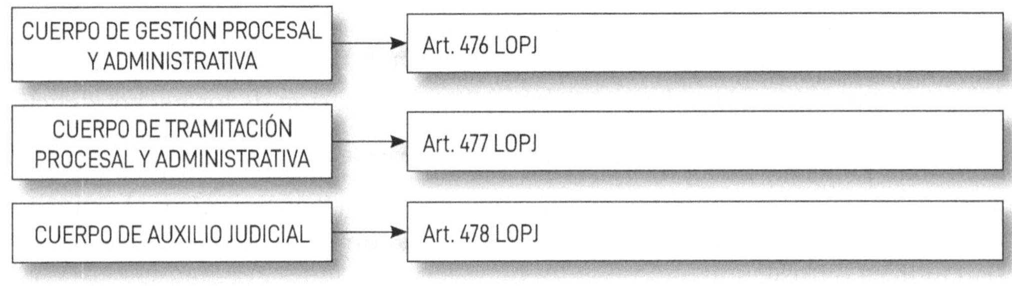

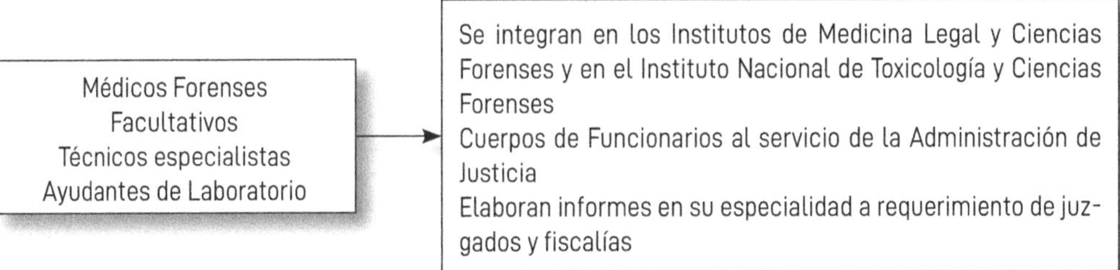

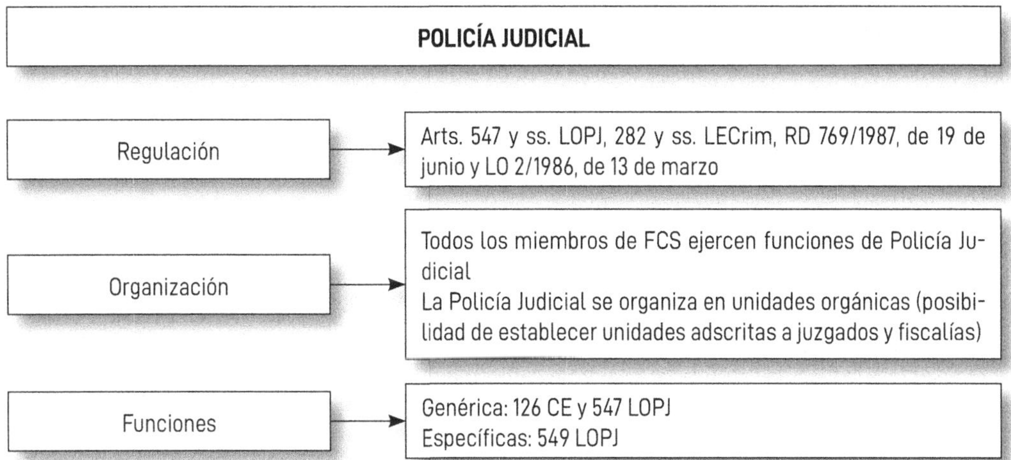
POLICÍA JUDICIAL
Regulación
Arts. 547 y ss. LOPJ, 282 y ss. LECrim, RD 769/1987, de 19 de junio y LO 2/1986, de 13 de marzo
Organización
Todos los miembros de FCS ejercen funciones de Policía Judicial
La Policía Judicial se organiza en unidades orgánicas (posibilidad de establecer unidades adscritas a juzgados y fiscalías)
Funciones
Genérica: 126 CE y 547 LOPJ
Específicas: 549 LOPJ

Tema 9

PERSONAL COLABORADOR CON LA ADMINISTRACIÓN DE JUSTICIA

SONIA CALAZA LÓPEZ

1. INTRODUCCIÓN

El Libro VII de la LO 6/1985. De 1 de julio, del Poder Judicial, titulado "Del Ministerio Fiscal y demás personas e instituciones que cooperan con la Administración de Justicia", destina su Título I al Ministerio Fiscal y su Título II a **los Abogados, Procuradores y Graduados sociales.** En esta Lección estudiaremos el concepto, regulación, principios y funciones de cada uno de estos relevantes tres profesionales, cuya actuación (con distinta presencia e intensidad en función de cada uno de ellos) resulta imprescindible para el óptimo desarrollo de nuestros procesos judiciales.

2. MINISTERIO FISCAL

Antes de adentrarnos en la emisión de un ensayo de concepto, regulación, naturaleza, estructura orgánica, funciones y principios de actuación del Ministerio Fiscal, conviene advertir que acaso esta sea la institución más enigmática, poliédrica e indescifrable de nuestro ordenamiento procesal, por cuánto sus contornos, perfiles, límites, objetivos y funciones se entremezclan hasta extremos jurídicos tan contradictorios, a modo de dos elocuentes ejemplos iniciales, como: (i) su expresa inserción constitucional en el Poder Judicial y ulterior pretensión de encomendarle, como una de sus funciones esenciales, velar por el correcto funcionamiento de los Tribunales que lo integran, con la debida imparcialidad;

o (ii) su dependencia orgánica y administrativa, respecto del Poder Ejecutivo, en cuestionable consonancia, con su relevante misión de promover la acción de la Justicia, cuando fuere pertinente, incluso contra algunos de sus propios miembros.

2.1. Concepto, regulación y naturaleza

El Ministerio Público o Ministerio Fiscal es una institución autónoma del Estado, que tiene por misión, de un lado, (i) **vigilar, inspeccionar, controlar o, si se prefiere, velar por el correcto funcionamiento de los Tribunales, y de las restantes instituciones del Estado**, así como, de otro, (ii) **promover la acción de la Justicia, en defensa de la legalidad, de los derechos de los ciudadanos** —con especial intensidad respecto de los colectivos más débiles, vulnerables o desfavorecidos— **y del interés público tutelado por la Ley**.

La Constitución española inserta al Ministerio Fiscal, en su Título VI, "Del Poder judicial", al advertir, en su artículo 124, sencillamente, que "el Ministerio Fiscal ejerce sus funciones por medio de órganos propios". El artículo 2 de la Ley 50/1981, por la que se aprueba el Estatuto orgánico del Ministerio Fiscal (EOMF), en coherencia con la ubicación sistemática y el dictado constitucional, señala que "el Ministerio Fiscal es un órgano de relevancia constitucional con personalidad jurídica propia, integrado con autonomía funcional en el Poder Judicial, y ejerce su misión por medio de órganos propios conforme a los principios de unidad de actuación y dependencia jerárquica y con sujeción en todo caso a los de legalidad e imparcialidad".

Muy a pesar de este reconocimiento legal expreso, de inserción en el Poder Judicial, del Ministerio Fiscal, múltiples razones abogan por estimar que este alto órgano estatal no debiera, en verdad, integrarse, imbricarse, ni, en modo alguno, implicarse, en ninguno de los tres poderes del Estado —Ejecutivo, Legislativo ni Judicial—, sino, a lo sumo, ser considerado como un órgano auxiliar, cooperador, ayudante, coadyuvante o colaborador de la Jurisdicción. Estas (potentes) razones se concretan, esencialmente, en tres: su (i) **autonomía funcional**: *no depende orgánica y administrativamente del CGPJ, sino del Ministerio de Justicia (Poder Ejecutivo)*; su (ii) **concreta misión**: *de ejercicio de la acción penal, defensa de menores, ausentes y personas con discapacidad*, así como de *supervisión de la legalidad de las actuaciones*; y (iii) **sus órganos propios**, a los que nos referiremos a continuación. Pero su (imprescindible) independencia respecto de los tres Poderes del Estado no sólo resulta (razonablemente) reclamable por estos aludidos motivos orgánicos, competenciales y funcionales, sino también por objetivables razones de imparcialidad respecto a los miembros integrantes de estos tres poderes del Estado a los que está llamado, en su caso, a perseguir. Y todo ello sin desmerecer su (elevada) misión de velar por la pureza de los procedimientos en los que, de cualquier modo, se vean envueltos (todos los ciudadanos y también desde luego: los integrantes de los tres Poderes del Estado), respecto de acciones (cuestionables) que, por desgracia, son (cada vez menos) aisladas y (por tanto) más frecuentes en un momento —como este— de progresiva tendencia creciente al uso abusivo del poder.

La dependencia orgánica y administrativa, del Ministerio Fiscal, respecto del Poder Ejecutivo, de un lado, y el control de este último Poder sobre aquel órgano público, que aspira a gozar del atributo de efectiva "autonomía", de otro, no favorecen, desde luego, su (deseable) visión ciudadana como una institución libre e independiente, integrada por profesionales realmente imparciales, translúcidos y ajenos a cualquier instrucción, indicación o interés, distinto al concordante con la más estricta legalidad. Y ello, naturalmente, sin perjuicio de la incuestionable y extraordinaria cualificación, formación y, a buen seguro, deontología de los integrantes de este prestigioso cuerpo de Fiscales. Así, han de observarse, entre otras, las siguientes interferencias entre el Ministerio Fiscal y el Poder Ejecutivo: Primera: "*El Fiscal General del Estado será nombrado por el Rey, a propuesta del Gobierno, oído el Consejo General del Poder Judicial*" (*ex* art. 124.4°), a lo que se añade, "*eligiéndolo entre juristas españoles de reconocido prestigio con más de quince años de ejercicio profesional*" (*ex* art. 19 EOMF); Segunda: "*El Gobierno podrá interesar del Fiscal General del Estado que promueva ante los Tribunales las actuaciones pertinentes en orden a la defensa del interés público*" (*ex* art. 8 EOMF); y Tercera: "*El Fiscal General del Estado podrá impartir a sus subordinados las órdenes e instrucciones convenientes al servicio y al ejercicio de las funciones, tanto de carácter general como referidas a asuntos específicos. Cuando dichas instrucciones se refieran a asuntos que afecten directamente a cualquier miembro del Gobierno, el Fiscal General deberá oír con carácter previo a la Junta de Fiscales de Sala*" (*ex* art. 25 EOMF).

2.2. Estructura orgánica

Para ser nombrado miembro del Ministerio Fiscal se requerirá ser español, mayor de dieciocho años, doctor o licenciado —ahora graduado o egresado— en Derecho y no hallarse comprendido en ninguna da las incapacidades legalmente establecidas (*ex* art. 43 EOMF). El ingreso en la Carrera Fiscal se hará por oposición libre entre quienes reúnan las condiciones de capacidad exigidas en esta Ley, que se realizará conjuntamente con la de ingreso en la Carrera Judicial, en los términos previstos en la Ley Orgánica del Poder Judicial (*ex* art. 42 EOMF).

El artículo 12 del EOMF enumera los siguientes órganos del Ministerio Fiscal:

1) El Fiscal General del Estado.

2) El Consejo Fiscal.

3) La Junta de Fiscales de Sala.

4) La Junta de Fiscales Superiores de las Comunidades Autónomas.
5) La Fiscalía del Tribunal Supremo.
6) La Fiscalía ante el Tribunal Constitucional.
7) La Fiscalía de la Audiencia Nacional.
8) Las Fiscalías Especiales.
9) La Fiscalía del Tribunal de Cuentas, que se regirá por lo dispuesto en la Ley Orgánica de dicho Tribunal.
10) La Fiscalía Jurídico Militar.
11) Las Fiscalías de las Comunidades Autónomas.
12) Las Fiscalías Provinciales.
13) Las Fiscalías de Área.

2.3. Funciones

El artículo 124 de la CE establece que "El Ministerio Fiscal, sin perjuicio de las funciones encomendadas a otros órganos, tiene por misión promover la acción de la justicia en defensa de la legalidad, de los derechos de los ciudadanos y del interés público tutelado por la Ley, de oficio o a petición de los interesados, así como velar por la independencia de los tribunales y procurar ante estos la satisfacción del interés social".

El artículo 3 del EOMF enumera, taxativamente, a modo de *numerus apertus* —y, por tanto, sin perjuicio de las demás funciones que el ordenamiento jurídico estatal le atribuya— las funciones del Ministerio Fiscal, que podrían clasificarse, al objeto de su estudio sistemático, en dos grandes bloques, susceptibles de una segunda división por razón de su divergente temática:

Primer bloque, relativo a la función, constitucionalmente encomendada, de **velar por la independencia de los Tribunales y procurar ante estos la satisfacción del interés social**.

En el marco de *actuación general de los Jueces y Tribunales integrados en el Poder Judicial*, corresponde al Ministerio Fiscal:

1) Velar porque la función jurisdiccional se ejerza eficazmente conforme a las leyes y en los plazos y términos en ellas señalados, ejercitando, en su caso, las acciones, recursos y actuaciones pertinentes.
2) Ejercer cuantas funciones le atribuya la ley en defensa de la independencia de los jueces y tribunales.
3) Mantener la integridad de la jurisdicción y competencia de los jueces y tribunales, promoviendo los conflictos de jurisdicción y, en su caso, las

cuestiones de competencia que resulten procedentes, e intervenir en las promovidas por otros.

4) Velar por el cumplimiento de las resoluciones judiciales que afecten al interés público y social

5) Promover o, en su caso, prestar el auxilio judicial internacional previsto en las leyes, tratados y convenios internacionales.

En el marco de *actuación específica de los Tribunales enmarcados fuera del Poder Judicial*, corresponde al Ministerio Fiscal:

1) Intervenir en los procesos judiciales de amparo así como en las cuestiones de inconstitucionalidad en los casos y forma previstos en la Ley Orgánica del Tribunal Constitucional.

2) Interponer el recurso de amparo constitucional, así como intervenir en los procesos de que conoce el Tribunal Constitucional en defensa de la legalidad, en la forma en que las leyes establezcan.

3) Intervenir en los supuestos y en la forma prevista en las leyes en los procedimientos ante el Tribunal de Cuentas.

4) Velar por el respeto de las instituciones constitucionales y de los derechos fundamentales y libertades públicas con cuantas actuaciones exija su defensa.

Segundo bloque, relativo a la función, constitucionalmente encomendada, de **promover la acción de la justicia en defensa de la legalidad, de los derechos de los ciudadanos y del interés público tutelado por la Ley,** corresponde al Ministerio Fiscal:

En el *orden penal*:

1) Ejercitar las acciones penales y civiles dimanantes de delitos, sin perjuicio de la competencia de la Fiscalía Europea para ejercer la acción penal y solicitar la apertura de juicio oral por los delitos contra los intereses financieros de la Unión que asuma de acuerdo con su normativa, u oponerse a las ejercitadas por otros, cuando proceda.

2) Intervenir en el proceso penal, instando de la autoridad judicial la adopción de las medidas cautelares que procedan y la práctica de las diligencias encaminadas al esclarecimiento de los hechos o instruyendo directamente el procedimiento en el ámbito de lo dispuesto en la Ley Orgánica reguladora de la Responsabilidad Penal de los Menores, pudiendo ordenar a la Policía Judicial aquellas diligencias que estime oportunas.

3) Ejercer en materia de responsabilidad penal de menores las funciones que le encomiende la legislación específica, debiendo orientar su actuación a la satisfacción del interés superior del menor.

4) Velar por la protección procesal de las víctimas y por la protección de testigos y peritos, promoviendo los mecanismos previstos para que reciban la ayuda y asistencia efectivas.

En el *orden civil*:

1) Tomar parte, en defensa de la legalidad y del interés público o social, en los procesos relativos al estado civil y en los demás que establezca la ley

2) Intervenir en los procesos civiles que determine la ley cuando esté comprometido el interés social o cuando puedan afectar a personas menores o con discapacidad en tanto se provee de los mecanismos ordinarios de representación.

En el orden *contencioso-administrativo* y *laboral*: Defender, igualmente, la legalidad en los procesos contencioso-administrativos y laborales que prevén su intervención.

Con carácter general, según se explicita en el último párrafo del artículo 3 del EOMF, la intervención del Fiscal en los procesos podrá producirse mediante escrito o comparecencia. También podrá producirse a través de medios tecnológicos, siempre que aseguren el adecuado ejercicio de sus funciones y ofrezcan las garantías precisas para la validez del acto de que se trate. La intervención del Fiscal en los procesos no penales, salvo que la ley disponga otra cosa o actúe como demandante, se producirá en último lugar.

2.4. Principios informadores

La propia CE, en su artículo 124.2°, predica, del Ministerio Fiscal, su actuación conforme a los principios de unidad de actuación y dependencia jerárquica y con sujeción en todo caso a los de legalidad e imparcialidad. Dentro de esta declaración general, hemos de distinguir, de un lado, los principios de organización estructural interna u orgánicos, referidos a la organización *ad intra* del Ministerio Público, así como a la posición que deban ocupar cada uno de sus miembros dentro de tan jerarquizada estructura —principios de unidad y dependencia jerárquica—; de aquellos otros principios referidos, sin embargo, a su actuación *ad extra* o a los atributos que deben caracterizar, incluso presidir, siempre y en todo caso, su actuación exterior o, si se prefiere, su función —legalidad e imparcialidad—.

2.4.1. Principios de organización estructural interna u orgánicos: unidad de actuación y dependencia jerárquica

El Ministerio Fiscal, según expresa indicación del artículo 22.1 del EOMF, es único para todo el Estado.

Esta **unidad de actuación**, precisada para ser efectiva y eficaz en sus objetivos, de una estricta **dependencia jerárquica**, conlleva la actuación coordinada, compaginada, metódica y sistemática de todos los Fiscales españoles, sin que, por tanto, puedan incurrir en incompatibilidades, distorsiones, ni mucho menos contradicciones de ningún tipo, respecto de temas sustancialmente similares o idénticos. El principio de unidad de actuación ha de orientarse y cristalizar, en esencia, en la (difícil) conquista (jurídica) de lograr una unívoca interpretación del ordenamiento jurídico, que habrá de ser compartida (en su homogeneidad) por la totalidad de Fiscales que integran el Ministerio Público. Para lograr este noble objetivo, de actuación única, armónica y conjunta, resulta preciso establecer un segundo e ineludible principio de organización interna, el de dependencia jerárquica, cuya manifestación esencial reside en la coherente obligación, impuesta a todos los Fiscales inferiores, del acatamiento de las instrucciones y decisiones de sus superiores.

La gran puesta en cuestionamiento, sospecha de politización o duda sobre la efectiva imparcialidad, acaso incompatible con la ausencia de (la deseable) independencia, del Ministerio Fiscal reside, precisamente, en el nombramiento, por el Gobierno, del Fiscal General del Estado, quién ostenta, según el artículo 22.2 del EOMF "la jefatura superior del Ministerio Fiscal y su representación en todo el territorio español. A él corresponde impartir las órdenes e instrucciones convenientes al servicio y al orden interno de la institución y, en general, la dirección e inspección del Ministerio Fiscal".

2.4.2. Principios de actuación externa o funcionales: legalidad e imparcialidad

La actuación única y coordinada del Ministerio Fiscal —a la que acabamos de referirnos en el epígrafe anterior (unidad de actuación y dependencia jerárquica)— habrá de ajustarse, como es lógico, a la más estricta legalidad. Y así lo dispone el EOMF cuando señala, en su precepto 6, que "por el **principio de legalidad** el Ministerio Fiscal actuará con sujeción a la Constitución, a las leyes y demás normas que integran el ordenamiento jurídico vigente, dictaminando, informando y ejercitando, en su caso, las acciones procedentes u oponiéndose a las indebidamente actuadas en la medida y forma en que las leyes lo establezcan".

El Ministerio Fiscal está pues sometido al más estricto principio de legalidad, por cuánto su actuación ha de encontrar asiento, siempre y en todo caso, en el ordenamiento jurídico, si bien este relevante *principio de legalidad* ha venido complementándose (como se estudiará en nuestro Manual de Derecho procesal penal) con el denominado **principio de oportunidad** —que en realidad no debiera nominarse como tal principio sino, a lo sumo, como "criterio", por no atender a casos generales, sino precisamente a su contrario: a lo oportuno, a lo excepcional, a lo que, en definitiva, se aparta de lo general—.

La primera proyección legal vigente de este criterio de la oportunidad se ha manifestado en el proceso penal de menores, dónde precisamente el Ministerio Fiscal asume la instrucción o dirección de la investigación, si bien la Ley Orgánica 5/2000, de 12 de enero, reguladora de la responsabilidad penal de los menores (LORPM), no inserta, afortunadamente un criterio de oportunidad puro, absoluto o incondicional, sino otro reglado —insertado en la Ley— y condicionado al cumplimiento de una serie de condiciones. Así, esta LORPM permite, de un lado, (i) el *desistimiento del expediente por corrección en el ámbito educativo y familiar* —"el Ministerio Fiscal podrá desistir de la incoación del expediente cuando los hechos denunciados constituyan delitos menos graves sin violencia o intimidación en las personas" (*ex* art. 18 LORPM)—; y, de otro, (ii) el *sobreseimiento del expediente por conciliación o reparación entre el menor y la víctima* —"también podrá el Ministerio Fiscal desistir de la continuación del expediente, atendiendo a la gravedad y circunstancias de los hechos y del menor, de modo particular a la falta de violencia o intimidación graves en la comisión de los hechos, y a la circunstancia de que además el menor se haya conciliado con la víctima o haya asumido el compromiso de reparar el daño causado a la víctima o al perjudicado por el delito, o se haya comprometido a cumplir la actividad educativa propuesta por el equipo técnico en su informe" (*ex* art. 19 LORPM). Como puede observarse, el Ministerio Fiscal ostenta un margen de discrecionalidad técnica relativamente amplio en el marco del proceso penal de menores, si bien siempre dentro de los márgenes, límites o confines de la Ley.

Esta primera apuesta legislativa por la introducción, en nuestros procesos judiciales, del *principio de oportunidad*, constituirá, a buen seguro, el punto de partida de algunas inminentes reformas como la ampliación y potenciación de la conformidad o, incluso, la regulación de la mediación penal.

Asimismo, el Ministerio Fiscal, en difícil —pero no imposible— concierto, consonancia o compatibilidad, tanto con la "dependencia jerárquica" a la que nos hemos referido anteriormente, como con la posición de curiosa "parte imparcial", en verdad objetiva, que ostenta, en un buen número de procesos, actuará conforme al más elemental **principio de imparcialidad, objetividad o neutralidad**, al exigir el artículo 7º del EOMF, que "por el principio de imparcialidad el Ministerio Fiscal actuará con plena objetividad e independencia en defensa de los intereses que le estén encomendados". Así, el Legislador, al referirse a esta "imparcialidad" de la posición parcial que ostenta el MF en un gran número de procesos e "independencia" de este órgano sometido, ello no obstante, a su principio opuesto, el de dependencia jerárquica, se refiere, en puridad, a la "*ausencia de interés personal, propio y directo en el caso concreto*", que incida en alguna de las causas de abstención de Jueces y Magistrados, igualmente aplicables a los Fiscales y no, desde luego, a la distancia objetiva respecto de la pretensión ejercitada, ni a la neutralidad subjetiva frente a la parte a la que representa. Esta **imparcialidad**, predicable de los Fiscales, que mejor sería denominar —por razón de su necesaria "parcialidad", como partes que, en verdad, son en la mayoría de procesos— **objetividad, neutralidad o ecuanimidad**, equiparables al "desapasionamiento" o aislamiento —respecto del objeto y sujetos comprometidos en cada concreto proceso—, ha de identificarse, además, con la equidad, justicia y razón del caso concreto, de suerte que su posición no está fijada *a priori*, debiendo acusar o defender, según su recto, incorruptible e insobornable criterio, en razón del supuesto específico, pues su único compromiso lo es con la aplicación de la Ley a la realidad empírica, lo que ha de traducirse en una actuación orientada, por fuerza *a posteriori*, y una vez estudiado el asunto, tanto a la condena del culpable como a la absolución del inocente.

Los miembros del Ministerio Fiscal no podrán ser, sin embargo, recusados. Y ello precisamente por la anomalía o, si se prefiere, paradoja que supondría "recusar a una parte". Se abstendrán, eso sí, de intervenir, por imperativo, del artículo 28 del EOMF, en los pleitos o causas cuando les afecten algunas de las causas de abstención establecidas para los Jueces y Magistrados en la Ley Orgánica del Poder Judicial, en cuanto les sean de aplicación. Las partes intervinientes en los referidos pleitos o causas podrán acudir al superior jerárquico del Fiscal de que se trate interesando que, en los referidos supuestos, se ordene su no intervención en el proceso. Cuando se trate del Fiscal General del Estado resolverá la Junta de Fiscales de Sala, presidida por el Teniente Fiscal del Tribunal Supremo.

3. ABOGADOS

Corresponde en exclusiva la denominación y función de Abogado, según el precepto 542 de la LOPJ, en su apartado primero, "al licenciado —ahora graduado o egresado— en Derecho que ejerza profesionalmente la dirección y defensa de las partes en toda clase de procesos, o el asesoramiento y consejo jurídico".

La relevancia de la asistencia letrada en la práctica totalidad de procesos de todos los órdenes jurisdiccionales, elevada a la categoría de derecho fundamental —artículo 24.2 CE: "*todos tienen derecho a la asistencia de letrado*", por tratarse de una razonable proyección del derecho a la tutela judicial efectiva (y en su reverso, del derecho de defensa), encuentra su fundamento esencial, en razones de especialización, conocimiento científico y técnico, así como pericia en todas y cada una de las fases, tanto previas al proceso, como propiamente procesales: desde (i) el inicial asesoramiento jurídico respecto de la conveniencia de iniciar (o no) el proceso judicial; hasta (ii) la posterior selección de los hechos (realmente) pertinentes y relevantes, con preparación de su oportuna prueba y puntual acomodo en el ordenamiento jurídico, pasando por la preparación de las distintas fases procedimentales (con sus respectivas finalidades); todas ellas orientadas a lograr (iii) el (a veces complejo) convencimiento del Juez respecto de esa concreta asunción fáctica e interpretación jurídica, siempre en beneficio de los legítimos intereses de sus clientes. Esta preceptiva asistencia letrada resulta fundamental, a su vez, para dotar de agilidad, seriedad, rigor, tecnicismo, profundidad e imprescindible contenido jurídico —legal, jurisprudencial y doctrinal— a los procesos judiciales sustanciados, con una noble aspiración a alcanzar la igualdad procesal de todos los contendientes en los procesos (contenciosos o voluntarios) celebrados ante nuestra Administración de Justicia.

3.1. Concepto e ingreso

Los Abogados son, en esencia, los profesionales del Derecho que tienen por misión, exclusiva y excluyente, coadyuvar al éxito de las pretensiones públicas o privadas formuladas por las personas físicas o jurídicas —en su posición activa y pasiva— implicadas en toda suerte de procesos judiciales —y ello tanto en el marco de las actuaciones pre y *extra* procesales, dirigidas a prepararlo (solicitud de anticipación de la prueba o medidas cautelares previas a la interposición de la demanda) o a prevenirlo (diligencias previas, propuesta de acuerdos o incluso la propia desincentivación del pretendiente), como en el de las actuaciones *intra* procesales, ya en el del ámbito del propio procedimiento— mediante las funciones de asesoramiento, consejo, elaboración de estrategias procesales, formulación de escritos y, en esencia, defensa técnica, merced a sus especiales conocimientos científicos y técnicos, en orden a lograr la concordia, la efectividad de los derechos y libertades fundamentales y la Justicia (tanto del propio procedimiento como del resultado). La relevancia de este profesional es tal que su intervención resulta preceptiva en la práctica totalidad de procesos judiciales de todos los órdenes.

El acceso a las profesiones de Abogado y Procurador se encuentra regulado por Real Decreto 64/2023, de 8 de febrero, por el que se aprueba el Reglamento de la Ley 34/2006, de 30 de octubre, sobre el acceso a las profesiones de la Abogacía y la Procura. El artículo 2.1 de este Real Decreto establece que la obtención del título profesional para el ejercicio de la abogacía y de la procura requiere el cumplimiento de los siguientes requisitos:

1) Estar en posesión del título universitario oficial de Licenciatura o de Grado en Derecho.

2) Acreditar la superación del curso de formación especializada comprensivo del conjunto de competencias necesarias para el ejercicio de la abogacía y la procura. Dicho curso incluirá la realización de prácticas en despachos, instituciones u otras entidades relacionadas con el ejercicio de dichas profesiones en los términos previstos en este reglamento.

3) Superar la prueba de evaluación final acreditativa de la capacitación profesional para el ejercicio de la abogacía y la procura.

La formación y la evaluación de aptitud profesional deberán realizarse, en todo caso —tal y como prosigue este mismo precepto en su apartado segundo— conforme a los principios de igualdad de trato y no discriminación por razón de discapacidad, edad, sexo, salud, orientación sexual, identidad de género, expresión de género, características sexuales, origen racial o étnico, religión o creencias, o cualquier otra condición o circunstancia personal o social, así como al principio de accesibilidad universal. Asimismo, en los lugares de realización de las prácticas se garantizará a las personas con discapacidad los apoyos tecnológicos necesarios y la eliminación de las posibles barreras físicas y de comunicación

3.2. Estatuto jurídico

La relación que conecta o vincula al Abogado con su cliente es, como se verá con mayor detalle en el Manual de Derecho procesal civil, el de un contrato de "arrendamiento de servicios" cuando la elección privada de este profesional de su expresa confianza sea personal, libre y directa. Ahora bien, la insuficiencia de recursos económicos para litigar o, en otro caso, la no designación de Abogado, en los procesos en que su intervención resulte preceptiva —así, en los penales—, confiere, a sus beneficiarios o desertores, un derecho o deber, respectivamente, de ser defendidos por un Abogado designado de oficio, como también se estudiará con mayor rigor. La defensa de un interés público, del Estado, o de una comunidad autónoma, conlleva, en buena lógica, que sea un Abogado del Estado o de esa comunidad autónoma, quién deba asumir la defensa de los derechos o intereses generales concretamente comprometidos en el proceso. Una vez establecida esta breve clasificación, nos centraremos, ahora, en el estatuto jurídico de la Abogacía.

El Real Decreto 135/2021, de 2 de marzo, por el que se aprueba el Estatuto General de la Abogacía Española (EGA), en el que se regulan, en esencia, los derechos, deberes, incompatibilidades, prohibiciones y responsabilidad disciplinaria de los Abogados. A todos estos extremos nos referiremos, siquiera sea de manera sucinta, a continuación:

3.2.1. Derechos de los Abogados

Como derechos más relevantes de los profesionales de la Abogacía (entre tantos otros, por poner tan solo dos ilustrativos ejemplos, relativos a la imperiosa necesidad de recabar del cliente, manteniendo la confidencialidad necesaria, cuanta información y documentación resulte relevante para el correcto ejercicio de su función o el —derecho— a realizar libremente publicidad de sus servicios, con pleno respeto de la legislación sobre publicidad, defensa de la competencia y competencia desleal) hemos de destacar, de un lado, los referentes a su (i) libertad e independencia y, de otro, a (ii) la lógica percepción de honorarios.

El artículo 542. 2º de la LOPJ señala que "en su actuación ante los Juzgados y Tribunales, los Abogados son **libres e independientes**, se sujetarán al principio de buena fe, gozarán de los derechos inherentes a la dignidad de su función y serán amparados por aquellos en su libertad de expresión y defensa". De este precepto, y de su corolario, contenido en los artículos 47.4 del EGA —"el profesional de la Abogacía realizará, con plena libertad e independencia y bajo su responsabilidad, las actividades profesionales que le imponga la defensa del asunto que le haya sido encomendado, ateniéndose a las exigencias técnicas y deontológicas adecuadas a la tutela jurídica del asunto"— y 58.1 (también) del EGA —"en su actuación ante los Juzgados y Tribunales los profesionales de la Abogacía son libres e independientes, gozarán de los derechos inherentes a la dignidad de su función y podrán solicitar ser amparados en su libertad de expresión y defensa, en los términos previstos en las normas aplicables"—, se desprende, que los Abogados, en el ejercicio del defensa de los intereses públicos o privados que tienen encomendado, no encontrarán otro límite, sujeción o infranqueable frontera que el ordenamiento jurídico.

Como una proyección lógica de esta libertad e independencia, el profesional de la Abogacía tendrá plena **libertad para aceptar o rechazar la dirección de cualquier asunto** que le sea encomendado, pudiendo cesar en su intervención profesional cuando surjan discrepancias con su cliente y deberá hacerlo (en todo caso por así establecerlo el art. 50 del EGA) cuando concurran circunstancias que afecten a su independencia y libertad en la defensa o al deber de secreto profesional.

El profesional de la Abogacía podrá —además— **renunciar a la defensa procesal que le haya sido confiada en cualquier fase del procedimiento**, siempre que no se cause indefensión al cliente, estando obligado a despachar los trámites procesales urgentes. El profesional de la Abogacía comunicará (eso sí) su renuncia por escrito dirigido al cliente y, en su caso, al órgano judicial o administrativo ante el que hubiere comparecido y deberá proporcionar al compañero que se haga cargo del asunto y que se lo requiera todos los datos e informaciones que sean necesarios para la adecuada defensa del cliente.

Los Abogados tienen derecho, como es lógico, a una **contraprestación por los servicios prestados**, así como al **reintegro de los gastos ocasionados**. La cuantía de los honorarios será libremente convenida entre el cliente y el profesional de la Abogacía con respeto a las normas deontológicas y sobre defensa de la competencia y competencia desleal. El artículo 28 del EGA impone, al profesional de la Abogacía o a la sociedad profesional de que se trate, el deber de entregar factura al cliente. Esta factura tendrá que cumplir todos los requisitos legales y deberá expresar detalladamente los diferentes conceptos de los honorarios y la relación de gastos. En la medida de lo posible, se fomentará la utilización de la factura electrónica. Los Colegios de la Abogacía podrán elaborar criterios orientativos de honorarios a los exclusivos efectos de la tasación de costas y de la jura de cuentas de los profesionales de la Abogacía, así como informar y dictaminar sobre honorarios profesionales, pudiendo incluso emitir informes periciales. Estos criterios serán igualmente válidos, según el artículo 29 del EGA, para el cálculo de honorarios que correspondan a los efectos de tasación de costas en asistencia jurídica gratuita

3.2.2. Deberes de los Abogados

Los profesionales de la Abogacía, en su condición de garantes de la efectividad de los derechos constitucionales de acción —derecho a la tutela judicial efectiva: art. 24.1 CE— y de defensa —art. 24.2 CE— están obligados a participar, colaborar y cooperar con la Administración de Justicia asesorando, conciliando y defendiendo en Derecho los intereses que le sean confiados. En su intervención ante los órganos jurisdiccionales, estos profesionales de la Abogacía deberán, además, atenerse en su conducta —por imperativo del art. 55.2 EGA— a la buena fe, prudencia y lealtad. La forma de su intervención deberá guardar el debido respeto a dichos órganos y a los (restantes) profesionales de la Abogacía defensores de las demás partes, con quiénes deben mantener —en todo caso— recíproca lealtad y respeto mutuo.

Una vez establecidos estos relevantes deberes (generales) de los profesionales de la Abogacía, respecto de los profesionales integrantes de la Administración de Justicia y de sus homólogos (los restantes Abogados), hemos de especificar ahora —de forma más concreta— como deberes esenciales para con los clientes, dentro ya de su órbita de actuación específica en todas y cada una de las controversias en las que intervienen, los siguientes:

1) Facilitar (al cliente) su nombre, número de identificación fiscal, Colegio al que pertenece y número de colegiado, domicilio profesional y medio para ponerse en comunicación con él o con su despacho, incluyendo la vía electrónica. Cuando se trate de una sociedad profesional o despacho colectivo, informar al cliente de su denominación, forma, datos de registro, régimen jurídico, código de identificación fiscal, dirección o sede desde la que se presten los servicios y medios de contacto, incluyendo la vía electrónica (art. 48.1 EGA).

2) Informar (a su cliente) sobre la viabilidad del asunto que se le confía, procurar disuadirle de promover conflictos o ejercitar acciones judiciales sin

fundamento y aconsejarle, en su caso, sobre las vías alternativas para la mejor satisfacción de sus intereses (art. 48.3 EGA).

3) Informar (a su cliente) sobre los honorarios y costes de su actuación, mediante la presentación de la hoja de encargo o medio equivalente. También hacerle saber las consecuencias que puede tener una condena en costas y su cuantía aproximada (art. 48.4 EGA).

4) Informar (a su cliente) acerca del estado del asunto en que esté interviniendo y sobre las incidencias y resoluciones relevantes que se produzcan. En los procedimientos administrativos y judiciales, si el cliente lo requiere, proporcionarle copia de los diferentes escritos que se presenten o reciban, de las resoluciones judiciales o administrativas que le sean notificadas y de las grabaciones de actuaciones que se hayan producido (art. 48.5 EGA).

5) Poner a disposición (de sus clientes) un número de teléfono, un número de fax, una dirección de correo electrónico o una dirección postal para que estos puedan dirigir sus reclamaciones o peticiones de información sobre el servicio prestado (art. 52.1 EGA).

6) Dar respuesta a las reclamaciones (de sus clientes) que se presenten en el plazo más breve posible y, en todo caso, antes de un mes contado desde que se hayan recibido (art. 52.2 EGA).

La confianza y confidencialidad en las relaciones con el cliente imponen, finalmente, al profesional de la Abogacía, de conformidad con lo establecido por la Ley Orgánica 6/1985, de 1 de julio, del Poder Judicial, el deber y el derecho de guardar secreto de todos los hechos o noticias que conozca por razón de cualquiera de las modalidades de su actuación profesional, no pudiendo ser obligado a declarar sobre ellos. El profesional de la Abogacía está obligado, además, a no defender intereses en conflicto con aquellos cuyo asesoramiento o defensa le haya sido encomendada o con los suyos propios y, en especial, a no defraudar la confianza de su cliente.

3.3.3. Incompatibilidades

El ejercicio de la Abogacía, según el precepto 18 del EGA, es incompatible:

1) Con el desempeño, en cualquier concepto, de cargos, funciones o empleos al servicio del Poder Judicial, de las Administraciones estatal, autonómica o local y de las Entidades de Derecho Público dependientes o vinculadas a ellas, cuya normativa reguladora así lo imponga.

2) Con la actividad de auditoría de cuentas en los términos legalmente previstos.

3) Con cualesquiera otras actividades que se declaren incompatibles por norma con rango de ley.

Finalmente, los profesionales de la Abogacía no podrán mantener vínculos asociativos de carácter profesional con las personas afectadas por las incompatibilidades recién mencionadas cuando así lo disponga la ley. El profesional de la Abogacía que incurra en alguna de las mencionadas causas de incompatibilidad deberá de inmediato cesar en el ejercicio de una de las dos actividades incompatibles; en el caso de hacerlo en la de la abogacía, deberá formalizar su baja como ejerciente en el plazo máximo de quince días, mediante comunicación dirigida a la Junta de Gobierno de su Colegio. Si no lo hiciera, la Junta podrá suspenderle cautelarmente en el ejercicio de la profesión, pasando automáticamente a la condición de no ejerciente y acordando al tiempo incoar el correspondiente expediente disciplinario.

3.3.4. Responsabilidad disciplinaria de los Abogados

Los Abogados están sujetos en el ejercicio de su profesión a responsabilidad civil, penal y disciplinaria, según proceda (*ex* arts. 546.2 LOPJ). Las correcciones disciplinarias por su actuación ante los juzgados y tribunales se regirán por lo establecido en la LOPJ y en las leyes procesales. La responsabilidad disciplinaria por su conducta profesional compete declararla a los correspondientes Colegios y Consejos conforme a sus estatutos, que deberán respetar en todo caso las garantías de la defensa de todo el procedimiento sancionador. Las facultades disciplinarias de la autoridad judicial sobre los Abogados también se ajustarán —como es lógico— a lo dispuesto en las Leyes procesales. Las sanciones o correcciones disciplinarias que impongan los Tribunales al profesional de la Abogacía se harán constar en su expediente personal. Las sanciones disciplinarias corporativas se harán constar en el expediente personal del colegiado o en el particular de la sociedad profesional (art. 119 EGA).

4. PROCURADORES

Cuando un ciudadano acude a los Tribunales para resolver su conflicto, necesita, como regla general, de la intervención de dos profesionales, el abogado que le defienda y el procurador que le represente.

Corresponde exclusivamente a los Procuradores, según el precepto 543.1 y 2 de la LOPJ, en su apartado segundo, la **representación de las partes en todo tipo de procesos**, salvo cuando la Ley autorice otra cosa.

Además, podrán realizar **actos de comunicación** (citaciones, emplazamientos, requerimientos etc.) a las partes del proceso todavía no personadas, así como a terceros tales como testigos, peritos u otros intervinientes.

El fundamento esencial de la preceptiva intervención de los Procuradores reside en que la Administración de Justicia es mucho más técnica que otras administraciones y maneja una dialéctica llena de matices procesales trascendentales que se escapan a las partes. Hay muchas cuestiones jurídicas y tecnológicas que es necesario conocer y abordar con tanta precisión técnica que se hace necesaria la intervención de estos Profesionales, caracterizados, de un lado, por una cualificación científica suficiente para acometer, con conocimiento, rigor y responsabilidad, la representación de las personas insertas en un proceso judicial; así como, de otro, por la diligencia que debe informar, con fluidez, inmediatez y seguridad, el tráfico de las comunicaciones mantenidas entre las partes procesales, así como entre estas y el Tribunal

4.1. Concepto e ingreso

Los Procuradores son los profesionales del Derecho, especializados en Derecho Procesal, concretamente en el procedimiento o tramitación procesal de los procesos judiciales y a ellos incumbe la representación de las personas físicas o jurídicas —en su posición activa o pasiva—, así como la correcta transmisión de las comunicaciones de las partes entre sí y para con el Tribunal.

La relevancia de este profesional, en cuánto a la tramitación procesal o procedimental de los procesos, es tal —al igual que acontece, por lo demás, con sus homólogos, respecto, de la tramitación sustantiva, los Abogados— que su intervención resulta preceptiva en la práctica totalidad de conflictos jurídicos canalizados a través de los Tribunales de Justicia.

La profesión de Procurador podrá ejercerse cuando, una vez superado el Grado en Derecho, realice la formación especializada (Máster de Abogacía y Procura), supere una prueba de acceso a la profesión convocada por el Ministerio de Justicia y se incorpore a un Colegio profesional.

4.2. Estatuto jurídico: funciones, derechos, deberes e incompatibilidades

El Real Decreto 1281/2002, de 5 de diciembre, por el que se aprueba el Estatuto General de los Procuradores de los Tribunales de España (EGP) regula el estatuto jurídico de estos profesionales con las funciones, derechos, deberes, reglas de actuación, incompatibilidades y régimen de responsabilidad que les son propios.

La Procura, según el primer artículo del EGP, es una profesión libre, independiente y colegiada que tiene como **principal misión la representación** técnica de quienes sean parte en cualquier clase de procedimiento.

Es también misión de la Procura desempeñar cuantas funciones y competencias le atribuyan las leyes procesales en orden a la mejor administración de justicia, a la **correcta sustanciación de los procesos** y a la **eficaz ejecución de las sentencias** y demás resoluciones que dicten los juzgados y tribunales. Estas competencias podrán ser asumidas de forma directa o por delegación del órgano jurisdiccional, de conformidad con la legislación aplicable.

Las funciones esenciales de los Procuradores se encuentran contempladas en el artículo 3 del EGP, al concretar que, en su apartado primero, que se encargan de la representación de sus poderdantes ante los Juzgados y Tribunales de cualquier orden jurisdiccional; y en su apartado segundo, que se encargan del fiel cumplimiento de aquellas funciones o de la prestación de aquellos servicios que, como cooperadores de la Administración de Justicia, les encomienden las leyes.

Al igual que los Abogados, los Procuradores desarrollarán su actividad, según el artículo 4 del EGP, con **libertad e independencia**, pero con **estricta sujeción a las normas deontológicas** que disciplinan el ejercicio de la profesión y a lo ordenado en la Ley, en este Estatuto General, Estatutos de Consejos de Colegios de Comunidad Autónoma, particulares de cada Colegio y en las demás normas que resulten aplicables.

Los derechos esenciales de los Procuradores son esencialmente:

1) Percibir sus derechos arancelarios. Los procuradores han de ser remunerados por sus intervenciones dentro del proceso de acuerdo con sus aranceles, en la actualidad regulados por el RD 434/24 de 30 abril
2) Dar publicidad de sus servicios —"*los Procuradores podrán hacer publicidad de sus servicios y despachos conforme a lo establecido en la legislación vigente*" (*ex* art. 35 EGP)—
3) Aceptar o rechazar la representación procesal en un asunto determinado, incluso para renunciar a la representación ya aceptada en cualquier fase del procedimiento, pero siempre de conformidad con lo dispuesto en las leyes (*ex* art. 6 EGP).

Además, los procuradores, conforme al art. 40 del EGP, tienen derecho:

1) A recabar de los órganos corporativos la protección de su actuación profesional, de su independencia y de su libre criterio de actuación, siempre que se ajuste a lo establecido en el ordenamiento jurídico y, en particular, a las normas éticas y deontológicas. Desde luego, podrán pedir a los cargos corporativos, exponiendo las razones de su petición, que se ponga en conocimiento de los órganos de gobierno del Poder Judicial, jurisdiccionales

o administrativos, la vulneración o desconocimiento de los derechos de los colegiados.

2) A la remuneración justa y adecuada de sus servicios profesionales con arreglo al arancel, que será respetada en relación con sus herederos en caso de fallecimiento. En ningún caso se admitirá la fijación del pago que resulte incompatible con las normas arancelarias.

3) A los devengos que procedan por las actuaciones de carácter extrajudicial, todo ello conforme a las reglas del mandato.

4) A los honores, preferencias y consideraciones reconocidos por la Ley a la profesión, en particular, al uso de la toga cuando asistan a sesiones de los juzgados y tribunales y actos solemnes judiciales, y a ocupar asiento en estrados a la misma altura de los miembros del tribunal, fiscales, secretarios y abogados.

5) A participar, con voz y voto, en la Asamblea General de su respectivo Colegio, a formular peticiones y propuestas, a acceder, en condiciones de igualdad, a los cargos colegiales, en la forma y requisitos que establezcan las normas legales y estatutarias y a los demás derechos que para los colegiados se contemplan en el ordenamiento jurídico aplicable.

6) A ser sustituido, en cualquier actuación procesal por otro procurador

Los Procuradores tienen los siguientes **deberes** (*ex* art. 37 EGP):

1) Son **deberes esenciales de los Procuradores**:

   1.1) Desempeñar bien y fielmente la representación procesal que se le encomiende.

   1.2) Cooperar con los órganos jurisdiccionales en la alta función pública de administrar justicia, actuando con profesionalidad, honradez, lealtad, diligencia y firmeza en la defensa de los intereses de sus representados. En sus relaciones con los órganos administrativos y jurisdiccionales, con sus compañeros procuradores, con el letrado y con su mandante el procurador.

   1.3) Conducirse con probidad, lealtad, veracidad y respeto. Con la parte adversa mantendrá, en todo momento

   1.4) Dispensar un trato considerado y correcto.

2) Son **deberes específicos de los Procuradores** todos aquellos que les impongan las leyes en orden a la adecuada defensa de sus poderdantes y a la correcta sustanciación de los procesos y los demás que resulten de los preceptos orgánicos y procesales vigentes (*ex* art. 38 EGP);

3) Son también **deberes del Procurador** (*ex* art. 39 EGP):

3.1) Cumplir las normas legales, estatutarias, deontológicas y los acuerdos de los diferentes órganos corporativos.

3.2) Comunicar, en el momento de su incorporación al correspondiente Colegio, su domicilio y demás datos que permitan su fácil localización. También deberá comunicar al Colegio cualquier cambio de domicilio y del despacho profesional.

3.3) Acudir a los juzgados y tribunales ante los que ejerza la profesión, a las salas de notificaciones o de servicios comunes y a los órganos administrativos, para oír y firmar los emplazamientos, citaciones y notificaciones de cualquier clase que se le deban realizar.

3.4) Guardar secreto sobre cuantos, hechos, documentos y situaciones relacionados con sus clientes hubiese tenido conocimiento por razón del ejercicio de su profesión. Esta obligación de guardar secreto se refiere, también, a los hechos que el procurador hubiera conocido en su calidad de miembro de la Junta de Gobierno del Colegio o de un Consejo de Colegios de Comunidad Autónoma o del Consejo General de Procuradores de los Tribunales. También alcanza la obligación de guardar secreto a los hechos de los que haya tenido conocimiento como procurador asociado o colaborador de otro compañero. Cuando invoque el secreto profesional, el procurador podrá ampararse en las leyes reguladoras de su ejercicio para recabar el pleno respeto de su derecho conforme a la Ley.

La profesión de Procurador es incompatible, según el artículo 24 EGP, con:

El ejercicio de la función judicial o fiscal, cualquiera que sea su denominación y grado, con el desempeño del Secretariado de los Juzgados y Tribunales y con todo empleo y función auxiliar o subalterna en órgano jurisdiccional.

El ejercicio de la Abogacía

Con el desempeño de cargos, funciones o empleos públicos de la Administración de Justicia

Cualquier empleo remunerado en los Colegios de Procuradores y Abogados.

En los supuestos de ejercicio simultáneo con otras profesiones o actividades compatibles, se respetará el principio de inmediación y asistencia a juzgados y tribunales en horas de audiencia.

5. GRADUADOS SOCIALES

En los procedimientos laborales y de la Seguridad Social la representación técnica podrá ser ostentada por un Graduado social, debidamente colegiado, al que serán de aplicación las obligaciones inherentes a su función, de acuerdo con lo dispuesto en su propio ordenamiento jurídico y en la LOPJ (*ex* art. 545.2 LOPJ).

El Real Decreto 1415/2006, de 1 de diciembre, por el que se aprueban los Estatutos Generales de los Colegios Oficiales de los Graduados sociales se ocupa de la regulación del estatuto jurídico, con expresión, entre otros extremos, de las funciones, derechos, deberes e incompatibilidades de sus miembros, personas que ostenten, según su artículo segundo, los títulos de Graduado social, Graduado social Diplomado o Diplomado en Relaciones Laborales, o los que, cualquiera que sea su denominación, los sustituyan o se creen en el futuro con alcance y nivel equivalentes siempre que la Ley atribuya a quienes estén en posesión de los mismos el derecho de acceso a la profesión de Graduado social y reúnan los requisitos exigidos por estos Estatutos y por las normas que le sean de aplicación.

ESQUEMA TEMA 9

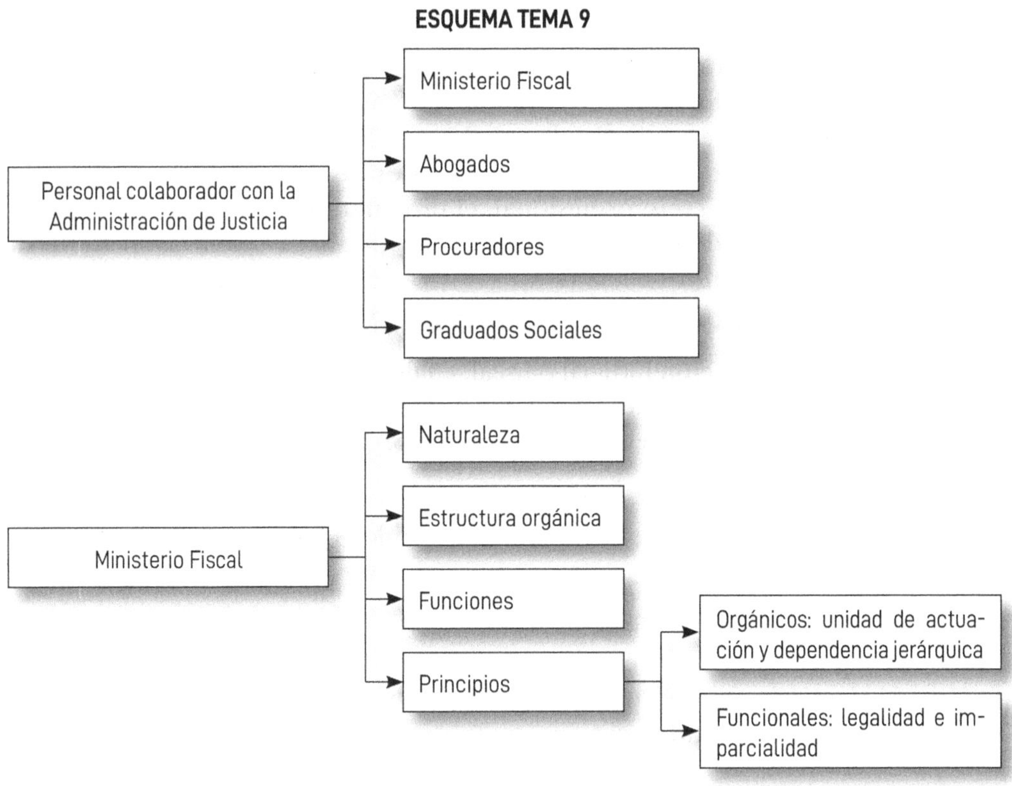

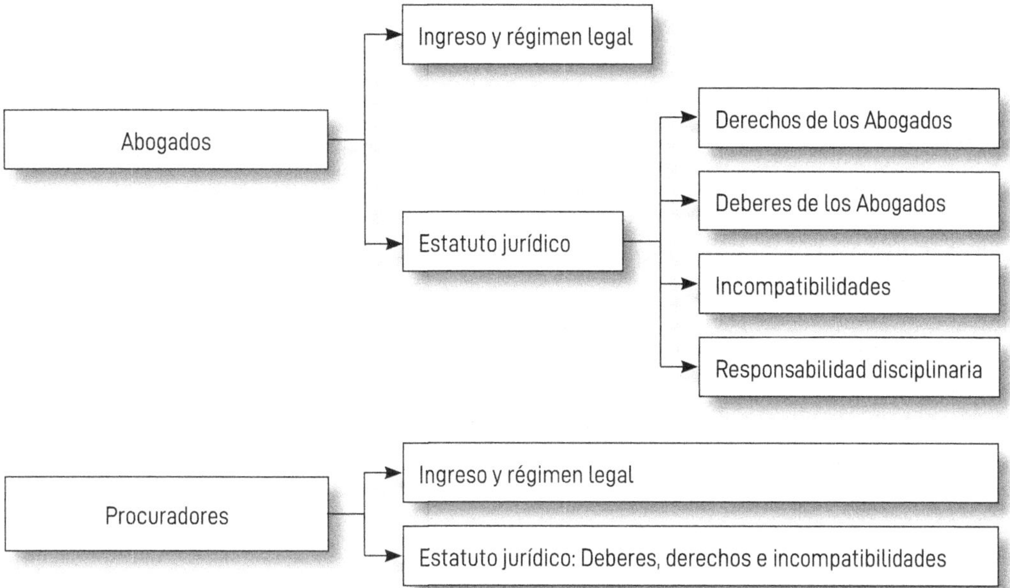
Abogados
Ingreso y régimen legal
Estatuto jurídico
Derechos de los Abogados
Deberes de los Abogados
Incompatibilidades
Responsabilidad disciplinaria
Procuradores
Ingreso y régimen legal
Estatuto jurídico: Deberes, derechos e incompatibilidades

Tema 10

ÓRGANOS JURISDICCIONALES NO INTEGRANTES DEL PODER JUDICIAL

JOSÉ Mª ASENCIO MELLADO

SUMARIO: 1. GENERALIDADES. 2. TRIBUNAL DEL JURADO. 3. EL TRIBUNAL CONSTITUCIONAL. 3.1. Regulación y funciones genéricas. 3.2. Composición. 3.3. Incompatibilidades. 3.4. Funciones. 4. EL TRIBUNAL DE CUENTAS. 5. LA JURISDICCIÓN MILITAR. 6. TRIBUNAL DE LAS AGUAS DE LA VEGA DE VALENCIA. 7. CONSEJO DE HOMBRES BUENOS DE MURCIA. 8. TRIBUNALES SUPRANACIONALES. 8.1. Tribunal Europeo de Derechos Humanos. 8.2. Tribunal de Justicia de las Comunidades Europeas. 8.3. Tribunal Penal Internacional.

1. GENERALIDADES

Al estudiar en una lección anterior el principio de unidad como base de la organización jurisdiccional española, se puso de manifiesto la existencia de dos tipos de Juzgados y Tribunales. Unos, los integrantes del Poder Judicial. Otros, aquellos situados fuera de este Poder, pero reconocidos constitucionalmente.

Vistos los primeros, en esta lección van a abordarse estos últimos que por su variedad no responden ni a características, ni a funciones comunes.

Son los siguientes:

- Tribunal del Jurado.
- Tribunal Constitucional.
- Tribunal de Cuentas.
- Jurisdicción militar.
- Tribunal de las Aguas de la Vega de Valencia.
- Consejo de Hombres Buenos de Murcia.
- Tribunales supranacionales.

Debe quedar claro desde este momento que las referencias a estos órganos jurisdiccionales serán breves y concisas y solo efectuadas con la pretensión de ofrecer unos conocimientos mínimos que serán objeto de desarrollo, en su caso, en cursos posteriores (Jurado y Tribunal Constitucional) o en otras asignaturas (Tribunales supranacionales).

2. TRIBUNAL DEL JURADO

El Tribunal del Jurado se encuentra previsto en el art. 125 de la Constitución y ha sido desarrollado en el art. 83 de la LOPJ y la LO 5/1995, de 22 de mayo, del Tribunal del Jurado.

Es un Tribunal compuesto por nueve jurados, que son ciudadanos legos en Derecho y un Magistrado Presidente que es Magistrado del Tribunal donde se constituye el Jurado.

El Jurado desempeña sus funciones en el ámbito de las Audiencias Provinciales, si bien puede constituirse en los Tribunales Superiores de Justicia o el Tribunal Supremo en los supuestos de aforamientos o reglas especiales de competencia. En ningún caso se establecerá en la Audiencia Nacional.

La competencia del Jurado se limita al ámbito penal, conociendo de determinados delitos en atención a su gravedad o a la naturaleza de la infracción.

Los ciudadanos integrantes del Jurado resuelven emitiendo un veredicto limitado a los hechos enjuiciados, mientras que la aplicación del derecho y la individualización de la pena corresponde al Magistrado Presidente.

3. EL TRIBUNAL CONSTITUCIONAL

3.1. Regulación y funciones genéricas

Se encuentra regulado en el Título IX de la Constitución (arts. 159 a 165), así como en la LO 2/1979, de 3 de octubre del Tribunal Constitucional, modificada por la LO 6/2007, de 24 de mayo.

Es un órgano cuya función esencial consiste en la interpretación de la Constitución, de la cual asegura su primacía sobre el resto de normas del ordenamiento jurídico, así como en la defensa y protección de los derechos fundamentales de los ciudadanos frente a actos de cualquier Poder del Estado (arts. 1, 27 y 41 LO 2/1979).

En el cumplimiento de estas funciones el Tribunal Constitucional es quien ostenta la última palabra. El sistema constitucional español opta de este modo por el modelo concentrado de tutela de la Constitución propio de los países de la Europa continental, de manera que el TC es el único competente para declarar la inconstitucionalidad de las leyes a salvo aquellas que son preconstitucionales. En materia de protección de los derechos fundamentales se erige en la última instancia previo agotamiento de las vías jurisdiccionales ordinarias.

Por esta razón, es el TC el que determina su propia competencia, sin que ningún otro órgano del Estado, ni siquiera el Tribunal Supremo, pueda promover frente a él cuestiones de jurisdicción o de competencia. Las resoluciones del TC no pueden ser enjuiciadas por ningún órgano jurisdiccional del Estado (art. 4 LOTC).

3.2. Composición

Consta de doce miembros nombrados por el Rey y propuestos: cuatro por el Congreso y otros cuatro por el Senado por mayoría de tres quintos, dos por el Gobierno y dos por el CGPJ

Han de ser nombrados entre Magistrados, Fiscales, Profesores de Universidad, funcionarios públicos y Abogados, de reconocida competencia y con más de quince años de ejercicio profesional.

Se designan por un plazo de nueve años, aunque se renueva el Tribunal por terceras partes cada tres.

El Presidente es nombrado por el Rey entre los Magistrados del propio Tribunal, a propuesta del Pleno y por un periodo de tres años (arts. 159-160 CE, 16 y ss. LO 2/1979).

3.3. Incompatibilidades

El régimen de incompatibilidades establecido respecto de los Magistrados del TC cumple con el mismo fin que aquel que se establece para los Jueces y Magistrados del Poder Judicial, esto es, garantizar su independencia e imparcialidad.

Por esta razón, y en tanto los Magistrados del TC desempeñan la función jurisdiccional en el ámbito de sus competencias, les resulta plenamente de aplicación el conjunto de incompatibilidades que la LOPJ, en sus arts. 389 y ss., prescribe para aquellos.

No obstante, tanto la Constitución, cuanto la LO 2/1979, conscientes de la misión esencial que corresponde al TC y el sistema de nombramiento de sus miembros, no ya parlamentario, sino incluso gubernamental, y ante el peligro evidente de merma en su independencia, ha llegado más lejos y sancionado un régimen de incompatibilidades más tajante.

No es baladí al efecto la consideración de la falta de pertenencia a un Cuerpo de Magistrados y de su ejercicio limitado en el tiempo, de manera que la Ley es muy exquisita en la exigencia y establecimiento de requisitos.

Así los arts. 159.4 de la CE y 19 de la LO 2/1979 incompatibilizan el cargo de Magistrado del TC con los relativos a las siguientes actividades:

a) Políticas. Defensor del Pueblo, Diputado, Senador, cualquier cargo político o administrativo, funciones directivas en partidos o sindicatos.

b) Judiciales. Cualquier otra jurisdicción o actividad propia de la carrera judicial o fiscal.

c) Corporativas. Funciones directivas en asociaciones, fundaciones o Colegios profesionales de cualquier tipo o naturaleza.

d) Mercantiles. Actividades profesionales o mercantiles.

3.4. Funciones

Las funciones genéricas arriba enunciadas y relativas a la interpretación y protección de la Constitución, así como la defensa de los derechos fundamentales, se concretan en las siguientes (arts. 161 y 163 CE, y 2 de la LO 2/1979).

a) Recursos y cuestiones de inconstitucionalidad contra leyes, disposiciones o actos con fuerza de ley.

b) Recursos de amparo por violación de los derechos fundamentales y libertades públicas a que se contrae el art. 53.2 de la Constitución.

c) Conflictos constitucionales de competencia entre el Estado y las CCAA o de estas entre sí.

d) Conflictos entre el Gobierno y el Congreso de los Diputados, el Senado y el CGPJ, o cualquiera de ellos entre sí (art. 59 LO 2/1979).

e) Declaración de inconstitucionalidad de los Tratados internacionales.

f) Impugnación por parte del Gobierno de las disposiciones sin fuerza de ley y resoluciones de las CCAA.

g) De las demás materias que le atribuyan la Constitución o las leyes orgánicas.

4. EL TRIBUNAL DE CUENTAS

Al Tribunal de Cuentas le corresponde la fiscalización de las cuentas y de la gestión económica del Estado y del sector público (arts. 136 CE; LO 2/1982, 12 de mayo; LO 7/1988, de 5 de abril).

Es un órgano dependiente de las Cortes Generales con competencia en todo el territorio nacional.

Está compuesto por doce miembros designados por las Cortes Generales.

5. LA JURISDICCIÓN MILITAR

El legislador constituyente español se encontró en el año 1978 con una Jurisdicción militar que durante toda la etapa franquista había extendido su competencia más allá de lo que en principio debe corresponderle y, especialmente, lo había hecho en materias de contenido "político".

Se pudo, por tanto, en aquel momento haber optado legítimamente entre dos vías claramente diferenciadas: una, la supresión de la Jurisdicción militar al modo en que sucede en países de la UE, tales como Alemania o Austria. Otra, la de su mantenimiento pero limitado considerablemente, de modo que fuera compatible con los principios constitucionales establecidos en el art. 117 CE.

El art. 117.5 de la Constitución se decantó definitivamente por esta segunda posibilidad y, expresamente, reconoció y declaró subsistente y conforme con la Constitución la Jurisdicción militar siempre y cuando la misma se redujera al denominado "ámbito estrictamente castrense". Dicho ámbito, desde antiguo, se viene reconduciendo a la concurrencia de tres elementos: el delito, que ha de ser típicamente militar; el lugar de comisión, que ha de tratarse de un establecimiento militar o ser realizado en acto de servicio y los autores, que deben ser militares.

Aun cuando los arts. 12 y ss. de la LO 4/1987, de 15 de julio, reformada por la LO 9/2003, de 16 de julio de competencia y organización de la Jurisdicción militar contemplan estos elementos y han reducido sensiblemente la competencia de la jurisdicción militar, conviene decir que no se ha llegado aún a un resultado plenamente satisfactorio por cuanto aquellos elementos no se exigen de forma simultánea en toda situación, bastando con su concurrencia individual, especialmente el de naturaleza del delito.

La Jurisdicción militar conoce de:

a) Delitos y faltas comprendidos en el Código Penal Militar (LO 13/1985, de 9 de diciembre).

b) Control de las sanciones disciplinarias militares.

La Jurisdicción militar se compone de los siguientes Juzgados y Tribunales:

a) Juzgados Togados Militares. Existen además Juzgados Militares Centrales.

b) Tribunales Militares Territoriales.

c) Tribunal Militar Central.

d) Sala de lo Militar del Tribunal Supremo (Sala V).

6. TRIBUNAL DE LAS AGUAS DE LA VEGA DE VALENCIA

En desarrollo de lo previsto en el art. 125 está reconocido expresamente por la LOPJ en su art. 19.3.

Desarrolla su función en la Vega de Valencia y, fundamentalmente, se ocupa de los conflictos surgidos en relación con el agua para el riego.

7. CONSEJO DE HOMBRES BUENOS DE MURCIA

Viene recogido en la LO 13/1999, de 14 de mayo en la que se añade un nuevo apartado 4 al art. 19 de la Ley Orgánica del Poder Judicial. En él se reconoce el carácter de Tribunal consuetudinario y tradicional de este tribunal del que sus primeras referencias datan del siglo IX, habiendo venido funcionando desde entonces y hasta la actualidad.

8. TRIBUNALES SUPRANACIONALES

Tienen ámbito europeo e internacional y surgen al amparo de diversos Tratados que, con base en lo dispuesto en el art. 93 CE comportan el conferimiento de potestad jurisdiccional.

8.1. Tribunal Europeo de Derechos Humanos

Contemplado y regulado en el Convenio Europeo para la protección de los Derechos Humanos y de las Libertades Fundamentales, de 4 de noviembre de 1950.

Vela por el respeto de los derechos y libertades consagrados en este Tratado. Ante cualquier violación de los mismos todo ciudadano puede recurrir para obtener su reparación una vez agotadas las vías internas.

8.2. Tribunal de Justicia de las Comunidades Europeas

Creado por los diversos Tratados constitutivos de las Comunidades Europeas tiene como finalidad básica garantizar la correcta aplicación de los Tratados y normas comunitarias.

8.3. Tribunal Penal Internacional

Su Estatuto es de fecha 17 de julio de 1998 y fue creado en el seno de la ONU.

Conoce de delitos de lesa humanidad, genocidio y de guerra entre otros.

ESQUEMA TEMA 10[1]

ÓRGANOS JURISDICCIONALES NO INTEGRANTES DEL PODER JUDICIAL (reconocidos constitucionalmente)

TRIBUNAL CONSTITUCIONAL

- Título IX de la CE y LO 2/1979, del Tribunal Constitucional (modificada por la LO 6/2007)
- Funciones: interpretación de la Constitución y defensa y protección de los derechos fundamentales, declarar la inconstitucionalidad de las leyes
- Las resoluciones del TC no pueden ser enjuiciadas por ningún órgano jurisdiccional del Estado.
- 12 **miembros** nombrados por el Rey y propuestos: 4 **por el Congreso y otros 4 por el Senado por mayoría de tres quintos, 2 por el Gobierno y 2 por el CGPJ.**
- Cargo de 9 años de duración.
- Régimen de incompatibilidades políticas, judiciales, corporativas y mercantiles.

TRIBUNAL DE LAS AGUAS DE LA VEGA DE VALENCIA

- Art. 19.3 LOPJ.
- En el territorio de la Vega de Valencia.
- Se ocupa de los conflictos surgidos en relación con el agua para el riego.

TRIBUNAL DE CUENTAS

- Art. 136 CE; LO 2/1982, 12 de mayo; LO 7/1988, de 5 de abril
- Órgano dependiente de las Cortes Generales.
- Función: fiscalización de las cuentas y de la gestión económica del Estado y del sector público.
- 12 miembros designados por las Cortes Generales.

TRIBUNALES SUPRANACIONALES

- De ámbito europeo e internacional, surgen al amparo de diversos Tratados:
- *Tribunal Europeo de Derechos Humanos.*
- *Tribunal de Justicia de las Comunidades Europeas.*
- *Tribunal Penal Internacional.*

CONSEJO DE HOMBRES BUENOS DE MURCIA

- LO 13/1999, de 14 de mayo, art. 19.4 LOPJ.
- Tribunal consuetudinario y tradicional.

TRIBUNAL DEL JURADO

- Art. 125 CE, art. 83 LOPJ, LO 5/1995, del Tribunal del Jurado.
- 9 jurados (ciudadanos legos en Derecho) + Magistrado Presidente
- Ámbito de AP (y algunos supuestos en TSJ y TS) en el orden penal (delitos graves o por su naturaleza).
- Veredicto del jurado limitado a los hechos enjuiciados; la aplicación del Derecho y la individualización de la pena corresponde al Magistrado.

JURISDICCIÓN MILITAR

- En el ámbito estrictamente castrense.
- Competente: Delitos y faltas comprendidos en el Código Penal Militar y Control de las sanciones disciplinarias.
- **Órganos**:
  a) Juzgados Togados Militares (Juzgados Militares Centrales).
  b) Tribunales Militares Territoriales.
  c) Tribunal Militar Central.
  d) Sala de lo Militar del Tribunal Supremo (Sala V).

---

1 Esquema realizado por Tamara Funes Beltrán.

Tema 11

PERSONA Y ESTADO

José Mª Asencio Mellado

1. LAS RELACIONES ENTRE DERECHO Y PROCESO

1.1. Planteamiento

Ya en la primera lección de este Manual se destacó la importancia capital para el estudio y entendimiento de nuestra asignatura de las relaciones entre el Derecho formulado abstractamente en el ordenamiento jurídico y el proceso como instrumento en el que los derechos obtienen su concreción práctica e individualizada en un caso o suceso de la vida.

Alrededor de esta cuestión, se destacaba entonces y ahora se reitera, surgen dos órdenes de materias que constituyen la base misma de la existencia del proceso.

Por un lado, la posible autonomía del Derecho procesal y por tanto del proceso respecto del Derecho material o sustantivo. En este sentido no puede olvidarse que aun cuando el proceso se instrumentalice en atención al reconocimiento y eficacia práctica de los derechos, no siempre en el mismo se articulan auténticas peticiones con fundamentación jurídica y fáctica real, siendo así que no obstante el proceso se desarrolla y culmina con una sentencia que declara un derecho o constituye o anula una situación jurídica.

Por otro lado, no debe perderse de vista un aspecto de carácter político, esencial para la comprensión de la función que el proceso cumple en un Estado de Derecho siendo por tanto pieza clave del propio sistema. Así, la prohibición de la autotutela se traduce en que solo el Estado está facultado para resolver los conflictos surgidos en el seno de la sociedad y, a tal efecto, confiere la potestad jurisdiccional a Jueces y Magistrados. Ante esta prohibición y obligación de acudir a los tribunales, los ciudadanos han de gozar, correlativamente, de ciertos y auténticos derechos frente a ese Estado que regula su actuación incluso en sus relaciones particulares. No basta, pues, con el reconocimiento de meros intereses que no lograrían forzar conductas u obtener reparaciones en caso contrario.

Surgen de esta manera dos grupos de derechos frente al Estado: uno, el que consiste en obligarle a poner en marcha la actividad jurisdiccional tendente a la resolución de los litigios que surjan entre los sujetos que lo componen; otro, dirigido a que aplique el ordenamiento jurídico al que también el Estado está sujeto a la hora de resolver dichos conflictos. Dos derechos vinculados entre sí, pero de distinta consideración y exigibilidad, aunque ambos inherentes al modelo político vigente. Negar cualquiera de ellos es hacerlo de la misma vigencia de la ley y de la estructura del sistema.

1.2. Método pedagógico

Clásicamente, en los Manuales de Derecho procesal todas estas materias se articulan alrededor del estudio del llamado "derecho de acción", el cual se desarrolla profusamente explicándolo desde sus orígenes históricos, diferentes teorías, formulaciones y las consiguientes críticas. Esta forma de proceder, no obstante su indudable valor científico, no goza, a nuestro juicio, de la suficiente base pedagógica si no se acompaña de unas consecuencias determinadas, si no se desarrollan sus efectos, si no se actualiza el debate relacionándolo con los derechos constitucionales en los que aquellas discusiones se han visto concretados. Pues, como se verá, ninguna de las dos grandes teorías carece de justificación y proyección real.

De este modo, no es común poner de manifiesto su utilidad o función que, desde luego, tienen. Tampoco suelen ponerse en relación las diversas acepciones del mismo que, frecuentemente, se contraponen cuando deben ser objeto de un necesario complemento. Por último, recientemente, se suele abandonar su estudio y reconducirlo al del derecho fundamental a la obtención de una tutela judicial efectiva (art. 24.1 CE) que, si necesariamente ha de abordarse, lo ha de ser previa la consideración de las causas que obligan a su establecimiento.

Por ello consideramos que la mejor manera de introducir el estudio del derecho a la obtención de una tutela judicial efectiva es indagar en las razones de su plasmación legal. No obstante lo cual, es necesario, igualmente, conocer aunque sea brevemente las teorías sobre la acción, base de la posterior construcción legal.

A tales efectos, y para la comprensión correcta de la materia, se hace conveniente partir del conocimiento de las realidades de la vida ordinaria que se suscitan alrededor del proceso. Estas revelan la importancia del estudio del presente tema.

El esquema sería el siguiente:

a) Existe un ordenamiento que contempla derechos cuyos titulares son los ciudadanos. Tales derechos o situaciones jurídicas materiales se formulan en los instrumentos legales con carácter abstracto y general. Se contemplan así supuestos de hecho a los que se confiere relevancia jurídica y consecuencias para el caso de su verificación o vulneración.

b) En la vida social los derechos pueden ser negados o incumplidos voluntariamente.

c) Como consecuencia de la prohibición estatal de la autotutela, los ciudadanos están obligados a acudir al proceso para solicitar la restauración del orden jurídico y la protección de sus derechos e intereses.

d) Siendo ello así, la posibilidad de solicitar dicha protección no puede limitarse "a priori" a quien tenga razón. Puede acudir al proceso y pedir una sentencia a su favor incluso quien sea conocedor de su falta de derecho o quien se crea titular del mismo y en realidad no lo sea o quien es ciertamente poseedor de su derecho y no logre demostrarlo en el curso del procedimiento. En todo caso, la sentencia determinará definitivamente la situación y la declarará en el caso concreto.

e) Es evidente, pues, que la petición que se realiza en el proceso no necesariamente se corresponde con un derecho, tanto en el caso de que no se posea, cuanto incluso en aquel en que se ostente, ya que lo que se pide es otra cosa: una determinada protección o tutela.

f) Aparece así la necesidad, ante la abstracción que supone la petición, de obligar al Estado frente a los ciudadanos a resolver las peticiones con respeto y aplicación del ordenamiento jurídico en tanto solo así se legitima la actividad judicial y se justifica la prohibición de la autotutela.

1.3. Conclusión

Tres tipos de consideraciones van a ser objeto de desarrollo:

a) El derecho a acudir al proceso instando la actividad jurisdiccional como derecho esencialmente político correlativo a la prohibición de la autotutela.

b) La petición que se realiza en el proceso. Su contenido y relación con el Derecho material que le sirve de fundamento.

c) La posición del Estado frente a tal petición y la vinculación de las resoluciones judiciales al ordenamiento jurídico.

Debe destacarse en este punto que todos estos temas se encuentran interconectados entre sí y se necesitan mutuamente so pena de incurrir en la formulación de teorías que no explican la totalidad de las cuestiones propuestas con satisfacción.

2. EL DERECHO DE ACCIÓN

Desde que históricamente se tomó conciencia de la insuficiencia de la "actio riomana" para explicar suficientemente los fenómenos del nacimiento, desarrollo y terminación del proceso, la doctrina, al abrigo del surgimiento del Derecho Público, comenzó a elaborar un concepto de acción alejado de las posiciones privatistas, insuficientes para explicar las nuevas realidades.

La "actio romana" no servía a los efectos pretendidos. La conocida definición de acción de Celso (nihil aliud est actio quam ius quod sibi debeatur iudicio persequendi), esto es, la acción equivalente al derecho en movimiento, no era útil para explicar aquellos fenómenos. Se constató que ese derecho de accionar no solo era atribuible al titular del derecho material, que podía ser ejercitado por otro sujeto, estando el órgano jurisdiccional también obligado a pronunciarse sobre la petición. Del mismo, modo el Derecho público que nacía exigía la construcción de categorías autónomas del derecho material, de modo que pudieran determinados derechos dirigirse frente al Estado, no solo frente al demandado.

Surgieron dos grandes grupos de teorías.

2.1. La teoría concreta de la acción

Esta teoría parte de dos grandes premisas. Por un lado, con ánimo de erigirse en categoría autónoma del derecho material, con sentido publicista. Por otro lado, con la finalidad de servir de instrumento del ordenamiento jurídico privado, tendiendo a su realización efectiva.

Para los seguidores de esta teoría, en España fundamentalmente DE LA OLIVA Y GÓMEZ ORBANEJA, la acción constituye un derecho subjetivo, de naturaleza pública, que se satisface con la obtención del órgano judicial de una tutela jurisdiccional concreta. Es, pues, un derecho a la obtención de una sentencia favorable si concurren los presupuestos establecidos legalmente al efecto. El derecho consiste en un derecho frente al Estado para la obtención de una sentencia de contenido determinado, a que se otorgue la razón al accionante si los presupuestos y las condiciones de la acción coinciden con los exigidos por el ordenamiento jurídico.

La finalidad de los partidarios de esta teoría, pues, que son distintos como se verá a la perseguida por quienes sostienen la teoría abstracta, no es la de explicar el fenómeno de la iniciación, desarrollo o terminación del proceso, sino la de reclamar un derecho independiente del material y previo al mismo, público, a la protección jurisdiccional de los derechos privados.

2.2. La teoría abstracta de la acción

La teoría abstracta pone el acento, por el contrario, en los fenómenos de la iniciación y/o desarrollo y terminación del proceso. Se plantea problemas diferentes a la anterior, por lo que no pueden ser contrapuestas.

La acción consiste en un derecho subjetivo público, autónomo e independiente del derecho material a la actividad jurisdiccional.

Compete a cualquier ciudadano al margen de su situación respecto del derecho material discutido.

Es público, porque el sujeto obligado es el Estado que viene constreñido a prestar una actividad jurisdiccional.

No se plantea, pues, esta teoría la tutela respecto del derecho ejercitado, sino el problema del acceso al proceso y las obligaciones del Estado respecto de los ciudadanos. Un derecho, pues, de contenido político

- Como se vio en el anterior apartado, ambas teorías se ven reflejadas en el desarrollo del art. 24.1 CE, en el sentido de que ninguna de ellas es completamente aceptada o rechazada plenamente. Ni basta un mero derecho abstracto absoluto al margen del derecho ejercitado, ni ese derecho a obtener una sentencia concreta puede ser obviado bien entendido.

Este tema pretende, pues, reconducir ambas posturas a sus consecuencias en modo pedagógico y útil para comprender su eficacia práctica.

3. EL DERECHO A LA ACTIVIDAD JURISDICCIONAL

3.1. Contenido

Clásicamente este derecho se ha formulado como concepción abstracta de la acción. Consiste el mismo en el derecho que tiene toda persona a instar la actividad jurisdiccional del Estado con el fin de obtener una protección estatal abstracta en relación con la resolución de un conflicto y por causa de la prohibición de la autotutela.

En este sentido, si los ciudadanos no pueden resolver sus litigios mediante el recurso a la fuerza, si el Estado prohíbe tales formas de actuación, es claro que debe el propio Estado establecer los mecanismos tendentes a mantener la paz social.

Pero, ¿en qué consiste este derecho? Parece evidente que su contenido real no puede ser otro que el de garantizar una respuesta sobre el fondo de la cuestión planteada por las partes enfrentadas ya que, precisamente, con ese fin se acude al proceso.

Así, pues, afirmar que la tutela se presta con cualquier resolución judicial aunque no ponga fin al conflicto de manera definitiva y aunque teóricamente se pueda sustentar tal opinión, no sirve en el terreno de lo cotidiano para entender satisfecho este derecho y, especialmente, para conseguir que los ciudadanos renuncien a la fuerza en la composición de sus conflictos.

Una posición que entienda satisfecho el mismo con una mera respuesta abstracta, de cualquier contenido, es claramente relativa y otorga al Estado un inmenso poder, favoreciendo fórmulas autoritarias, relativas en exceso y poco respetuosas con la persona como elemento central del sistema político y jurídico.

Nadie acude al proceso para ver, tras largo tiempo, su conflicto no solucionado. Y si sucede así causará insatisfacción y falta de comprensión a un ciudadano medio. Otra cosa es que no se pueda entrar en el fondo por falta de la concurrencia de los requisitos y presupuestos procesales necesarios pero, en todo caso, esta ha ser una excepción que el proceso debe evitar mediante la instauración de todo tipo de mecanismos y la regla ha de ser la tendencia a resolver sobre las pretensiones deducidas.

Este derecho, con ser a una sentencia de fondo, no lo es a una de contenido determinado. Consiste solo en obtener una actividad procesal y la protección jurisdiccional mediante la instauración y desarrollo de un proceso hasta su culminación. En este sentido, cabría incluir en el mismo el derecho a la propia ejecución de la sentencia ya que, en caso contrario, la tutela estatal sería incompleta.

En definitiva, comporta las siguientes manifestaciones: derecho a demandar o plantear una pretensión en sentido amplio; derecho a la tramitación de un proceso; derecho a una resolución de fondo; derecho a la ejecución de la sentencia.

3.2. Obstáculos

Si el Estado está obligado a proteger mediante el proceso los derechos e intereses de sus ciudadanos, es claro que, consecuentemente, lo está a que dicho instrumento sea eficaz y accesible. Se deben evitar obstáculos irrazonables que dificulten el acceso al proceso o que lo hagan inútil en cuanto a la realización de sus resultados.

3.2.1. Lentitud

Justicia tardía no es justicia. La justicia debe impartirse en un tiempo razonable si se desea que el proceso sea un instrumento que garantice la paz social y en el que los ciudadanos tengan confianza. La lentitud conduce a un proceso ineficaz tanto por no resolver adecuadamente los conflictos, como por erigirse en un obstáculo al hecho mismo de acudir al proceso.

3.2.2. Onerosidad

El Estado debe garantizar que nadie deje de instar el proceso por falta de medios para ello. No significa esta afirmación que se asegure una plena y absoluta igualdad material en tanto que, obviamente, quien dispone de más medios en mayor medida podrá invertirlos en su propia protección.

Se impone únicamente, pues, que la falta de medios no impida el acceso al proceso y, a tal fin, basta con la regulación adecuada del derecho a una justicia gratuita.

4. LA PRETENSIÓN COMO ELEMENTO DE RELACIÓN ENTRE DERECHO Y PROCESO

El derecho a la actividad jurisdiccional solo explica y se resuelve en la emisión de una respuesta de Jueces y Tribunales a un conflicto, pero con independencia del contenido de la decisión judicial y de la cuestión planteada.

Por ello y si de lo que se trata es de conseguir una sentencia de fondo que satisfaga los derechos o intereses reclamados, se requiere la incorporación de un elemento adicional que sirva de conexión entre el derecho material, el proceso y la sentencia. Este elemento no es otro que la pretensión.

La pretensión es la petición de una determinada consecuencia jurídica, que se dirige al órgano jurisdiccional frente a un tercero y que se fundamenta en unos hechos de la vida que se afirman coincidentes con el supuesto de hecho de una norma de la cual, precisamente, se deriva la consecuencia jurídica solicitada.

Es, por tanto, una petición de tutela jurisdiccional que puede consistir en una mera declaración, en una condena o en la creación, extinción o modificación de una situación jurídica (art. 5 LEC). Tal petición tiene como fundamento unos hechos jurídicamente relevantes (hecho+norma jurídica+consecuencia jurídica). Pero, tal petición aunque fundamentada en tales hechos y normas no es coincidente con el derecho reclamado.

La pretensión no es un concepto de derecho material ni se identifica con el mismo. Es un concepto netamente procesal. Esto no quiere decir que la pretensión esté absolutamente desconectada del derecho material. Esta afirmación sería cuanto menos absurda y tendría escaso sentido real. Lo que decimos es solo que, aunque se apoye en él y tienda a su realización, no es una realidad coincidente. Las razones que explican este aserto son las siguientes:

a) El derecho reclamado existe o no existe y la sentencia, definitivamente, lo declarará o no. No es que la sentencia cree los derechos. Se limita a declararlos. No puede incurrirse en el error de otorgar a las resoluciones judiciales tales atribuciones. La pretensión, por el contrario, existirá al margen de cuál sea la realidad extraprocesal y la sentencia que se emita. Basta solo con la afirmación de su existencia para que opere en toda su amplitud.

b) El proceso funciona sobre la base, no del derecho, sino de la afirmación en que se resuelve la pretensión.

c) Los poderes del Juez habrán de contraerse a los límites de la pretensión (hechos jurídicamente relevantes y consecuencias jurídicas) no del derecho en su totalidad.

d) La sentencia, al resolver sobre la pretensión, determinará la situación jurídica declarando definitivamente el derecho. Pero, si la sentencia niega la petición habrá existido un proceso sin la base real del derecho reclamado y no por ello se podrá afirmar que la pretensión no existió.

5. LA VINCULACIÓN DE JUECES Y TRIBUNALES AL ORDENAMIENTO JURÍDICO

El Estado, se ha dicho, obliga a los ciudadanos a resolver sus conflictos en el seno de un proceso. En este sentido, pues, a su vez, se sujeta él mismo al deber de pronunciar, en los casos en que concurren los requisitos necesarios, una sentencia sobre el fondo del asunto. Esta sentencia y por imperativo del art. 117.3 de la Constitución ha de ser fundada en derecho puesto que los Jueces y Magistrados están solo y únicamente sujetos al ordenamiento jurídico.

La pregunta que surge entonces es la de si el Estado se encuentra obligado a proteger a los ciudadanos y otorgarles la tutela pedida cuando el ordenamiento jurídico les otorga la razón o, lo que es lo mismo, si aquellos tienen un derecho frente al Estado o solo un simple interés a que se les tutele en sus derechos cuando el ordenamiento jurídico así lo establece.

Rechazar de entrada este derecho que compele al Estado a aplicar la Ley al caso concreto puede traducirse, desde luego, en una concepción autoritaria del Estado que, si es de Derecho, está sujeto a la misma.

Tampoco puede negarse este derecho a la tutela jurisdiccional concreta con argumentos, tales como el que atiende a que la sentencia es la que afirma la existencia del derecho reclamado. Esta opinión conduciría a aceptar un poder de Jueces y Magistrados como creadores del Derecho que no se compadece con su sumisión a la Ley, a pesar de sus facultades para interpretar y complementar el ordenamiento jurídico. Una posición tal equivale a admitir una dictadura de corte judicial. Y conferir a la cosa juzgada una naturaleza jurídico material de la que carece. Las sentencias no declaran los derechos a salvo las constitutivas que crean, modifican o extinguen situaciones jurídicas. Las demás, declaran derechos existentes o los niegan, no los crean.

Pero y aun estimando la coherencia de dicho derecho, tampoco está exento de críticas o dificultades en el sentido no de su correcta y positiva valoración por cuanto su finalidad es evidente, sino porque difícilmente se puede afirmar que exista una obligación estatal y coercible de otorgar la concreta y legítima tutela solicitada.

Las razones al efecto son diversas.

No cabe duda de que, aunque exista el derecho cuya declaración y defensa se solicita, la propia dinámica procesal puede conducir a que el mismo no sea judicialmente estimado, bien por una deficiente actuación procesal, bien por falta de prueba de los hechos alegados o bien, en fin, por un error judicial. En estos casos el resultado será la no correspondencia entre Derecho y sentencia.

Igualmente, este derecho no contiene un elemento que, como tal, cualifica a todos los derechos y que no es otro que el de la coercibilidad. No es coercitivo porque el obligado a prestar la tutela, el Estado, sería el mismo y único habilitado para compelerse a otorgarla; no existe, pues, una tercera y distinta instancia capaz de exigir una actividad como la predicada (ROSENBERG).

Estas razones y al margen de que nunca tal tutela concreta podría reclamarse en procesos no dispositivos donde el propio Estado es a su vez el titular de los derechos debatidos, hacen posible afirmar la inexistencia del derecho a una tutela jurisdiccional concreta.

Ahora bien, que tal derecho no exista desgraciadamente, no significa que no haya manifestaciones del mismo tendentes a que el Estado cumpla el ordenamiento jurídico a la hora de ejercer la potestad jurisdiccional en garantía de los intereses de los ciudadanos. Ejemplos de tales manifestaciones son los siguientes:

1. La existencia del sistema de recursos frente a las resoluciones judiciales.

2. Las garantías del proceso que tienden a asegurar una resolución próxima a la verdad buscada, tales como la contradicción y la igualdad.

3. La responsabilidad penal de Jueces y Magistrados.

4. El proceso de revisión.

5. La actuación del Tribunal Constitucional que, con base en el art. 24.1 CE, revisa en ocasiones la declaración de hechos de las resoluciones judiciales susceptibles de amparo por estimar su falta de razonabilidad.

6. CONTENIDO DEL DERECHO A LA TUTELA JUDICIAL EFECTIVA

Una vez planteados los distintos derechos que, en un terreno teórico, deben ser susceptibles de protección estatal, es el momento de analizar la concreción práctica que los mismos alcanzan en el momento presente en nuestra legislación vigente.

El cauce que sirve para su proclamación y defensa viene constituido por el art. 24.1 de la Constitución que expresa textualmente *"Todas las personas tienen derecho a obtener la tutela judicial efectiva de los jueces y tribunales en el ejercicio de sus derechos e intereses legítimos sin que, en ningún caso, pueda producirse indefensión"*.

Con arreglo a esta formulación, el Tribunal Constitucional ha venido sosteniendo desde un primer momento que el derecho a la tutela judicial efectiva *"tiene un contenido complejo que incluye, entre otros, la libertad de acceso a los Jueces y Tribunales, el derecho a obtener un fallo de estos y... el derecho a que el fallo se cumpla"* (SSTC 26/1983, 13 de abril; 89/1985, 19 de julio). El derecho a la tutela judicial efectiva, pues, excede al de una mera respuesta a la petición de apertura del proceso, de una actividad jurisdiccional, es decir, requiere algo más y en concreto una resolución de fondo, fundada en derecho acerca de la pretensión planteada (SSTC 55/1984, 7 de mayo; 140/1985, 21 de octubre), siempre y cuando concurran todos los presupuestos procesales dado que si esto no sucede *"la resolución podrá ser de inadmisión cuando así lo acuerde el Juez o Tribunal en aplicación razonada de una causa legal"* (SSTC 37/1982, 16 de junio).

En consecuencia, el derecho a la tutela judicial efectiva para el Tribunal Constitucional se contrae a ser un derecho al proceso entendido este en forma muy amplia; este derecho, a mayor abundamiento, exige que lo sea sin que se produzca indefensión.

Descarta el TC que el art. 24.1 de la CE compela a una protección determinada de los derechos e intereses materiales, es decir, a una sentencia de un concreto contenido, de forma que ha declarado que *"el derecho a la tutela judicial efectiva no comprende —obviamente—, el de obtener una decisión acorde con las pretensiones que se formulen"* (STC 9/1981, 31 de marzo).

El derecho a la tutela judicial efectiva comporta una protección eminentemente procesal, independiente del derecho alegado, de manera que la tutela de los derechos e intereses legítimos a que se refiere el art. 24.1 CE, no es otra que la abstracta o instrumental ofrecida por vía del proceso, si bien reforzada.

El derecho a la tutela judicial efectiva constituye un derecho autónomo y novedoso en el que se integran diversas manifestaciones y que engloba los siguientes: derecho al proceso; derecho a una resolución de fondo fundada en Derecho; derecho a la ejecución de las resoluciones judiciales; derecho a los recursos legalmente previstos.

7. MANIFESTACIONES DEL DERECHO A LA TUTELA JUDICIAL EFECTIVA

7.1. Derecho de acceso al proceso

Son muchas las sentencias del Tribunal Constitucional que consagran de forma expresa el derecho de acceso al proceso como uno, esencial, de los que integran el denominado a la tutela judicial efectiva (SSTC 61/1984, 16 de mayo; 8 de junio de 1989; 30 de octubre de 1989; 21 de junio de 1990; 137/2023, de 23 de octubre).

El derecho de acceso adquiere así una relevancia fundamental en tanto que implica, necesariamente, el primer paso para la apertura de un proceso en el cual habrá de dictarse una resolución con las características suficientes para colmar la tutela judicial.

La existencia de obstáculos o limitaciones irrazonables o injustificadas, pues, a la iniciación del proceso supondrá la vulneración del derecho.

De ahí, pues, la importancia de eliminar cualquier tipo de impedimento que lleve a los particulares a renunciar a esta fórmula heterocompositiva de solución de los conflictos y a recurrir a vías, como la autotutela, de difícil admisibilidad en un Estado de Derecho. O a hacerlo a métodos, como la mediación o el arbitraje por el mero hecho de que el proceso no otorga la tutela obligada.

La mediación constituye un instrumento válido, pero no puede en caso alguno hacerse aparecer como remedio a las dificultades de un proceso derivadas de obstáculos superables y que el Estado debe eliminar. No se puede compeler al uso de fórmulas autocompositivas, ni siquiera indirectamente. Tal conducta roza la inconstitucionalidad por muchas razones que se quieran argüir.

7.2. Derecho a una resolución de fondo fundada en Derecho

El derecho a la tutela judicial efectiva implica el de obtener en el proceso una resolución motivada y fundada en Derecho.

Entre otras muchas sentencias, afirma el TC en la 119/1987, de 9 de julio que *"el derecho a la tutela judicial efectiva implica la obtención de una resolución motivada y fundada en Derecho, la cual, claro está, puede ser de inadmisión si hay razones jurídicas para ello, o de serlo y serlo estimatoria o desestimatoria de la pretensión"*.

De esta doctrina del TC se pueden concluir varias notas:

- El art. 24.1 de la CE no supone un derecho a una sentencia favorable.
- Normalmente la resolución que se pronuncia habrá de resolver el fondo del asunto. Este es el contenido ordinario e informador de toda actuación judicial.
- No obstante, podrá ser de inadmisión o, lo que es lo mismo, meramente procesal, si concurren razones para ello.

7.2.1. Inadmisión o sentencia procesal

No cabe hablar de denegación del derecho a la tutela judicial efectiva cuando la resolución que se dicte consista en la inadmisión a trámite del asunto si la imposibilidad de entrar a resolver el fondo tiene su origen en una causa justificada, esto es, no arbitraria o irrazonada y siempre con base en la ausencia de los oportunos presupuestos procesales o las formas esenciales del procedimiento (SSTC 37/1982, 16 de junio; 69/1984, 11 de junio; 21 de junio de 1990).

Pero, como tales situaciones son excepcionales, han de cumplir unos requisitos para que se adecuen a la Constitución.

Así, no siempre la falta de presupuestos procesales o la infracción de las formas esenciales generarán las mismas consecuencias. Se impone la necesidad previa de la subsanación con anterioridad a la emisión de una resolución meramente procesal y solo podrá actuarse de este modo ante la imposibilidad de dicha subsanación (SSTC 95/1983, 14 de noviembre; 96/1983, 25 de enero; 69/1984, 11 de junio; 139/1985, 18 de octubre).

La inadmisión, en este mismo orden de ideas ha de contemplarse como una garantía de la integridad del procedimiento, nunca como una sanción a la parte que incurre en defectos de carácter procesal. Por ello la interpretación de las causas susceptibles de producirla no puede ser ni arbitraria ni irrazonada, siempre restrictiva y en modo favorable a la resolución del fondo del asunto.

7.2.2. Sentencia de fondo

Ha de ser siempre fundada y motivada (STC 134/2023, de 23 de octubre), así como congruente con las pretensiones deducidas. Una sentencia incongruente supone para el TC una infracción del derecho a la tutela judicial efectiva por cuanto es generadora de indefensión.

Efectivamente, expone el TC, una sentencia incongruente deja imprejuzgada la pretensión por cuanto las resoluciones de este tipo, al no ajustarse al tema propuesto por las partes, ofrecen respuestas inadecuadas y, por tanto irrazonadas en relación con los concretos motivos alegados.

7.3. Derecho a la ejecución de las resoluciones judiciales

Ha destacado el TC la esencialidad de este derecho en tanto consecuencia de lo establecido en el art. 117.3 de la CE, que concluye como parte del ejercicio de la potestad jurisdiccional la ejecución de lo juzgado (STC 21 de septiembre de 1989).

No falta razón, pues, a este órgano de la Jurisdicción cuando mantiene en su Sentencia 67/1984, de 7 de junio que *"la ejecución de las sentencias es una cuestión de capital importancia para la efectividad del Estado social y democrático de Derecho"*.

Pero, el derecho a la ejecución está íntimamente ligado a la idea de eficacia, es decir, a la intención del legislador de que la ejecución sea cierta y real.

No basta, pues, con que la Ley lo proclame solemnemente, sino que es necesario establecer las medidas imprescindibles para que surta sus efectos y, especialmente, eliminar todos los obstáculos manifestados en forma de privilegios o dejaciones que ponen en peligro la suerte de las resoluciones judiciales.

A tal efecto, es preciso que el órgano judicial, por un lado asegure la futura y previsible condena desde un primer momento a través de las diversas medidas cautelares con ánimo tendente a su favorecimiento y, por otro lado, que adopte posteriormente las medidas oportunas que la Ley le concede para llevar a efecto la ejecución (SSTC 26/1983, 13 de abril; 125/1987, 15 de julio).

7.4. Derecho a los recursos legalmente establecidos

El Tribunal Constitucional, aunque en el marco de una doctrina oscilante y no siempre uniforme, ha encuadrado en este amplio derecho a la tutela judicial efectiva el más concreto a los recursos.

El derecho a los recursos, en este ámbito, no es un derecho absoluto e incondicionado que comporta la necesaria existencia en todo caso de un recurso frente a cualquier resolución judicial. Por el contrario, el derecho solo se contrae a aquellos que hayan sido legalmente establecidos o, lo que es lo mismo, dicho derecho únicamente alcanza rango constitucional en tanto el legislador ordinario establezca un determinado recurso de forma expresa. Una vez el recurso haya sido creado tendrán rango y serán susceptibles de protección constitucional las limitaciones o interpretaciones que en este orden de ideas coarten su ejercicio o lo supediten a exigencias inadmisibles.

En definitiva, en el ámbito civil la creación o establecimiento de recursos es materia cuya competencia corresponde al legislador ordinario el cual puede, por las razones que estime oportunas de política procesal, configurar una segunda instancia, suprimir las existentes o crear nuevos recursos más amplios que los actualmente vigentes. Sería, como sostiene el Tribunal Constitucional (STC 138/1995) posible en abstracto la inexistencia de recursos o su condicionamiento al cumplimiento de determinados y ciertos requisitos.

Algo distinto sucede en el proceso penal, dado que, tanto el Pacto Internacional de Derechos Civiles y Políticos (art. 14.5), como el CEDH obligan a la existencia de un recurso que revise los hechos declarados probados, así como la declaración de culpabilidad. Por ello, hoy ya es una regla la doble instancia penal en nuestro ordenamiento procesal que, de este modo, tras muchos avatares, asume las obligaciones contraídas al suscribir Tratados Internacionales en materia de derechos humanos.

ESQUEMA TEMA 11[1]

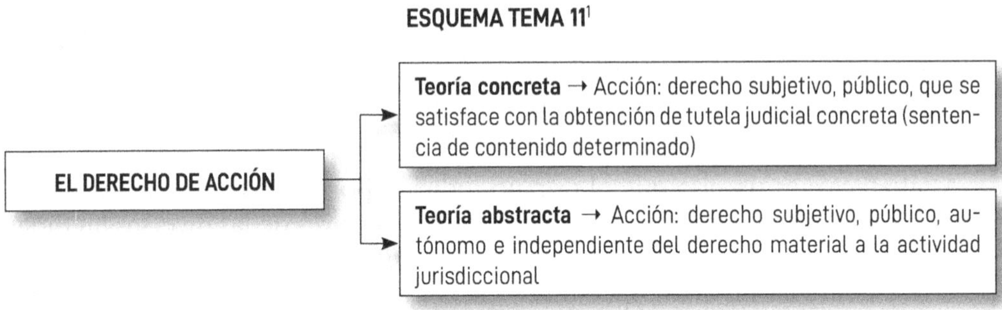

1 Esquema realizado por Tamara Funes Beltrán.

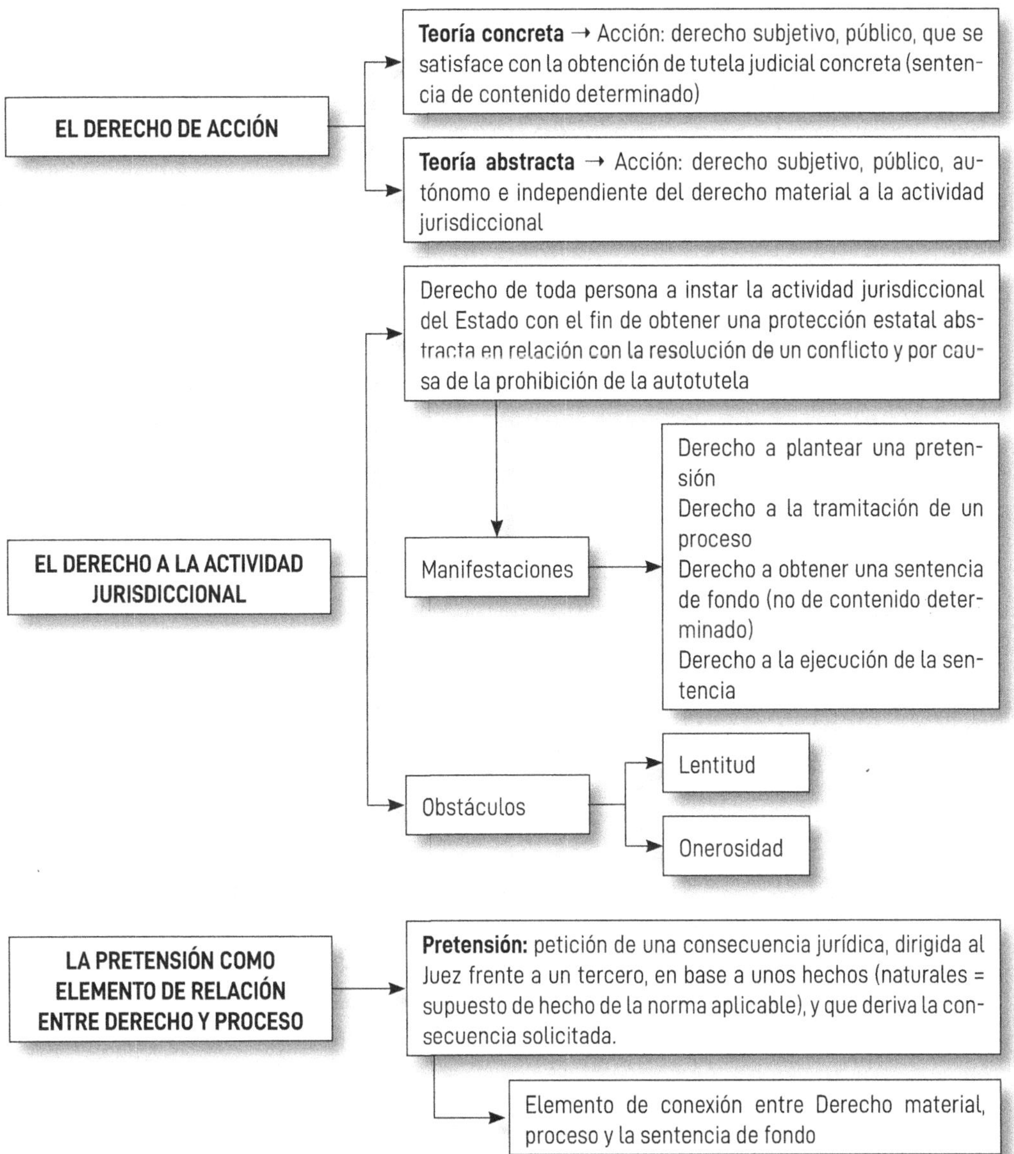
EL DERECHO DE ACCIÓN
Teoría concreta → Acción: derecho subjetivo, público, que se satisface con la obtención de tutela judicial concreta (sentencia de contenido determinado)
Teoría abstracta → Acción: derecho subjetivo, público, autónomo e independiente del derecho material a la actividad jurisdiccional
EL DERECHO A LA ACTIVIDAD JURISDICCIONAL
Derecho de toda persona a instar la actividad jurisdiccional del Estado con el fin de obtener una protección estatal abstracta en relación con la resolución de un conflicto y por causa de la prohibición de la autotutela
Manifestaciones
Derecho a plantear una pretensión
Derecho a la tramitación de un proceso
Derecho a obtener una sentencia de fondo (no de contenido determinado)
Derecho a la ejecución de la sentencia
Obstáculos
Lentitud
Onerosidad
LA PRETENSIÓN COMO ELEMENTO DE RELACIÓN ENTRE DERECHO Y PROCESO
Pretensión: petición de una consecuencia jurídica, dirigida al Juez frente a un tercero, en base a unos hechos (naturales = supuesto de hecho de la norma aplicable), y que deriva la consecuencia solicitada.
Elemento de conexión entre Derecho material, proceso y la sentencia de fondo

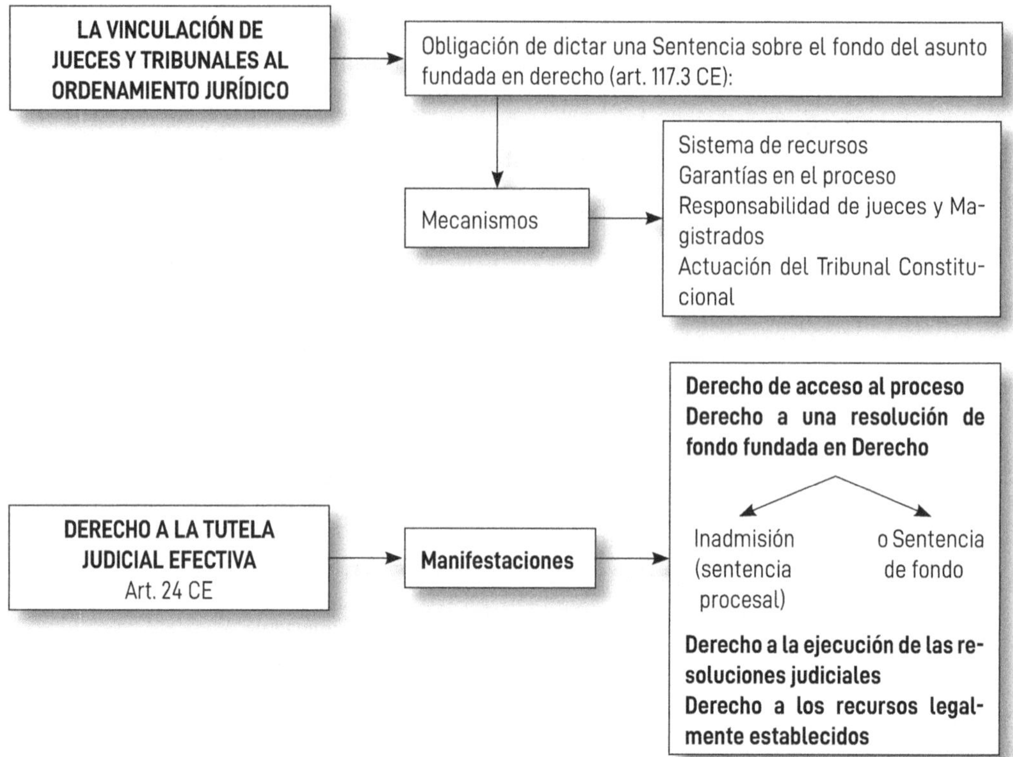
LA VINCULACIÓN DE JUECES Y TRIBUNALES AL ORDENAMIENTO JURÍDICO
Obligación de dictar una Sentencia sobre el fondo del asunto fundada en derecho (art. 117.3 CE):
Mecanismos
Sistema de recursos
Garantías en el proceso
Responsabilidad de jueces y Magistrados
Actuación del Tribunal Constitucional
DERECHO A LA TUTELA JUDICIAL EFECTIVA
Art. 24 CE
Manifestaciones
Derecho de acceso al proceso
Derecho a una resolución de fondo fundada en Derecho
Inadmisión (sentencia procesal)
o Sentencia de fondo
Derecho a la ejecución de las resoluciones judiciales
Derecho a los recursos legalmente establecidos

Tema 12

PROCESO Y PROCEDIMIENTO. PRINCIPIOS

José Mª Asencio Mellado

1. CONCEPTO DE PROCESO

Al igual que sucede con las normas de Derecho procesal, definir qué es el proceso solo es posible desde una perspectiva dinámica caracterizada por su instrumentalidad y finalidad.

El proceso no es otra cosa que un instrumento que ha diseñado el Estado por el cual la Jurisdicción, en el ámbito de sus atribuciones constitucionales, resuelve y decide los diversos conflictos intersubjetivos y sociales surgidos en el seno de una comunidad, entendiendo por conflicto toda suerte de situación que fundamente la deducción de una pretensión o petición de naturaleza jurídica.

En tal concepto se resume el carácter instrumental del proceso, en su doble vertiente de método al cual se sujeta el Estado para la emisión de sus pronunciamientos con capacidad para obligar a los ciudadanos y de forma de solución de controversias por parte de los mismos ciudadanos, que se encuentran obligados a abandonar la imposición de sus decisiones por la fuerza u otro modo similar.

De la misma manera se destaca la función o finalidad del proceso, que no es otra que la resolución de los conflictos mediante resoluciones, con eficacia de cosa juzgada, lo que siempre se realiza mediante la aplicación del derecho objetivo, ya que Jueces y Magistrados no pueden actuar de otro modo.

2. PROCESO Y PROCEDIMIENTO

Coloquialmente y de modo frecuente, en los Tribunales se utilizan los términos proceso y procedimiento para indicar una misma cosa sin introducir elementos de diferenciación entre ambos conceptos. Y esto exige conocer previamente el sentido jurídico no equivalente de tales términos.

Por procedimiento cabe entender forma, método o, simplemente, sucesión de actos que desarrollan el órgano jurisdiccional y las partes para el fin de la aplicación del Derecho.

Procedimiento se refiere, por tanto, al aspecto puramente externo de la actividad, a su desenvolvimiento formal.

Aun así, no puede concluirse que el procedimiento sea cuestión baladí o sin importancia. Muy al contrario, es capital para el logro de la necesaria seguridad jurídica y como garantía o limitación del poder del Estado.

Es elemento de seguridad jurídica en tanto proporciona a los intervinientes en el mismo unas pautas preestablecidas que deben seguir para el correcto desarrollo de su actividad y obtener la sentencia o resolución buscada. Sin procedimiento imperaría el desorden y el desconcierto.

Y, en este mismo sentido y correlativamente, el procedimiento sujeta al Estado en dos aspectos: por un lado, obligándole a resolver los conflictos sociales en esa forma y no otra, hecho este que evita la arbitrariedad; por otro lado, porque le impone actuar en el modo preestablecido para cada actuación o trámite, de manera que no puede prescribir conductas formales para las partes distintas de las señaladas en la norma, ni sancionar a quienes han actuado conforme a ella.

Por estas razones y aunque no se debe confundir forma y formalismo, no es deseable la tendencia actual dirigida a minusvalorar el procedimiento y los requisitos que le son propios. Se impone que de algún modo se vuelvan los ojos a la "forma" como expresión que en sí misma es de los derechos que han de preservarse en el proceso. Forma, que no formalismo.

Proceso, por su parte, se refiere a una realidad bien distinta y, en concreto, a un aspecto sustancial de la actividad de los órganos jurisdiccionales y las partes, mutuamente o con relación al objeto procesal.

Bajo el concepto proceso se engloban las diferentes situaciones en que se encuentran las partes y que generan posibilidades y cargas, así como los diferentes derechos y obligaciones que, sin lugar a dudas, aparecen en el proceso, los poderes del Juez en relación con las propias partes y el objeto procesal o, en fin, los presupuestos procesales como requisitos de carácter público e independiente del Derecho material y que deben verificarse para que sea posible la emisión de una sentencia de fondo o la misma, pronunciada, alcance validez.

3. PRINCIPIOS DEL PROCESO Y DEL PROCEDIMIENTO

Constituye el estudio de los principios que inspiran el proceso y el procedimiento un método de aprendizaje del Derecho procesal de suma utilidad y gran valor pedagógico. No solo facilita la comprensión global del funcionamiento del proceso, sino que, además, por su lógica, permite conocer cada uno de los diferentes actos procesales, su ubicación y extensión, sin necesidad de acudir a la memoria por la racionalidad de los datos que suministra.

Como cuestión previa al desarrollo de cada uno de los referidos principios conviene, para su mejor comprensión, indagar en su origen y, más en concreto, en si los mismos gozan de un carácter meramente técnico e independiente de otro tipo de factores sociológicos o, si por el contrario, su naturaleza es política, de manera que están sujetos a la variabilidad propia de los cambios sociales que los influyen y modulan.

A tal efecto, es conveniente realizar las siguientes formulaciones:

A) El proceso es una creación en cuya formación no interviene el legislador en la misma forma en que lo hace al disciplinar el derecho material. En este último, se limita a regular lo que son realidades existentes en la sociedad con carácter previo (por ejemplo la compraventa que existe con anterioridad e independencia de su regulación normativa). El proceso, por el contrario, no existe en la sociedad de modo que deba ser regulado en sus diferentes aspectos, sino que se crea "*ex* novo" por cuanto es una necesidad derivada de la vida en común.

Atendiendo a este dato, se podría afirmar el carácter eminentemente técnico de los principios del proceso y del procedimiento por cuanto regulan una institución de origen y formulación legal.

B) Pero, es indudable que el proceso sirve a la aplicación del Derecho en una sociedad dada y regida por principios políticos y económicos determinados.

Si se pretende que el proceso, como instrumento de solución de conflictos, sea eficaz y sirva a sus fines, no cabe duda de que ha de adecuarse a tales postulados vigentes en la sociedad y caminar acompasado a los mismos. Un proceso que funcionara al margen de la sociedad en que debe operar carecería de sentido y utilidad y crearía fricciones por cuanto los ciudadanos se resistirían a acudir a él.

Por ejemplo, un país donde se formula el derecho a la propiedad como de naturaleza privada no puede regirse por un proceso en el que el Estado retiene la propiedad de todos los bienes y la caracteriza como pública. Resultaría un contrasentido.

De este modo, es claro que los principios del proceso son dependientes de factores o postulados políticos, económicos o sociales.

C) Otros principios, especialmente los del procedimiento, son de carácter técnico y se establecen para conseguir una mayor operatividad y agilidad o, como sucede con la inmediación, para permitir un mayor grado de acierto en la sentencia que se pronuncie.

No obstante, tampoco estos principios son ajenos a la influencia de factores políticos.

Así, por ejemplo, la oralidad, por su íntima conexión con la publicidad, alcanza rango y protección constitucional, erigiéndose en postulado esencial y norma inspiradora del procedimiento. La publicidad es una garantía de la actuación correcta de los órganos jurisdiccionales. La oralidad es el vehículo adecuado para la preeminencia de la publicidad.

Del mismo modo, la concentración no constituye solo una mera forma de tramitación procesal, sino que es una exigencia del derecho fundamental a un proceso sin dilaciones indebidas.

D) Por último, existen principios que no son relativos, sino absolutos y que, por ello y al margen de su formulación concreta, deben en todo caso estar presentes en cualquier proceso, por cuanto forman parte de la propia identidad sustancial de esta fórmula heterocompositiva de resolución de controversias.

La contradicción, con sus expresiones de dualidad de posiciones y derecho de audiencia y la igualdad constituyen presupuestos absolutos del proceso como método dialéctico que es y como garantía de su función epistemológica.

Las regulaciones técnicas podrán desarrollarlos en una u otra forma, pero su esencia debe en todo caso ser respetada y no verse alterada por factor alguno cualquiera que sea su origen.

4. PRINCIPIOS DE CONTRADICCIÓN E IGUALDAD

4.1. Reconocimiento constitucional

Ambos principios, el de contradicción o audiencia y el de igualdad, tienen un perfil bien definido y no siempre se puede afirmar que sean correlativos de manera que la infracción de uno dé lugar a la del otro y viceversa. No obstante, es tal su grado de interconexión que difícilmente pueden entenderse en su total completitud si se estudian de modo separado.

Se trata de principios que pueden ser considerados como consustanciales a la idea misma de proceso o, lo que es igual, cuya ausencia impide la afirmación de hallarse ante esta forma de resolución de conflictos. Si el proceso es un método necesariamente dialéctico y ordenado y así y por causa de la confrontación de versiones contrapuestas cumple su función epistemológica, es obvio que en todo caso se requiera la existencia de dos posiciones contrapuestas (nadie puede litigar contra sí mismo), que sean oídas al respecto de lo solicitado y resistido y que se encuentren en dicho trance en situación de igualdad y equilibrio.

Contradicción se identifica con los brocardos ya clásicos audiatur et altera pars y nemo inauditus damnari pottest que se resumen en la expresión "nadie puede ser condenado sin ser oído y vencido en juicio".

Contradicción, por tanto, comporta el reconocimiento de un derecho de audiencia a todo sujeto que tenga necesidad de acudir a la vía jurisdiccional, para lo cual se ha de asegurar su derecho de acceso a la misma y el de actuar plenamente en el proceso. Esto es lo que vienen a proteger los derechos a la obtención de una tutela judicial efectiva sin que se produzca indefensión (art. 24.1 CE) y el consistente en un proceso con todas las garantías (art. 24.2 CE).

Igualdad, por su parte, significa la utilización en el proceso por ambas partes de los mismos medios de ataque y defensa y la ostentación de similares posibilidades de alegación, prueba e impugnación. Constitucionalmente se ampara en el art. 14 como reflejo procesal que es del derecho a la igualdad de todos los ciudadanos ante la ley.

4.2. Principio de contradicción o audiencia

Es un principio que afecta a ambas partes, no solo a la demandada o acusada.

Conforme al mismo, es obligado asegurar el acceso al proceso a toda persona, cualquiera que sea su posición, así como la posibilidad de oír a ambas partes previamente y en relación con cualquier resolución que les afecte.

4.2.1. Derecho de acceso al proceso

Tiene su fundamento legal en el art. 24.1 de la CE que prohíbe la indefensión respecto del acceso a la vía jurisdiccional y se concreta en dos manifestaciones: por una parte, la necesidad de poner en conocimiento del demandado la existencia del proceso, a cuyo efecto es fundamental que el sistema de emplazamiento y citación cumpla su fin, de modo que el acto de notificación será nulo si no verifica su función; por otra parte, la eliminación de todo obstáculo irrazonable que dificulte el referido acceso.

4.2.2. Posibilidad de audiencia a las partes

No basta con acceder al proceso si en el mismo no se confiere a las partes la posibilidad de actuar plenamente.

Este derecho se plasma en las siguientes exigencias:

1. Deben ponerse siempre en conocimiento de cada parte contraria los actos de la contraparte a los efectos de que aquella, previo conocimiento de su contenido, pueda contradecirlos eficazmente.

En este sentido y como quiera que el actor ocupa una posición privilegiada por ser quien impulsa y lleva al demandado al proceso, este ha de gozar de la última palabra en todo caso sin que sea predicable un derecho del demandante a replicar las alegaciones del demandado.

2. Ambas partes deben tener la posibilidad de conocer y examinar las pruebas de su oponente y, especialmente, el demandado a los efectos de aportar al proceso las más apropiadas para combatir la pretensión.

Debe prohibirse, pues, todo tipo de pruebas aportadas en forma sorpresiva que no den lugar a ofrecer otras que las contrarresten. De ahí las reglas establecidas en los arts. 265 y ss. de la LEC en orden a la aportación documental extemporánea.

Ha de interpretarse restrictivamente la posibilidad ofrecida en el proceso penal por el art. 786.2 LECrim de proponer pruebas para ser practicadas en el acto de la vista sin conocimiento previo por la otra parte.

3. El principio de contradicción únicamente exige otorgar una posibilidad de audiencia y defensa y no una obligación como tal. Por ello, en el proceso civil el demandado puede libremente optar por no comparecer y colocarse en situación de rebeldía o, sencillamente, comparecer y no contestar a la demanda.

En el proceso penal y a salvo el caso excepcional del juicio en ausencia que autoriza el art. 786.1 LECrim, no es posible la condena en rebeldía. De igual modo, tampoco es preceptiva la asistencia al juicio en el proceso por delitos leves (art. 971 LECrim).

4. A pesar de la regla expuesta, existen supuestos en que determinadas resoluciones pueden ser adoptadas inaudita parte. Se trata de supuestos excepcionales y razonables basados en el carácter de urgencia de las disposiciones que deben adoptarse, comúnmente medidas de naturaleza cautelar en el proceso civil (art. 733.2 LEC) o la detención o prisión provisional en el proceso penal, como resoluciones más características (arts. 489 y ss. LECrim).

4.3. Principio de igualdad

La formulación del principio de igualdad procesal es reflejo del principio general que asegura la igualdad de todos los hombres ante la ley.

Ahora bien y como es sabido, este principio no es ni puede ser otra cosa que una aspiración humana y una obligación del Estado de remover todos los obstáculos que impidan su realización, así como de promover las aspiraciones legítimas de los ciudadanos. En ningún modo, pues, tal derecho se identifica con la garantía de una igualdad material, lo que en una sociedad estructurada económicamente y socialmente como la nuestra no tiene reflejo legal.

Desde este punto de vista y desde la prudencia, ha de analizarse el principio de igualdad en su vertiente procesal y, en concreto, su significado, que se reconduce a la obligación estatal de establecer las condiciones objetivas que aseguren la actuación de las partes y de evitar toda suerte de privilegios irrazonables o situaciones contrarias a este principio de la misma naturaleza.

La regla viene constituida, pues, por la necesidad de garantizar a las partes los mismos medios de ataque y defensa en atención siempre a su posición, de manera que, como se dijo, el atacado o demandado tiene una suerte de privilegio de ostentar la última palabra como contrapeso a la "agresión" sufrida, así como por garantizar las mismas armas y posibilidades de alegación, prueba e impugnación. Lo concedido a una parte debe, correlativamente, ser conferido a la otra.

Pero, caben excepciones a esta regla, jurisprudencialmente admitidas de modo expreso. Así, es legítima la posición inicial preferente del Ministerio Fiscal, solo en la fase de investigación penal, no en el juicio oral, por cuanto supone una razonable respuesta a la impunidad buscada por el presunto delincuente o el mismo secreto sumarial que no afecta al Ministerio Fiscal. Aunque debe ser medida y proporcional a los fines pretendidos.

Del mismo modo, es perfectamente posible, en atención a la protección del tráfico jurídico y a intereses mercantiles dotar de un cierto valor privilegiado a determinados títulos y con ello hacerlos valer en procedimientos, como el juicio cambiario (arts. 819 y ss. LEC), que limita las posibilidades de defensa de los demandados.

5. PRINCIPIOS DEL PROCESO CIVIL: DISPOSITIVO Y APORTACIÓN

5.1. Introducción

Aunque ambos principios se suelen confundir en la práctica por causa de su regulación, es obligado distinguirlos y no solo por razones técnicas, sino también por las modificaciones que se vienen operando en nuestra Ley de Enjuiciamiento Civil en los últimos años que, afortunadamente, diferencian ambos elementos rectores.

Sus fundamentos y su alcance son esencialmente distintos.

El principio dispositivo tiene su razón de ser en la naturaleza y titularidad privadas de los derechos que se dilucidan en el proceso civil; en una palabra, en el reconocimiento del derecho a la propiedad privada que impone sus exigencias y determina una limitada intervención del Estado en su protección.

Por el contrario, el principio de aportación, de carácter más técnico, se fundamenta en dos hechos bien delimitados: uno, el entendimiento de que la independencia del Juez se garantiza más en la medida en que mantiene un cierto abstencionismo y se limita únicamente a resolver secundum allegata et probata partium (art. 216 LEC); otro, por cuanto se concibe que aquel que es titular del derecho debatido defenderá en mayor medida sus derechos que un tercero, el Juez, que, a mayor abundamiento, es ajeno a los mismos.

5.2. Principio dispositivo

Este principio informa nuestro proceso civil a salvo aquellos procedimientos en los que, por causa de la presencia de un interés público (normalmente los que afectan al estado civil o menores) se confieren competencias especiales al Ministerio Fiscal (arts. 748 y ss. LEC).

El principio dispositivo en tanto correlativo a la esencia misma de los derechos e intereses que están en juego en el proceso civil debe permanecer inalterable y no sufrir modificación alguna ni restricción. Si ello sucediera sería solo por causa de la variación de los fundamentos esenciales del Estado social y democrático de Derecho. En una palabra, únicamente la modificación de la Constitución y la de la configuración de los principios que constituyen su base autorizarían la variación del principio estudiado. Un principio, pues, netamente político.

Sus manifestaciones son las siguientes:

a) La iniciación del proceso corresponde exclusivamente a quien ostenta la disposición del derecho o interés cuya protección se solicita. Es natural que quien es dueño de sus derechos decida libremente ante una agresión si los hace valer o permanece pasivo. Ni el Estado, pues, ni un tercero ajeno a la relación jurídico privada, pueden acudir a los órganos jurisdiccionales en defensa de los intereses de aquel.

b) En este mismo sentido, es al titular del derecho o a quien la ley confiere un interés legítimo en cada caso al que corresponde formular y delimitar su pretensión y, por tanto, determinar con exactitud lo que solicita, sin que pueda el órgano jurisdiccional invadir o tomar parte en dicha conducta derivada, precisamente, de la titularidad del derecho discutido.

c) Quien está facultado para iniciar el proceso, puede ponerle fin en cualquier momento si así lo estima conveniente. A tal efecto, la ley regula distintos medios de terminación del proceso que, por no tratarse de una sentencia, se denominan "anormales" (arts. 19 y ss. LEC).

d) El órgano judicial estará vinculado a la petición formulada por las partes, de manera que su decisión habrá de ser congruente con la misma y no otorgar cosa distinta a la solicitada, ni más de lo pedido, ni menos de lo resistido (art. 218 LEC).

5.3. Principio de aportación

Se refiere este principio a las facultades de dirección del proceso y, más en concreto, a quién debe en el mismo introducir los hechos y su prueba.

El principio de aportación rige en nuestro proceso civil, si bien más moderado que el dispositivo por cuanto puede ser modificado con el único límite de no poner en peligro la independencia del órgano jurisdiccional. Así y si bien es cierto que la iniciación del proceso y la determinación de la pretensión ha de corresponder a las partes, no lo es menos que la función social de la propiedad exige una intervención del Estado que, sin poner en tela de juicio el principio dispositivo, asegure una justicia civil eficaz que garantice el hallazgo de la verdad y la ejecución de las resoluciones judiciales, a la vez que proteja a la parte más débil frente a agresiones de aquellos que ocupan posiciones de privilegio.

Este principio, pues, aunque debe permanecer en su formulación como informador del proceso civil, ha de modificarse en atención a los fines antes enunciados.

Se concreta en las siguientes manifestaciones:

a) Son las partes las que deben aportar los hechos al proceso, no el Juez (art. 216 LEC).

Se trata de un principio de carácter general en tanto en cuanto no solo aquellas son las que mejor conocen los hechos que les afectan, sino igualmente por cuanto los hechos constituyen el fundamento de la pretensión y esta corresponde deducirla a la parte actora.

Ahora bien, que ello sea así respecto de los hechos esenciales o constitutivos de la causa petendi de la pretensión, no se opone a que el Juez pueda de oficio introducir hechos que no tengan ese carácter y que aparezcan en la causa merced a las pruebas practicadas. Tales hechos no esenciales que no modifican la pretensión no ponen en peligro ni la independencia judicial, ni implican quiebra alguna del principio dispositivo.

El órgano judicial debe sujetarse a los hechos admitidos por las partes que, como tales, quedan fijados y no necesitados de prueba, sin que se admita conducta alguna tendente a su acreditación (art. 281.3 LEC).

El Juez, en atención a la máxima iura novit curia es libre de aplicar el derecho, sin quedar sujeto a las peticiones de esta naturaleza formuladas por las partes, siempre y cuando, eso sí, no modifique la pretensión por vía de variar los elementos esenciales de la misma.

b) La prueba de los hechos corresponde a las partes que los introducen, de manera que a estas compete proponer los diversos medios y sufrir las consecuencias de no haber probado lo que debieron en atención a las reglas de distribución de la carga de la prueba (art. 217 CC).

Este principio así entendido desde siempre ha sufrido correctivos que encuentran su razón en el destinatario de la prueba que no es otro que el Juez. Si este ha de convencerse de los hechos alegados mediante las oportunas pruebas, parece lógico que, al margen de soluciones generales, como la que supone la llamada carga formal y material de la prueba, pueda realizar algún tipo de labor tendente a su propio convencimiento, máxime si como sucede en nada obstaculiza su independencia.

Por esta razón, el art. 429 de la LEC, en el marco de la audiencia previa del juicio ordinario establece la prescripción, que no simple posibilidad, de que el tribunal, una vez propuestas por las partes las pruebas y si estima que son insuficientes para esclarecer los hechos controvertidos, lo ponga de manifiesto a las partes a los fines de que estas aporten nuevos medios probatorios, pudiendo incluso el propio tribunal indicar aquellos que considere deben ser aportados. Del mismo modo, y aunque siempre limitado a los casos en que las partes han actuado con la debida diligencia, en el juicio ordinario, una vez concluso el juicio y antes de pronunciar sentencia, puede el tribunal ordenar la práctica de pruebas no propuestas por las partes (art. 435.2 LEC), en lo que se conoce como "diligencias finales".

6. PRINCIPIOS DEL PROCESO PENAL: ACUSATORIO; APORTACIÓN E INVESTIGACIÓN

6.1. Denominación

Son muchas las clasificaciones que se efectúan en la doctrina acerca de los principios que informan el proceso penal las cuales, no obstante, vienen todas a concluir unas mismas características comunes. Podrían reducirse a los siguientes principios:

a) Oficialidad. Que haría referencia al ámbito que en el proceso civil ocupa el dispositivo y que, partiendo de la naturaleza pública del derecho de penar llevaría a conclusiones desde luego diferentes en relación con la iniciación del proceso, la deducción de la pretensión y la vinculación del órgano judicial a dicha petición jurídica.

b) Legalidad. Referido a las condiciones necesarias u oportunas a que se sujeta el ejercicio de la acción penal.

c) Acusatorio. Que en este marco de diferenciación se contraería exclusivamente a las formas en que se ha de producir la investigación delictiva y el enjuiciamiento de los hechos penales. En su ámbito se encuadraría lo relativo a los poderes del Juez penal en orden a la investigación y el enjuiciamiento y la necesidad de asegurar su independencia, así como la posición de las partes en el proceso y, especialmente, su condición subjetiva, así como sus relaciones con el objeto procesal.

d) Aportación-investigación. Referidas a las competencias en orden a introducir los hechos y sus respectivas pruebas.

Esta sistematización, aun siendo clara, no es óbice para que sigamos otra que sintetiza los tres primeros principios enunciados y los agrupa alrededor del principio acusatorio que, de este modo, los abarca, aunque en ocasiones se exceda en su propio contenido. La íntima relación entre las materias que rodean el ámbito de los principios de oficialidad, legalidad y acusatorio en sentido estricto aconsejan, para su mejor entendimiento, un tratamiento conjunto.

6.2. Principio acusatorio

El principio acusatorio vendría en el proceso penal a equivaler en su significado al principio dispositivo del proceso civil, si bien goza de un fundamento no coincidente.

Si, como se dijo, el dispositivo se basaba en el carácter privado de las relaciones jurídicas que se hacen valer en el proceso civil, difícilmente se puede extrapolar tal afirmación al proceso penal en el que los bienes jurídicos en juego gozan de naturaleza pública siendo por ello indisponibles y de titularidad pública. Un cierto grado de "disponibilidad" en el proceso penal precisaría de una fundamentación diferente y nunca, a mayor abundamiento, supondría o podría suponer privatización de las conductas penales.

En este sentido, el acusatorio se justifica en la necesidad de garantizar la independencia de los órganos jurisdiccionales, hecho este que en ningún caso excluye la intervención del Estado en la investigación y sanción penal sino que solo impone la utilización de expedientes formales de separación de funciones.

El principio acusatorio, tal y como hoy en día ha de ser entendido, parte de dos premisas: una, la configuración del delito como fenómeno de naturaleza pública e indisponible; y, otra, que el Estado, para asegurar la imparcialidad judicial y mantener la persecución delictiva en sus manos, desdobla sus funciones entre dos órdenes de funcionarios: el Ministerio Fiscal encargado de la acusación y el Juez penal a quien se atribuye el enjuiciamiento y fallo.

De estas premisas se pueden extraer las siguientes notas que caracterizan el principio que se estudia:

a) La acción penal es pública.

b) El proceso se divide en dos fases diferenciadas: investigación y juicio oral encomendadas a funcionarios judiciales diferentes.

c) El Juez o Tribunal penal está relativamente vinculado a las pretensiones de las partes.

6.2.1. Acción penal pública

Salvo las excepciones constituidas por los delitos de carácter privado o semipúblico en los que operan distintas prescripciones, la persecución de los delitos corresponde al Estado. Ello significa lo siguiente:

1. La apertura de la fase de investigación penal es competencia siempre pública con independencia de quien la inste. En última instancia será el Juez de Instrucción o la Audiencia Provincial en vía de recurso quien determine si procede o no la apertura de esta fase.

2. La acusación corresponde, en línea de principios siempre al Estado y se ejercita por el Ministerio Fiscal al que compete esta función por encima de las otras que tiene encomendadas en defensa de la legalidad.

Ello no es óbice —y se refuerza el acusatorio—, para que puede deducirla el ofendido por el delito o cualquier miembro de la sociedad, aún no ofendido, precisamente por el hecho de la ausencia de disposición.

3. La acción penal es necesaria (art. 100 LECrim) y debe ejercitarse en cualquier caso, sin que sea posible atender a motivos de oportunidad que no estén tasados en la Ley.

4. La apertura del juicio oral es siempre decisión de las partes acusadoras que deben deducir la pretensión y mantenerla hasta el momento mismo de la sentencia.

Nunca el órgano sentenciador puede acusar ni directamente, ni indirectamente bien excediéndose de los límites de la pretensión deducida o bien condenando a pesar de la retirada de la acusación o de la petición de absolución.

6.2.2. División de proceso en dos fases diferenciadas

Como se ha dicho, el proceso penal se haya dividido en dos fases claramente diferenciadas: la fase de investigación (sumario o diligencias previas) y la fase de juicio oral.

Con independencia de que la primera de ellas pueda ser encomendada de futuro al Ministerio Fiscal, es lo cierto que en la actualidad en España la dirección de la misma corresponde al Juez de Instrucción, el cual no solo desempeña funciones administrativas o policiales, sino que igualmente adopta decisiones que se traducen en una opinión o postura con tintes de parcialidad.

Por tal razón, constituye causa de abstención y en su defecto de recusación (art. 219.11ª LOPJ) que forme parte del órgano decisor aquel que intervino previamente en la fase de investigación.

Se trata, como sucede con todas las causas de abstención y recusación, de evitar situaciones objetivas que engendren cualquier tipo de "prejuicio" en abstracto, con independencia de la imparcialidad de cada Juez y de su actuación concreta en cada caso.

6.2.3. Relativa vinculación del Juez o Tribunal a las pretensiones deducidas por las partes

El Juez decisor penal también se encuentra constreñido en cierto modo, como el civil, por las pretensiones deducidas por las partes sin que por ello goce de libertad absoluta a la hora de emitir la sentencia.

Pero, a diferencia del proceso civil, en el cual el deber de congruencia se fundamenta en la titularidad y disponibilidad del derecho debatido, en el penal la base para exigir dicha vinculación es el mantenimiento de la independencia e imparcialidad judicial que se verían mermadas si los Jueces decisores pudieran sostener indirectamente la acusación, cual sucedería si juzgaran más allá de los límites de la misma.

Partiendo de estas premisas, la vinculación penal se puede reconducir a los siguientes extremos:

1. No puede el Juez introducir hechos esenciales que no hayan sido objeto de acusación; sí por el contrario, los que no tengan estas características.

2. Aun rigiendo el principio "iura novit curia" el órgano judicial no puede variar el título de condena si con esta actitud produce una modificación del bien jurídico protegido, puesto que ello comportará una alteración sustancial de la pretensión.

3. La sentencia ha de vincularse a la persona del acusado sin que sea posible condenar a quien no lo fue.

4. Un buen entendimiento del principio acusatorio no supone vinculación de ningún tipo a la pena solicitada, la cual podrá imponerse en atención al delito por el que se condena.

Cuestión distinta es la imposibilidad de condenar a pena más grave de la pedida por razones basadas en el necesario respeto al derecho de defensa, pero sin conexión alguna directa con el principio acusatorio.

6.3. Principios de aportación e investigación

Si en el proceso civil rige con carácter general el principio de aportación con las excepciones que aconsejan la función social del derecho a la propiedad y la defensa de los intereses colectivos, en el proceso penal ambos principios encuentran su reflejo en las dos fases en que se divide el mismo. Predomina el de investigación en este momento procesal previo y el de aportación en el juicio oral.

6.3.1. Fase de investigación

Los hechos son introducidos en esta fase de muy diversas formas. El Juez de Instrucción, en tanto, como establece el art. 299 de la LECrim, el sumario tiene por objeto averiguar y hacer constar los delitos perpetrados y su presunto autor, no está vinculado a los hechos que consten en los diversos actos de iniciación. El objeto procesal en la instrucción es divisible de modo y manera que puede variarlos, ampliarlos e introducir hechos nuevos.

De igual forma y con independencia de los actos de investigación propuestos por las partes, el Juez de Instrucción, de oficio, puede disponer la práctica de cualesquiera otros (arts. 303, 311, 777 y 797 LECrim 24 y 27.1 LO 5/1995).

6.3.2. Fase de juicio oral

Por imperativo del principio acusatorio y la necesidad de preservar la imparcialidad de los Jueces y nunca como consecuencia de dispositividad alguna, la aportación de los hechos al juicio oral corresponde exclusivamente a las partes a través de la oportuna pretensión y resistencia (arts. 650, 781 y 800.2 LECrim; art.

29 Ley del Jurado). El objeto del proceso es aquí indivisible y no puede el Juez, de oficio, variarlo en modo alguno en lo que constituye su esencialidad.

De la misma forma corresponde a las partes en sus respectivos escritos (arts. 656; 790.5; 781.1 y 786.2 LECrim 29, 34 y 45 Ley del Jurado) la proposición de pruebas para su práctica en el juicio oral, en el bien entendido de que el Tribunal, de oficio, podrá ordenar la práctica de aquellas que autoriza el art. 729 de la LECrim. Del mismo modo y por causa de los intereses públicos que están presentes en el proceso penal, la intervención del Juez o Tribunal es sumamente amplia en la práctica de todos los medios de prueba, sin sujeción en este aspecto a iniciativas o límites impuestos por las partes.

7. PRINCIPIO DE PUBLICIDAD

7.1. Fundamento

Prescribe el art. 120 de la Constitución española que "las actuaciones judiciales serán públicas, con las excepciones que prevean las leyes de procedimiento". Se consagra, pues, el principio de publicidad como norma rectora y fundamental, si bien no como exigencia de carácter absoluto puesto que es posible el establecimiento de excepciones siempre que estén previstas en las leyes procesales y gocen de justificación razonable.

Se muestra la Constitución, de este modo, heredera de la tradición liberal por cuanto el principio de publicidad fue un mecanismo utilizado por los revolucionarios franceses como instrumento de ruptura con los Jueces del Antiguo Régimen y expresión de una Justicia emanada del pueblo. No es de extrañar, pues, que COUTURE manifieste que la publicidad es la "esencia del sistema democrático de gobierno".

La publicidad procesal es un principio de naturaleza política que tiene por fin el control o fiscalización de la actividad judicial por el pueblo en quien reside la soberanía en un doble sentido: por un lado, como fórmula de evitación de todo tipo de arbitrariedad; por otro lado, por cuanto genera confianza de los ciudadanos en su Administración de Justicia que les resulta más próxima y conocida.

7.2. Regulación legal

El principio de publicidad, como norma rectora de la actividad procesal se regula en la LOPJ en respuesta a dos tipos de intereses: el de toda la sociedad en lo que podríamos denominar publicidad absoluta y tan solo el de las partes intervinientes o interesados en la llamada publicidad relativa.

7.2.1. Publicidad absoluta

El art. 232.1 LOPJ dispone la publicidad de las actuaciones judiciales, salvo las excepciones que se determinen en las leyes de procedimiento, como norma general y de aplicación común.

Este mismo precepto, en su párrafo segundo, prevé la posibilidad de limitar la publicidad y acordar el secreto de las actuaciones en todos aquellos casos en que sea necesario a los efectos de garantizar el orden público y proteger los derechos y libertades, siempre y cuando ello se lleve a cabo mediante resolución motivada.

7.2.2. Publicidad relativa

Todo interesado tiene derecho a obtener información sobre el estado de las actuaciones judiciales, previo su examen, así como el de acceder a todo tipo de libros, registros y archivos judiciales (arts. 234 y 235 LOPJ).

7.2.3. La publicidad en la LEC

La LEC contempla la publicidad como norma general en la práctica de los actos de prueba, las vistas y las comparecencias cuyo objeto sea oír a las partes antes de dictar una resolución (art. 138.1). La publicidad, tras la nueva Ley de Enjuiciamiento Civil, que introduce por vez primera en nuestro proceso civil la oralidad, ya es una realidad con las ventajas que ello supone y no solo de control de la sociedad sobre la Justicia, sino de efectividad misma del enjuiciamiento en tanto comporta siempre la inmediación.

La publicidad, no obstante, puede ser limitada —dispone el art. 138 LEC—, pudiendo la vista o comparecencia celebrarse a puerta cerrada, cuando sea necesario para la protección del orden público, de la seguridad nacional en una sociedad democrática o cuando los intereses de los menores o la protección de la vida privada de las partes y de otros derechos y libertades lo exijan o cuando, dice la norma, el propio Tribunal lo considere oportuno para que no se perjudiquen los intereses de la justicia.

7.2.4. La publicidad en la LECrim

El examen de la publicidad en el proceso penal precisa que se diferencie entre fase de investigación y juicio oral, puesto que, por su propia finalidad, las exigencias son radicalmente distintas.

7.2.4.1. Fase de investigación

La regla es el secreto del sumario para la sociedad en todo caso y la publicidad limitada a las partes (arts. 301.1 y 302.1 LECrim). Parece obvio que ello sea así por cuanto el imputado o persona sospechosa goza de ciertos derechos a preservar su propia imagen aunque aún no se puede asegurar ni tan siquiera que sea formalmente acusado. De la misma manera, la investigación podría frustrarse si la sociedad en su conjunto tuviera acceso a los diversos actos de este tipo que se desarrollan y que precisan ciertas cautelas.

La publicidad respecto de las partes, por el contrario, es necesaria en tanto ellas están interesadas cada una en el cumplimiento de sus funciones y la preservación de sus derechos, lo cual solo es posible si la publicidad se garantiza.

Pero, esta misma regla puede experimentar limitaciones en aquellos casos en que la publicidad relativa ponga en peligro los resultados de la investigación en curso o sea necesario para evitar riesgos graves para la vida, libertad o integridad física de otra persona (art. 302,2 LECrim). Puede acordarse, pues, en tales situaciones, el secreto sumarial que no podrá extenderse en el tiempo más allá de un mes (aunque el TC ha ampliado este plazo de forma ilimitada). El secreto sumarial afectará a todas las partes personadas a excepción del Ministerio Fiscal (art. 302.2 LECrim).

Otra cosa es la realidad que presenciamos cada día, en la cual las actuaciones de la instrucción son publicadas profusamente por los medios de comunicación social en una clara violación de lo que la ley ordena.

7.2.4.2. Juicio oral

La publicidad rige plenamente en esta fase y no solo para las partes, sino para toda la sociedad.

El principio se formula de este modo por el art. 680 de la LECrim, el cual, no obstante prevé la posibilidad de su restricción y la celebración de la vista a puerta cerrada cuando así lo exigen razones de moralidad, orden público o el respeto debido a la persona ofendida o a su familia.

8. PRINCIPIO DE ORALIDAD

8.1. Reconocimiento constitucional

El principio de oralidad es, con toda probabilidad, el más esencial de los que rigen el procedimiento por cuanto, de hecho, viene a condicionar a los restantes que, de este modo, dependen en su expresión de la formulación que se haga de aquel.

Sin oralidad no es posible hablar de inmediación, publicidad o, incluso, de concentración. La oralidad, por el contrario, garantiza e impulsa todos ellos y permite su expresión real.

Consciente de su importancia y de su carácter que excede la mera configuración práctica de los actos procesales para adquirir relevancia política, la Constitución establece en su art. 120.2 que "el procedimiento será predominantemente oral, sobre todo en materia criminal", declaración esta que reproduce casi literalmente el art. 229.1 de la LOPJ que afirma, adicionalmente, la posibilidad de documentar las actuaciones orales.

8.2. Significado de la declaración constitucional

De la lectura del art. 120 CE, se deduce con claridad que la oralidad no se establece de forma tajante y absoluta, sino únicamente como principio informador. La Constitución no impone que el proceso sea en su totalidad oral, sino solo que en el mismo predomine la oralidad sobre la escritura.

Siendo ello así habrá que determinar la concreción de tal predominio y, en concreto, qué actos han de ostentar naturaleza oral para entender cumplido el mandato constitucional.

A tal efecto, basta con seguir los postulados que tradicionalmente se han sostenido en la doctrina procesalista según los cuales un procedimiento es oral cuando la resolución judicial se basa, exclusivamente, en los materiales aportados de esta manera o, lo que es lo mismo, cuando las pruebas son practicadas de modo oral e inmediato ante el órgano que ha de valorarlas.

En oposición a ello, los actos procesales de iniciación (demanda, querella etc…) o la sentencia, por la necesidad de su constancia, conviene que sean escritos.

El proceso civil español, si se atiende a estos caracteres, sería predominantemente oral, dado que, tanto en el juicio ordinario, como el verbal, la prueba se ejecuta en actos orales y concentrados (arts. 433 y 443 LEC).

El proceso penal, igualmente, es predominantemente oral por cuanto en el juicio las pruebas son practicadas de este modo.

Oralidad no significa que los actos procesales no han de ser documentados por escrito o por cualquier otro sistema de grabación o similar (arts. 147 y 187 LEC, 743 LECrim y 230 LOPJ). Lo esencial es que el órgano enjuiciador dicte su resolución con base en el acto desarrollado oralmente, no sobre la documentación del mismo. Pero, hechas así las cosas, la documentación deviene imprescindible para el control posterior en vía de recurso a pesar de la complejidad y en ocasiones contradicción que entrañan oralidad y recurribilidad.

9. PRINCIPIO DE INMEDIACIÓN

El principio de inmediación se encuentra intrínsecamente ligado al de oralidad, hasta el punto de haber sido caracterizado como un principio consecuencia de este último.

Comporta la obligación de los órganos judiciales que han de dictar la sentencia de presenciar y practicar por sí mismos los actos de prueba y de este modo entrar en contacto directo con dichos elementos.

No cabe duda de que, en el caso de pruebas personales, la práctica oral e inmediata es garantía de completitud de los resultados que pueden proporcionar. No basta con analizar el contenido de las declaraciones de un testigo, sino que es necesario contrastar y presenciar sus reacciones y actitudes, ya que solo así es posible conformar una idea acerca de su credibilidad o falta de veracidad.

Los actos escritos, por su parte, requieren el examen directo del juez sentenciador y, como regla, el análisis de los documentos originales.

La Ley de Enjuiciamiento Civil (arts. 137 y 289.2) consagra la inmediación al imponer a los Jueces y a los Magistrados Ponentes la práctica personal de las pruebas. Así, la inmediación es obligada en las declaraciones de las partes y de testigos, los careos, las exposiciones, explicaciones y respuestas que ofrezcan los peritos, la crítica oral de los dictámenes, el reconocimiento de objetos, lugares y personas, reproducción de palabras, sonidos e imágenes, cifras y datos. La infracción del deber de inmediación ha de comportar, sin posibilidad de subsanación, la nulidad de pleno derecho de los actos practicados.

La misma sanción se establece para aquellos actos que deban realizarse ante el Letrado de la Administración de Justicia por ser de su personal competencia (art. 137.3 LEC).

En el proceso penal, igualmente, impera la inmediación ya que el art. 741 de la LECrim, establece como regla general que la sentencia ha de basarse en las pruebas practicadas en el juicio oral. Esta afirmación, que como se verá en un curso posterior dista mucho de ser realidad, permite afirmar la vigencia del principio de inmediación a pesar de las quiebras, por otro lado necesarias, que se suceden.

10. LA ACELERACIÓN DEL PROCEDIMIENTO. DERECHO A UN PROCESO SIN DILACIONES INDEBIDAS

10.1. Reconocimiento constitucional

Que la justicia no es algo que se pueda impartir instantáneamente en general es algo evidente, ya que su correcta impartición exige realizar actuaciones, previstas por la ley y tendentes a asegurar la mejor y más adecuada resolución de los conflictos.

Es ineludible la existencia de un procedimiento establecido por el legislador, que establezca con carácter imperativo los diferentes actos en que se debe desenvolver y, en concreto, cuándo y en cuánto tiempo han de ser verificados.

A cada acto procesal, pues, debe corresponder un plazo para su realización, integrado dentro de lo que el legislador interpreta en abstracto como razonable y apropiado a los efectos que ha de producir.

En principio, por tanto, podría afirmarse que el incumplimiento de las previsiones legislativas acerca de los plazos debería ser el punto de referencia para constatar si se ha incurrido o no en infracción al derecho a un proceso sin dilaciones indebidas (art. 24.2 CE); en caso contrario, la determinación legal del procedimiento en su vertiente temporal perdería buena parte de su sentido al degradarse el plan del legislador en orden a la conformación de una justicia concreta.

Sin embargo y a pesar de la lógica de estas afirmaciones, el Tribunal Constitucional, por medio de una técnica similar a la utilizada por el TEDH, ha estimado que el incumplimiento de los plazos, aun constituyendo una dilación, no siempre puede calificarse de indebida.

No se olvide que el TEDH, al tener que aplicar los derechos del CEDH a las realidades de cada país, no puede acudir a plazos concretos pues no existen de este tipo en relación con dicho CEDH. Ha de argumentar, pues, con base en prescripciones generales útiles para todos los países y situaciones. Muy al contrario, el TC, con jurisdicción en España, puede perfectamente atender al criterio de los plazos determinados por la ley, sin necesidad de acudir a otros elementos de interpretación que no parecen adecuados por su generalidad.

Para el TC, sin embargo, (SS 5/1985, 23 de enero; 85/1990, 5 de mayo) el art. 24.2 de la CE no ha constitucionalizado un derecho al cumplimiento de los plazos, de manera que su incumplimiento produzca, por sí solo, la infracción del derecho a un proceso sin dilaciones indebidas.

Merecería alguna consideración adicional y explicación razonable por parte del TC esta doctrina, no del todo punto explicable, por cuanto degrada la ley y las previsiones del legislador e introduce elementos siempre genéricos y más abstractos y por ello inseguros que los que ofrecería el estricto y objetivo del sistema de plazos legalmente establecidos.

Bien estaría establecer el plazo señalado en la norma como criterio ordinario del que concluir la infracción del derecho y, posteriormente, contemplar excepciones justificadas en situaciones que lo merecieran. Pero, que el plazo legal no constituya referencia común a tal efecto merece explicaciones no atendibles desde planteamientos estrictamente jurídicos, aunque la realidad se imponga a la ley y acredite la imposibilidad de su cumplimiento.

10.2. Criterios sancionados por el Tribunal Constitucional

Partiendo de la posición que adopta, el TC ha configurado el derecho a un proceso sin dilaciones indebidas como concepto jurídico indeterminado que ha de concretarse en cada caso.

A los efectos de tal determinación asume y establece ciertos criterios a los efectos de ser valorados en cada situación. Se trata de elementos cuyo origen se encuentra en la doctrina del TEDH elaborada al interpretar el concepto de "plazo razonable" del art. 6.1 del CEDH.

SSTEDH asuntos NEUMEISTER (27.VI.1968); STÖGMULLER (10.XI.1969); DELCOURT (17.I.1970); ZIMMERMANN Y STEINER (13.VII.1983); BEZICHERI (25.X.1989).

a) Naturaleza y circunstancias del litigio. En especial su complejidad y los márgenes ordinarios de duración de los asuntos de este tipo

Se trata de atender no solo en general a la duración de los procesos de cierta naturaleza, sino igualmente al asunto concreto y determinado y sus especiales características.

b) Interés que en el proceso arriesga el demandante

Es evidente que ha de atenderse al perjuicio que al demandante, por causa de su situación económica o de otro tipo produce el retraso en la tramitación del procedimiento, puesto que no siempre el impacto es el mismo.

c) Su conducta procesal

Desde luego y ello resulta evidente, no puede alegar infracción a su derecho aquel que, a la vez, es responsable con su conducta, actitud dilatoria o falta de diligencia, del retraso.

No se puede calificar, no obstante, de actitud dilatoria el ejercicio de los recursos u otros actos procesales que la ley confiere a las partes, salvo que los mismos se plantearan con la única finalidad de dilatar maliciosamente el proceso. Esta apreciación, sin embargo, por partir de criterios subjetivos es siempre peligrosa y debe ser interpretada restrictivamente.

Solo, por tanto, en general podrá valorarse en este sentido el abuso o exceso evidente de las posibilidades ofrecidas por la ley.

STEDH asunto MOREIRA (28.X.1988).

d) Actuación del órgano judicial y consecuencias que se siguen de la demora para los litigantes

La diligencia del órgano judicial en la tramitación de la causa y la no concurrencia de conductas que puedan ser calificadas como "funcionamiento anormal" en atención a unos estándares medios de eficacia han de ser tenidos en cuenta para la conclusión en relación con la vigencia o infracción del derecho constitucional analizado.

e) Medios disponibles

Es posiblemente este último criterio el más polémico de todos cuantos se han barajado en este aspecto.

Partiendo de la innegable mala situación por la que atraviesa nuestra Administración de Justicia por causa de la falta de medios personales y materiales ya secular, se ha pretendido justificar toda dilación indebida en esa escasez.

Al respecto, ya el TEDH, en el asunto STÖGMULLER antes citado, se pronunció en el sentido de considerar que los sujetos procesales no podían ser las víctimas de las situaciones materiales de la Administración de Justicia y padecer los efectos derivados de las mismas.

El TC español (SS 8.V.89 y 5.V.90) ha sostenido esta postura y afirmado que excluir el derecho a un proceso sin dilaciones indebidas con base en la existencia de defectos de estructura de la organización judicial sería tanto como dejarlo vacío de contenido.

El deber constitucional de garantizar la libertad, la justicia y la seguridad con la rapidez que comporta la duración normal de los procesos lleva implícita la necesidad de dotar a los órganos jurisdiccionales de los medios que precisen.

El principio de efectividad de los derechos, en resumen, impide restringir el alcance y contenido del derecho a un proceso sin dilaciones indebidas con base en argumentos meramente economicistas que deben ceder ante la afirmación de tales derechos.

ESQUEMA TEMA 12[1]

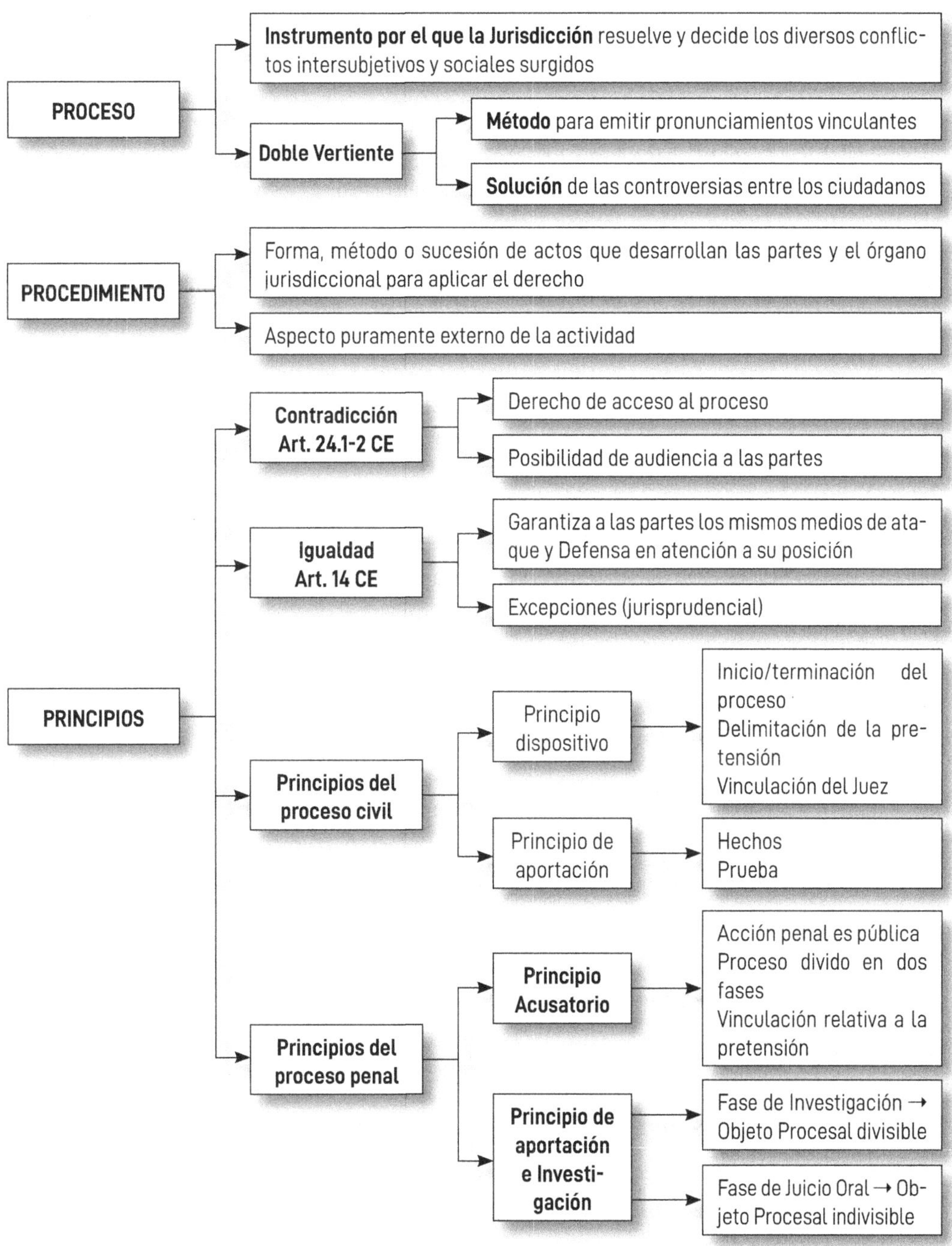

1 Esquema realizado por Tamara Funes Beltrán.

PRINCIPIOS
(continuación)
Publicidad
Absoluta
Relativa
Oralidad
El procedimiento será predominantemente oral
Documentación de los actos procesales
Inmediación
Deber del órgano enjuiciador de presenciar y practicar por sí mismo los actos de prueba
Derecho a un proceso sin dilaciones indebidas

Tema 13

LAS PARTES

OLGA FUENTES SORIANO

SUMARIO: 1. CONCEPTO DE PARTE. 1.1. Características. 2. LAS PARTES EN EL PROCESO CIVIL. 3. LAS PARTES EN EL PROCESO PENAL.

1. CONCEPTO DE PARTE

Para comprender el concepto de parte resultará esencial retomar las ideas aprendidas en lecciones anteriores respecto del propio concepto de proceso y de pretensión.

A modo de resumen de lo aprendido, cabría definir el proceso como un método heterocompositivo de resolución de controversias en el que la solución al conflicto viene impuesta por un tercero (el órgano jurisdiccional) independiente e imparcial mediante la aplicación de la Ley al caso concreto que se le plantea.

Es presupuesto, pues, para la propia existencia de un proceso, la prexistencia de un conflicto surgido entre diversos sujetos y el hecho de que este sea llevado ante el órgano jurisdiccional para su pertinente resolución.

En este punto es en el que entra en juego el concepto de pretensión, entendida como la petición de una consecuencia jurídica dirigida al órgano jurisdiccional, por un sujeto (o sujetos) frente a otro (u otros) y que se basa en unos hechos acaecidos en la realidad, que se afirman coincidentes con el supuesto de hecho de una norma jurídica. Es decir, que una vez que se lleva el conflicto al órgano jurisdiccional para su resolución, la pretensión es la petición de esa consecuencia jurídica —prevista en la Ley, por tanto— que el demandante solicita al juez que aplique frente al demandado.

Interpuesta así una pretensión y abierto con ello un proceso, serán partes del mismo la parte que pide del órgano jurisdiccional la resolución del conflicto mediante la aplicación de una determinada consecuencia jurídica (o lo que es lo mismo, la parte que interpone la pretensión —demandante—) y la parte frente a quien se pide la aplicación de dicha consecuencia jurídica (la parte frene a quien se interpone la pretensión —demandado—).

Este esquema general, explicado desde la perspectiva del proceso civil es igualmente aplicable al proceso penal, si bien con todas las particularidades que derivan de los principios propios que rigen uno y otro proceso. Así, en el proceso penal, también la pretensión es la petición de una consecuencia jurídica (la imposición de una pena o medida de seguridad) que una persona solicita al órgano jurisdiccional para que este la imponga frente a otra. Partes, pues, del proceso penal serán, igualmente, quien solicite la imposición de una pena o medida de seguridad (parte acusadora) y la persona frente a quien se solicita la imposición de dicha pena o medida de seguridad (acusado).

De esta primera aproximación pueden extraerse ya determinadas características que perfilan el concepto de parte que ahora nos ocupa. Pero antes de adentrarnos en ellas, conviene hacer referencia a un aspecto sumamente interesante en el que se profundizará a lo largo de los temas venideros: aunque las partes de un proceso suelen coincidir con los sujetos entre los que se da el conflicto material o el problema de fondo surgido en la relación jurídico material subyacente, no siempre tiene porqué ser así. Sirvan de explicación algunos ejemplos: si dos sujetos firman un contrato de compraventa y alguno de ellos incumple sus obligaciones, las partes del proceso que se entable para solventar dicho conflicto coincidirán con quienes fueron parte de la relación jurídico material de fondo (es decir: las partes que firmaron el contrato de compraventa). Sin embargo, hay ocasiones en las que el ordenamiento otorga legitimación para ser parte en un proceso a personas que no intervinieron directamente en la relación jurídico material de fondo; son supuestos que se conocen como de "legitimación extraordinaria" y que se estudiarán en el tema correspondiente pero de cuya existencia conviene dejar nota en este momento de estudio; sería el caso por ejemplo, de la acción subrogatoria del art. 1111 CC.

Este rasgo esencial del concepto de parte se aprecia con mayor claridad, si cabe, en el proceso penal en el que —como norma general— será siempre acusador (parte acusadora, por tanto) el Ministerio Fiscal, que, sin embargo, nunca habrá sido parte del conflicto cuya resolución se plantea al órgano jurisdiccional: así en una pelea que termina con lesiones para alguna de las partes (conflicto de fondo que el Juez deberá resolver), o en unas amenazas, o en una estafa… el Ministerio Fiscal será parte acusadora y no habrá sido parte de la pelea, ni de la amenazas, ni de la estafa cuya sanción se pretende.

En conclusión pues, aunque la regla general —especialmente en el proceso civil— es que las partes del proceso coinciden con las partes de la relación jurídica de fondo cuyo conflicto se ha llevado a resolución, caben excepciones en las que la parte procesal, no habrá sido parte de la relación de fondo controvertida. En el ámbito del proceso penal esta excepcionalidad se justifica desde el carácter público de los delitos y del ejercicio de la acción penal. Es el Estado el que resulta lesionado por la comisión de un hecho delictivo y el que ejercitará la correspondiente acción penal con el fin de restablecer la paz social quebrantada

1.1. Características

Del concepto de parte emitido y que, de manera muy resumida, entiende por tal el sujeto que solicita (parte activa) del juez la aplicación de una consecuencia jurídica y el sujeto frente al cual se solicita (parte pasiva) la aplicación de dicha consecuencia jurídica, cabría extraer las siguientes características definitorias.

Primera: el concepto de parte es distinto del concepto de tercero

Efectivamente, son muchos los sujetos intervinientes en un proceso judicial y, lógicamente, no todos serán considerados como partes del proceso. No lo será el Juez, desde luego; por cuanto su función es la resolución del conflicto desde una posición imparcial y, por tanto, alejada y equidistante respecto de los intereses que persiguen las partes. Pero no lo serán, tampoco, otros sujetos que puedan intervenir en el mismo y que, sin embargo, o bien son totalmente ajenos al proceso y a la relación jurídica de fondo cuya resolución se pretende (testigos, peritos...), o bien aun teniendo algún interés en la relación de fondo controvertida, no intervienen calidad de parte ni asumen, por tanto, las obligaciones y cargas que conlleva dicho estatus procesal. La intervención de terceros en el proceso está legalmente prevista a través de los mecanismos contemplados en los arts. 13 y 14 LEC y será objeto de estudio en la lección correspondiente del manual de Derecho procesal civil. Parte general.

Segunda: el concepto de parte es un concepto netamente procesal

En tanto en cuanto y según se ha sostenido, parte es quien pide la resolución de un conflicto mediante la aplicación de una consecuencia jurídica frente a otra (demandante/demandado; acusador/acusado), solo cabe hablar de partes en el seno de un proceso, pues, si no hay proceso difícilmente cabrá considerar que se ha solicitado la aplicación de dicha consecuencia jurídica frente a otro sujeto.

La condición de parte se adquiere, pues, con la admisión de la demanda o la apertura del proceso penal —en su caso— y concluirá con la firmeza de la sentencia, independientemente de la denominación que a lo largo de la vigencia del proceso las partes adquieran.

Tercera: las partes adquieren diversas denominaciones durante el proceso

Efectivamente, dependiendo de la fase del proceso en la que nos encontremos las partes adquirirán una denominación u otra acorde, en cada caso, con la función de dicha fase procesal.

Así en el proceso civil, durante la fase declarativa, también conocida como la primera instancia, las partes adquirirán la denominación de demandante y demandado, mientras que en la fase de recurso serán recurrente y recurrido (o apelante y apelado en el específico caso del recurso de apelación) y en la fase de ejecución, ejecutante y ejecutado.

Ciertamente característico resulta en el proceso penal el cambio de denominación que experimenta la parte pasiva del proceso, especialmente durante la tramitación de la fase instructora. La razón está en la división funcional del proceso en dos fases claramente diferenciadas como consecuencia de la vigencia del principio acusatorio. Así, y sin perjuicio de profundizar en ello en el epígrafe correspondiente, durante la fase instructora el sujeto pasivo del proceso recibirá la denominación de investigado, encausado o procesado en función del momento en el que nos encontremos y del procedimiento de que se trate. Durante la fase de enjuiciamiento será la de "acusado" la denominación que reciba el sujeto pasivo del proceso.

Cuarta: dualidad de partes

Es consustancial a la idea de proceso la exigencia de dualidad de partes. Piénsese que (salvo por lo que respecta a la jurisdicción voluntaria) el proceso presupone la existencia de un conflicto entre sujetos diversos. Tales sujetos ocuparán o desempeñarán, necesariamente, uno de estos dos roles en el proceso: o bien solicitar del Juez la aplicación de una consecuencia jurídica (parte activa: demandantes en el proceso civil; acusadores, en el proceso penal) o bien ser aquellos frente a los que se solicita la aplicación de una consecuencia jurídica (parte pasiva: demandados, en el proceso civil; acusados, en el proceso penal).

En consonancia, pues, en todo proceso habrá siempre dos partes: una será la parte activa, o parte que solicita del Juez la aplicación de una consecuencia jurídica; y otra será la parte pasiva o parte frente a la que se solicita la aplicación de dicha consecuencia jurídica. No hay pues otra posición distinta que puedan ocupar las partes en el proceso: o serán parte activa o parte pasiva del proceso. La idea de parte, reconduce, en este sentido, a la existencia de dos posiciones procesales: la del que pide o demanda la aplicación de una consecuencia jurídica y la que ocupa aquel frente al que se pide la aplicación de dicha consecuencia jurídica.

Ahora bien, la existencia de dos partes no impide que en cada posición procesal pueda haber distintos sujetos y así, que en la parte activa haya por ejemplo dos, tres, cuatro...personas demandantes y/o en la parte pasiva haya igualmente diversos demandados. Piénsese, por ejemplo, en un vehículo que se salta un semáforo en pleno centro de la ciudad y atropella a tres peatones; los tres reclaman, los tres son demandantes y los tres integran la parte activa del procedimiento; pero, en este proceso, solo habrá una posición activa aunque integrada por tres personas distintas. Del mismo modo, podemos imaginar una deuda contraída por dos amigos que deciden montar un negocio juntos y solicitan un crédito; ante el incumplimiento del mismo, el banco decide demandar a ambos; ambos ocuparán la posición pasiva del procedimiento pues contra ambos se dirige el procedimiento pero, en dicho procedimiento, solo habrá una parte pasiva (aunque integrada por dos litigantes). Este fenómeno es el que se conoce como "litisconsorcio" y será objeto de estudio en la lección correspondiente.

Conclúyase en este momento, como característica del concepto de parte procesal, que en todo proceso habrá siempre, y necesariamente, dos partes (activa y pasiva) con independencia del número de personas que podamos encontrarnos en cada posición procesal.

Quinta: la parte es quien reclama en nombre propio y no así su representante legal o procesal

Cuando se estudien los presupuesto procesales de las partes se distinguirá entre la capacidad para ser parte y la capacidad procesal, exigencias ambas que, en todo caso, las personas han de cumplir para constituirse en partes del proceso.

Expresado de forma breve y muy resumida, la capacidad para ser parte es la capacidad para ser sujeto de derechos (también de obligaciones, por lo que respecta a la parte pasiva) y, por tanto, la capacidad de poder reclamar su cumplimiento ante los tribunales. En este sentido tendrán capacidad para ser parte, por ejemplo, los menores respecto de aquello que les resulte beneficioso (*v.gr.* reclamación de alimentos) o incluso el concebido y no nacido en similares circunstancias (imagínese, la reclamación de una herencia en su nombre). Por capacidad para ser parte entendemos, pues, la capacidad para reclamar los derechos que nos pertenecen y para soportar las obligaciones que nos son exigibles.

Diferente, sin embargo, de la capacidad para ser parte es la capacidad procesal que cabría resumir en el hecho de poder comparecer y realizar actos válidos en juicio lo que, en general, solo ostentan las personas físicas mayores de edad y en pleno uso de sus capacidades (ni una empresa puede "comparecer" en juicio, ni un menor de edad puede comparecer válidamente en juicio; al margen de que tanto uno como otro puedan reclamar los derechos que les pertenecen). Cuando la falta de capacidad de una persona debe verse integrada con la presencia de su representante y comparezca esta en el proceso por medio de dicho representante, el estatus de parte procesal lo ostenta la persona del representado y no así la del representante; del representado en cuyo nombre se reclama y no del representante, se predican los derechos y deberes inherentes a la consideración de parte.

Igual sucede, obviamente, con la representación que ostenta el procurador en el proceso. Por mucho que la postulación, como presupuesto procesal, exija concurrir representado por procurador, la condición de parte la ostenta la persona a la que este representa y no el propio procurador.

En conclusión, pues, parte será la persona o personas en cuyo nombre se interpone la pretensión (pero no su representante legal o procesal) y la persona o personas frente a las cuales se interpone dicha pretensión (y no su representante legal o procesal).

Sexta: Determinación inicial de las partes del proceso. Limitadas posibilidades de modificación

La interposición de la pretensión y con ella la apertura del proceso determinará *ab initio* quiénes son las partes iniciales del mismo. Una vez entablado el proceso entre las partes inicialmente determinadas (lo que constituye el propio objeto del proceso), estas solo podrán ser modificadas o alteradas conforme a los mecanismos y por las causas legalmente previstas. Fuera de ello, la modificación de las partes constituiría una modificación del objeto del proceso (de la pretensión) no permitida por la Ley.

Se podrá, en consecuencia, alterar la determinación inicial de las partes cuando ello resulte necesario para una adecuada integración del litisconsorcio o cuando se esté ante un supuesto de sucesión procesal (por transmisión de la cosa litigiosa *intervivos* o *mortis causa*).

Piénsese, por último, que el art. 222.3 LEC otorga la posibilidad de convertirse en parte procesal no solo a quien interpone o contra quien se interpone inicialmente la pretensión sino también a todas aquellas personas que puedan verse afectadas por el contenido de la resolución judicial que se dicte (efecto material de cosa juzgada) y que podrán intervenir en el proceso de conformidad con los mecanismos legalmente habilitados.

2. LAS PARTES EN EL PROCESO CIVIL

La dualidad de partes, consustancial a la propia existencia del proceso, hace que en el proceso civil —igual que en el resto de procesos— sea posible apreciar la existencia de dos partes o posiciones procesales: la posición o parte activa, que ostenta quien interpone la pretensión y la posición o parte pasiva que ostenta la persona frente a la que se reclama o se interpone la pretensión.

La importancia de la determinación de las partes del proceso así como de la adquisición del estatus de parte procesal reside en los muy diversos efectos procesales que de ello derivan: la determinación de la competencia, la extensión del efecto de cosa juzgada, la posibilidad de interponer recursos…

Dado que este tema se ubica en el manual de Introducción al Derecho Procesal se facilitarán algunos datos esenciales en lo que a la idea de parte en el proceso civil respecta, postergando su desarrollo y profundización para un momento más avanzado en los estudios de Derecho Procesal. Remitimos para completar este tema a la lección de las partes en el manual de Derecho procesal civil.

Ambas partes, la activa y la pasiva, reciben distintas denominaciones a lo largo del proceso. Así se las referirá como demandante y demandado en la fase declarativa; recurrente y recurrido durante la fase de recursos y con independencia del recurso concreto de que se trate; apelante y apelado cuando se trate de las partes de un recurso de apelación (nótese que esta denominación específica se da tan solo en el recurso de apelación pero no en el resto, en los que recibirán la denominación genérica de recurrente y recurrido); y, por último, ejecutante y ejecutado cuando se esté en fase de ejecución de sentencia.

La condición de parte se adquirirá con la admisión de la demanda. A partir de ese momento se considerará actor al demandante o persona en cuyo nombre se interpuso la pretensión (no a su representante) y demandado a la persona que determine la demanda y frente a la cual se dirija la misma (no su representante).

La válida constitución de la litis exigirá observar determinados presupuestos procesales de las partes como son la capacidad para ser parte, la capacidad procesal, la legitimación (cuando se trate de legitimación extraordinaria, pues en el resto de casos no es un presupuesto procesal sino un presupuesto de fondo) y la postulación.

3. LAS PARTES EN EL PROCESO PENAL

También en el proceso penal distinguiremos entre la parte activa o acusadora y la parte pasiva o acusada.

Dentro de la parte activa cabe distinguir distintos tipos de acusadores; y si a ello se añade que en nuestro ordenamiento jurídico, junto con la acción penal cabe ejercitar también y de forma acumulada la acción civil derivada del delito, dentro de la parte activa del proceso penal cabrá distinguir entre los diversos acusadores penales y al actor civil. Sin perjuicio del estudio detallado que se hará de las partes en el correspondiente tema del manual de Derecho Procesal Penal, se dejará, a continuación, breve constancia de las mismas.

En la parte activa del proceso penal cabe distinguir:

- Ministerio Fiscal: Órgano público del Estado que ejercita la acción penal en los delitos públicos y semipúblicos; y puede ejercitar la acción civil en las condiciones legalmente previstas.

- Acusador particular: persona ofendida por la comisión de un delito público o semipúblico que ejerce la acción penal contra el presunto agresor.
- Acusador popular: persona que no ha resultado directamente ofendida por la comisión de un delito público pero que ejerce la acción penal *ex* arts. 270 y 101 LECrim
- Acusador privado: persona ofendida por la comisión de un delito privado que ejerce la acción penal.
- Actor civil: persona perjudicada por la comisión de un hecho delictivo de cualquier naturaleza (público, semipúblico o privado) que ejerce la pretensión civil derivada del mismo.

En la parte pasiva del proceso penal cabe distinguir:

- Investigado o encausado: persona frente a la que se dirige el proceso penal por considerarla presuntamente responsable de la comisión de un hecho delictivo
- Responsable civil: persona frente a la que se dirige la pretensión civil (reparación de los daños y perjuicios causados) derivada de la comisión de un hecho delictivo. Puede coincidir o no, con el autor del delito.

ESQUEMA TEMA 13[1]

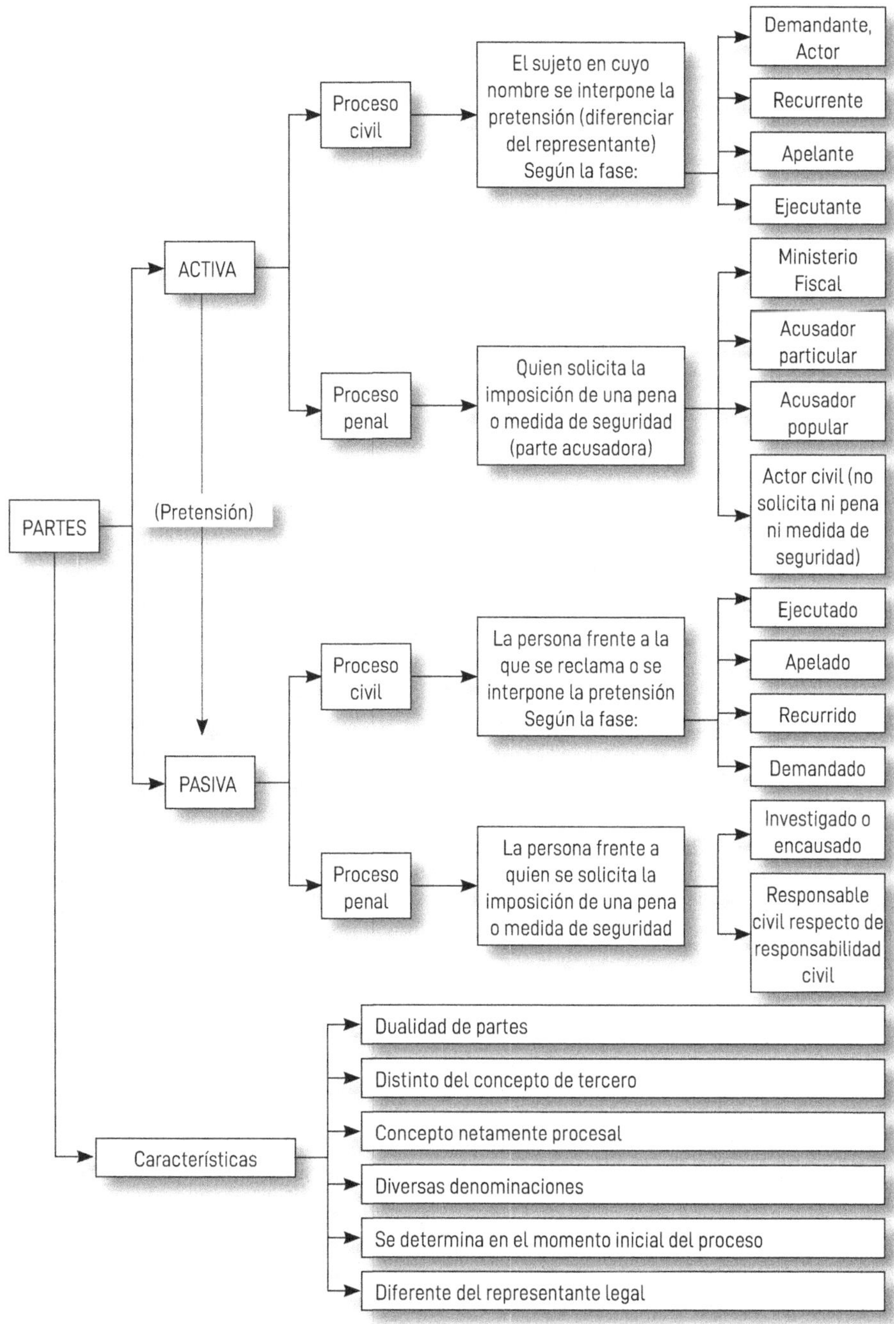

1 Esquema realizado por Paloma Arrabal Platero.

Tema 14

LOS ACTOS PROCESALES

VIRTUDES OCHOA MONZÓ

1. CONCEPTO

Los actos procesales representan una categoría especial dentro de la general de los actos jurídicos —por ejemplo, un contrato, un reconocimiento de paternidad...—, con particulares connotaciones por el ámbito en el cual se realizan y, en su caso, van a desplegar sus efectos que no es otro que el proceso.

Cuando se habla de **actos procesales** —por ejemplo, la demanda—, aunque con definiciones y ámbitos no siempre coincidentes, se señalan en la doctrina unas notas comunes que pueden predicarse de los mismos y que, en definitiva, conforman lo que pueda entenderse por tales: **son actos jurídicos llevados a cabo por el órgano jurisdiccional, las partes e incluso por terceros, a través de los cuales se construye el proceso y que producen efectos directos en el mismo**.

A nadie escapa el hecho que los actos procesales son los encargados, precisamente y como se acaba de manifestar, de ir construyendo el proceso o, dicho de otro modo, el proceso se construye a través de su realización por los diversos sujetos que intervienen en él ya que en el proceso todo tiene un orden secuencial predeterminado. Son actos que producen efectos dentro del proceso pero es cierto también que, en ocasiones, hay actos procesales que pueden, igualmente, desplegar efectos más allá del proceso —*v.gr.* la presentación de la demanda y los efectos que produce para el derecho material como pueden ser la mora del deudor o la interrupción de la prescripción—.

Se trata de actos en los que concurre el elemento de la voluntad, como actos jurídicos que son y, en consecuencia, ello les separa de la categoría de los simples hechos entendidos estos como acontecimientos que suceden en la vida a los que el derecho atribuye un efecto jurídico determinado —por ejemplo, el nacimiento o la muerte; o, el tiempo, ejemplo recurrente e ilustrativo que puede tomarse en cuenta desde una vertiente general, como la que conlleva para la figura de la prescripción o, por el contrario, el tiempo —más bien su transcurso— en el ámbito procesal que conlleva, como se verá, la llamada preclusión prevista en el art. 136 LEC en virtud de la cual transcurrido el tiempo señalado para la realización de un acto procesal de parte, si esta no lo realiza, entra en juego la preclusión y perderá la oportunidad de realizar el acto de que se trate—.

En cualquier caso, particularmente relevante será diferenciar la naturaleza jurídica del acto —jurídico o procesal— ya que ello condicionará el régimen legal aplicable.

2. CLASES DE ACTOS PROCESALES

La clasificación más común es la que distingue los actos procesales en atención al sujeto de quién provengan o los realice. Así, y en atención a ello se puede distinguir entre actos de las partes, actos del órgano judicial, y actos de terceros intervinientes en el proceso.

2.1. Actos de las partes

Nos referimos a los actos que realizan las personas que intervienen en el proceso en calidad de partes —actor y demandado— a través de las diversas y variadas peticiones que realizan a lo largo del proceso dirigidas, fundamentalmente, al órgano jurisdiccional.

Así, a nivel doctrinal, y siguiendo las pautas marcadas por la doctrina alemana, es común distinguir diversos tipos de actos que, sintéticamente, se reducen a los actos de postulación y los actos de causación.

a) Los *actos de postulación* son actos cuya finalidad es la de obtener una resolución judicial determinada. Son los más comunes y numerosos. Podemos distinguir entre ellos:

1) *actos de petición*, en los que se formula una petición que se dirige a lograr una resolución procesal concreta, que podrá ser de fondo —por ejemplo, la demanda en la que se formula una petición de desahucio por impago— o procesal, como puede ser la petición de declaración de la falta de competencia.

2) *actos de alegación*, aquellos en los que se basan las partes en atención a la petición formulada, como son las alegaciones de hecho —fundamentos fácticos— y también de derecho —fundamentos jurídicos— con el fin de conseguir la resolución —y pretensión— solicitadas.

3) *actos de producción de prueba*, dirigidos a lograr el convencimiento del órgano judicial acerca de los hechos por ellas afirmados. Pueden consistir en actos de proposición de prueba —sujetos a la admisión o inadmisión del juez— y actos de práctica de prueba.

4) *actos de conclusión*, se trata de apreciaciones de las partes acerca de actuaciones realizadas en el proceso sobre diversos elementos, por ejemplo, las conclusiones que llevan a cabo al amparo del art. 433.2 LEC en el juicio ordinario del proceso civil, tras la práctica de la prueba en el juicio. La ley determina en el artículo citado que las partes formularán oralmente sus conclusiones, esto es, expondrán si, a su juicio, los hechos pueden considerarse probados, realizando un breve resumen de las pruebas practicadas sobre los hechos y el resultado de las mismas.

b) Los *actos de causación*, por su parte, integran todo el conjunto de actos cuya realización genera efectos directos en el proceso aunque no tiendan a obtener una resolución judicial determinada, como por ejemplo, el pacto de sumisión expresa; o, condicionan el contenido de la resolución del órgano jurisdiccional, por ejemplo, el desistimiento o el allanamiento.

2.2. Actos del órgano judicial

Pueden incluirse aquí tanto los actos realizados por el juez, como los realizados por el Letrado de la Administración de Justicia.

2.2.1. Actos del Juez

La ley determina que las resoluciones de los Jueces y Tribunales que tengan carácter jurisdiccional se denominarán: providencias, autos y sentencias —art. 245.1 LOPJ—.

Las resoluciones son los actos más importantes, ya que contienen decisiones judiciales, aunque también los Tribunales —cuando no están constituidos en Salas de Justicia— pueden emitir otras resoluciones que no tienen carácter jurisdiccional, como pueden ser los acuerdos —según prevé el art. 244 LOPJ—, pero que no se tratan en este momento.

En el ámbito de las resoluciones jurisdiccionales, y según la forma que revisten —al margen pues, de otras posibles calificaciones—la ley procesal las clasifica en providencias, autos y sentencias.

Así, el diseño legal se prevé con carácter general en la LOPJ, como no podía ser de otro modo, pero se complementa de forma más detallada con la regulación contenida en la Ley de Enjuiciamiento Civil y en la Ley de Enjuiciamiento Criminal en alguno de sus aspectos. Del estudio conjunto de estas leyes procesales resulta el régimen siguiente:

2.2.1.1. Providencias

Determina la ley que se dictarán providencias cuando tengan por objeto la ordenación material del proceso —art. 245 a) LOPJ— o, como clarifica la LEC, cuando se trate de una resolución que se refiera a cuestiones procesales que requieran una decisión judicial por establecerlo la ley siempre que, además, no se exija de forma expresa la forma de auto —art. 206.1 de la LEC—. Recuérdese que cuando se trata de ordenación formal del proceso la competencia corresponde al LAJ, como ya se vio en el tema correspondiente.

Un ejemplo de providencia lo encontramos en el art. 241 LOPJ: planteado un incidente de nulidad de actuaciones por las partes el juez ha de decidir, en primer lugar, si admite a trámite o no el escrito en que se plantea, pues bien la ley determina, en este caso, que si se inadmite —téngase en cuenta que la inadmisión implica que no siga adelante el procedimiento— se hará por providencia, eso sí, sucintamente motivada en este caso.

Por lo que respecta a la forma, la providencia ha de contener: a) la determinación de lo mandado y el Juez o Tribunal que la disponga, la fecha en que se acuerde, la firma o rúbrica del Juez o Presidente y la firma del Letrado de la Administración de Justicia —art. 248.1 LOPJ—; b) no se exige que estén motivadas, pero pueden contener una sucinta motivación cuando la ley la exija o, cuando el órgano judicial al dictarla lo estime conveniente —art. 248.1 LOPJ y art. 208.1 LEC—.

Al notificarse la resolución a las partes se indicará si la misma es o no firme y, en su caso, los recursos que procedan, órgano ante el que deben interponerse y plazo para ello —art. 248.4 LOPJ—.

2.2.1.2. Autos

Las resoluciones judiciales adoptarán la forma de auto, según la regla general, prevista en el art. 245.1 b) LOPJ cuando decidan recursos contra providencias, cuestiones incidentales, presupuestos procesales, nulidad del procedimiento o cuando deban revestir esta forma según la ley —art. 245.1 b) LOPJ—.

Esta previsión genérica se completa con lo dispuesto en el art. 206.1.2ª de la LEC, que añade más supuestos en los que, en atención a su contenido u objeto, la resolución del juez ha de adoptar la forma de auto, así: "1.— Cuando se decidan recursos contra providencias o decretos; 2.-Admisión o inadmisión de demanda, reconvención, acumulación de acciones, admisión o inadmisión de la prueba, aprobación judicial de transacciones, acuerdos de mediación y convenios, medidas cautelares y nulidad o validez de las actuaciones; 3— Las que se pronuncien sobre presupuestos procesales, anotaciones e inscripciones registrales y cuestiones incidentales, tengan o no señalada en esta Ley tramitación especial, siempre que en tales casos la ley exigiera decisión del Tribunal, así como las que pongan fin a las actuaciones de una instancia o recurso antes de que concluya su tramitación ordinaria, salvo que, respecto de estas últimas, la ley hubiera dispuesto que deban finalizar por decreto" —recuérdese que el decreto es una resolución que dicta el Letrado de la Administración de Justicia, como se ha visto en la lección correspondiente—. El recurso de casación podrá decidirse mediante auto en los casos previstos en el artículo 487.1. LEC.

En cuanto a la forma, los autos han de ser siempre fundados y contener en párrafos separados y numerados los hechos y los fundamentos de derecho —razonamientos jurídicos— y, por último, la parte dispositiva o fallo —arts. 248.2 LOPJ y art. 208.2 LEC—. Así pues, los autos serán siempre motivados —art. 208.2 LEC— lo cual resulta de una especial trascendencia, y además indicarán el Tribunal que lo dicte expresando el Juez o Magistrados que lo integren, firma y nombre del ponente, cuando el Tribunal sea colegiado —208.2 LEC—. Igualmente, al notificarse a las partes se indicará si es o no firme y, en su caso, los recursos que procedan, órgano ante el que deben interponerse y plazo para ello —art. 248.4 LOPJ—.

2.2.1.3. Sentencias

Las resoluciones de mayor trascendencia dictadas por los órganos jurisdiccionales son las sentencias.

La LOPJ determina que se dictará sentencia cuando se decida definitivamente el pleito o causa en cualquier instancia o recurso, o cuando, según las leyes procesales, deban revestir esta forma —art. 245.1 c)— y también, como determina el art. 206.2.3ª LEC, para la resolución del recurso de casación y los procedimientos para la revisión de sentencias firmes, salvo lo dispuesto en el art. 487.1 LEC — que establece que "el recurso de casación se decidirá por sentencia, salvo que, habiendo ya doctrina jurisprudencial sobre la cuestión o cuestiones planteadas, la resolución impugnada se oponga a dicha doctrina, en cuyo caso el recurso podrá decidirse mediante auto"—.

Las sentencias pueden ser **definitivas,** que son las que deciden de forma definitiva el pleito en cualquier instancia o recurso, y **firmes** que son aquellas frente a las que no cabe ningún recurso bien porque la ley no prevé ninguno, bien porque estando previsto ha transcurrido el plazo sin haberse interpuesto por las partes, salvo el de revisión u otros extraordinarios que establezca la ley —art. 245.3 LOPJ y art. 207.2 LEC—.

Por su parte, y en relación con la forma que han de revestir las sentencias, las leyes —art. 248.3 LOPJ y art. 209 LEC— establecen que la sentencia ha de estructurarse formalmente del siguiente modo: a) Encabezamiento: identificación del tribunal, las partes, abogado y procurador, y el objeto del juicio; b) Antecedentes de hecho: contendrán en párrafos numerados y separados los hechos, las pretensiones de las partes y, en su caso, los hechos probados; c) Fundamentos de derecho: los razonamientos jurídicos en que se funda la resolución; y d) Parte dispositiva o fallo: decisión del órgano judicial resolviendo el asunto.

Además, las sentencias deberán estar siempre motivadas, y serán firmadas por el Juez, Magistrado o Magistrados que las dicten —art. 248.3 LOPJ—.

Y, también indicarán al notificarse si es firme o no y, en su caso, recursos que procedan, órgano ante el que deben interponerse y plazo para ello —art. 248.4 LOPJ—.

Las resoluciones judiciales una vez dictadas y firmadas por los órganos jurisdiccionales no pueden ser variadas, pero sí se podrá aclarar algún concepto oscuro y rectificar cualquier error material de que adolezcan —art. 267 LOPJ y 214 LEC— pero sin afectar al fondo de la cuestión resuelta; también errores aritméticos. E, igualmente, se podrá subsanar y complementar las sentencias y autos defectuosos o incompletos —art. 215 LEC— siguiendo el procedimiento establecido en los artículos citados.

La LOPJ determina que "las sentencias podrán dictarse de viva voz cuando lo autorice la ley" —art. 245.2 LOPJ—, y prueba de ella la encontramos en el proceso penal en donde en el marco de algunos procesos, como el abreviado, las sentencias podrán pronunciarse oralmente —art. 789.2 LECRim— sin perjuicio de que posteriormente se redacten. En el proceso civil, las sentencias no pueden ser orales —art. 210.3 LEC—, aunque sí lo son determinadas resoluciones que deben dictarse en la celebración de una vista, audiencia o comparecencia ante el tribunal, las cuales se pronunciarán oralmente en el mismo acto, salvo que la ley permita diferir su pronunciamiento—art. 210.1 LEC—.

2.2.2. Actos del Letrado de la Administración de Justicia

Al ser objeto de estudio detallado en la lección correspondiente, baste recordar aquí que los LAJ como impulsores del proceso, en la tramitación de los procesos dictarán resoluciones denominadas **"diligencias"**, que podrán ser de ordenación, de constancia, de comunicación o de ejecución —art. 456.2 LOPJ—.

Y, junto a ellas, dictarán también los llamados **"decretos"** cuando tengan por finalidad la admisión de la demanda, poner término al procedimiento del que tenga atribuida exclusiva competencia, o cuando sea preciso o conveniente razonar su decisión. El decreto será siempre motivado y contendrá, en párrafos separados y numerados, los antecedentes de hecho y los fundamentos de derecho en que se basa —art. 456.3 LOPJ—.

2.3. Actos de terceros

Además de los actos realizados por las partes —demandante y demandado—, que son los más relevantes junto a los del órgano judicial, podemos encontrar también diversas actuaciones realizadas por sujetos que, aun no teniendo la consideración de partes, pueden intervenir en el proceso por motivos diversos —el testigo que presta declaración o el perito que emite su dictamen— cuyos actos también van a verse sujetos a la observancia de los requisitos procesales que, en cada caso concreto y en atención a quién sea el tercero, exige la ley —por ejemplo, las previsiones que en la LEC se realizan sobre los peritos —arts. 335 y ss.— o sobre los testigos en los arts. 360 y ss.—.

Junto a ellos, también podría citarse la realización de actos procesales por todos los cuerpos colaboradores del personal al servicio de la administración —como se vio en lecciones anteriores—.

3. REQUISITOS DE LOS ACTOS PROCESALES

En el Derecho Procesal, al igual que en el Derecho general, para que los actos procesales puedan desplegar sus efectos han de cumplir los requisitos exigidos en las leyes procesales para cada caso, de forma que su incumplimiento podrá llevar aparejada una determinada consecuencia la cual variará según el requisito que se incumpla.

Por tanto, cuando se habla de requisitos procesales se alude a las condiciones o exigencias requeridas por la ley a las que deben sujetarse los actos procesales para que puedan desplegar sus efectos.

Los requisitos de los actos procesales pueden reconducirse a los siguientes: aptitud y voluntad de los sujetos procesales, los relativos al objeto, el lugar, tiempo y forma.

3.1. Aptitud

Se refiere a las especiales cualidades o capacidades que han de concurrir en el sujeto que realiza el acto procesal para que pueda llevarlo a cabo legalmente y se considere válido.

1.– En relación con los actos que procedan de las partes, los requisitos de aptitud —exigidos por las leyes de enjuiciamiento— se reconducen a la *capacidad para ser parte* —art. 6 LEC, que determina quien tiene capacidad para ser parte en el proceso civil, y así contempla a las personas físicas, jurídicas u otras entidades sin personalidad jurídica reconocidas en la ley procesal—; a la *capacidad procesal* —art. 7 LEC que prevé la comparecencia en juicio, esto es, en el caso de las personas jurídicas comparecerán quienes legalmente las representen—; legitimación —art. 10 LEC— y la *postulación* —necesidad de actuar en el proceso con abogado y procurador, regulada en los arts. 23 y 31 LEC—.

Con todo, los requisitos comunes de capacidad para ser parte, procesal —o de comparecencia y actuación procesal— y de postulación se adaptarán a las previsiones específicas que en cada caso prevean las leyes de enjuiciamiento aplicables. Por ello, cabe advertir que los anteriores son ejemplos tomados como referencia de la Ley de Enjuiciamiento Civil —proceso civil— para ilustrar el alcance de dichos requisitos aunque teniendo presente el carácter de norma supletoria de la LEC —art. 4 LEC— en relación a las leyes que regulan los procesos penales, contencioso-administrativos, laborales y militares en lo no previsto en ellas.

2.– En relación con los actos del órgano jurisdiccional se exige que esté dotado de *jurisdicción* —potestad jurisdiccional "juzgando y haciendo ejecutar lo juzgado"—, y *competencia* —que puede entenderse como las materias o asuntos en los que el juez ejerce su jurisdicción o potestad jurisdiccional— y que puede ser de tres tipos como son objetiva, funcional y territorial—.

3.– Finalmente, y tratándose de actos realizados por los terceros —testigos, peritos, entre otros— hay que estar al concreto régimen que la ley establezca para cada supuesto.

3.2. Voluntad

Estamos en presencia también de un requisito de carácter subjetivo en tanto en cuanto afecta al sujeto que realiza un concreto acto procesal.

En los actos procesales, los efectos que conllevan la realización de los mismos no derivan tanto de la voluntad de las partes, lo que sí sucede en los negocios jurídicos, cuanto de los efectos previstos en la ley, por lo que realizado un acto por la parte, si se considera que concurre en él el elemento de la voluntariedad, como se afirma en la doctrina procesalista, se otorga relevancia a la voluntad externamente manifestada a través de la realización misma del acto, a diferencia de lo que sucede con la categoría de los negocios jurídicos en los que la voluntad representa un elemento esencial de la que derivan los concretos efectos jurídicos del acto, por ello se exige una coincidencia entre la voluntad interna del sujeto y la voluntad manifestada, de tal forma que de no producirse esta coincidencia el ordenamiento entiende que se produce un vicio —defecto— en la voluntad que afecta a la validez misma del acto —cfr. art. 1261 Código Civil—.

No obstante, es posible que existan determinados vicios de la voluntad, tratándose de actos procesales, que condicionen la eficacia de los mismos. Así, tratándose de actos judiciales, los actos cuya actuación se haya realizado bajo violencia o intimidación y tan pronto como se vean libres de ellas declararán la nulidad de todo lo practicado, tal y como determina el art. 238.2° LOPJ; o los posibles errores del juez que pueden combatirse a través de los recursos. Por lo que respecta a las partes o personas que intervengan también se declarará la nulidad de los actos si se acredita que se produjeron bajo intimidación o violencia —art. 238.2° LOPJ—, o la posibilidad de plantear un proceso de revisión frente a la sentencia firme dictada por este concreto motivo —art. 510 LEC—.

3.3. Objeto del acto procesal

Este requisito se conforma en la doctrina para referirse a la cosa, persona o actividad sobre la que recae el acto procesal. De este modo, es común exigir una triple exigencia: a) posibilidad del objeto tanto física como material —por ejemplo, una prueba testifical propuesta si el testigo ha fallecido; b) idoneidad del acto para producir los efectos previstos, esto es, que el acto que se realiza es el que la ley determina que ha de realizarse para ese objeto en concreto; c) causa, esto es, el fin que justifica su realización y que ha de tener relevancia jurídica en relación con la tutela que se pretende —por ejemplo, ante una propuesta de prueba por la parte el juez la inadmite por impertinente, es decir, que no tiene relación con el objeto del proceso —art. 283 LEC—.

3.4. Lugar de realización de los actos procesales

La ley establece, como regla general, que las actuaciones judiciales se realizarán en la sede del órgano jurisdiccional —art. 268.1 LOPJ o, en la sede de la Oficina judicial, salvo aquellas que por su naturaleza se deban practicar en otro lugar —art. 129.1 LEC—. No obstante, y tras la entrada en vigor del RDL 6/2023, de 19 diciembre, se introducen modificaciones al régimen anterior, en especial, las disposiciones en el marco del proceso civil, como se verá—.

Las reglas a tener en cuenta son las siguientes:

a) Las actuaciones que deban realizarse fuera del partido judicial donde radique la sede del tribunal que conozca de asunto, se practicarán cuando proceda mediante videoconferencia siempre que sea posible y, en otro caso, mediante auxilio judicial —art. 129.2 LEC—.

b) No obstante, los tribunales podrán constituirse en cualquier lugar del territorio de su circunscripción para la práctica de actuaciones cuando fuere necesario o "conveniente para la buena administración de justicia" —art. 268.2 LOPJ y art. 129.3 LEC—.

c) También podrá desplazarse fuera del territorio de su circunscripción para la práctica de actuaciones de prueba —arts. 169.3 LEC y art. 275 LOPJ— si no se perjudica la competencia del otro órgano y está justificado "por razones de economía procesal", según determina el art. 275 LOPJ—.

Piénsese, en los ejemplos antes citados de la práctica de un reconocimiento judicial —art. 353 y ss. LEC—; o la declaración del testigo en su domicilio en caso de enfermedad de este y si no puede realizarse por videoconferencia —art. 364.1 LEC—.

d) Igualmente, se contempla la posibilidad de que se celebren juicios o vistas fuera de la sede el Tribunal o Juzgado cuando lo autorice la ley —art. 269.1 LOPJ—.

e) La realización a través de videoconferencia, en los términos del art. 229 LOPJ —nueva previsión del ap. 4 del art. 169 LEC—.

En cualquier caso, tras la reforma por RDL 6/2023, de 19 de diciembre, la LEC generaliza la celebración de actos procesales mediante presencia telemática: los actos de juicio, vistas, audiencias, comparecencias, declaraciones y, en general, todos los actos procesales —art. 129 bis LEC—, salvo los actos que tengan por objeto la audiencia, declaración o interrogatorio de partes, testigos o peritos, la exploración de la persona menor de edad, el reconocimiento judicial personal o la entrevista a persona con discapacidad en los que será necesario la presencia física de la persona, y si es la parte también la de su defensa letrada.

No obstante, el juez o tribunal podría excepcionar dicha presencia física: a) en atención a las circunstancias del caso; o b)cuando la persona que haya de intervenir resida en un municipio distinto al de la sede del tribunal si interviene en un lugar seguro dentro del municipio, de conformidad con la normativa del uso de la tecnología en la Administración de Justicia; o c) cuando el interviniente lo haga en su condición de autoridad o funcionario público realizando su conexión desde un punto de acceso seguro —art. 129 bis 2 a), b) y c) LEC—. Pero cabe la posibilidad de que si el juez entiende que es necesaria la participación física en los supuestos b) y c) requiera dicha presencia.

Lo anterior se aplicará también a las actuaciones que se celebren únicamente ante los LAJS o los representantes del MF.

3.5. Tiempo

La ley regula también el tiempo en el que han de realizarse los actos procesales lo que da lugar a una doble realidad de la dimensión temporal como requisito procesal: en primer lugar, desde el prisma del momento hábil para realizar los actos lo que reconduce a la noción de días y horas hábiles; en segundo lugar, nos reconduce al fenómeno de los plazos y términos —y, concatenadamente, la preclusión— desde el prisma procedimental, como sucesión ordenada de actos que han de realizarse durante el tiempo marcado por la ley.

3.5.1. Días y horas hábiles

Establece la ley que el período ordinario —año judicial— para las actividades de los Tribunales comprende desde el 1 de septiembre, o el siguiente día hábil, hasta el 31 de julio de cada año natural —art. 179 LOPJ—, quedando, por tanto, excluido el mes de agosto, salvo las excepciones que luego se dirá.

Además, y dentro del período ordinario, las actuaciones judiciales habrán de realizarse en días y horas hábiles —o habilitados— a efectos procesales —art. 130.1 LEC—.

Son **inhábiles** a efectos procesales los días del mes de agosto, los sábados y los domingos, todos los días desde el 24 de diciembre hasta el 6 de enero del año siguiente, ambos inclusive, los días de fiesta nacional y los festivos a efectos laborales en la respectiva Comunidad Autónoma o localidad —arts. 182.1 183.1 LOPJ y art. 130.2 LEC—. No obstante, el Consejo General del Poder Judicial, mediante reglamento, podrá habilitarlos a efectos de otras actuaciones.

La LEC, por su parte, determina en el art. 131 la posibilidad de habilitación de días y horas inhábiles por los tribunales de oficio o a instancia de parte, cuando exista causa urgente. La habilitación la realizará el LAJ cuando se trate de actos de su exclusiva competencia, o de actuaciones ordenadas por ellos o cuando sean tendentes a dar cumplimiento a las resoluciones de los Tribunales.

Por lo que respecta a las **horas hábiles**, se establece que son las comprendidas desde las ocho de la mañana a las ocho de la tarde, salvo que la ley disponga lo contrario —art. 182.2 LOPJ y art. 130.3 LEC—. No obstante, para los actos de comunicación y ejecución en el proceso civil también se considerarán horas hábiles las que transcurren desde las ocho de la mañana hasta las diez de la noche —art. 130.3 LEC—.

Cuando se trate de actuaciones electrónicas de carácter obligatorio —téngase en cuenta que los profesionales están obligados a relacionarse con la Administración de Justicia a través de medios electrónicos o telemáticos— y haya de presentarse escritos y documentos en formato electrónico se podrán presentar todos los días del año durante las veinticuatro horas pero cuando la presentación tenga lugar en día u hora inhábil a efectos procesales conforme a la ley, se entenderá efectuada el primer día y hora hábil siguiente —art. 135.1 LEC—.

Reglas especiales:

a) Cabe la posibilidad de que se habiliten días y horas inhábiles, en los términos que indiquen las leyes procesales —art. 184.2 LOPJ—.

b) El mes de agosto es inhábil, salvo para las actuaciones que se declaren urgentes por las leyes —art. 183 LOPJ—. A estos efectos, la Ley de Enjuiciamiento Civil considera urgentes aquellas "actuaciones del tribunal cuya demora pueda causar grave perjuicio a los interesados o a la buena administración de justicia, o provocar la ineficacia de una resolución judicial" —art. 131.2 LEC— en cuyo caso, no será necesaria la expresa habilitación, al igual que "tampoco es necesaria la habilitación para proseguir en horas inhábiles, durante el tiempo indispensable, las actuaciones urgentes que se hubieren iniciado en horas hábiles" —art. 132.3 LEC—.

c) Para la instrucción de causas criminales son hábiles todos los días y horas del año, sin necesidad de especial habilitación —art. 184.1 LOPJ—.

3.5.2. Plazos y términos

Junto a los días y horas hábiles, en las leyes procesales se contempla una realidad distinta en tanto en cuanto se prevé el período o tiempo, el momento para la realización de los actos procesales, teniendo en cuenta la necesidad de que las actuaciones se practiquen de forma ordenada y cronológicamente, puesto que existe una secuencia procedimental que hay que seguir. Aparecen así las nociones de plazo y término.

En efecto, la propia ley determina ya, como regla general, que las actuaciones del proceso "se practicarán en los términos o dentro de los plazos señalados para cada una de ellas" —art. 132.1 LEC—, lo que refleja la diferencia entre estas dos nociones.

Comúnmente, se alude a la noción de "plazo" para referirse al lapso o período de tiempo dentro del cual debe o puede realizarse un acto procesal (así, la concesión de un plazo de 20 días para formular la contestación a la demanda en el juicio ordinario civil —art. 404 LEC—).

Por el contrario, con la noción de término se alude al momento concreto establecido en la ley para la realización de un acto fijando día y hora para el mismo (por ejemplo: señalamiento de vista para el día 20 de diciembre a las 10:00 horas) y, en algunos casos, incluso el lugar.

No obstante, si para una actuación la ley no ha fijado plazo ni término, entonces se entiende que ha de practicarse sin dilación —art. 132.2 LEC—.

Fijado el tiempo —plazo o término— de realización de los actos procesales en la ley, este ha de ser cumplido necesariamente por los sujetos que intervienen en el proceso y que pueden generar actos procesales, ya que su incumplimiento acarrea determinadas consecuencias jurídicas. Ahora bien, las consecuencias derivadas de la inobservancia de los plazos no juega del mismo modo frente a las partes que frente a los órganos jurisdiccionales o el Letrado de la Administración de Justicia.

Así, para las partes, el transcurso de los plazos y términos marcados por la ley conlleva como consecuencia la imposibilidad de su realización en un momento posterior, en virtud del efecto de la llamada "preclusión" —art. 136 LEC— que implica que "transcurrido el plazo o pasado el término señalado para la realización de un acto procesal de parte se producirá la preclusión y se perderá la oportunidad de realizar el acto de que se trate".

Por el contrario, y cuando se trata de plazos previstos para las actuaciones judiciales, Tribunal o LAJ, no es de aplicación el efecto de la preclusión, ya que entra en juego lo que se denominan los "plazos impropios", esto es, el transcurso del tiempo marcado en la norma para la realización de un acto tratándose de actuaciones judiciales, no exime a aquellos de la realización del concreto acto —si la ley marca un plazo para que el Juez o el LAJ dicten una resolución, el transcurso del mismo sin que se haya dictado no conlleva que ya no deban dictarla—, lo cual como puede apreciarse a simple vista difiere de los efectos de la inobservancia de los plazos cuando estos juegan frente a actos de las partes y otras personas. Con todo, la inobservancia de los plazos por los tribunales y personal al servicio de la Administración de Justicia de no mediar justa causa será corregida disciplinariamente con arreglo a lo previsto en la LOPJ, sin perjuicio del derecho de la parte perjudicada para exigir las demás responsabilidades que procedan —art. 132.3 LEC—, sin olvidar la posibilidad de que se pueda solicitar la nulidad de dichas actuaciones judiciales realizadas fuera del tiempo establecido si lo impusiere la naturaleza del término o plazo —art. 242 LOPJ—.

Por último, cabe referirnos a la cuestión relativa al **cómputo de los plazos** en relación al cual hay que tener presente las siguientes reglas —art. 133 LEC—:

1. El plazo comienza a correr desde el día siguiente a aquel en que se hubiere realizado el acto de comunicación del que la Ley haga depender el inicio del plazo —art. 133.1 LEC— por lo general, a partir del día siguiente de su notificación.

En este cómputo se incluirá el día del vencimiento que expira a las 24 horas —art. 133.1 LEC—.

2. En el cómputo de los plazos señalados por días se excluyen los inhábiles —art. 185 LOPJ y art. 133.2 LEC—.

Para los plazos que se hubiesen señalado en las actuaciones urgentes no se considerarán inhábiles los días del mes de agosto y sólo se excluirán del cómputo lo sábados, domingos y festivos —art. 133.2 LEC—.

3. Los plazos señalados por meses o por años se computarán de fecha a fecha —art. 133.3 LEC—. Si en el mes del vencimiento no hubiera día equivalente al inicial del cómputo, se entenderá que el plazo expira el último del mes (por ejemplo se notifica el 30 de enero pero febrero no tiene 30 días, será el último día, el 28 o 29 de febrero, si fuera bisiesto).

4. Los plazos que concluyan en sábado, domingo u otro día inhábil se entenderán prorrogados hasta el siguiente hábil —art. 133.4 LEC— y si el último día de plazo es inhábil se entiende prorrogado al primer día hábil siguiente —art. 185.2 LOPJ—.

5. Los plazos son improrrogables —art. 134.1 LEC—, aunque pueden interrumpirse y, en el caso de los términos "demorarse" por fuerza mayor —apreciada por el Letrado de la Administración de Justicia— con reanudación del cómputo cuando cese la causa de la interrupción o demora —art. 134.2 LEC—.

También podrán interrumpirse y demorarse durante un plazo de tres días hábiles cuando por los Colegios de Abogados o Procuradores o por las partes personadas se comuniquen causas objetivas de fuerza mayor que afecten a la persona profesional de la abogacía o de la procura, tales como nacimiento y cuidado de menor, enfermedad grave accidente con hospitalización, fallecimiento de parientes hasta segundo grado de consanguinidad y otros motivos previstos en el art. 134.3 LEC.

6. Si se trata de presentación de escritos y documentos, cualquiera que fuera la forma, sujetos a plazo procesal o sustantivo, podrá efectuarse hasta las quince horas del día hábil siguiente al del vencimiento del plazo —art. 135.5 LEC—.

3.6. La forma de los actos procesales

En el aspecto formal —el modo de exteriorización de los actos procesales—, es habitual aludir y englobar en este aspecto tres requisitos esenciales: el primero, referido a la oralidad o escritura; el segundo, viene referido a la proyección externa de los actos procesales plasmada en la publicidad o secreto de los actos; y el tercero, se contiene en la lengua vehicular usada por los sujetos que intervienen en el proceso. Puesto que los dos primeros requisitos ya han sido objeto de tratamiento en temas anteriores a ellos nos remitimos para su estudio más detallado, tratando únicamente en este apartado de forma más extensa el requisito relativo a la lengua usada en la realización de los actos procesales.

3.6.1. Oralidad o escritura y publicidad

Cabe recordar que la oralidad se encuentra consagrada a nivel constitucional en el artículo 120.2 que establece que los procedimientos serán predominantemente orales, en especial en materia criminal —véase también art. 229.1 LOPJ—, aunque, como se vio, hay actos que podrán ser escritos, por ejemplo la demanda, siendo esencial para la consideración del carácter oral que los actos de prueba se practiquen de este modo.

Y la publicidad también la encontramos prevista en la propia CE que la regula como la forma de realización de las actuaciones judiciales, en el art. 120.1 —y también art. 232 LOPJ—, con las excepciones, eso sí, previstas en las leyes de procedimiento, destacando, como se estudió en un tema anterior al que nos remitimos, la doble vertiente absoluta o relativa de la publicidad de los actos procesales y su regulación en las leyes procesales.

3.6.2. Lengua

Como regla general, la ley prevé el uso del castellano en las actuaciones judiciales de Jueces, Magistrados, Fiscales, Letrados de la Administración de Justicia y demás funcionarios de Juzgados y Tribunales —art. 231.1 LOPJ—, en tanto lengua oficial del Estado. Regla que es aplicable igualmente a todos los que intervengan en el proceso y no solo a las personas que contempla el art. 231 LOPJ.

No obstante, la existencia de Comunidades Autónomas con lenguas propias que, no olvidemos, serán también oficiales en las respectivas Comunidades de acuerdo con los Estatutos de Autonomía —art. 3 CE— obliga a distinguir las siguientes reglas —establecida la regla general—:

1.– Los Jueces, Magistrados, Fiscales, Letrados de la Administración de Justicia y demás funcionarios de Juzgados y Tribunales "podrán" usar también la lengua oficial propia de la Comunidad Autónoma, salvo que las partes se opongan alegando desconocimiento que pudiera generar indefensión —art. 231.2 LOPJ y art. 142.2 LEC—.

2.– Las partes, sus representantes, los testigos y peritos podrán utilizar la lengua oficial de la Comunidad Autónoma donde tengan lugar las actuaciones judiciales, tanto en manifestaciones orales como escritas —art. 231.2 LOPJ y art. 142.3 LEC—.

3.– Se prevé en la LEC la posibilidad de intervención de intérprete cuando alguna persona desconozca el castellano o la lengua oficial propia de la Comunidad, y fuera a ser interrogada o prestar alguna declaración, o cuando fuere preciso darle a conocer personalmente alguna resolución —art. 143.1 LEC—.

4.– Las actuaciones judiciales realizadas y los documentos presentados en el idioma oficial de una Comunidad Autónoma tendrán plena validez y eficacia en el territorio de esa Comunidad, sin necesidad de traducción al castellano Sin embargo, si han de surtir efectos fuera de la Comunidad se traducirán de oficio, salvo si se trata de Comunidades Autónomas con lengua oficial propia coincidente. También se procederá a su traducción por disposición legal o a instancia de parte que alegue indefensión —art. 231.4 LOPJ y art. 142.4 LEC—.

5.– Si un documento es redactado en idioma que no es el castellano ni la lengua oficial propia de la Comunidad Autónoma es necesario que se acompañe traducción del mismo —art. 144.1 LEC—.

4. LA NULIDAD DE LOS ACTOS PROCESALES

Los actos procesales han de realizarse cumpliendo los requisitos exigidos, en cada caso, por las leyes procesales. Requisitos que pueden ser, como hemos visto, de distinta naturaleza y pueden llegar a condicionar la validez y eficacia misma del propio acto ya que, en caso contrario, el acto producido adolecería de un defecto en tanto en cuanto se ha realizado sin observar los requisitos que para el mismo exige la ley. Ello, en el ordenamiento jurídico, en general, y en particular en el procesal, puede conllevar determinadas consecuencias jurídicas que dependerán del requisito incumplido y, en su caso, de la previsión que la ley realice al respecto.

> Partamos de un ejemplo: una resolución judicial —acto procesal— que dicta un juez. Uno de los requisitos que se exige al juez es que sea competente —aptitud—, estableciendo la ley las reglas para determinar la competencia—. Imaginemos que la resolución judicial la dicta un juez que no es competente en atención a las reglas legales: dicta la sentencia un Juzgado de lo mercantil cuando la competencia correspondería a un Juzgado de 1ª Instancia —civil—. En este caso, se incumple un requisito procesal —aptitud— que es la competencia —en su vertiente objetiva—, y dicho incumplimiento puede llevar aparejada una consecuencia jurídica en la ley. Luego, habrá que acudir a la ley para ver cuál es la concreta consecuencia jurídica. Así, y en el ejemplo que hemos puesto la ley prevé la consecuencia en el art. 238.1º LOPJ y también en el art. 225.1 LEC, los cuales determinan que serán nulos de pleno derecho los actos procesales producidos por o ante Tribunal con falta de jurisdicción o de competencia objetiva o funcional.

Sin embargo, como se verá, la previsión que realizan las leyes procesales acerca de la nulidad no siempre sigue los esquemas y los parámetros generales que diferencian las categorías de la nulidad —puede declararse de oficio, no está sujeta a plazo, no es subsanable, su acción no prescribe— y la anulabilidad —denuncia a instancia de parte, subsanable, acción sujeta a plazo transcurrido el cual se convalida el acto, esto es, despliega sus efectos pese al defecto o incumplimiento en concreto— tanto por los propios efectos que acarrea, como por los principios que en el ámbito procesal informan la materia relativa a la nulidad, en particular, el principio de conservación —y subsanación— de los actos procesales.

4.1. Causas de nulidad

La LOPJ en los arts. 238 a 243 y, de igual forma, la LEC en los arts. 225 y ss., prevén la regulación de la nulidad de los actos procesales o de las actuaciones. Previsión en atención a la cual, de forma general, sobre todo de la realizada por la LOPJ, podemos diferenciar o distinguir los siguientes supuestos:

1.– En primer lugar, y de forma expresa, el art. 238 LOPJ —también el art. 225 LEC— determina que los actos procesales serán "nulos de pleno derecho" en los casos siguientes:

1º) Cuando se produzcan por o ante tribunal con falta de jurisdicción o de competencia objetiva o funcional.

Se contempla igualmente en el art. 225.1º LEC.

2º) Cuando se realicen bajo violencia o intimidación.

Se completa esta causa con lo previsto en el art. 239.1 LOPJ que determina que los tribunales cuya actuación se hubiere producido con violencia o intimidación, tan luego como se vean libre de ella, declarará nulo todo lo practicado, sin sujeción a plazo.

Igualmente, se declararán nulos los actos de las partes u otras personas que intervengan en el proceso si se acredita que se produjeron bajo intimidación o violencia —art. 239.2 LOPJ—.

Por su parte, la LEC prevé esta causa y sus consecuencias en los arts. 225.2 y 226.

3º) Cuando se prescinda de normas esenciales del procedimiento, siempre que, por esa causa, haya podido producirse indefensión.

Es esencial a los efectos de esta concreta causa la noción de indefensión y el que haya sido efectiva en la práctica.

Ej: un defecto en la práctica de un acto de comunicación que haya impedido a la parte tomar conocimiento del mismo y comparecer ante una citación judicial.

4°) Cuando se realicen sin intervención de abogado, en los casos en que la ley la establezca como preceptiva.

No en todos los supuestos la asistencia de abogado es preceptiva, sino que es la ley la que en cada proceso establece las reglas generales sobre la asistencia preceptiva y las posibles excepciones, por lo que habrá que estar a la regulación de cada caso en concreto.

5°) Cuando se celebren vistas sin la preceptiva intervención del letrado de la Administración de Justicia.

Téngase en cuenta que con la implantación de las nuevas tecnologías, las vistas, audiencias y comparecencias celebradas ante el Letrado de la Administración de Justicia —y también ante el juez— se registrarán en soporte apto para la grabación y reproducción de la imagen y sonido, en cuyo caso, el Letrado de la Administración de Justicia garantizará la autenticidad e integridad de lo grabado o reproducido mediante la utilización de la firma electrónica reconocida u otro sistema de seguridad que conforme a la ley ofrezca tales garantías; sin que la celebración del acto requiera la presencia del LAJ en la sala, salvo que lo hubieran solicitado las partes, al menos dos días antes de la celebración de la vista, o que excepcionalmente lo considere necesario el letrado de la Administración de Justicia, atendiendo a los motivos que contempla la norma —art. 147 LEC—.

Hay otros casos, en los que, por el contrario, si será necesaria dicha comparecencia del Letrado de la Administración de Justicia, *v.gr.* las audiencias que hayan de celebrarse solo o ante él.

6°) Cuando se resolvieran mediante diligencias de ordenación o decreto cuestiones que, conforme a la ley, hayan de ser resueltas por medio de providencia, auto o sentencia —art. 225.6 LEC—.

7°) En los demás casos en los que las leyes procesales así lo establezcan.

A diferencia del resto de supuestos, se contempla una cláusula abierta con remisión a las normas procesales que, en cada caso, determinen la nulidad de los actos procesales —*v.gr.* art. 137.4 LEC o art. 166.1 LEC.

2.- El art. 240.1 LOPJ que alude a los actos procesales con "defectos de forma que impliquen ausencia de los requisitos indispensables para alcanzar su fin o determinen efectiva indefensión".

3.- El art. 242 LOPJ que prevé que las actuaciones judiciales realizadas fuera del tiempo establecido podrán anularse pero solo si lo impusiere la naturaleza del término o plazo.

4.- El art. 243.3 y 4 LOPJ que establece la posibilidad de subsanación de los actos de las partes que carezcan de los requisitos exigidos por la ley siempre que no sean insubsanables.

4.2. Tratamiento procesal de la nulidad

Responde a la pregunta de quién y cómo puede hacer valer la nulidad de un acto procesal.

1.– Denuncia a instancia de parte

Las partes disponen de varias vías para denunciar la posible causa de nulidad, según determina de forma expresa la ley:

1ª.– A través de los recursos legalmente establecidos contra la resolución a la que se atribuya el defecto —art. 240.1 LOPJ—.

2ª.– Mediante los demás medios establecidos en la ley, por ejemplo, la audiencia previa del juicio ordinario —arts. 416 y ss. LEC— que permite alegar la existencia de defectos procesales, por ejemplo la falta de capacidad de los litigantes.

3ª.– También podrán dirigir una petición al tribunal a fin de que declare la nulidad de las actuaciones o de alguna en concreto, siempre que no hubiera recaído resolución que ponga fin al proceso; no proceda subsanación y, además, se dé audiencia previa a todas las partes —art. 240.2 LOPJ—.

4ª.– Excepcionalmente, a través del incidente de nulidad de actuaciones previsto en el art. 241 LOPJ.

Quienes sean parte legítima o hubieran podido serlo podrán pedir por escrito que se declare la nulidad de actuaciones "fundada en cualquier vulneración de un derecho fundamental de los referidos en el artículo 53.2 de la Constitución, siempre que no haya podido denunciarse antes de recaer resolución que ponga fin al proceso y siempre que dicha resolución no sea susceptible de recurso ordinario ni extraordinario".

Es competente para conocer este incidente el juzgado o tribunal que dictó la resolución que hubiere adquirido firmeza. El plazo para solicitarlo es de 20 días desde que se notificó la resolución o, en su caso, desde que se tuvo conocimiento del defecto causante de indefensión, sin que en este último caso, pueda solicitarse la nulidad después de transcurridos cinco años desde la notificación de la resolución.

2.– Control de oficio

La ley permite al órgano jurisdiccional declarar de oficio la nulidad de las actuaciones —total o parcial—.

1º.– En primer lugar, en los supuestos de violencia o intimidación que, según hemos visto, se prevén de forma expresa en el art. 238.2 LOPJ como una causa de nulidad, y en los que se establece que los tribunales cuya actuación se hubiere producido con intimidación o violencia, tan pronto como se vean libre de la misma declarará nulo todo lo practicado —art. 239. LOPJ—.

2º.- Fuera del caso anterior, podrá también el órgano jurisdiccional declarar la nulidad siempre que no hubiera recaído resolución definitiva y que, en su caso, no proceda subsanación, y además se dé audiencia previa a todas las partes —art. 240.2 LOPJ—.

3º.- Permite la ley que el órgano jurisdiccional pueda, con ocasión del planteamiento de un recurso, declarar de oficio la nulidad de las actuaciones si aprecia la falta de jurisdicción o de competencia objetiva o funcional o se hubiese producido violencia o intimidación que afectare a ese tribunal —art. 240. 2 párrafo 2 LOPJ—.

Salvo en el caso anterior, no podrá el tribunal de oficio con ocasión de un recurso decretar de oficio la nulidad de actuaciones que no haya sido solicitada en dicho recurso.

3.- A lo anterior, debe unirse la previsión en la LOPJ del *principio de conservación y subsanación de los actos procesales* previsto en el art. 242 y 243 —y también en el art. 11.3 LOPJ y en los arts. 229 y ss. LEC— que representa un principio básico que mitiga el rigor de los efectos que acarrea la posible declaración de nulidad de los actos procesales —piénsese, que la declaración de nulidad puede conllevar la de todo lo actuado, con retroacción de las actuaciones, al momento en que aquella se produjo—, y a la postre, protege el principio de seguridad jurídica.

Así determina el art. 11.3 LOPJ que "los Juzgados y Tribunales, de conformidad con el principio de tutela efectiva consagrado en el artículo 24 de la Constitución, deberán resolver siempre sobre las pretensiones que se les formulen, y solo podrán desestimarlas por motivos formales cuando el defecto fuese insubsanable o no se subsanare por el procedimiento establecido en las leyes".

El principio se traduce en las siguientes reglas:

a) La previa subsanación: el tribunal cuidará de que puedan ser subsanados los defectos en que incurran los actos procesales de las partes, siempre que en dichos actos se hubiese manifestado la voluntad de cumplir los requisitos exigidos por la ley —art. 243.3 LOPJ—.

b) La nulidad de un acto no implicará sin más la de los sucesivos que fueren independientes de aquel, ni tampoco la de aquellos cuyo contenido hubiese permanecido invariado aun sin haberse cometido la infracción que dio lugar a la nulidad —por ejemplo, la nulidad de las actuaciones no implica necesariamente que además hayan de anularse todos los actos de prueba que se practicaron—.

c) La nulidad parcial de un acto no implicará la de las partes del mismo independientes de la declarada nula.

d) Los actos de las partes que carezcan de los requisitos exigidos por la ley serán subsanables en los casos, condiciones y plazos previstos en las leyes procesales —art. 243.4 LOPJ—.

5. LOS ACTOS DE COMUNICACIÓN

Son aquellos actos a través de los cuales se pone en conocimiento de las partes y de terceros que intervienen en el proceso las diversas actuaciones que se produzcan, a los meros efectos de su conocimiento, en unos casos, o para posibilitar la realización de alguna actuación, en otros.

Los actos de comunicación resultan esenciales en tanto en cuanto garantizan la posibilidad de contradicción, así como la publicidad de las actuaciones.

Su regulación general se contiene en los arts. 270 a 272 de la LOPJ —que habla en general "De las notificaciones"—; en los arts. 149 y ss. de la LEC —"De los actos de comunicación judicial"— y en los arts. 166 y ss. LECrim —reguladores "De las notificaciones, citaciones y emplazamientos"—.

5.1. Clases

En sentido genérico el art. 270 LOPJ alude a las notificaciones, entendiendo por tales la comunicación a todos quienes sean parte en el pleito, causa o expediente, o a quienes se refieran o puedan parar perjuicios, de las resoluciones dictadas por los jueces y tribunales y por el Letrado de la Administración de Justicia. No obstante, y de forma más específica en la LEC y en la LECRIM se contiene la tipología de los diversos actos de comunicación.

5.1.1. Notificaciones en sentido estricto

Tienen por objeto dar noticia de una actuación o resolución —art. 149.1° LEC—, sin que precisen ninguna actuación posterior del sujeto a quien se notifica —arts. 270 LOPJ y 149.1° LEC—.

Se realizan mediante la entrega de la copia literal de la resolución que haya de notificarse.

Del mismo modo, al notificarse la resolución se indicará si es firme o no y, en su caso, los recursos que procedan, órgano ante el que deben interponerse y plazo para ello —art. 248.4 LOPJ—.

En la notificación no se admitirá ni consignará respuesta alguna del interesado en el momento de su práctica, a no ser que así se hubiera mandado —art. 152.5 LEC—.

5.1.2. Emplazamientos

En este acto se comunica a la persona una resolución en la que se concede un plazo para personarse y realizar una actuación procesal dentro de él—art. 149.2°

LEC—, por ejemplo, el plazo concedido para contestar a la demanda —el art. 404 LEC para el juicio ordinario que establece que ese plazo es de 20 días y el art.438 para el juicio verbal que prevé un plazo de 10 días—.

El emplazamiento se realiza a la parte mediante entrega de la cédula, al igual que la citación, y con el contenido que prevé el art. 152.4 LEC, así: a) ha de constar claramente el carácter judicial del escrito; b) tendrá que expresar el tribunal o letrado de la Administración de Justicia que hubiese dictado la resolución y el asunto en que haya recaído; c) contendrá el nombre y apellidos de la persona a quien se haga el emplazamiento; d) nombre del procurador encargado de cumplimentarlo, en su caso; e) objeto del emplazamiento; f) el plazo dentro del cual deba realizarse la actuación a que se refiera el emplazamiento; g) la prevención de los efectos que, en cada caso, la ley establezca.

En el emplazamiento no se admitirá ni consignará respuesta alguna del interesado en el momento de su práctica, a no ser que así se hubiera mandado. —art. 152.5 LEC—.

5.1.3. Citaciones

Son actos de comunicación mediante los cuales se señala lugar, fecha y hora para que la persona notificada comparezca y realice un acto procesal (por ejemplo, la citación a juicio) —art. 149.3° LEC—.

La citación se practica mediante la entrega de la cédula —al igual que el emplazamiento— con el contenido que prevé el art. 152.4 LEC salvo que la indicación del plazo se sustituye por la indicación de lugar, día y hora en que deba comparecer el citado.

En la citación no se admitirá ni consignará respuesta alguna del interesado en el momento de su práctica, a no ser que así se hubiera mandado —art. 152.5 LEC—.

5.1.4. Requerimientos

Se trata de un acto a través del cual se pone en conocimiento del particular una resolución en la que se le conmina a realizar determinada conducta (por ejemplo, a deshacer lo mal hecho que prevé el art. 710 LEC—) o a abstenerse de hacerla.

A diferencia de las notificaciones, citaciones y emplazamientos, en los requerimientos se admitirá la respuesta que dé el requerido, consignándola sucintamente en la diligencia —art. 152.5 LEC—.

La forma de practicar este concreto acto de comunicación es la misma que para las notificaciones.

5.2. Práctica de los actos de comunicación

Tras la emisión del concreto acto, lo esencial es su remisión a las partes y otros intervinientes para que conozcan de forma efectiva el acto dictado y su contenido. Por ello, la ley contempla las posibles formas de efectuar el acto de comunicación que ha de ponerse en conocimiento de aquellos, así como su práctica. La regulación de estos aspectos se encuentra prevista de forma detallada en la Ley de Enjuiciamiento Civil —arts. 152 y ss.—, norma que tiene carácter supletorio en defecto de disposiciones en las leyes que regulan los procesos penales, contencioso-administrativos, laborales y militares —art. 4 LEC—.

A)En atención a los diversos aspectos que convergen en este concreto punto, y en aras de una mayor comprensión y claridad es conveniente, en principio, distinguir entre:

1.- Quienes pueden realizar —ejecutar— actos de comunicación con las partes o terceros —art. 152.1 LEC—.

2.- Forma de efectuar los actos de comunicación pudiendo, a su vez, diferenciar distintas situaciones: a) cuando las partes están personadas con procurador, b) cuando las partes no están personadas a través de procurador, bien porque aún no se ha producido su personación en el proceso o porque no es preceptiva la representación por procurador. Notificaciones a terceros.

1.- Quienes pueden realizar —ejecutar-actos de comunicación con las partes o terceros

Según determina el art. 152.1 LEC los actos de comunicación se realizarán bajo la dirección del Letrado de la Administración de Justicia y se ejecutarán —se llevan a cabo— por los funcionarios del Cuerpo de Auxilio Judicial o por el procurador de la parte si esta lo solicita.

Téngase en cuenta que el procurador de la parte, como colaborador de la Administración de Justicia, puede realizar todos los actos de comunicación vistos anteriormente —notificaciones, citaciones, emplazamientos...— directamente a la parte contraria —cuando todavía no está personada con su procurador o no es preceptiva— o a terceros.

Igualmente, ha de recordarse que también, según lo visto en lecciones anteriores, es posible que las comunicaciones se centralicen en los Servicios Comunes Procesales en aquellas poblaciones donde estén implantados.

2.- Forma de realizar los actos de comunicación

El art. 152.3 LEC, de modo genérico, señala que los actos de comunicación se efectuarán en alguna de las formas siguientes, según lo que disponga esta Ley:

a) A través de procurador, tratándose de comunicaciones a quienes estén personados en el proceso con representación de aquél —arts. 152.3.1ª y 153 LEC—.

b) Remisión de lo que haya de comunicarse mediante correo, telegrama, correo electrónico o cualquier otro medio electrónico que permita dejar en los autos constancia fehaciente de la recepción, de su fecha y hora y del contenido de lo comunicado —arts. 152.3. 2ª y 160.1 LEC—.

c) Entrega al destinatario de copia literal de la resolución que se le haya de notificar, del requerimiento que el tribunal o el letrado de la Administración de Justicia le dirija, o de la cédula de citación o emplazamiento —art. 152.3.3ª, art. 158 y art. 161.1 LEC—.

d) En todo caso, por el personal al servicio de la Administración de Justicia, a través de medios telemáticos, cuando se trate del Ministerio Fiscal, de la Abogacía del Estado, de los Letrados de las Cortes Generales y de las Asambleas Legislativas, o del Servicio Jurídico de la Administración de la Seguridad Social, de las demás Administraciones públicas de las Comunidades Autónomas o de los Entes Locales, si no tuvieran designado procurador —art. 152.3.4ª LEC—.

e) A los anteriores formas, aun no estando prevista en el art. 152. 3 LEC, cabría añadir la comunicación edictal —art. 164 LEC—, que se realiza a través del Tablón Edictal Judicial Único para los casos previstos en la ley —como se verá—.

La previsión genérica del art. 152 LEC se completa con el desarrollo que de cada una de las formas previstas en él se realiza seguidamente en los arts. 153 y ss. LEC.

3.– Además, ha de tenerse en cuenta que el artículo 152.2 LEC en la redacción dada por el RD 6/2023 de 19 de diciembre, establece que los **actos de comunicación se practicarán necesariamente por medios electrónicos:**

a) Cuando los sujetos intervinientes en un proceso estén obligados al uso de los sistemas electrónicos existentes en la Administración de Justicia conforme al art. 273 LEC —entre otros, personas jurídicas, notarios, profesionales colegiados, etc.—.

b) Cuando los intervinientes, no estando comprendidos en el caso anterior, se obliguen contractualmente a su uso para resolver los litigios que se deriven de esa relación jurídica concreta que les vincula, debiendo indicar los medios de los que pretenden valerse —por ejemplo, el particular que firme un contrato de arrendamiento que así lo indique—.

Se excepciona cuando se trate de contratos de adhesión en los que intervengan consumidores y usuarios, en cuyo caso se aplicará el régimen en el que los intervinientes no están obligados a relacionarse electrónicamente con la Administración de Justicia.

c) Cuando los intervinientes, sin estar obligados, opten por el uso de esos medios.

En este caso, tendrían que darse de alta en la sede electrónica de la plataforma del Ministerio de la Presidencia, Justicia y Relaciones con las Cortes, o de la Comunidad Autónoma que lo tuviera habilitado.

Según determina la LEC, el destinatario deberá identificar un dispositivo electrónico, servicio de mensajería simple o una dirección de correo electrónico que servirán para informarle de la puesta a su disposición de un acto de comunicación, pero no para la práctica de notificaciones —art. 152.2 párr.6 LEC— que se realizará en la forma prevista legalmente. Pero, la falta de práctica de este aviso no impedirá que la notificación correctamente efectuada sea considerada plenamente válida.

– Para actos de comunicación que no se realicen por medios electrónicos hay que tener presente, en su caso, los arts. 158, 160 —remisión de lo que haya de comunicarse mediante correo, telegrama u otros medios semejantes— y 161 —comunicación por medio de copia de la resolución o de cédula mediante entrega al destinatario en el domicilio o en la sede del tribunal o en la sede judicial electrónica— de la LEC.

– Señaladas o determinadas las formas generales para la realización de los actos de comunicación —y la práctica—, como ya se ha mencionado, se ha de distinguir:

a) Si las partes ya están personadas con procurador

Como se ha visto ya en lecciones anteriores, en los procesos civiles, por lo general, es preceptiva la intervención de abogado que asume la defensa técnica de la parte y de procurador que la representa, de forma que una vez que el procurador se persona en el procedimiento todos los actos de comunicación que el Tribunal quiera trasladar a las partes, conforme al art.153 LEC, lo hará a través de procurador.

En este caso, la comunicación con los procuradores se viene realizando desde hace años a través del sistema "LEXNET" que es una "plataforma de intercambio seguro de información que posibilita la comunicación bidireccional electrónica entre las oficinas judiciales y los distintos operadores legales que, en sus actividades cotidianas, necesitan intercambiar documentos legales, tales como notificaciones, escritos de trámite o escritos iniciadores de asunto". Es una herramienta desarrollada y mantenida por el Ministerio de la Presidencia, Justicia y Relaciones con las Cortes y que se aplica en la mayor parte del territorio nacional, aunque hay también otros sistemas como el Avantius —en Navarra y Aragón—, Justi. cat —en Cataluña—, Vereda —en Cantabria— y Justizia.sip —en el País Vasco—.

b) Cuando las partes no están personadas con procurador, bien porque no es preceptivo o porque todavía no se han personado. Notificaciones a terceros.

En este caso, hemos de distinguir a su vez:

a') Si los sujetos están obligados, legal o contractualmente a relacionarse con la Administración de Justicia electrónicamente

b') Si los sujetos no están obligados a relacionarse electrónicamente con la Administración de Justicia

a') Si están obligados a relacionarse electrónicamente con la Administración de Justicia: la regla general será que el acto de comunicación tenga lugar por medios electrónicos conforme al artículo 162 de la LEC —que regula los "actos de comunicación por medios electrónicos, informáticos y similares"—.

No obstante, si el acto de comunicación tuviese por objeto el primer emplazamiento o citación, o la realización o intervención personal de las partes en determinadas actuaciones procesales y transcurrieran tres días sin que el destinatario acceda a su contenido, se procederá a su publicación por la vía del Tablón Edictal Judicial Único conforme a lo dispuesto en el artículo 164.

– Además, en todo caso, podrá practicarse mediante entrega de la copia de la resolución si el obligado se personase en la sede del órgano judicial, dejando constancia de ello en la diligencia que se extienda.

b') No obligados a relacionarse electrónicamente con la Administración de Justicia:

1)Si se trata del primer emplazamiento o citación al demandado, se podrá practicar por remisión a su domicilio o en forma telemática —en los términos previstos en el art. 162 LEC—, pero esta última solo tendrá plenos efectos si la acepta voluntariamente. Si puesto a disposición del destinatario en la sede judicial electrónica, no consta la recepción en plazo de 3 días, se practicará por remisión al domicilio —art. 155.2 a) LEC—.

2) De igual forma se procederá cuando el objeto del acto sea la realización o intervención personal de las partes en determinadas actuaciones procesales, salvo que el interviniente opte previamente por el uso de medios electrónicos, en cuyo caso, se estará a lo previsto en el siguiente apartado 3) —art. 155.2 b) LEC—.

3) Actos de comunicación distintos de los previstos en 1) y 2), las comunicaciones surtirán plenos efectos en cuanto se acredite la correcta remisión de lo que haya de comunicarse a cualquiera de los lugares que se hayan designado como domicilio aunque no conste su recepción por el destinatario, o cuando el

destinatario, sin estar obligado, haya optado por el uso de medios electrónicos y la comunicación se haya remitido conforme al artículo 162, habiendo transcurrido tres días sin que el destinatario acceda a su contenido —art. 155.2 c) LEC—.

Para la determinación del domicilio hay que estar a lo que determina el art. 155.3 LEC.

Así, la determinación del domicilio de la persona a quien haya de comunicarse el acto es una cuestión relevante, sobre todo, cuando se trata de comunicaciones realizadas a las partes, ya que ello garantiza la posible contradicción y evita supuestos de indefensión. La prueba de ello es la regulación que sobre el domicilio y las averiguaciones del mismo, en caso de que se desconozca, realizan los arts. 155 y ss. de la Ley de Enjuiciamiento Civil.

En líneas generales, la ley determina que el domicilio del demandante será el que haya hecho constar en la demanda o en la petición o solicitud con que se inicie el proceso.

Asimismo, el demandante designará el domicilio del demandado admitiendo la ley que pueda indicar varios lugares: el que conste en el padrón municipal, o en el registro oficial o publicaciones de Colegios profesionales cuando se trate de empresas y entidades o personas que ejerzan profesión para la que deban colegiarse obligatoriamente —por ejemplo, un procurador o un abogado—; también podrá designarse como domicilio el lugar donde se desarrolle la actividad profesional o laboral, entre otros. Si el demandante designa varios domicilios debe indicar el orden en el que entienda que pueda efectuarse la comunicación con éxito —art. 155.3 LEC.

En los casos en que el demandante manifestare que le es imposible designar un domicilio o residencia del demandado, a efectos de su personación, se utilizarán por el Letrado de la Administración de Justicia los medios oportunos para averiguar esas circunstancias, pudiendo acudir a registros, incluido el Registro Central de Rebeldes —arts. 156 y 157 LEC—.

Pero también, si no pudiera acreditarse que ha recibido una comunicación que tenga por finalidad su personación en juicio o la realización o intervención personal en determinadas actuaciones procesales, se procederá a su entrega en la forma prevista en el art. 161 LEC —entrega al destinatario de la copia de la resolución o de la cédula en la sede electrónica, en la del tribunal o en el domicilio del destinatario —arts. 158 y 161 LEC—.

Si las averiguaciones resultaren infructuosas, el Letrado de la Administración de Justicia ordenará que la comunicación se lleve a cabo mediante edictos, forma señalada antes, —art. 156.4 LEC— y, en su caso, ordenará que se comunique el nombre del demandado y los demás datos de identidad al Registro Central de Rebeldes Civiles, que existirá con sede en el Ministerio de Justicia, con indicación de la fecha de la resolución de comunicación edictal del demandado para proceder a su inscripción —art. 157.1 LEC—.

En la actualidad, **la comunicación edictal** se realiza a través del Tablón Edictal Judicial Único salvaguardando en todo caso los derechos e intereses de menores, así como otros derechos y libertades que pudieran verse afectados por la publicidad de los mismos. En todo caso, y en atención al superior interés de los menores y para preservar su intimidad, deberán omitirse los datos personales, nombres y apellidos, domicilio, o cualquier otro dato o circunstancia que directa o indirectamente pudiera permitir su identificación —art. 164 LEC—.

Y se acudirá a esta comunicación edictal, como se ha visto, cuando han resultado infructuosas las averiguaciones del domicilio practicadas —art. 156 LEC—, o cuando no pudiere hallársele ni efectuarse la comunicación con todos sus efectos, o cuando así se acuerde tras la constatación por el Letrado de la Administración de Justicia de que el demandado consta en el Registro Central de Rebeldes Civiles —art. 157.2 LEC—.

– Finalmente, mantiene la LEC de forma expresa en el art. 159 la previsión del supuesto de comunicaciones con testigos, peritos y otras personas que no sean parte en el juicio (terceros)

Pese a las reformas acaecidas en la materia, en especial en las comunicaciones a través de medios electrónicos —recuérdese el art. 152.2 LEC—, el art. 159 LEC no ha sido objeto de reforma por el legislador.

Así, se prevén las comunicaciones con personas que no son parte en el proceso pero han de intervenir en él, en cuyo caso la ley establece que las comunicaciones se remitirán a sus destinatarios con arreglo a lo dispuesto en el apartado 1 del artículo 160 —que determina la remisión de la copia de la resolución o de la cédula por correo certificado o telegrama con acuse de recibo, o por cualquier otro medio semejante que permita dejar en los autos constancia fehaciente de haberse recibido la notificación, de la fecha de la recepción, y de su contenido—.

La remisión se hará al domicilio que designe la parte interesada, pudiendo realizarse, en su caso, las averiguaciones a que se refiere el artículo 156 LEC — art. 159.1 LEC—.

Si ha fracasado la comunicación mediante la remisión o las circunstancias lo aconsejen, en atención al objeto de la comunicación y la naturaleza de las actuaciones que de ella dependan, el Letrado de la Administración de Justicia ordenará que se proceda con arreglo a lo dispuesto en el artículo 161 LEC que regula la comunicación mediante la entrega al destinatario de la comunicación de la copia de la resolución o de la cédula, en la sede judicial electrónica, en la sede del tribunal o en el domicilio de la persona a quien deba realizarse el acto de comunicación, sin perjuicio de lo previsto en el ámbito de la ejecución.

Para la realización de actos de comunicación, a elección del ciudadano, podrán utilizarse los sistemas de identificación previstos en la Ley reguladora del uso de tecnologías en la administración de justicia.

Con independencia del medio por el que se realice el acto de comunicación, los órganos de la Administración de Justicia enviarán un aviso al dispositivo electrónico de su destinatario o a la dirección de correo electrónico que les conste, informándole de la puesta a su disposición del acto de comunicación en la sede judicial electrónica o en la dirección electrónica habilitada única. La falta de práctica de este aviso no impedirá que el acto de comunicación sea considerado plenamente válido —art. 160.5 LEC—.

B) Nulidad y subsanación de los actos de comunicación

Los actos de comunicación son esenciales para poner en conocimiento de los intervinientes en el proceso las diversas actuaciones realizadas en él. En especial, resulta básica dicha comunicación cuando se trata de actos con las partes los cuales han de ser conocidos para posibilitar una efectiva contradicción y defensa.

Por ello, la ley determina que serán nulos los actos de comunicación que no se practiquen conforme al procedimiento previsto siempre en la ley, y ello pueda causar indefensión —art. 166.1 LEC y 238.3° LOPJ— en tanto se vulneraría el art. 24 CE. Pero para que la indefensión causada conculque el derecho del art. 24 ha de tratarse de una indefensión material, esto es, real y efectiva de modo que haya impedido que el destinatario del acto haya tenido conocimiento de este y conlleve la pérdida de alguna oportunidad procesal.

De ahí, que la ley determina que pese a la incorrecta comunicación si la persona notificada, citada, emplazada o requerida se hubiera dado por enterada en el asunto, y no denunciase la nulidad de la diligencia en su primer acto de comparecencia ante el tribunal, surtirá esta desde entonces todos sus efectos, como si se hubiere hecho con arreglo a las disposiciones de la ley —art. 166.2 LEC—. En definitiva, se convalida el acto.

6. AUXILIO JUDICIAL Y COOPERACIÓN CON LA ADMINISTRACIÓN DE JUSTICIA

Se trata de actos de colaboración que pueden ser solicitados por los órganos jurisdiccionales necesarios para la realización de determinados actos procesales en el curso del proceso. En unos casos dirigidos a otros órganos jurisdiccionales —auxilio judicial—, en otros, solicitados frente a órganos o entidades públicas, obligados a colaborar ante los requerimientos judiciales en virtud del art. 118 de la Constitución

6.1. Auxilio judicial interno

El art. 273 LOPJ determina que los Jueces y Tribunales cooperarán y se auxiliarán entre sí en el ejercicio de la función jurisdiccional —en el mismo sentido el art. 169.1 LEC—.

El sistema actual, fruto de la reforma acaecida en virtud del Real Decreto Ley 6/2023, prima, como se verá, el uso de la videoconferencia para la realización de este tipo de actos, como regla general.

Este auxilio judicial se podrá pedir: a) cuando deban practicarse diligencias fuera de la circunscripción del juzgado o Tribunal que la hubiere ordenado —art. 274 LOPJ—. Se solicitará el auxilio judicial para estas actuaciones cuando el tribunal no considere conveniente desplazarse fuera de su circunscripción para practicarlas y no sea posible su práctica por videoconferencia —art. 169.2 LEC—; b) o fuera de la específica competencia específica de otro Juzgado o Tribunal; c) también cuando haya de practicarse diligencias dentro de la circunscripción del órgano que la ordena pero fuera de su localidad —art. 169 LEC—.

Por regla general, el interrogatorio de las partes, la declaración de los testigos y la ratificación de los peritos se realizará en la sede del tribunal que esté conociendo del asunto de que se trate, salvo que el domicilio de las personas mencionadas se encuentre fuera de la circunscripción judicial correspondiente, en cuyo caso se realizarán en la forma prevista en el art. 137 bis —sistema de videoconferencia—. Solo cuando a juicio del órgano jurisdiccional no sea conveniente realizarlas por este sistema y por la distancia, la dificultad del desplazamiento, circunstancias personales de la parte, testigo o perito u otras circunstancias análogas se podrá solicitar el auxilio judicial para la práctica de los actos de prueba señalados ——art. 169.4 LEC—.

Ahora bien, en el caso de que se trate de diligencias de instrucción penales no será necesario solicitar el auxilio pudiendo realizarse por el juez instructor aunque se realicen fuera de su territorio. Por el contrario, si son órganos de otros órdenes jurisdiccionales podrán practicar diligencias de instrucción o prueba fuera del territorio de su jurisdicción cuando no se perjudique la competencia del Juez correspondiente y venga justificado por razones de economía procesal —art. 275 LOPJ—.

En cualquier caso, la petición de auxilio se realizará mediante exhorto cuyo contenido viene contemplado en la ley. Así, el exhorto contendrá la identificación de los dos órganos jurisdiccionales, el asunto de que se trate, la identificación de las partes, las actuaciones cuya práctica se interesa y, en su caso, el plazo —art. 171 LEC—.

Cuando el auxilio judicial tengo por objeto la petición de datos o documentos que obren en expedientes electrónicos o metadatados en sistemas electrónicos de otros órganos de la Administración de Justicia, si los medios electrónicos lo permiten, la solicitud podrá transmitirse y cumplirse, sin necesidad de exhorto, por los medios electrónicos que se habiliten que, en todo caso, deberán asegurar la identificación del órgano transmisor y receptor, y el momento y contenido de la solicitud y de la transmisión —art. 171.3 LEC—.

Tampoco es preceptivo el exhorto en el caso de actuaciones procesales que hayan de celebrarse con participación telemática de todos o alguno de los intervinientes desde una oficina judicial.

Los exhortos se remitirán directamente al órgano exhortado a través del sistema informático judicial o cualquier otro medio telemático o electrónico, salvo que deba realizarse en soporte papel por ir el acto acompañado de elementos que no pueden convertirse en formato electrónico.

Cabe que la parte —o su procurador— a quien interese se haga cargo del exhorto, si así lo solicita, para presentarlo ante el órgano exhortado. En su caso, las demás partes podrán también designar procurador cuando deseen que las resoluciones que se dicten para el cumplimiento del exhorto les sean notificadas —art. 174.3 LEC—.

6.2. Auxilio judicial internacional

Las peticiones de cooperación internacional se tramitarán de conformidad con lo previsto en los tratados internacionales, las normas de la Unión Europea y las leyes españolas que resulten de aplicación —art. 276 LOPJ y art. 177 LEC—.

Por su parte, los Juzgados y Tribunales españoles prestarán a las autoridades judiciales extranjeras la cooperación que les soliciten de conformidad, igualmente, con lo establecido en los tratados y convenios internacionales en los que España sea parte, las normas de la Unión Europea y las leyes españolas sobre esta materia —art. 277 LOPJ— pudiendo denegar la prestación de colaboración en los supuestos previstos genéricamente en el art. 278 LOPJ.

En el ámbito de la Unión Europea hay que destacar el Reglamento(UE) 2020/1784 del Parlamento Europeo y del Consejo de 25 de noviembre de 2020 relativo a la notificación y traslado en los Estados miembros de documentos judiciales y extrajudiciales en materia civil o mercantil («notificación y traslado de documentos»); el Reglamento (UE) 2020/1783 del Parlamento Europeo y del Consejo de 25 de noviembre de 2020 relativo a la cooperación entre los órganos jurisdiccionales de los Estados miembros en el ámbito de la obtención de pruebas en materia civil o mercantil; y el Reglamento (UE) 2022/850 del Parlamento Europeo y del Consejo de 30 de mayo de 2022 relativo a un sistema informatizado para el intercambio electrónico transfronterizo de datos en el ámbito de la cooperación judicial en materia civil y penal (sistema e-CODEX), y por el que se modifica el Reglamento (UE) 2018/1726.

En defecto de normativa de la UE, y de forma subsidiaria a los Tratados internacionales y las normas especiales de derecho interno hay que tener en cuenta la regulación general prevista en la Ley 29/2015, de 30 de julio, de cooperación jurídica internacional en materia civil y también mercantil, aplicable a solicitudes de cooperación en notificación y traslado de documentos judiciales y extrajudiciales y obtención y práctica de pruebas.

En el marco del proceso penal existe también una amplia regulación a nivel internacional particularmente en ámbito de la UE —*v.gr.* por su relevancia la Ley 3/2018, de 11 de junio, por la que se modifica la Ley 23/2014, de 20 de noviembre, de reconocimiento mutuo de resoluciones penales en la Unión Europea, para regular la Orden Europea de Investigación—.

6.3. Cooperación con la Justicia

Se trata de la solicitud de cooperación realizada por los órganos jurisdiccionales a órganos públicos no jurisdiccionales y a funcionarios, los cuales están obligados a colaborar cuando sean requeridos por aquellos —art. 118 CE y art. 17.1 LOPJ—.

Esta solicitud de colaboración puede formularse a través de mandamientos, oficios y exposiciones.

Los mandamientos se usan para ordenar el libramiento de certificaciones o testimonios y la práctica de cualquier actuación cuya ejecución corresponda a los Registradores de la Propiedad, Mercantiles, de Buques, de ventas a plazos de bienes muebles, notarios, o funcionarios al servicio de la Administración de Justicia —art. 149.5° LEC—.

Los oficios, para las comunicaciones con autoridades no judiciales y funcionarios distintos de los mencionados en el párrafo anterior —art. 145.6° LEC y art. 195 LECRIM—.

Finalmente, las exposiciones cuando se trata de actos por los que los órganos judiciales se dirigen al Congreso de los Diputados o al Senado, o a los ministros para que auxilien a la Administración de Justicia en sus funciones, o para obliguen a las Autoridades o a subordinadas, a que suministren los datos o presten los servicios que se les hubieren pedido —art. 196 LECrim—.

ESQUEMA TEMA 14

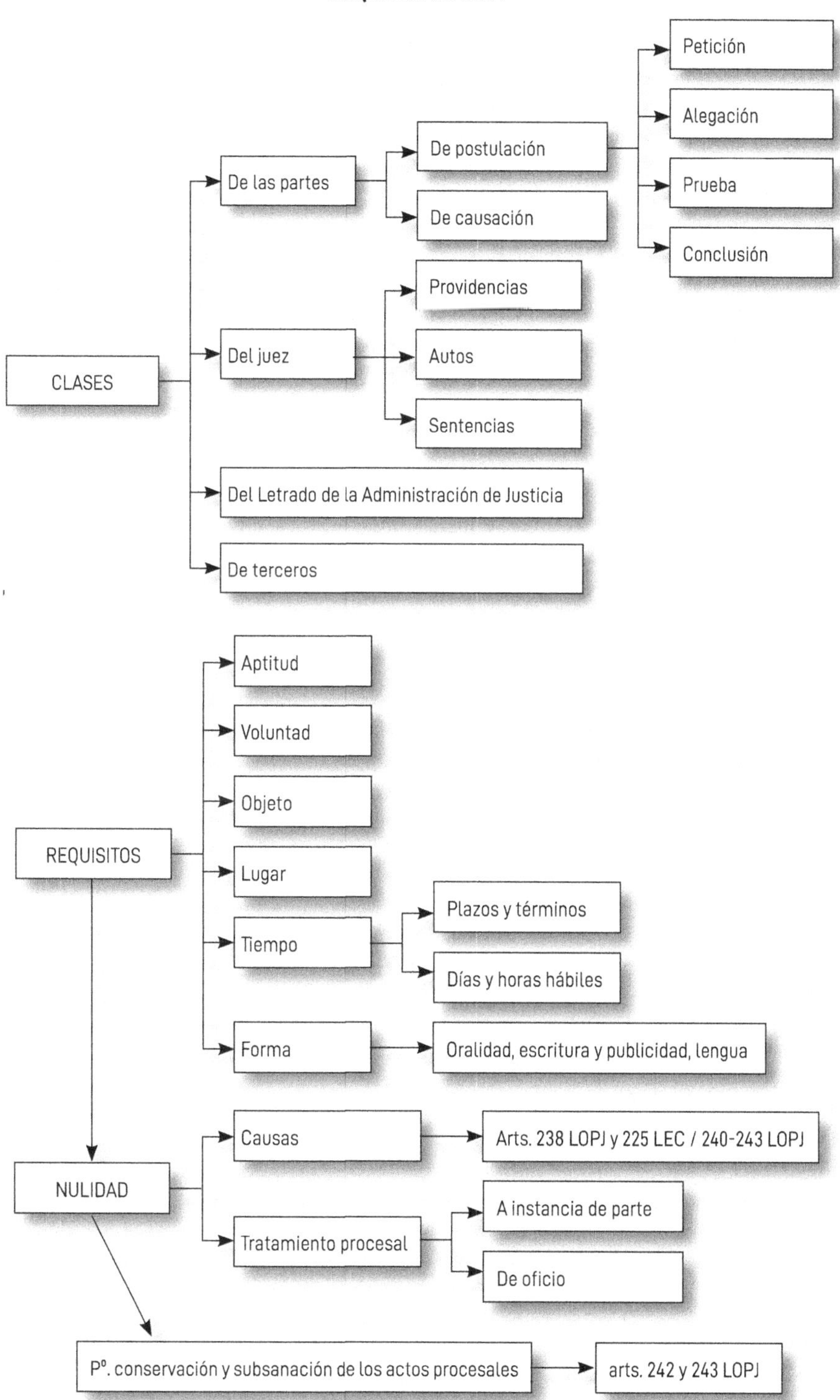

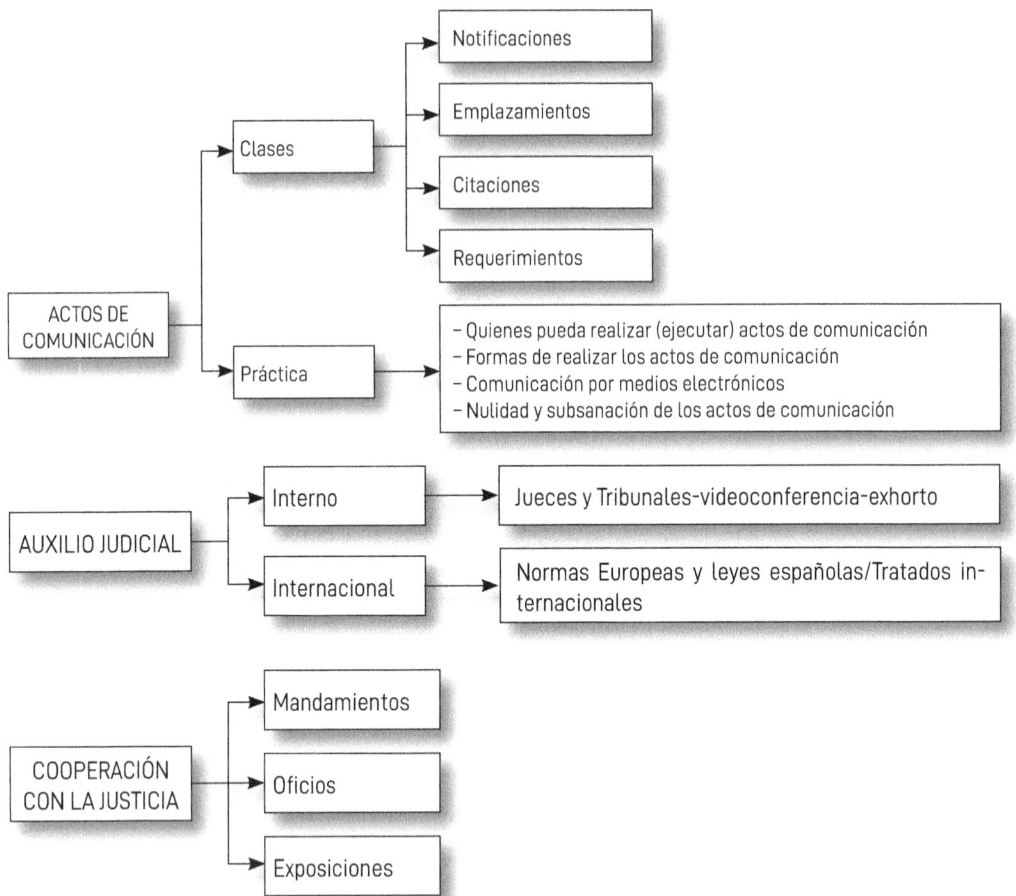
ACTOS DE COMUNICACIÓN
Clases
Notificaciones
Emplazamientos
Citaciones
Requerimientos
Práctica
- Quienes pueda realizar (ejecutar) actos de comunicación
- Formas de realizar los actos de comunicación
- Comunicación por medios electrónicos
- Nulidad y subsanación de los actos de comunicación
AUXILIO JUDICIAL
Interno
Jueces y Tribunales-videoconferencia-exhorto
Internacional
Normas Europeas y leyes españolas/Tratados internacionales
COOPERACIÓN CON LA JUSTICIA
Mandamientos
Oficios
Exposiciones

Tema 15

LOS ACTOS DE ALEGACIÓN EN EL PROCESO CIVIL Y PENAL

Soledad Ruiz de la Cuesta Fernández

1. LOS ACTOS DE ALEGACIONES EN EL PROCESO CIVIL

En el proceso civil rige la regla general de preclusión, en dos sentidos:

Por un lado, en relación con el desarrollo procedimental, lo que obliga a llevar a cabo las actuaciones dentro de los plazos previstos para ello. Si se incumple el plazo legalmente previsto la consecuencia principal será la imposibilidad de realizar la actuación en un momento posterior.

Por otro lado, se debe hacer referencia a la preclusión respecto de las alegaciones de las partes, en relación con los hechos y con los fundamentos jurídicos (art. 400, 405 y 406 LEC). Como regla general, tanto el actor como el demandado pueden introducir sus alegaciones en el proceso civil mediante cuatro instrumentos. Dos de ellos tienen carácter principal: la demanda, para el actor (art. 400 LEC); la contestación a la demanda, para el demandado (art. 405 LEC). Los otros dos se darán, en su caso, a partir de la presentación de los anteriores: se trata de la demanda reconvencional, que puede presentar el demandado, quien, al introducirla en el proceso, se convierte en un actor reconvencional (art. 406 LEC); y la contestación a la demanda reconvencional (art. 407 LEC).

Todos estos escritos de alegaciones se estudiarán con detalle en el curso correspondiente. Sin embargo, a los efectos de este tema introductorio, conviene dejar claros algunos de sus efectos principales. Así, como regla general, lo que no sea alegado en esos escritos no podrá alegarse después. Y no solo en el marco del mismo proceso, sino también en el seno de procesos posteriores en el sentido previsto por el número 2 del art. 400 LEC, cuando dispone que "a efectos de litispendencia y de cosa juzgada, los hechos y los fundamentos jurídicos aducidos en un litigio se considerarán los mismos que los alegados en otro juicio anterior si hubiesen podido alegarse en éste".

Esta regla general, sin embargo, tiene excepciones que se estudian también detalladamente en otro momento, por lo que basta señalar aquí tan solo:

a) que la LEC prevé mecanismos para introducir en el proceso hechos que no pudieron razonablemente incorporarse en los momentos procesales generalmente previstos, por ser nuevos o de nueva noticia (vid. art. 286 LEC), y

b) que contempla también en qué circunstancias puede llegar a alterarse una sentencia ya recaída cuando suceden hechos nuevos que priven de interés legítimo a las pretensiones deducidas (art. 413 LEC).

La regla general, por lo tanto, es la de que el actor debe introducir los hechos y el derecho alegados al deducir su escrito de demanda; que el demandado lo hará en su escrito de contestación a la demanda; y que el propio demandado, en calidad de actor reconvencional, si presentara reconvención, deberá hacerlo en su demanda reconvencional, a la que responderá el demandado reconvencional mediante las alegaciones introducidas en la contestación a la demanda reconvencional. Sobre estos escritos se llevan a cabo, a continuación, unas consideraciones básicas.

1.1. La demanda

La demanda es el acto de iniciación del proceso civil y, a su vez, el medio por el que el actor o demandante deduce su pretensión frente al órgano jurisdiccional, a quien pedirá una concreta consecuencia jurídica sobre la base de unos hechos que, afirmará, coinciden con el supuesto de hecho de una norma.

Los preceptos centrales reguladores de la demanda son los arts. 399 y siguientes de la LEC, si bien previstos para el juicio ordinario, pero aplicables, también, para las demandas que con las mismas características se deduzcan en los juicios verbales.

La demanda debe cumplir, como se estudiará en su momento, una serie de requisitos, tanto de forma, como en cuanto a la identificación de los sujetos (actor y su representación técnica y procesal, órgano jurisdiccional, demandado) y a la designación del procedimiento.

En la demanda se llevará a cabo el relato fáctico, haciéndose constar en ella los hechos en los que se base la pretensión y, del mismo modo, deberá contener la fundamentación jurídica, tanto en relación con los aspectos del proceso o del procedimiento que se inicia, cuanto respecto del fondo del asunto.

La demanda, en fin, concluirá con un "suplico" en el que se dirigirá al órgano jurisdiccional la petición de la consecuencia jurídica deseada, incluyendo la solicitud de que se condene en costas al demandado.

Por otro lado, en los juicios verbales en los que no se precise de la representación técnica ni procesal, se puede utilizar la llamada "demanda sucinta", en la que se consignarán los datos y circunstancias de identificación del actor y del demandado y el domicilio o los domicilios en que pueden ser citados, y se fijará con claridad y precisión lo que se pida, concretando los hechos fundamentales en que se basa la petición (art. 437. 2 LEC). En los juzgados, de hecho, se ponen a disposición de los ciudadanos unos impresos normalizados que pueden cumplimentar a este fin.

La demanda, sea ordinaria o sucinta, debe presentarse acompañada de una serie de documentos, algunos de naturaleza procesal (como el poder de representación procesal del procurador, entre otros mencionados por el art. 264 LEC), otros de naturaleza material. Estos últimos son, básicamente, aquellos en los que las partes funden los derechos que alegan y otros que servirán como medios de prueba el momento oportuno, pero que la norma exige aportar en este momento inicial (Vid., como regla general, lo previsto en el art. 265. En concreto, respecto de los informes periciales, art. 336 LEC y el art. 299 en relación con los medios de reproducción de imagen y sonido).

De la demanda y de los documentos que la acompañen se deben aportar un número de copias igual a cuántas sean las otras partes, ello aunque la demanda se presente por vía telemática o electrónica, según dispone el art. 273.3 LEC.

1.2. La contestación a la demanda

La contestación a la demanda es el escrito que presenta el demandado en respuesta a las alegaciones y peticiones que el actor hizo constar en su demanda. De entre las diversas posturas que puede adoptar un demandado —objeto de estudio detallado en otro curso— la de contestar a la demanda es una de ellas.

En su contestación, el demandado puede llevar a cabo diversas estrategias o desarrollar diferentes líneas de resistencia frente a lo pedido por el actor. Así, como también se estudiará en su momento, el demandado puede allanarse, puede negar hechos sin defensa alguna, puede admitir hechos y negar las consecuencias jurídicas pretendidas por el actor y puede formular oposiciones activas, bien de naturaleza procesal (mediante las llamadas excepciones procesales), bien de carácter material (haciendo valer excepciones materiales, como lo son la caducidad o la prescripción, entre otras).

La contestación a la demanda también está sujeta al cumplimiento de ciertos requisitos formales (art. 405.1 LEC), prácticamente idénticos a los que rigen para la demanda. Para los supuestos en los que cabe utilizarla en modo formulario existen, también para la contestación, modelos impresos puestos a disposición del demandado, para que a partir de ellos genere su contestación a la demanda.

1.3. La reconvención y su contestación

Se produce una reconvención cuando el demandado, tras contestar a la demanda que el actor dirigió frente a él, formula a continuación una demanda dirigida contra el actor y/o contra otros sujetos litisconsortes del actor. Así, el demandado se convierte en actor reconvencional, y el actor principal pasa a ser un demandado reconvencional.

No cabe formular reconvención en todos los procesos ni en cualquier circunstancia, dado que la LEC exige el cumplimiento de una serie de requisitos (Vid arts. 406 y 438 LEC).

La interposición de la demanda reconvencional, cuando proceda y sea admitida, implicará la entrada en el proceso de nuevas pretensiones, así como de los hechos y el Derecho sobre el que se basen, produciéndose con ello una ampliación del objeto procesal.

Quien resulte ser el demandado reconvencional (el actor y/o algún otro litisconsorte) deberá contestar a la demanda reconvencional mediante su propia contestación, con las formalidades y alegaciones ya vistas al hablar de la contestación a la demanda.

2. LOS ACTOS DE ALEGACIONES EN EL PROCESO PENAL

No resulta sencillo sistematizar brevemente los actos que en el proceso penal sirven para introducir en él alegaciones de las partes. En el proceso civil, como se vio, los actos son precisos y temporalmente tasados, con las excepciones aludidas, por las que se permite la incorporación de alegaciones en relación con hechos y Derecho en un momento posterior al que la LEC prevé con carácter general. Sin embargo, la estructura y el desarrollo del proceso penal dificultan la clasificación, pues los procesos penales son, con excepciones, procesos complejos a causa de sus diversas fases y dinámica.

Por un lado, desde luego, los actos de parte en los que se introducen alegaciones en el proceso penal son, en primer lugar, aquellos por los que comienza el proceso: la denuncia (arts. 259 a 269 LECRIM) y la querella (arts. 270 a 281 LECRIM), como regla general. En ambos escritos, que se estudian con detalle en el curso que corresponde, el sujeto que pretende activar el proceso penal se dirige al órgano jurisdiccional (o a la policía, o al Ministerio Fiscal, según los casos) trasladándole una serie de alegaciones en relación con los hechos sucedidos, supuestamente constitutivos de delitos y, con mayor o menor alcance, en relación también con las normas jurídicas aplicables.

Si los escritos, bien la denuncia, bien la querella, prosperan y tienen el efecto de abrir el correspondiente proceso penal, la primera fase que se desarrollará será la destinada a la llevar a cabo la investigación criminal, conocida como fase de instrucción. En esta fase, el sujeto pasivo del proceso tiene la cualidad de investigado y las diligencias de investigación que se realizan van perfilando paulatinamente el contenido lo que más adelante será —si es que llegan— el escrito de acusación y su correlativo escrito de defensa.

De este modo, cuando tras la investigación criminal, dirigida por el juez de instrucción, se han realizado las diligencias de investigación necesarias para acotar de manera más precisa los hechos y el derecho aplicables, son las partes las que solicitan, bien el sobreseimiento de la causa, bien la apertura del juicio oral.

Si se abre el juicio oral, tras los detalles y complejidades que ahora no procede destacar, las partes acusadoras formularán entonces sus escritos de acusación y en ellos llevarán a cabo alegaciones e introducirán con ellas su petición dirigida al tribunal. Por su parte, el ahora acusado introducirá sus propias alegaciones y su petición mediante el escrito de defensa.

En todo caso, la acusación ahora formulada (con sus alegaciones sobre hechos, derecho, circunstancias modificativas de la responsabilidad, grado de participación del supuesto autor, etc.) tiene carácter provisional (Vid. arts. 649 y 785 LECRIM), dado que las pruebas todavía no se han practicado y el resultado de su práctica puede hacer preciso modificar alguna de las alegaciones o peticiones contenidas en la acusación y/o en la defensa.

Tras la práctica de la prueba en el acto del juicio oral la acusación tiene la oportunidad de convertir en definitivas sus alegaciones y peticiones o, al contrario, modificarlas, con ciertos e importantes límites (art. 788.4 LECRIM). Del mismo modo, la defensa podrá variar sus alegaciones como resultado de la prueba practicada.

ESQUEMA TEMA 15

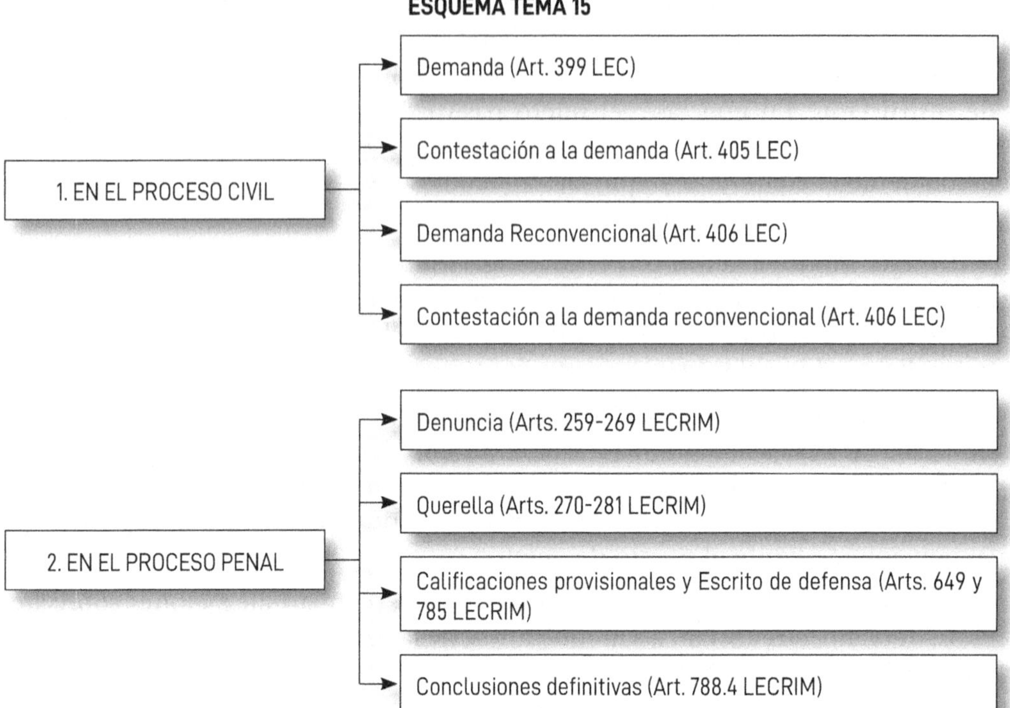

Tema 16

ACTOS DE PRUEBA

Verónica López Yagües

SUMARIO: 1. LA PRUEBA COMO ACTO DE PARTE. CONCEPTO Y CARACTERES. 2. PROPOSICIÓN, ADMISIÓN Y PRÁCTICA DE LA PRUEBA EN EL PROCESO CIVIL. SU VALORACIÓN. 2.1. La iniciativa probatoria. 2.1.1. La proposición y práctica de la prueba a instancia de parte, como regla. 2.1.2. La prueba de oficio, como excepción. 2.2. La proposición de la prueba como acto procesal de las partes. 2.2.1. Tiempo o momento en que han de ser propuestas las pruebas. 2.2.2. Forma y contenido de la proposición de medios de prueba. 2.3. La admisión de la prueba: la superación del triple juicio de pertinencia, utilidad y licitud. 2.3.1. Pertinencia y utilidad de la prueba. 2.3.2. La exigencia de legalidad del medio probatorio. 2.4. La práctica de los actos de prueba. 2.4.1. Su práctica ante el Juez, como regla. 2.4.2. Lugar. 2.4.3. Forma de práctica. 2.5. Valoración de la prueba y su motivación. 2.5.1. Las máximas de experiencia como instrumento o criterio de valoración. 2.5.2. La exigencia de motivación de la valoración probatoria. 3. EL PROCEDIMIENTO PROBATORIO Y VALORACIÓN DE LA PRUEBA EN EL MARCO DEL PROCESO PENAL. 3.1. La iniciativa probatoria. 3.2. El procedimiento probatorio. 3.2.1. Proposición de las pruebas. 3.2.2. Admisión. 3.2.3. Práctica de la prueba. 3.2.4. Libre valoración de la prueba penal. 3.2.4.1. La regla "in dubio pro reo" y el derecho a la presunción de inocencia. 3.2.4.2. La expulsión o imposible valoración de la prueba prohibida o ilícita. 3.2.5. Valoración probatoria y deber de motivación.

1. LA PRUEBA COMO ACTO DE PARTE. CONCEPTO Y CARACTERES

Los actos de prueba son, junto a las solicitudes, alegaciones y conclusiones, actos de parte dirigidos a obtener una determinada resolución del órgano judicial.

Son actos, pues, que despliegan sus efectos dentro del proceso, no fuera de este, siempre que reúnan la doble condición de ser admisibles y resultar fundados.

En particular, la plena eficacia de los "actos de aportación de prueba" se hace depender de la observancia de los presupuestos y requisitos procesales que a estos se impone en tres momentos diferenciados que se corresponden con su "proposición", "admisión" y "práctica".

Como es sabido, las normas o preceptos legales contienen supuestos de hecho, formulados en abstracto, a los que viene anudada una concreta consecuencia de carácter jurídico. La aplicación, pues, del precepto legal al caso concreto exige, como primer paso, acreditar la existencia de un hecho o hechos subsumibles en ese "supuesto fáctico" contenido en la norma para, seguidamente, determinar si procede o no aplicar la consecuencia jurídica que, según esta, ha de llevar aparejada.

A tal efecto, sin embargo, no bastan las alegaciones, en un sentido u otro, que formulen las partes, sino que, de cara a lograr la convicción del juzgador acerca de la existencia del hecho mismo y su posible integración en el supuesto que acoge la norma, ha de desarrollarse cierta actividad tendente a confirmar ese doble extremo.

En el proceso civil, particularmente —algo distinto ha de afirmarse respecto del proceso penal— son las partes las que han de proporcionar al juzgador el material de hecho en el que fundan sus peticiones o, si se prefiere, las que han de introducir los hechos en el proceso y quienes, por su cercanía y conocimiento de estos, han de evidenciar su existencia en la realidad.

A la actividad desarrollada con ese fin y, también, al resultado que esta arroje, se denomina prueba, y es que, en el lenguaje procesal, no es uno o único el sentido atribuido al término "prueba" sino que sirve para designar, como se indicaba, tanto la actividad en que esta consiste, cuanto el resultado o conclusión a la que conduce e, incluso, el medio a través del cual se alcanza ese resultado. A propósito de esta lección, interesa valerse del primero de ellos para, desde una perspectiva claramente técnica, definir la prueba como "la actividad de carácter procesal dirigida a convencer al juzgador acerca de la veracidad o exactitud de los hechos que se afirman existentes en la realidad".

En atención a la finalidad a la que sirve, la prueba se concibe como un acto de parte dirigido a proporcionar al juzgador, información acerca del hecho sobre el que apoya su pretensión. De este concepto pueden extraerse los siguientes caracteres definitorios:

a) La prueba es actividad que, en esencia, corresponde a las partes, aun cuando excepcionalmente pueda ser desarrollada por el órgano judicial

b) Es actividad de carácter procesal, toda vez que se desarrolla en el marco del proceso y vierte en él sus efectos

c) Las normas en las que se contiene su regulación son también de carácter procesal, cualquiera que sea el cuerpo legal en el que se contengan; no en vano, son normas que establecen los requisitos de admisibilidad, práctica y valor o eficacia de las pruebas desarrolladas en y para el proceso.

d) Su finalidad es fijar los hechos para que el Juez o Tribunal los tome como ciertos en su sentencia. Con ella no se pretende, pues, convencer al juzgador acerca de los hechos en la forma en que sucedieron en la realidad, sino de la veracidad de la versión o afirmaciones que, en relación con estos, realizan las partes. En definitiva, tiende a lograr el convencimiento de este acerca de la realidad de los hechos afirmados.

2. PROPOSICIÓN, ADMISIÓN Y PRÁCTICA DE LA PRUEBA EN EL PROCESO CIVIL. SU VALORACIÓN

2.1. La iniciativa probatoria

El enjuiciamiento civil moderno sienta sus bases sobre el binomio formado por los principios dispositivo y de aportación de parte, ambos relativos a la formación del material probatorio, aunque autónomos, por más que el proceso regido por el primero, normalmente, lo esté también por el segundo de ellos y viceversa.

Con arreglo al principio dispositivo, el señorío del proceso, en cuanto a su inicio y la determinación de su objeto, corresponde a las partes que, en contrapartida, asumen la carga de probar la veracidad de los hechos en los que fundan sus pretensiones. La vigencia del principio de aportación de parte —proyección del dispositivo— se traduce en la exigencia de que sean estas, las partes, las que introduzcan en el proceso ese material fáctico y propongan al juez la práctica de las pruebas tendentes a acreditar los hechos que aleguen.

Ambos principios, en perfecta interacción, son rectores del proceso instaurado por la Ley 1/2000, de 7 de enero, de Enjuiciamiento Civil, en general, y de la materia probatoria, en particular, lo que, en síntesis, equivale a afirmar que en el modelo procesal civil español, la iniciativa probatoria queda reservada a las partes. Conforme declara el apartado VI de la Exposición de Motivos de la LEC, es a quien cree necesitar tutela a quien se atribuyen las cargas de pedirla, determinarla con suficiente precisión, alegar y probar los hechos y aducir los fundamentos jurídicos correspondientes a las pretensiones de aquella tutela".

El modelo de "proceso social" que introdujo la LEC exige, sin embargo, que el órgano judicial no quede absolutamente al margen de esa actividad, de modo que, evitando toda invasión del espacio reservado a las partes, debe asumir cierta responsabilidad en el éxito de la prueba y el proceso en su conjunto. Así, lejos de resultar mero espectador de la actividad probatoria, el juzgador queda comprometido en la justa composición de los litigios y provisto de los instrumentos adecuados a estos efectos, en particular y más que ningún otro, de la prueba con la que ha de evidenciar la certeza o no del hecho sobre el que ha de realizar el derecho.

Sin embargo, no ha de perderse de vista que la atribución al juez de una iniciativa probatoria amplia puede resultar algo tan desacertado y erróneo como el conferirla con exclusividad a las partes; razón por la que, en esa tensión, el legislador se haya decidido por atribuir el máximo poder en este terreno a las partes y ceder al juez de una parcela mínima que le permita practicar excepcionalmente pruebas de oficio, en combinación con amplias potestades en materia de control y dirección de la actividad probatoria.

2.1.1. La proposición y práctica de la prueba a instancia de parte, como regla

Reserva, efectivamente, el art. 282 LEC a las partes la iniciativa probatoria, toda vez que, excepción hecha de los denominados "procesos no dispositivos —esto es, los regulados en el Título I del Libro IV de la LEC— y el estrecho margen dejado a la práctica de las llamadas diligencias finales no propuestas por las partes, el legislador limita la práctica de pruebas *ex officio iudicis*.

En efecto, de acuerdo con lo que dispone el art. 282.1 LEC, corresponde a las partes la tarea de alegar y probar la veracidad de los hechos que son base de sus respectivas pretensiones; según su tenor "las pruebas se practicarán a instancia de parte" y, en el mismo sentido, señala el art. 216 LEC que "los tribunales civiles decidirán los asuntos en virtud de las aportaciones de hechos, pruebas y pretensiones de las partes" excepto que la ley disponga otra cosa en casos especiales".

El fundamento de esta atribución de la iniciativa probatoria a las partes reside en la naturaleza privada de los derechos subyacentes al proceso civil. En tanto que titulares de los intereses que en él se debaten, y por su más cercano y mejor conocimiento de los hechos, han de ser estas las que, tras introducirlos en el proceso, propongan al juez la práctica de los medios de prueba tendentes a acreditar su existencia o verosimilitud.

El legislador grava, pues, a las partes con la carga de probar los hechos que afirman y, por ende, son estas las que han de asumir las consecuencias derivadas de la falta o insuficiencia probatoria en el proceso, en la proporción que resulta de aplicar las reglas que establece el art. 217 LEC.

Conforme a este último precepto, la carga de la prueba incumbe a quien, bien en su demanda, bien al formular reconvención, propugna la certeza de los hechos; es, por tanto, quien asume el riesgo de ver desestimada su pretensión en caso de no levantar dicha carga.

2.1.2. La prueba de oficio, como excepción

Aunque limitada, la LEC admite cierta intervención del órgano judicial en la configuración de la actividad probatoria. Así, como excepción a la regla consagrada en su primer apartado, el art. 282.2 LEC faculta al órgano judicial para ordenar la práctica de diligencias probatorias tendentes a la acreditación de los hechos controvertidos del pleito. El rigor, pues, con el que atribuye a las partes la iniciativa probatoria se ve atenuado con esta previsión, según la cual, "el tribunal podrá acordar de oficio que se practiquen determinadas pruebas ( ) cuando así lo establezca la ley".

Son, sin embargo, contadas las ocasiones en las que el legislador cede al juez o tribunal potestad en el acuerdo de los medios de prueba a practicar concentradas —recuérdese— en la regulación de los llamados procesos "no dispositivos" o también denominados, "necesarios" a los que subyace un interés público que prevalece sobre el privado de las partes y desplaza al binomio dispositivo-aportación de parte para dejar paso al formado por los principios de necesidad-investigación como rectores. Esto último se traduce en una mayor implicación del juez en la búsqueda de elementos probatorios sobre los que formar su convicción, de modo que, no solo puede, sino que debe acordar la práctica de determinadas pruebas con carácter previo a la decisión del litigio.

A esta primera manifestación de iniciativa probatoria del juez ha de sumarse la también excepcional y más limitada facultad de acordar en sede de diligencias finales la práctica de medios de prueba no propuestos por las partes. En particular, viene el juzgador facultado para acordar "que se practiquen de nuevo pruebas sobre hechos ( ) oportunamente alegados" si "los actos de prueba anteriores no hubieren resultado conducentes a causa de circunstancias ya desaparecidas e independientes de la voluntad y diligencia de las partes ( )" siempre que "existan motivos fundados para creer que las nuevas actuaciones permitirán adquirir certeza sobre aquellos hechos" (art. 435.2 LEC).

Y, excepción a la regla que atribuye a las partes la iniciativa probatoria es, sin duda, la fórmula arbitrada por el art. 429.1.2° LEC que incluye la que se ha dado en llamar "advertencia o sugerencia del tribunal" con la que, sin conceder a este último auténtica potestad en el acuerdo de las pruebas a practicar, le permite subsanar las deficiencias detectadas en la proposición probatoria que las partes formulan.

Con esta previsión, se pretende dar solución o, si se prefiere, anticiparse a eventuales problemas derivados de la insuficiente o inadecuada proposición de medios de probatorios llevada a cabo por las partes.

Nótese que, aunque en puridad no constituye una proposición probatoria *ex officio iudicis*, el ejercicio de esta potestad conferida al juzgador genera, de facto, el mismo efecto, cual es, la práctica de una prueba, cuando menos inicialmente, no propuesta por las partes. Constituye, pues, una potestad de dirección material del proceso en cuanto a la práctica y desarrollo de la prueba, toda vez que la prueba es finalmente propuesta por la parte y ha de superar —y se intuye que lo hará, sin dificultad, puesto que la propuesta llega del propio juez— el necesario juicio de admisibilidad que atiende a su licitud, pertinencia y utilidad para el esclarecimiento de los hechos controvertidos del pleito.

En resumen, es facultad concedida al juzgador de la que hacer prudente uso, si concurren las siguientes circunstancias: a) la necesaria existencia de un hecho controvertido, b) la exigencia de que la indicación probatoria se realice a la parte gravada con la carga de probar el hecho que precisa ser esclarecido o apreciado, c) que este resulte relevante para la decisión del litigio, y d) que pueda presumirse fundadamente que, de no llevar a cabo esta invitación a la parte para que rectifique su propuesta, tal hecho quedará huérfano de prueba.

2.2. La proposición de la prueba, como acto procesal de las partes

Como se adelantaba, corresponde a las partes proponer las pruebas de las que intenten valerse para la lograr la convicción del juzgador; la "proposición probatoria" constituye, pues, el acto procesal por el que la parte o partes manifiestan al Tribunal, explícitamente, los medios de prueba cuya práctica interesan y el objeto sobre el que la prueba ha de versar, y de forma implícita el deseo de que, tras su admisión, lleve a cabo la práctica de todos ellos.

Este es, en definitiva, el punto en el que arranca la actividad probatoria desarrollada en el proceso, de ahí lo conveniente de examinar el modo y momento en los que, en condiciones ordinarias, debe la parte proponer la prueba o pruebas de las que pretende valerse, sin perder de vista que, en circunstancias más o menos extraordinarias, puede la parte proponer prueba para su práctica anticipada o en sede de diligencias finales (doble posibilidad que será objeto de particularizado análisis en la lección correspondiente).

2.2.1. Tiempo o momento en que han de ser propuestas las pruebas

En condiciones ordinarias, y existiendo controversia o disconformidad entre las partes acerca de los hechos en los que fundan sus pretensiones, el trámite de la audiencia previa que se celebra en el juicio ordinario es el momento procesal oportuno para que estas propongan los medios de prueba con los que pretenden acreditar la veracidad de sus afirmaciones.

Así se desprende de lo dispuesto por el art. 429.1 LEC conforme al cual, ante la falta de acuerdo de las partes para poner fin al litigio y existiendo hechos controvertidos, "la audiencia proseguirá para la proposición y admisión de la prueba". En este punto se cierra, pues, la fase alegatoria del proceso dándose inicio a la que puede entenderse como probatoria que, se insiste, arranca con la proposición de la prueba por las partes procesales.

La LEC hizo desaparecer físicamente el trámite de solicitud de "recibimiento del pleito a prueba" previsto en la de 1881, por carecer de sentido en un procedimiento predominantemente oral y con mayor implicación del juzgador en su ordenación como el que instauraba. Esa petición, con la que se insta al juzgador a que dé apertura al periodo probatorio, ha de entenderse implícita en la proposición de medios de prueba formulada por las partes, a la que siguen las actuaciones ordenadas, en su caso, a la admisión de las pruebas propuestas y su consiguiente práctica, en los que intervienen el órgano judicial y, eventualmente, sujetos distintos.

Por su parte, la existencia de hechos controvertidos en el seno del juicio verbal abre a las partes la posibilidad de proponer, en el acto de la vista, las pruebas de las que intente valerse. Conforme dispone el art. 443 LEC, "si no hubiere conformidad con los hechos —señala en el precepto en su apartado 4º, *in fine*— se propondrán las pruebas".

La concurrencia de circunstancias distintas —ya se avanzaba— como las que remiten al régimen de los arts. 429 y 435 LEC e, incluso, distintas de estas —en alusión a supuestos excepcionales como el que supone el surgimiento de hechos nuevos o de nueva noticia (art. 286 LEC)— determina que las partes puedan o deban proponer la prueba de la que intenten valerse fuera de los actos acabados de indicar. Su concreto estudio se remite a la lección dedicada al detallado análisis de la prueba, en el manual de esta colección dedicado al "Derecho Procesal Civil".

2.2.2. Forma y contenido de la proposición de medios de prueba

La Ley de Enjuiciamiento Civil es parca en palabras a la hora de señalar la forma en que las partes han de proponer las pruebas cuya práctica interesen.

Según dispone el art. 284 LEC, "la proposición de los distintos medios de prueba se hará expresándolos con separación" para añadir, más tarde, la exigencia de hacer constar el "domicilio o residencia de las personas que hayan de ser citadas, en su caso, para la práctica de cada medio de prueba". Nótese que, al exigir su proposición de forma separada, el legislador pretende excluir propuestas genéricas y que la parte indique aquello que ha de ser objeto de prueba sin señalar el medio de prueba con el que pretende acreditarse.

Además, a la vista de las concretas exigencias marcadas por este art. 284 LEC, la escritura parece un requisito formal de la proposición probatoria, sin embargo, ni la regulación del juicio ordinario ni la del verbal, prevén la articulación de un trámite escrito para la proposición por las partes de las pruebas de las que intenten valerse. Rige, pues, la oralidad en los trámites a través de los que, en un procedimiento y otro, se propone la prueba, esto es, los propios de la audiencia previa en el juicio ordinario y el acto de la vista en el juicio verbal.

Esto último permite concluir que, efectivamente, al margen de la posibilidad de hacerlo por escrito, pueden las partes proponer oralmente la prueba, sin perjuicio de dejar constancia escrita de la identidad y domicilio de las personas que han de ser llamadas a intervenir en la práctica de la prueba o de cuantos datos semejantes se requieran.

2.3. La admisión de la prueba: la superación del triple juicio de pertinencia, utilidad y licitud

La pertinencia y la utilidad, además de la licitud, son los parámetros de legalidad que ha de observar el juzgador a la hora de decidir sobre la admisión o inadmisión de las pruebas que las partes proponen para su práctica en juicio.

2.3.1. Pertinencia y utilidad de la prueba

La admisión de toda prueba se hace depender de su consideración como "pertinente y útil" para el esclarecimiento de los hechos, condiciones estas que, según se desprende de lo dispuesto por el art. 283 LEC, reúne aquella que guarda relación más o menos directa con el objeto del proceso (goza de pertinencia) y que, según reglas y criterios razonables y seguros, puede contribuir a esclarecer los hechos controvertidos (de ahí su "utilidad").

El concepto de "pertinencia" de la prueba no es, sin embargo, pacífico a nivel doctrinal ni tampoco jurisprudencial. Según algunas voces, la pertinencia de la prueba marca la "relación entre el hecho que pretende acreditarse mediante un determinado medio probatorio y los hechos objeto de la controversia, así como su aptitud para fundar la convicción del juzgador". En cualquier caso, de acuerdo con el que parece criterio doctrinal y jurisprudencial mayoritario, resolver la pertinencia o impertinencia de la prueba hace obligado atender a una triple exigencia:

a) Como presupuesto elemental se impone la necesidad de que el hecho que está en su base y ha de ser objeto de prueba no sea "ajeno al proceso"; en este sentido, se ha de entender impertinente y debe ser rechazada la prueba que no tenga conexión ni enlace con los hechos fundamentales del pleito.

b) Es, además, requisito inexcusable la "discrepancia del hecho", su carácter "controvertido"

c) A las anteriores se suma la exigencia de que el mismo influya de forma decisiva en resolución del juicio, ello, a pesar de lo dificultoso de apreciar *a priori* su trascendencia, de ahí que esta última exigencia se entienda equivalente a la necesidad de que la prueba sea relevante, esencial o trascendental en el resultado.

Con arreglo a estas directrices, la prueba ha de entenderse impertinente si con su práctica tratan de acreditarse extremos ajenos al objeto del proceso carentes de sentido o relevancia para su conocimiento.

Por su parte, la **"utilidad"** de la prueba en punto a su admisión se resuelve en la exigencia de que la misma verse sobre hechos necesitados de prueba y relevantes para la decisión del litigio, y que el órgano judicial pueda pronosticar, con mayor o menor fiabilidad, que servirá a los fines pretendidos. Así, ha de entenderse inútil toda prueba que tienda a acreditar hechos admitidos por las partes, no controvertidos o favorecidos por una presunción.

El mismo requisito formulado en términos negativos —forma en que lo hace la propia LEC— lleva a afirmar la "inutilidad" de aquella prueba que, si bien tiene por objeto hechos inciertos que la precisan, su práctica se manifiesta innecesaria para la formación de la convicción del juzgador acerca de los hechos discutidos del pleito.

Asimismo, la "inutilidad" de la prueba se ha asociado, tanto a nivel doctrinal cuanto jurisprudencial, al término "inadecuación" para entender que la misma puede fundarse en la falta de idoneidad del medio respecto del fin que con él se persigue. Con arreglo a esta concepción, pues, prueba inútil o "inconducente" ha de ser aquella que, conforme a un pronóstico fiable basado en la experiencia, cabe pensar que no logrará el resultado pretendido.

Con todo, a nadie se le oculta la dificultad de apreciar *a priori* condiciones tales como la relevancia de la prueba o, si se prefiere, su influencia en el futuro fallo, y es por ello que, solo si conforme a un "criterio razonable y seguro" —empleando términos que maneja el legislador— y, en consecuencia, objetivable, puede concluirse que sus resultados no serán de interés o decisivos de cara a la solución del litigio, el medio probatorio habrá entenderse "inútil" con lo que ello implica en orden a su admisión y consiguiente práctica.

De lo anterior se concluye que ha de ser *ad cassum*, y en atención a los hechos que pretendan probarse, como puede o debe el juez ponderar las posibilidades del medio de prueba propuesto de contribuir en alguna medida a formar su convicción; y, en cualquier caso, se impone una interpretación restrictiva de este requisito de admisibilidad, potencial generador de indefensión para la parte, de suerte que, la duda del juzgador —por mínima que esta sea— acerca de la utilidad-inutilidad de la prueba, ha de inclinarse por admitirla. Conforme el TS ha tenido ocasión de señalar "vale más el exceso en la admisión de pruebas que en su denegación, sin que ello implique desapoderar a los juzgadores de instancia de su potestad para pronunciarse sobre la pertinencia de las penas propuestas, sino acoger, con la filosofía y sentido que le inspira el art. 24.2 CE, en cuanto las probanzas no se manifiesten claramente ausentes de adecuación y utilidad".

En conclusión, la prueba ha de ser admitida si resulta necesaria y, con arreglo a los criterios generales del art. 283 LEC, puede objetivamente entenderse conducente a acreditar una afirmación de hecho de relevancia en el proceso.

2.3.2. La exigencia de legalidad del medio probatorio

Al doble requisito de "pertinencia" y "utilidad" añade el legislador como exigencia en orden a su admisión, la "legalidad" de la prueba; no en vano, según dispone el art. 283.3 LEC, con evidente vocación de generalidad, "nunca se admitirá como prueba cualquier actividad prohibida por la ley".

La observancia de este requisito de legalidad impone una doble exigencia, de una parte, la necesidad de que el medio probatorio venga legalmente previsto, y de otra, que la propia ley no excluya la práctica de este último en el concreto proceso en que haya de ser practicado; una exigencia que, ampliamente entendida, se traduce en la exclusión o rechazo de todo aquel medio de prueba cuya práctica exija el desarrollo de una actividad legalmente proscrita.

Parece acertada, pues, la opinión extendida entre la doctrina de que el citado art. 283.3º LEC alude a cierta "ilegalidad" de la prueba que no se corresponde con la "ilicitud probatoria" a la que se refiere el art. 287 LEC fundada —según dicción literal de este último precepto— en la "vulneración de algún derecho fundamental" en el origen u obtención de alguna de las "pruebas admitidas". Nótese que la alusión en el precepto a la existencia de una prueba o pruebas ya admitidas es el rasgo que distingue a una y otra previsión, y evidencia que no es precisamente la ilicitud de la fuente probatoria el defecto que ha de ser tenido en consideración por el juzgador en orden a la admisión-inadmisión del medio probatorio interesado.

2.4. La práctica de los actos de prueba

Sin perjuicio del estudio, en la lección que corresponda, de los requisitos y condiciones específicas de la práctica de cada uno de los medios de prueba legalmente previstos, conviene en esta una breve referencia a lo que bien puede entenderse como "aspectos generales de la práctica de la prueba" y, en particular, a las condiciones de lugar y forma.

2.4.1. Su práctica ante el Juez, como regla

Establece, de forma expresa, el art. 289.2 LEC que la presencia del órgano judicial resulta inexcusable en la práctica de los diferentes medios de prueba, con las excepciones que luego se indican.

Como regla, pues, es el juez quien recibe los actos de práctica de la prueba, y la excepción se recoge en el apartado 3 del mismo art. 289 LEC, que autoriza la realización de alguno de ellos, no ante el órgano judicial, sino el Letrado de la Administración de Justicia. En cualquier caso, los practicados ante el LAJ, son actos que tienen por objeto dejar constancia de la realización de una determinada actuación y no precisan de interpretación y valoración alguna por su parte —presentación de documentos y sus copias o la mera ratificación de un informe, *v. gr*— labor que corresponde exclusivamente al órgano judicial.

2.4.2. Lugar

En lo que atañe al lugar en el que los actos de prueba son practicados, el art. 289.1 LEC sienta, como regla, que esta se ha de practicar en la sede judicial.

Sin embargo, por razón de su naturaleza o circunstancias —como sucede con el reconocimiento judicial de un determinado espacio o la necesidad de su práctica fuera de España, *v. gr*— determinados actos de práctica de prueba han de realizarse en un lugar distinto. En estos casos, bien mediante el desplazamiento del juez a un lugar distinto, dentro de su territorio, bien a través del llamado "auxilio judicial" —que permite la práctica fuera de su territorio y por un juez distinto al que conduce el proceso— la prueba se practica válidamente fuera de la sede judicial *(vid.* art. 169.4 II LEC).

2.4.3. Forma de práctica

El mismo art. 289.1 LEC antes citado, detalla las condiciones que, con carácter general, han de rodear la práctica de los actos de prueba, su necesario desarrollo en condiciones de contradicción, oralidad y publicidad, con la exigencia de que han de ser documentados.

Así, y de nuevo como regla, los actos de práctica de prueba se celebran oralmente —excepción hecha de aquellos que, por razón de su naturaleza, adoptan forma escrita— durante el desarrollo del acto del juicio o vista, con publicidad, pues, salvo excepciones, y de forma concentrada (art. 290 LEC) a no ser que se trate de actos de anticipación o aseguramiento de la prueba, o deba esta practicarse en un lugar distinto.

La garantía de contradicción es consustancial al acto de práctica de la prueba. Ello implica la necesidad de asegurar la presencia e intervención de las partes en su desarrollo, a cuyo efecto —como bien dispone el art. 291 LEC— han de ser convocadas al acto de práctica con antelación suficiente, nunca inferior a 48 horas, y con indicación del lugar, fecha y hora en la que será llevado a cabo.

Conviene anotar que el derecho de las partes a estar presentes ha de entenderse garantizado si se dan las condiciones que posibiliten su asistencia, de suerte que la voluntaria incomparecencia de la parte al acto de práctica de la prueba, no impedirá su celebración.

2.5. *Valoración de la prueba y su motivación*

En líneas anteriores se identificaba la prueba con la actividad procesal de las partes dirigida a convencer al juzgador acerca de la veracidad de los hechos afirmados por estas, y su valoración es, precisamente, la actividad que corresponde al Juez o Tribunal realizar para alcanzar o no ese convencimiento cuyo resultado plasma en su sentencia.

La prueba no ha de convencer al juez acerca de la certeza del hecho acaecido en la realidad, sino de la certeza o verosimilitud de las afirmaciones de hecho realizadas por las partes. Al valorar el resultado de la actividad probatoria practicada, el juez obtiene diversos juicios, bien personalmente (si la prueba es directa), bien a través de otra persona o medio (pruebas indirectas) acerca de si el hecho o hechos existen, y cómo son o sucedieron en la realidad; son juicios que somete a un complejo razonamiento lógico, estructurado en dos momentos: el primero, la operación lógica consistente en atribuir a estos significado o, si se prefiere "interpretar" la prueba en el mismo instante en que la reciba —*v.gr.*, tomar conocimiento del contenido del informe pericial— y, realizada esta primera, una segunda operación lógica, ya de valoración, a efectos de determinar la veracidad o verosimilitud del hecho o hechos, esto es, determinar, de entre los juicios que tiene ante él, cuál de ellos responde a la verdad y ha de prevalecer sobre el resto.

2.5.1. Las máximas de experiencia como instrumento o criterio de valoración

Las "máximas de experiencia" son —señala STEIN— juicios hipotéticos de contenido general desligados de los hechos concretos que se juzgan en el proceso, procedentes de la experiencia pero independientes de los casos particulares de los que se han inducido o resultan, y que pretenden tener validez para otros asuntos. Son el resultado de la experiencia aplicada al proceso.

En ocasiones, es el propio legislador procesal el que impone el uso de la máxima de experiencia, en otras, en cambio, faculta al juzgador para que, libremente, se sirva de la máxima de experiencia que estime apropiada. En atención, pues, al juego o forma en que operan esas máximas en la valoración de la prueba, cabe la distinción entre un modelo o sistema de prueba legal o tasada, y un sistema de prueba libre.

El **sistema de valoración libre** permite al juzgador formar su convicción sobre el valor de las pruebas, aplicando con libertad las máximas de experiencia —bien personalmente adquiridas a lo largo de la vida, bien, valiéndose de máximas especializadas, recibidas del perito— de suerte que solo el juzgador determina si un hecho concreto se entiende probado y dentro de qué límites.

El **sistema de valoración legal** implica la imposición al órgano judicial de una serie de reglas valorativas preestablecidas por la ley, que le indican cuándo debe entenderse probado un hecho y en qué medida.

El legislador procesal civil español ha impuesto las reglas de valoración tasada de la prueba en dos de ellas, el interrogatorio de parte y la prueba documental —de acuerdo con lo dispuesto por los arts. 316.1 y 319 LEC— para apostar abiertamente por el principio o regla de libre valoración, en relación con el resto de pruebas legalmente previstas. En la valoración de estas otras, pues, no ha de atenerse el juez a más reglas que las que impone la sana crítica o, si se prefiere, habrá de ajustarse a máximas de experiencia no codificadas.

Resta señalar que la LEC no contempla prueba o medio probatorio privilegiado alguno, puesto que el resultado de cualquiera de las pruebas que se practiquen, puede ser desvirtuado por el que arroje cualquier otra, sea esta libre o tasada.

2.5.2. La exigencia de motivación de la valoración probatoria

El razonamiento o proceso lógico —y, por tanto, interior— llevado a cabo por el juzgador al valorar la prueba, ha de exteriorizarse, lo que se traduce en el deber, para este último, de motivar en su sentencia la valoración probatoria llevada a cabo.

Esa motivación fáctica de la sentencia permite controlar el modo en que las pruebas se han desarrollado, cuáles han sido objeto de valoración y con qué resultados y, lo que es fundamental, muestra el camino que ha conducido a la adopción del fallo; no en vano, se construye poniendo en contacto la fuente-medio de prueba con los hechos probados, con indicación del modo o camino seguido para, desde los primeros, llegar a estos.

A pesar de su consagración en el propio Texto Constitucional —*vid.* art. 120.3 CE— en la práctica de los Tribunales acabó por imponerse cierta fórmula aparentemente bondadosa que, sin embargo, ha acabado por traducirse en la ignorancia de esta exigencia, cual es, la consistente en servirse de una "valoración conjunta de la prueba" que sustituye la necesaria valoración individualizada de las distintas pruebas practicadas y, en particular, lleva a desatender el valor que ha de otorgarse a las pruebas legales, de ahí lo peligroso o inadecuado de su empleo.

3. EL PROCEDIMIENTO PROBATORIO Y VALORACIÓN DE LA PRUEBA EN EL MARCO DEL PROCESO PENAL

Las consideraciones efectuadas en relación con el concepto y finalidad de la prueba en el primero de los epígrafes de esta lección —en particular, su consideración como acto procesal de la parte dirigida a lograr la convicción del juzgador respecto de la veracidad de los hechos afirmados por las partes— son en su mayor parte válidas respecto de la prueba penal que en este otro se examina; precisan, sin embargo, de cierto matiz corrector y de adaptación, habida cuenta del diferente objeto de la prueba en este marco procesal, porque distintas son las realidades —esencialmente fácticas— que han de ser probadas en este otro; y, qué duda cabe, los diferentes principios que informan el proceso penal, respecto de los que son propios del proceso civil, tienen clara y trascendental repercusión en el ámbito probatorio.

3.1. La iniciativa probatoria

Manifestación de la vigencia en el proceso penal de los principios de aportación e investigación se advierte en las dos fases en las que fundamentalmente se estructura. El principio de investigación u oficialidad, rige en la fase de instrucción, mientras el de aportación es rector en la fase de juicio oral.

Los hechos son introducidos en la fase de investigación o instrucción de diversas formas. Constan, efectivamente, en los distintos instrumentos de inicio del proceso —denuncia, querella, y atestado policial— pero, en absoluto queda el Juez de Instrucción vinculado a los hechos que estos incorporan; el sumario, las diligencias previas o urgentes que incoa, dan pie a la práctica de actos de investigación, en buena medida propuestos por las partes, pero que el juez, de oficio, puede sin duda acordar, a los efectos de hacer constar la existencia del delito y su presunta autoría. En consecuencia, y como resultado de la actividad de investigación desarrollada, puede introducir nuevos hechos o modificarlos.

En la fase de juicio oral, la vigencia del principio acusatorio y la necesidad de preservar la imparcialidad judicial, determinan que la aportación de los hechos al proceso corresponda a las partes a través de la formulación de sus respectivos escritos de calificación —en el juicio por delitos leves, de forma oral— y estos —los hechos así introducidos— vinculan al juzgador, que no puede variarlos de forma sustancial.

De igual modo, son las partes las que, en tales escritos, proponen las pruebas de las que intenten valerse para su práctica en el acto del juicio oral, sin perjuicio de la posibilidad de que el propio juez decida, de oficio, ordenar la práctica de las que entienda oportunas. En el proceso penal ha de alcanzarse la verdad material, que no formal —la buscada en el proceso civil— de ahí el peso de su intervención en el desarrollo de la actividad probatoria tendente a su consecución, tanto en lo que atañe al acuerdo cuanto a la práctica de los distintos medios de prueba, en la que participa activamente.

3.2. El procedimiento probatorio

Haciendo abstracción de los aspectos específicos de la proposición, admisión y práctica de cada uno de los distintos medios de prueba, el procedimiento probatorio en el marco del proceso penal es, a grandes rasgos, como sigue.

3.2.1. Proposición de las pruebas

Como se adelantaba, el primero de los pasos en los que se estructura el procedimiento probatorio, la proposición de los medios de prueba para su práctica en el acto del juicio, tiene lugar, con carácter general, a través de la formulación, por las partes, de los escritos de calificación en el proceso sumario, los escritos de calificación provisional (art. 650 LECrim) en el procedimiento abreviado, en los escritos de acusación y defensa (arts. 781 y 784 LECrim), en el procedimiento seguido ante el Tribunal de Jurado, y en el seguido para enjuiciar delitos leves, en el mismo trámite del juicio.

Excepción a lo anterior representa la facultad atribuida al juzgador de acordar, de oficio, la práctica de aquellas pruebas que entienda oportunas para acreditar la existencia del hecho o su autoría. También el surgimiento de nuevos hechos o nuevos elementos de prueba, puede conducir a la articulación de medios probatorios distintos de los inicialmente propuestos.

En el marco, tanto del proceso ordinario, cuanto del procedimiento abreviado, pueden las partes, al inicio del acto del juicio, proponer nuevas pruebas conducentes a acreditar alguna circunstancia relevante para la causa que, de ser admitidas, podrán ser practicadas en el acto del juicio (vid. art. 786.2 LECrim).

Y excepcional, pero posible, es la práctica de nuevas pruebas a instancia de la defensa si, como resultado de las practicadas en el acto del juicio, resulta modificado en el escrito de conclusiones definitivas el tipo penal por el que se acusa o el grado de participación del acusado, de conformidad con lo previsto por el art. 788.4 LECrim.

3.2.2. Admisión

A la vista de los medios de prueba propuestos por las partes, ha de resolver el juez su admisión, indicando de ese modo los que han de ser practicados y los que no.

La admisión de la prueba en el proceso penal se sujeta al triple requisito de pertinencia, utilidad y licitud. Si el Juzgador —a la vista de los escritos de calificación formulados— aprecia la observancia de estos requisitos básicos, junto a los que, de este orden, se exigen específicamente a cada uno de los medios de prueba, admitirá los propuestos, determinando así los que han de ser practicados.

Téngase presente que el Juez o Tribunal admitirá, de entre los legalmente previstos, aquellos que las partes interesen practicar, siempre que la fuente de prueba se haya obtenido sin vulnerar derechos fundamentales, toda vez que, su conculcación genera la que se conoce como "prueba ilícita o prohibida" que, como se adelantaba, no puede surtir efectos en el proceso ni, en consecuencia, ha de tener entrada en él y ser valorada, pudiendo además transmitir su ineficacia a otra u otras que tengan en ella su origen —pruebas, pues, derivadas de la originariamente ilícita—.

La resolución judicial que resuelve la admisión o inadmisión de la prueba adopta forma de auto. Contra el auto admisorio o inadmisorio de la prueba no cabe interponer recurso, si bien, la parte a la que le sea denegada, puede reiterar su petición de admisión al inicio de las sesiones del juicio oral.

Es también irrecurrible el auto que resuelve la admisión probatoria en el procedimiento que se sigue ante el Tribunal de Jurado, si bien, cabe protesta a efectos de ulterior recurso, en caso de rechazo de la prueba propuesta.

3.2.3. Práctica de la prueba

La prueba ha de ser practicada en el acto del juicio, rodeada de los principios de oralidad, publicidad, inmediación y contradicción, excepción hecha de los supuestos en los que ha de ser practicada anticipadamente, ante el riesgo o efectiva imposibilidad de su práctica en ese acto.

En principio, pues, lugar de práctica de la prueba es la sede del Juzgado o Tribunal ante el que se desarrolla el juicio oral, a no ser que, por razones extraordinarias o relacionadas con la propia naturaleza del medio probatorio, haya de ser practicada en un lugar distinto (sucede así, *v.gr.*, con la "inspección ocular" por parte del juez, la testifical o la propia declaración del acusado, en el lugar de comisión del hecho delictivo etc). También la práctica preconstituida de la prueba puede llevarse a cabo fuera del juicio, como se tendrá ocasión de conocer en la lección correspondiente del manual Derecho Procesal Penal.

En lo que atañe a la forma de práctica de la prueba en el juicio oral, dispone el art. 744 LECrim que esta tendrá lugar de forma concentrada, en una o el menor número de sesiones consecutivas posibles, con el fin de evitar que un amplio transcurso de tiempo entre el desarrollo de la actividad probatoria y su valoración dificulte o impida al juzgador retener todos los extremos que, a la vista de su práctica, deba tener en consideración para resolver acerca de la existencia del delito y la responsabilidad por su comisión.

En el acto del juicio, los distintos medios de prueba son practicados, en principio, con arreglo a un orden legalmente establecido —comenzando con la declaración del acusado, las testificales, las periciales y la documental, en su caso— y cada uno de estos, en el orden en que son propuestos por las partes en sus escritos de calificación, a no ser que el juzgador, a instancia de parte o de oficio, estime la conveniencia de alterarlo para facilitar su práctica y así "lograr el mejor esclarecimiento de los hechos o el más seguro descubrimiento de la verdad" (*vid.* art. 701 LECrim)

Así, en primer término, se ha de practicar la prueba propuesta por la acusación —la interesada por el acusador público (Ministerio Fiscal) seguida, en su caso, por la del resto de acusaciones— y, a continuación, la que haya sido propuesta por la defensa, pudiendo cada una de las partes intervenir en la práctica de la propuesta por la contraria, a efectos de contradicción, garantía que exige pleno respeto en el desarrollo del conjunto de la actividad probatoria.

3.2.4. Libre valoración de la prueba penal

La Ley de Enjuiciamiento Criminal española acoge, sin fisuras, un sistema de libre valoración de la prueba, tal y como se desprende de lo dispuesto por el art. 741 LECrim, según el cual, el juez ha de apreciar "según su conciencia, las pruebas practicadas en el acto del juicio" y del art. 717 LECrim, que remite a "las reglas del criterio racional".

Esta potestad atribuida al juzgador le permite valorar la prueba, aparentemente, sin sujeción a regla alguna más allá de las impuestas por su "conciencia", sin embargo, no es ni ha de entenderse una potestad absoluta o libérrima, sino que, tal y como vino a aclarar la paradigmática STC 31/1981, de 28 de julio, le confiere la facultad de valorar libremente las pruebas desplegadas en el plenario, siempre que observe estas exigencias:

a) La valoración ha de recaer sobre auténticas pruebas, por mínimas que sean.

Ello se traduce en la doble exigencia de que exista prueba —o, si se prefiere, una "mínima actividad probatoria"— y que, sólo la prueba, y no el resultado de los actos de la instrucción, que carecen de esa calidad o eficacia, ha de ser valorada como tal para formar su convicción.

b) Objeto de valoración ha de ser solo la prueba "practicada con todas las garantías". En consecuencia, la prueba lograda de forma ilícita —generadora de lo que, a nivel doctrinal, se conoce como "prueba prohibida" o "ilícita"— no tiene cabida en el proceso y, de llegar a él, ha de ser expulsada. En caso alguno puede ser objeto de valoración por el juzgador para formar su convicción.

c) El escrupuloso respeto a la presunción de inocencia y, como clara implicación de este derecho, la necesidad de que la prueba acredite debidamente la culpabilidad del acusado. La presunción de inocencia exige que la culpabilidad del sujeto o, si se prefiere, su participación en la comisión del hecho delictivo, se infiera razonablemente de la prueba practicada, de modo que no pueda ser condenado sin prueba de cargo válida. En definitiva, solo el pleno convencimiento acerca de la culpabilidad permite la condena, de manera que toda insuficiencia probatoria ha de conducir, pues, a la absolución.

La extraordinaria incidencia de estos dos últimos elementos en el ámbito probatorio penal —esto es, la existencia de una regla de exclusión probatoria y la vigencia del derecho fundamental a la presunción de inocencia— hace conveniente traer a estas líneas una breve referencia a ambos, que anticipe ideas básicas acerca de su contenido y alcance que serán objeto de desarrollo en la lección correspondiente del manual dedicado al estudio del proceso penal.

3.2.4.1. La regla "in dubio pro reo" y el derecho a la presunción de inocencia

El derecho fundamental a la presunción de inocencia que consagra el art. 24.2 CE asiste a todo acusado por delito —también al investigado o encausado— y comporta para este, la imposibilidad de ser condenado sin pruebas y la exigencia de que, si las hay, estas reúnan las garantías que permitan obtener la verdad material, como fin primordial del proceso penal. Su contenido es, en parte, coincidente con el del principio o regla "in dubio pro reo", aunque superior y más amplio, en la medida en que no solo implica la necesidad de absolver al acusado en caso de no existir certeza acerca de su participación en la comisión del hecho delictivo, sino que, para resolver su condena, exige la existencia de prueba cuya práctica haya sido rodeada de las debidas garantías.

El legislador proclama, sin embargo, este derecho sin dotarlo de contenido ni delimitar su alcance, razón por la que ha sido la jurisprudencia —esencialmente, la vertida por el Tribunal Constitucional— la que ha precisado tales extremos, sentando máximas que, desde luego, van más allá de lo dispuesto por la LECrim, de especial incidencia en materia probatoria. También la Jurisprudencia sentada por la Sala 2ª del Tribunal Supremo ha venido a llenar este vacío y a ofrecer valiosas pautas interpretativas en relación con el contenido y alcance de la presunción de inocencia, distinto —se insiste— del que es propio de la regla o principio "in dubio pro reo".

Así, y de acuerdo con la doctrina sentada, entre otras muchas, por la STS de 3 de noviembre de 2011, la regla *in dubio pro reo* presupone la existencia de una actividad probatoria de cargo que no llega a disipar totalmente en el juzgador las dudas razonables acerca de la culpabilidad del acusado o, si se prefiere, de la concurrencia de los elementos objetivos y subjetivos integrantes del tipo penal y/o de la participación del acusado en su comisión, lo que obliga al juzgador a decantarse por su absolución.

El respeto a la presunción de inocencia, acoge esa primera exigencia, pero, se configura como derecho fundamental de la persona que, bien puede enunciarse como derecho a no ser condenado sin prueba de cargo válida y practicada con todas las garantías. Ello, de cara a su observancia, comporta —cuando menos— esta doble exigencia: el órgano judicial no puede apoyar su condena valorando una actividad probatoria lesiva de otros derechos fundamentales o carente de garantías, y la necesidad de que la sentencia que declare la condena esté debidamente motivada.

3.2.4.2. La expulsión o imposible valoración de la prueba prohibida o ilícita

Con la finalidad de aplicar el *ius puniendi,* en el marco de la investigación y la prueba, el Estado se irroga de poderes y facultades que entrañan la restricción de los derechos fundamentales de la persona encausada que, en consecuencia, no pueden afirmarse absolutos. Todos —a excepción de la vida— admiten en algún punto limitación, siempre que concurran los presupuestos y se observen las exigencias que derivan del principio de proporcionalidad.

Es clara, pues, la necesidad de alcanzar el equilibrio entre la actividad encaminada al descubrimiento de conductas delictivas y la salvaguarda del cuadro de derechos que toda persona debe poseer", lo que justifica que no puedan tener cabida en el proceso los elementos o fuentes de prueba logrados con su vulneración.

De ahí que, en el marco del proceso penal, opere una suerte de regla que impide el acceso o, de encontrarse en él, provoca la expulsión de toda prueba obtenida, directa o indirectamente, vulnerando derechos fundamentales —la que se conoce como prueba ilícita o prohibida— que no puede ser sometida a valoración ni servir para fundamentar una sentencia de condena.

Sucede, además, que la ilicitud y los efectos que esta genera no se concretan en la fuente de prueba que "directamente" resulta de la lesión del derecho —prueba directa— sino que alcanzan a la prueba o pruebas obtenidas, indirectamente, merced a esa vulneración —pruebas indirectas o derivadas—.

La prueba ilícita o prohibida genera, pues, efectos directos e indirectos o reflejos, expresión de la *fruit of the poisonous tree doctrine* norteamericana —teoría del "fruto del árbol envenenado", acuñada por el Tribunal Constitucional español como "teoría del árbol del fruto ponzoñoso"— a cuya luz, el vicio o ilicitud y, por ello, la carencia de efectos de la fuente de prueba originaria se transmite y contamina a toda otra, incluso lícitamente obtenida, que traiga causa de la anterior. El efecto puede expresarse gráficamente mediante la consideración de que, si el árbol o su raíz, está envenenada, también lo están los frutos nacidos de este.

En las últimas décadas, sin embargo, la originaria regla de exclusión probatoria —consagrada en el ar. 11.1 LOPJ— ha sido modulada por la jurisprudencia de los tribunales constitucional y supremo, a través de complejas y artificiosas fórmulas tendentes a su progresivo debilitamiento, cuando no a una auténtica involución de sus postulados.

3.2.5. Valoración probatoria y deber de motivación

Resolver la cuestión criminal o, si se prefiere, determinar la inocencia o culpabilidad del acusado y si, en consecuencia, ha de responder o no y en qué medida por el delito que se afirma cometido, exige al juez la realización de un complejo razonamiento que le lleva a valorar lo actuado y, en especial, la prueba practicada durante el desarrollo del juicio oral y sus resultados, y "a interpretar y aplicar normas penales y procesales correspondientes a los hechos punibles enjuiciables". Así, el órgano judicial penal lleva a cabo una doble operación.

Inicialmente realiza lo que puede entenderse como **"juicio histórico"** dirigido a resolver si los hechos objeto de acusación existieron o no al margen y con anterioridad al proceso, a cuyo efecto se sirve de las pruebas practicadas y su posterior valoración. Si el juicio histórico arroja un resultado positivo, por entender el juez que los hechos existieron o existen, realiza la segunda de las operaciones a las que se aludía, esto es, un **"juicio de valoración" o "jurídico"** sobre los mismos.

El "juicio de valoración jurídica" no es sino el razonamiento tendente a averiguar si el hecho o conjunto de hechos que se entienden acaecidos han de reputarse o no constitutivos de delito y, en consecuencia, han de llevar o no aparejada la imposición de una pena o medida de seguridad concreta, debiendo —en todo caso— exteriorizar ese juicio lógico realizado sobre el resultado probatorio y su repercusión en el fallo que acabe dictado.

La exigencia de motivación de la sentencia, estrechamente vinculada con la presunción de inocencia, obliga al juzgador a relacionar los distintos medios de prueba practicados con los hechos considerados probados en la propia sentencia, y mostrar así o permitir apreciar la racionalidad de sus conclusiones o inferencias. Motivar es tanto como justificar la decisión adoptada, acompañándola de una argumentación sólida y convincente que permita conocer la operación racional —interna— que ha llevado a cabo.

En definitiva, la motivación ha de poner de manifiesto que la decisión judicial adoptada responde a una concreta interpretación y aplicación del Derecho ajena a toda arbitrariedad, permitiendo —en otro caso— su revisión a través del sistema de recursos legalmente establecidos.

ESQUEMA TEMA 16

Actos de prueba: actos de parte dirigidos a obtener una determinada resolución del órgano judicial. Despliegan efectos dentro del proceso si reúnen la doble condición de ser admisibles y resultar fundados.

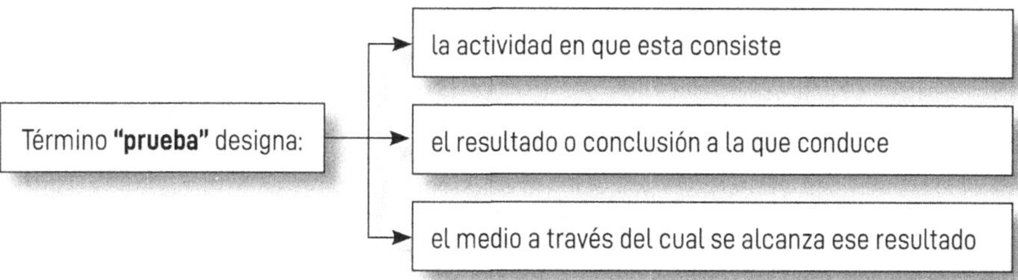

Prueba: actividad de carácter procesal dirigida a convencer al juzgador acerca de la veracidad o exactitud de los hechos que se afirman existentes en la realidad.

Proposición, admisión y práctica de la prueba en el proceso civil

Proposición:
- La iniciativa probatoria
  - La proposición y práctica de la prueba a instancia de parte, como regla
  - La prueba de oficio, como excepción
- Tiempo en que ha de ser propuesta la prueba
- Forma y contenido de la proposición de medios de prueba

Admisión de la prueba:
- superación del triple juicio de
  - pertinencia
  - utilidad
  - ilicitud
- Resolución del juicio de admisibilidad. El auto judicial
  - admisorio
  - inadmisorio
  - Su impugnación

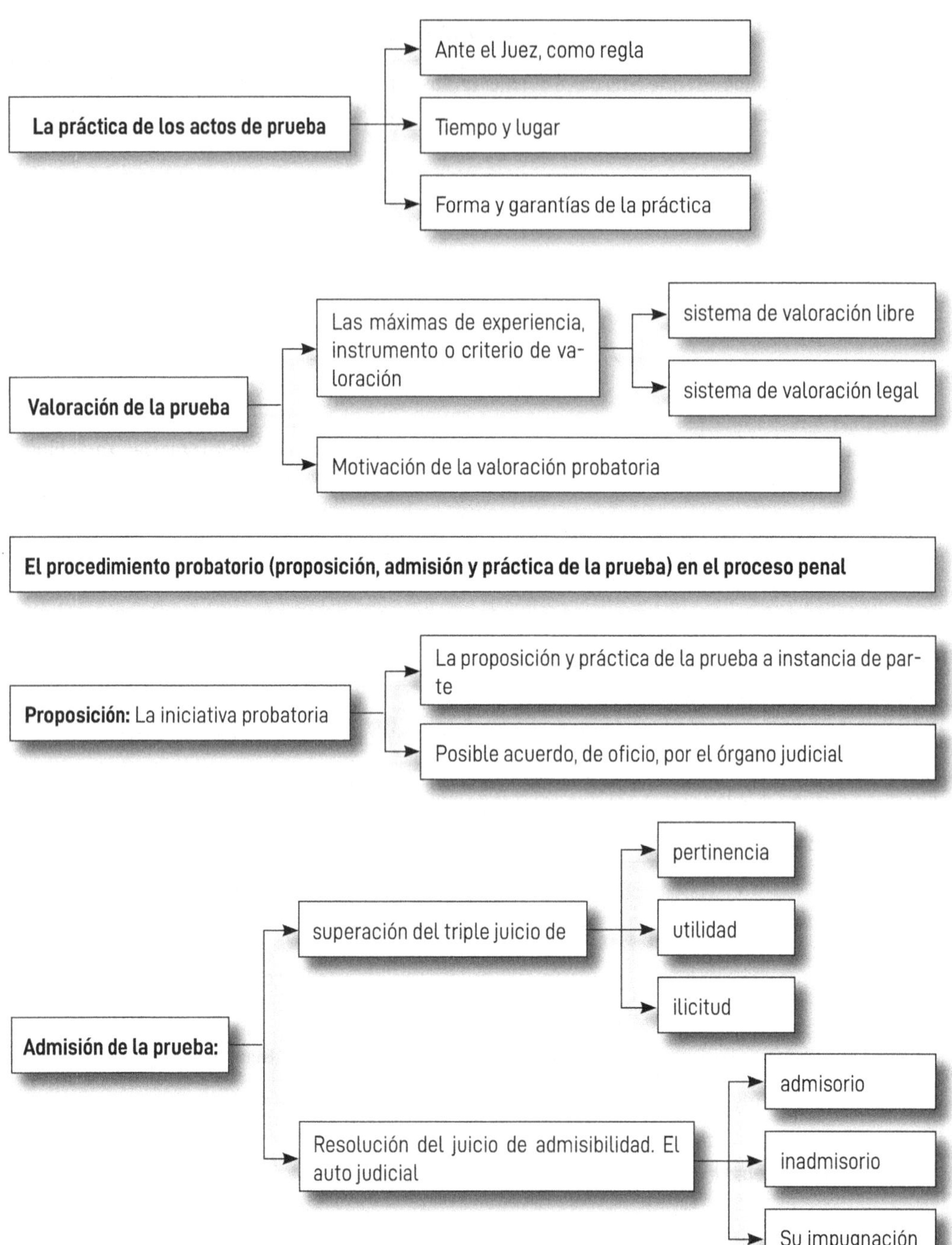
La práctica de los actos de prueba
Ante el Juez, como regla
Tiempo y lugar
Forma y garantías de la práctica
Valoración de la prueba
Las máximas de experiencia, instrumento o criterio de valoración
sistema de valoración libre
sistema de valoración legal
Motivación de la valoración probatoria
El procedimiento probatorio (proposición, admisión y práctica de la prueba) en el proceso penal
Proposición: La iniciativa probatoria
La proposición y práctica de la prueba a instancia de parte
Posible acuerdo, de oficio, por el órgano judicial
Admisión de la prueba:
superación del triple juicio de
pertinencia
utilidad
ilicitud
Resolución del juicio de admisibilidad. El auto judicial
admisorio
inadmisorio
Su impugnación

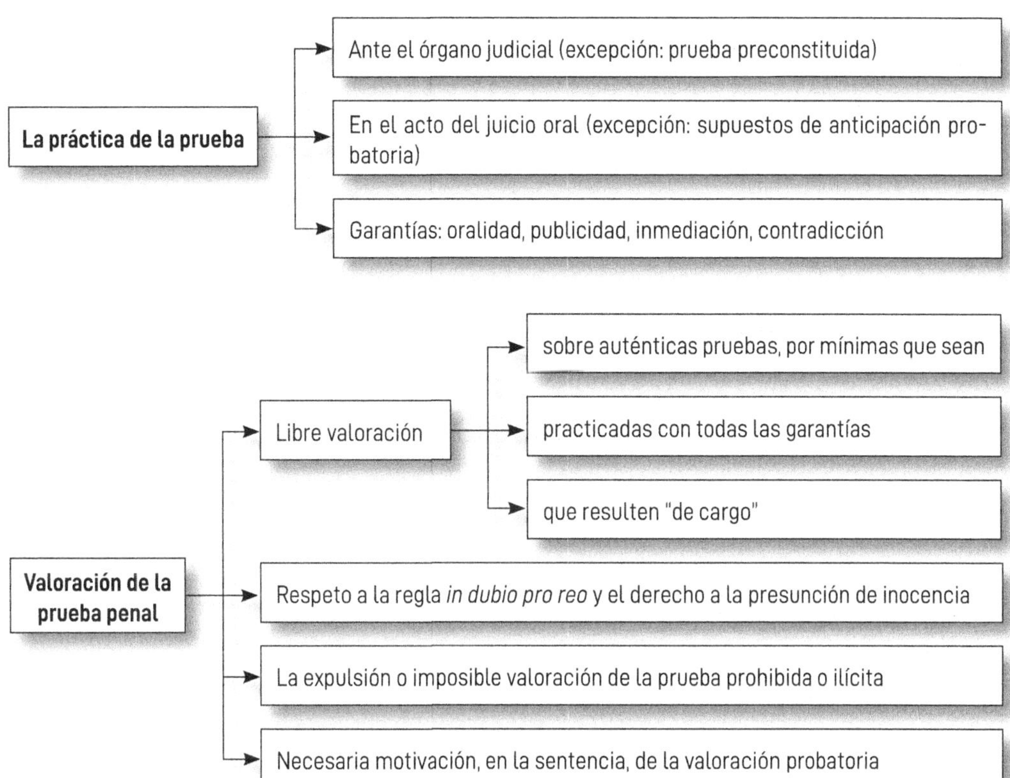
La práctica de la prueba
Ante el órgano judicial (excepción: prueba preconstituida)
En el acto del juicio oral (excepción: supuestos de anticipación probatoria)
Garantías: oralidad, publicidad, inmediación, contradicción
Valoración de la prueba penal
Libre valoración
sobre auténticas pruebas, por mínimas que sean
practicadas con todas las garantías
que resulten "de cargo"
Respeto a la regla *in dubio pro reo* y el derecho a la presunción de inocencia
La expulsión o imposible valoración de la prueba prohibida o ilícita
Necesaria motivación, en la sentencia, de la valoración probatoria

Tema 17

LA SENTENCIA

Verónica López Yagües

SUMARIO: 1. LA SENTENCIA. 1.1. La sentencia civil. Concepto y clases. 1.1.1. Estructura y contenido. 1.1.1.1. Su estructura. 1.1.1.2. Contenido de la sentencia. 1.1.2. La exigencia de motivación de las sentencias. 1.1.2.1. Fundamento. 1.1.2.2. Contenido de la motivación. 1.1.3. La congruencia de la sentencia. 1.1.4. La cosa juzgada. Breve referencia. 1.1.4.1. Manifestaciones. 1.2. La sentencia penal. 1.2.1. Concepto. 1.2.2. Clases. 1.2.3. Estructura de la sentencia.

1. LA SENTENCIA

En atención a su objeto y forma, son de dos tipos las resoluciones que dicta el órgano jurisdiccional durante el desarrollo del proceso, a saber

a) resoluciones de carácter interlocutorio, dirigidas a la ordenación formal y/o material del proceso: las providencias y los autos

b) resoluciones de fondo: las que deciden el objeto del proceso, tanto en la primera instancia de conocimiento, cuanto en sede de recurso: las sentencias.

Al análisis de este último tipo de resolución judicial, la sentencia, se dedica esta lección, estructurada en dos grandes epígrafes en los que se pretende hacer breve apunte de lo que son aspectos generales de la dictada en el seno del proceso civil, examinada en el primero de ellos, y los de la que se pronuncia en el marco del proceso penal, en el segundo, aspectos en buena medida coincidentes pero que, por razones que de inmediato se conocerán, presentan cierto matiz diferencial que aconseja su estudio particularizado. En cualquier caso, en estas páginas no se pretende sino una breve aproximación a su estudio, con idea de examinar con la profundidad y el detalle que merecen, las sentencias, sean definitivas, sean firmes, que ponen fin al proceso civil y las que hacen lo propio en el proceso penal, en la lección correspondiente del manual dedicado al estudio de uno y de otro.

1.1. La sentencia civil. Concepto y clases

Reviste forma de sentencia la resolución judicial que decide definitivamente la pretensión o pretensiones formuladas en el litigio, ya en primera instancia, ya en sede de recurso (arts. 206.2.3 y 245 LEC), de suerte que pone fin al proceso en la instancia en la que este se encuentre.

Las sentencias se distinguen, particularmente, por su contenido y posibles efectos, de ahí que resulte posible su clasificación en atención a diferentes criterios.

A. En primer término, las sentencias civiles pueden ser "de fondo" o "meramente procesales", también llamadas "absolutorias en la instancia".

a) Las **sentencias de fondo** resuelven de forma definitiva sobre la pretensión formulada y la resistencia ejercida; ofrecen, pues, la solución al conflicto planteado por las partes, poniendo fin al litigio. Son sentencias que despliegan los efectos propios de la cosa juzgada y, por lo que atañe al material, impide la apertura de un nuevo proceso sobre el mismo objeto y partes.

b) Las **sentencias procesales o absolutorias en la instancia** son, en cambio, aquellas que no entran a resolver sobre el fondo del asunto, dejando imprejuzgada la cuestión litigiosa por falta de algún presupuesto procesal. A diferencia de la de fondo, la sentencia meramente procesal no produce el efecto material de la cosa juzgada, de suerte que, aun cuando no resulte lo deseable —por lo que ello implica de retardo en la tutela de los derechos— nada impide a las partes ejercitar las mismas pretensiones en un ulterior proceso.

El legislador, sin embargo, pone serio esfuerzo en evitar el dictado de este tipo de sentencias y, en particular, dispone en el art. 11.3 LOPJ la obligación de todos los órganos jurisdiccionales de resolver sobre las pretensiones formuladas; de igual modo, la LEC establece las condiciones para evitar que, llegado el momento de dictar sentencia, la presencia de defectos procesales impida que esta resuelva sobre el fondo y deba limitarse a la resolución de cuestiones meramente procesales. La subsanación de tales defectos es, precisamente, uno de los fines de la celebración de la audiencia previa, y la forma de minimizar el riesgo de este tipo de sentencias cuyo dictado ha de ser claramente excepcional, con el fin de evitar que las partes, privadas de ello en la primera, vengan obligadas a acudir a una segunda instancia —con el coste temporal, económico y anímico que ello comporta— para ver resuelto el fondo de la cuestión litigiosa.

En definitiva, el dictado de sentencias procesales —o, absolutorias en la instancia— en ocasiones inevitable, ha de resultar excepcional.

B. Las sentencias de fondo pueden, a su vez, ser **estimatorias** o **desestimatorias** de la pretensión; no en vano, la sentencia es un acto jurisdiccional que responde a la demanda, de acuerdo con lo dispuesto por el art. 218 LEC, con la absolución o condena del demandado.

a) Es **estimatoria, total o parcialmente**, la sentencia que acoge la pretensión o pretensiones formuladas por el actor —se insiste— en su totalidad o solo en parte.

b) La sentencia **desestimatoria,** por el contrario, es aquella que rechaza la pretensión o pretensiones deducidas, absolviendo al demandado o, en su caso, al reconvenido.

C. En atención a las pretensiones que resuelven, puede además distinguirse tres clases de sentencias estimatorias, a saber, las **"declarativas"**, **"de condena"** y **"constitutivas"**.

D. De igual modo, puede distinguirse entre sentencias "definitivas" y "firmes".

a) Es **definitiva** la sentencia que resuelve la cuestión litigiosa planteada en la instancia en la que se halle y cierra o pone fin a la misma. Con su dictado, el órgano judicial cumple el cometido de responder, estimando o desestimando las pretensiones formuladas.

La sentencia definitiva deviene firme una vez agotada toda posibilidad de impugnación, bien porque el legislador no arbitra recurso alguno frente a la misma, bien por no hacer las partes uso de los legalmente previstos mediante su interposición en tiempo y forma; de igual modo, tras el planteamiento y resolución de cuantos recursos admita, la sentencia, que no podrá ya ser impugnada —a no ser, extraordinariamente, a través de la revisión— resulta firme.

b) La sentencia **firme** es, en consecuencia, la resolución que no admite ser recurrida a través de los medios de impugnación o recursos ordinarios y extraordinarios, y que genera los efectos propios de la cosa juzgada que luego se explican.

1.1.1. Estructura y contenido

1.1.1.1. Su estructura

La sentencia civil guarda la estructura prevista, con carácter general, en el art. 248.3 LOPJ y, específicamente, en los arts. 209 y 218.2 LEC.

De acuerdo con tales preceptos, las sentencias civiles han de formularse expresando, tras un encabezamiento, en párrafos separados y numerados, los antecedentes de hecho, los hechos probados y los fundamentos de Derecho y, en último término, el fallo.

En el encabezamiento de la sentencia ha de indicarse el lugar y fecha en que esta se dicta y el nombre y apellidos del juzgador (juez/a o Tribunal) que la pronuncia, el nombre y apellidos de las partes, su domicilio, profesión y la condición o carácter con el que han litigado, el nombre del/a procurador/a que les represente y letrado/a que les defienda, y el objeto del juicio o mera indicación de la acción ejercitada.

En el apartado de "Antecedentes de hecho" se ha de contener resumen de la trayectoria procesal del asunto y expresión del supuesto fáctico que configura el objeto del pleito. Además, y fundamentalmente, ha de expresar resumidamente las pretensiones y resistencias de las partes y los hechos en los que estas se funden oportunamente alegados, las pruebas propuestas, admitidas y debidamente practicadas, y el resultado que estas arrojan y, por último, la relación de hechos que, a resultas de la actividad probatoria, se entiendan probados (art. 209.2° LEC).

El apartado de "Fundamentos de Derecho" recoge, en párrafos separados y numerados, la expresión de los aspectos fácticos y jurídicos derivados de las alegaciones de las partes de los que deriva la consecuencia jurídica impuesta, junto a la indicación de la norma o normas jurídicas aplicables y la razón por la que son, efectivamente, aplicadas.

En definitiva, tal y como dispone el art. 209.3ª LEC, la sentencia ha de contener las razones legales del fallo, lo que se traduce en la necesidad de expresar el por qué o cómo el supuesto de hecho planteado coincide con el previsto en la norma o puede subsumirse en el que *in abstracto* esta recoge.

El fallo ha de ser pronunciado en la forma que disponen los arts. 209.4ª y 216 LEC y contendrá, de forma clara y terminante, los pronunciamientos referidos a cada una de las pretensiones ejercitadas por las partes, con indicación de si son estimadas o desestimadas y el objeto al que alcanza la condena. Sucede así que, en el caso de las sentencias de condena, si esta consiste en la entrega de una cantidad de dinero, el fallo ha de precisar, además, la concreta cantidad a satisfacer o las bases para su liquidación a partir de una simple operación aritmética, y ha de especificar la cosa a devolver o el servicio a realizar, si este otro es el contenido de la condena (art. 219.2 LEC).

En el fallo ha de contenerse, por último, el pronunciamiento relativo a las costas que resulte de la aplicación de las reglas contenidas en los arts. 394 y ss. LEC.

1.1.1.2. Contenido de la sentencia

Señala como regla el art. 219 LEC, que las sentencias han de ser líquidas, es decir, han de establecer expresamente la cuantificación de la condena, tanto si se trata de una cantidad dineraria, cuanto si lo es de frutos, rentas, utilidades o productos, cualquiera que sea su clase.

A esta regla, sin embargo, suma el precepto la excepción que representan las llamadas "sentencias liquidables" que no son sino aquellas que contienen las bases con arreglo a las cuales, la condena —que no viene concretada— ha de determinarse, y ello, en todo caso, a partir de una simple operación aritmética carente de complejidad como regla esencial. Este tipo de sentencias son dictadas en los supuestos en los que, resultando imposible al actor precisar con exactitud la cantidad en la que cifra la condena pedida, fija las bases con arreglo a las que entiende ha de efectuarse el cálculo que, correlativamente, la sentencia ha de establecer siguiendo esa misma pauta de fácil determinación mediante una simple operación aritmética.

También, como excepción a la regla expresada en el art. 219 LEC admite el legislador la posibilidad de dictar sentencias denominadas "de futuro" cuando se trata de resolver cuestiones litigiosas relativas al pago de intereses o prestaciones periódicas —*v.gr.* en asuntos de impago de rentas en materia de arrendamientos, o de cuotas debidas a la Comunidad de Propietarios en Propiedad Horizontal—.

En circunstancias ordinarias, si viene planteada en la demanda como pretensión, la sentencia puede acoger la condena al pago de los intereses generados con posterioridad a su pronunciamiento y hasta su cumplimiento, o de las prestaciones periódicas que venzan una vez dictada la sentencia y hasta su total ejecución, si bien, esta no alcanzará a los hechos principales, si no nuevos, acaecidos con posterioridad.

Las sentencias "a futuro" dictadas en relación con cuestiones litigiosas de esta naturaleza contienen, en cambio, la singular condena consistente en satisfacer, incluso, los intereses y las prestaciones periódicas que puedan devenir con posterioridad al dictado de la sentencia misma, lo que evita la necesidad de articular sucesivos procedimientos con lo que ello implica de gastos tanto para las partes como para el propio Estado.

1.1.2. La exigencia de motivación de las sentencias

1.1.2.1. Fundamento

La sentencia, que ha de resolver sobre lo pedido y resistido por las partes, poniendo fin a la controversia surgida entre ellas es, internamente, el resultado de un juicio lógico jurídico —que guarda la estructura del silogismo— efectuado por el juzgador sobre la base de los elementos probatorios de los que dispone y de la aplicación de la norma jurídica. Es, por tanto, una resolución exclusivamente judicial, expresión de la voluntad del Estado y, como tal, no puede ser fruto de la arbitrariedad, sino resultado de la estricta aplicación de la Ley a la que, como bien señala el art. 117.3 CE, vienen sujetos jueces y magistrados en el ejercicio de la potestad jurisdiccional.

Si a ello se suma que el ciudadano queda sujeto al cumplimiento de lo que esta resuelve u ordena, lejos de resultar un simple ejercicio intelectual, la sentencia ha de ser el acto razonado que asegure el sometimiento del juzgador a la ley a la hora de juzgar y, de ese modo, la confianza y aceptación del justiciable en el instrumento de autoridad que representa, de cara a su cumplimiento, a cuyo efecto, resulta inexcusable la motivación de su fallo.

El deber de motivación de las sentencias —según ha declarado el TS en su ya clásica sentencia de 12 de marzo de 2003— encuentra su razón de ser en la "interdicción de la arbitrariedad en el ejercicio de los poderes públicos —el judicial, por lo que aquí interesa— y persigue una doble finalidad: posibilitar el eficaz control de las resoluciones judiciales a través del sistema de recursos, y permitir al ciudadano tomar conocimiento de las razones de la decisión que puede afectarle".

Y, en la misma línea del alto Tribunal, el TC no ha dudado en señalar que las sentencias arbitrarias, irrazonables o irrazonadas afectan al derecho a obtener una tutela judicial efectiva, entendido como derecho a obtener una sentencia de fondo, fundada en Derecho. Si el juez no motiva, puede afirmarse que su decisión es arbitraria; si la motivación no se ajusta a la doble exigencia de no desligar la consecuencia solicitada del supuesto de hecho que la provoca y quedar sujeto al principio *iura novit curia* sin extralimitar el marco de su jurisdicción, la sentencia que dicte resulta "irrazonada"; si, en cambio, apoya su motivación en razonamientos no adecuados al Derecho y a los hechos, su resolución será "irrazonable" y, en cualquiera de esos tres supuestos, no podrá hablarse de una sentencia alcanzada tras un proceso lógico-racional, fundada en Derecho y acorde con las peticiones de las partes, que son los caracteres que ha de reunir de acuerdo con lo dispuesto en el propio Texto Constitucional.

Es, en efecto, exigencia de rango constitucional que la sentencia contenga motivación suficiente; no en vano, el art. 120 CE lo impone como deber inexcusable del órgano jurisdiccional y, en desarrollo de este precepto, el art. 218.2 LEC, dispone expresamente que toda sentencia civil ha de contener motivación o, si se prefiere, expresión de las razones que llevan al juez o Tribunal que la dicta a entender acreditada la existencia de un hecho coincidente o subsumible en el supuesto de hecho que recoge la norma y por las que ha de aplicar, pues, al caso concreto, la consecuencia que esta *in abstracto,* determina. Motivar es tanto como justificar la decisión adoptada, acompañándola de una argumentación convincente en la que se reflejan las operaciones efectuadas por el juez.

En síntesis, son tres o de tres tipos las razones en las que se apoya esta garantía de motivación exigida a la sentencia:

a) Razón, de clara raíz constitucional, es la derivada de lo dispuesto en el citado art. 120 CE y de la configuración del Judicial como uno de los tres poderes del Estado, y su peso frente al resto. Como bien dispone el art. 117 CE, la Justicia emana del pueblo, y se administra (...) por Jueces y Magistrados" quienes difícilmente podrían convencer a los titulares de la soberanía mediante decisiones de autoridad, como son las sentencias, no justificadas.

b) Razones que operan como factor de legitimación. Una justicia razonada, se comparta o no el sentido de la resolución dictada, posibilita su aceptación por el Justiciable y, de ese modo, la mayor probabilidad de su cumplimiento voluntario por el obligado a ello.

c) La esencial razón de garantizar, en particular, el ejercicio del derecho a los recursos legalmente establecidos, instrumental a la efectividad del más amplio derecho a la tutela judicial efectiva (art. 24 CE). La falta de motivación de la sentencia, en la medida en que no permite conocer las razones que justifican el fallo, hace difícil, si no imposible, su impugnación a través del cuadro de recursos, ordinarios y extraordinarios, arbitrados al efecto por el legislador.

Así las cosas, el legislador procesal impone como exigencia inexcusable en el art. 218 LEC, que toda sentencia civil contenga "motivación" esto es, expresión de las razones por las que el juzgador entiende probado un hecho o hechos, a los que considera de aplicación una determina consecuencia jurídica, por aplicación de una concreta norma con exclusión de otra.

1.1.2.2. Contenido de la motivación

En particular, de lo dispuesto en el apartado segundo del citado art. 218 LEC puede extraerse el contenido o alcance de la exigencia de motivación suficiente que ha de reunir toda sentencia. En síntesis, para entender cumplido este deber constitucionalmente impuesto al juzgador, es preciso que:

a) La motivación no se limite a una enumeración de los hechos objeto de debate y las pruebas practicadas, ni a la declaración como probados de una suma de hechos no acompañada de las razones por las que se entiende acreditada su existencia

b) La sentencia razone o explicite la valoración efectuada de la actividad probatoria practicada, puesta en relación con los hechos y fundamentos de Derecho que se estiman probados o aplicables al caso.

c) La motivación contenida en la sentencia ha de ser, tanto individual de cada medio probatorio, determinando el alcance de su resultado de cara a estimar como probado el hecho o hechos de relevancia para la causa, cuanto del conjunto de las pruebas habidas si ello resulta preciso a los efectos de alcanzar una sólida y correcta conclusión probatoria.

1.1.3. La congruencia de la sentencia

La vigencia de los principios dispositivo y de aportación de parte, así como de los derechos a la tutela judicial efectiva y a la defensa, condicionan el contenido de la sentencia, obligando al juzgador a dar respuesta a las pretensiones formuladas por las partes. La sentencia viene determinada, pues, por la demanda y su contestación, a las que ha de ajustarse con objeto evitar tanto la merma de la esencial garantía de contradicción, cuanto una actuación judicial no imparcial en la resolución del litigio que plantean.

Esta exigencia no es otra que la llamada "congruencia de la sentencia" que cabe entender como la necesaria adecuación o conformidad que ha de existir entre la parte dispositiva de la sentencia y las pretensiones deducidas en el proceso que constituyen su objeto, así como con las alegaciones del demandado que delimitan dicha pretensión.

La sentencia que resuelva cosa distinta o más allá de lo interesado por el actor al formular su pretensión implica la quiebra del principio de demanda, a su vez, garantía de la imparcialidad judicial y del derecho de defensa, y de no resolver acerca de todo lo pedido por la parte o partes, esto es, no responder a algunas de las pretensiones que estas formulen, infringiría la protección del *non liquet* y, de este modo, el derecho a la tutela judicial efectiva, en la medida en que implicaría la ignorancia del derecho a obtener una resolución de fondo fundada en Derecho sobre las cuestiones planteadas en la demanda.

Así, a los efectos de determinar si la sentencia es congruente o, por contra, padece incongruencia, ha de atenderse a este doble aspecto:

a) Al fallo o parte dispositiva, y no los antecedentes de hecho y fundamentos de Derecho, aun cuando, en ocasiones, resultará preciso remitirse a estos para determinar si en la base de tal fallo están o no los hechos que hayan sido alegados por las partes

b) Las pretensiones deducidas por el actor, y las alegaciones formuladas por el demandado, que delimitan la pretensión actora.

Nótese, en cualquier caso, que esta congruencia lo es relación con la pretensión en sentido estricto, de suerte que el juzgador queda vinculado por los hechos en los que esta se funde, la causa de pedir, y a las partes y sujetos a los que alcanza la cosa juzgada; no así a la norma jurídica alegada por las partes si, como es posible, la pretensión se viera modificada de forma no sustancial, esto es, si no varía la causa de pedir (art. 218.1.2 LEC). De ahí que la sentencia pueda fundarse en hechos impeditivos, extintivos y excluyentes cuya existencia resulte de la actividad probatoria practicada.

Congruencia, claridad y precisión son, de acuerdo con lo dispuesto por el art. 218 LEC, los tres caracteres internos que ha de reunir la sentencia; no en vano, dispone expresamente el precepto que "las sentencias deben ser claras precisas y congruentes con las demandas y demás pretensiones de las partes, deducidas oportunamente en el pleito" de ahí que —continúa dicha disposición— "harán las declaraciones que aquellas exijan, condenando o absolviendo al demandado y decidiendo todos los puntos litigiosos que hayan sido objeto de debate".

Lo cierto es que las dos primeras notas —claridad y precisión— son reclamables de cualquier acto de pensamiento —y la sentencia lo es, sin duda— pero, además, esta resolución que pone fin al litigio es dictada con vocación de eficacia permanente, lo que, a su vez, garantiza la certeza y seguridad jurídica predicable de las resoluciones judiciales, algo, ciertamente difícil, si no imposible, si la sentencia contiene pronunciamientos contradictorios, esto es, resulta imprecisa y no del todo clara.

La congruencia, por su parte, entendida como exigencia de que el juzgador resuelva únicamente sobre lo pedido y todo lo pedido por el actor y resistido por el demandado, puede adoptar distintas formas, lo que permite hablar, en esencia, de "incongruencia omisiva" e "incongruencia por exceso" en el sentido que se expone.

a) La incongruencia omisiva es la que padece la sentencia que, de forma opuesta a lo que dispone el art. 218 LEC, no decide acerca de "todos los puntos litigiosos" objeto de debate. La omisión de ese deber o, si se prefiere, la incongruencia por omisión de la sentencia, en la medida en que excluye o silencia el pronunciamiento acerca de alguna de las peticiones formuladas por las partes, implica la infracción del derecho a la tutela judicial efectiva, toda vez que la falta de respuesta a la protección del Derecho interesada, equivale a una denegación de Justicia.

b) La incongruencia por exceso, se fundamenta en la clara vigencia del principio dispositivo y en el de contradicción, en tanto que esencial en la configuración del proceso mismo como fórmula de resolución de conflictos intersubjetivos. Esta modalidad de incongruencia puede ser de tres tipos:

- Incongruencia *ultra petita*, en la que incurre la sentencia que concede más de lo pedido por el actor en su demanda (*v.gr.*, la sentencia que condena al pago del doble de la cantidad solicitada por el actor en su demanda)
- Incongruencia *extra petita*, la padecida por la sentencia que concede cosa distinta a lo pedido *(v.gr.*, la petición del actor es la resolución de un contrato de compraventa y la sentencia ordena al vendedor la entrega de la cosa al comprador o el pago del precio).
- Incongruencia *citra petita*, que combina la incongruencia omisiva, por falta de exhaustividad, con la que presenta la sentencia que otorga al actor menos de lo resistido por el demando. (*v.gr.*, el actor solicitaba

la condena al pago de la cantidad de 3.000 €, el demandado reconoce deberle 1.000 €, y la sentencia condena al pago únicamente de 500 €).

1.1.4. La cosa juzgada. Breve referencia

Como es sabido, el fin del proceso no es sino la satisfacción de las partes o, si se prefiere, de sus pretensiones y resistencias y, de este modo, la resolución del conflicto planteado ante el órgano judicial. Carecería, pues, de todo sentido práctico que, llegado a ese punto, esto es, concluido el proceso con el dictado de una sentencia de fondo, resultara posible su reapertura ilimitada a partir de la formulación, de nuevo, por las partes de sus pretensiones, con el fin de obtener una solución distinta que altere lo ya juzgado.

Lejos de lo anterior, el legislador se asegura de que las decisiones de jueces y tribunales permanezcan eficaces, como claro instrumento de seguridad jurídica —art. 9 CE— impidiendo que las resoluciones que dicten, una vez firmes, sean atacadas o contradichas por decisiones posteriores de otros órganos judiciales. Así pues, sobre la base de un elemental principio de seguridad y certeza jurídica, se impone la estabilidad y permanencia de las sentencias firmes que resuelven sobre el fondo, sentencias que, tal y como se desprende de lo dispuesto por el art. 18.2 LOPJ, han de ser ejecutadas en sus propios términos.

Hablar de estabilidad, de permanencia en el tiempo de la eficacia procesal de la sentencia es hablar de "cosa juzgada", el efecto procesal característico de estas.

El efecto de cosa juzgada se asigna únicamente a sentencias firmes que han resuelto sobre el fondo de la cuestión litigiosa, no así a las sentencias definitivas, que admiten la interposición de recurso. Cosa juzgada produce, pues, únicamente la sentencia que decide acerca de la pretensión formulada en la demanda —el art. 222.1 LEC, expresamente, liga este efecto a las sentencias firmes tanto estimatorias cuanto desestimatorias— y no, pues, a las resoluciones que resuelven cuestiones de forma o procesales.

1.1.4.1. Manifestaciones

El efecto de la cosa juzgada presenta una doble manifestación, formal y material, según incida en el interior del proceso o trascienda al exterior del mismo.

A) La cosa juzgada **"material"** genera efectos fuera del proceso en el que viene dictada la resolución firme y, en consecuencia, condiciona posibles resoluciones que hayan de dictarse en otros procesos. En ella se distinguen dos tipos de efectos, positivo y negativo, que operan como sigue.

a) El **efecto negativo de la cosa juzgada material** se identifica con la prohibición *ne bis in idem,* que impide que, una vez dictada sentencia que resuelva sobre el fondo, pueda abrirse un proceso posterior entre las mismas partes y con el mismo objeto. En definitiva, evita que pueda dictarse sentencia que se pronuncie sobre el mismo objeto resuelto por la sentencia de la que se predica este efecto (art. 222.1 LEC)

b) El **efecto positivo de la cosa juzgada material** —el de "prejudicialidad"— implica que lo resuelto por sentencia vincula a los órganos judiciales que deban conocer, en un proceso posterior, de un asunto respecto del cual, lo ya juzgado, opera como antecedente lógico de lo que sea objeto del nuevo proceso —o, si se prefiere, resulta prejudicial— siempre que exista identidad entre los sujetos de ambas (*vid.* art. 222.4 LOPJ).

B) Por su parte, la **cosa juzgada "formal"** de la sentencia produce efectos hacia el interior del proceso en el que ha sido dictada, efectos que aseguran su invariabilidad o inalterabilidad impidiendo al órgano judicial que la pronuncia su modificación, a no ser a través del instrumento de la aclaración o complementación de sentencias, con los límites legalmente previstos. Desde el momento en que la dicta, pues, el juez o Tribunal queda sujeto y vinculado por lo resuelto en su sentencia.

Es, en consecuencia, efecto que se predica de las sentencias que han ganado firmeza, y a él se refiere el art. el art. 207.3 LEC al declarar expresamente que "son resoluciones firmes aquellas contra las que no cabe recurso alguno bien por no preverlo la ley, bien porque, estando previsto, ha transcurrido el plazo legalmente fijado sin que ninguna de las partes lo haya presentado".

1.2. La sentencia penal

1.2.1. Concepto

La sentencia penal es la resolución judicial que pone fin al proceso en la instancia en la que este se encuentre y resuelve definitivamente la cuestión criminal (art. 141 LECrim) o, si se prefiere, el acto que declara, bien la absolución del acusado —si resulta carente de responsabilidad criminal— bien su condena, declarando la existencia del delito, la responsabilidad de su autor y la concreta pena o medida de seguridad que lleva aparejada su comisión.

El proceso penal, según se desprende de lo expresado por el art. 742 LECrim, concluye con sentencia que ha de resolver "todas las cuestiones que hayan sido objeto de juicio, condenando o absolviendo a los procesados", excepción hecha de los supuestos en los que, por falta de presupuestos procesales o ante la procedencia del sobreseimiento de la causa, el proceso finaliza con una resolución del juez que adopta forma de auto; una vez abierto el juicio oral, en cambio, el proceso no puede finalizar sino con sentencia absolutoria o condenatoria. Esta última afirmación, sin embargo, ha de matizarse a la vista de lo que dispone el art. 788.5 LECrim que permite al juez de lo penal "dar por terminado el juicio" por auto que declare su incompetencia para el conocimiento del asunto, con remisión de las actuaciones a la Audiencia competente.

La sentencia se revela, pues, como acto de materialización del *ius puniendi* estatal, por cuanto, conforme dispone el art. 1° de la LECrim "no se impondrá pena alguna (...)" si no es "en virtud de sentencia dictada por juez competente". La sentencia resulta, pues, del ejercicio por el Estado de la acción penal y, en consecuencia, contiene un pronunciamiento de esta naturaleza que, en caso de que acumuladamente se ejercite la acción civil que nace del delito o falta (art. 100), vendrá acompañado de un pronunciamiento de carácter civil tendente a la "restitución de la cosa o la reparación del daño e indemnización del perjuicio producido por el hecho punible".

1.2.2. Clases

La sentencia penal admite, cuando menos, una doble clasificación.

a) En atención a su contenido, puede hablarse de sentencias absolutorias y condenatorias.

• **Absolutorias,** son las sentencias que desestiman la pretensión de condena formulada por la acusación o acusaciones, resolviendo sobre el fondo la cuestión criminal. Como quiera que no cabe, en el proceso penal, el dictado de sentencias absolutorias en la instancia, "la absolución se entenderá libre en todo caso" (art. 144 LECrim).

Absolutorio ha de ser, pues, el fallo que contenga la sentencia penal si el juzgador aprecia la inexistencia del hecho, su falta de tipicidad o la ausencia de responsabilidad criminal del autor, y siempre que falte prueba bastante para desvirtuar la presunción de inocencia, de ahí que de signo absolutorio haya de ser la sentencia que se dicte si, finalizado el juicio, quedan al juez dudas razonables acerca de la imputabilidad del sujeto o la tipicidad del hecho.

• **Condenatorias**

Son condenatorias las sentencias que estiman la pretensión formulada por la parte acusadora y se traducen en la imposición de la pena o medida de seguridad; así, la sentencia determinará la responsabilidad del autor del ilícito y la sanción prevista para el mismo en la norma penal sustantiva, así como los efectos civiles derivados de la comisión del delito, en caso de ejercicio conjunto de las acciones penales y civiles que de este nacen.

b) De otro lado, si se atiende a su forma, la sentencia penal puede ser oral o escrita.

• **Orales.** Dispone el art. 245.2 LOPJ que las sentencias penales son o pueden ser orales en los supuestos en los que la ley lo autorice y, en particular, dispone el art. 789.2 LECrim que la sentencia podrá ser dictada de viva voz por el juez de lo penal en el procedimiento abreviado, mientras el art. 802.3 LECrim lo autoriza en relación con la sentencia que pone fin al procedimiento para el enjuiciamiento rápido de determinados delitos. Y oral puede ser, asimismo, la de carácter absolutorio dictada por el Magistrado-Presidente que resuelve el juicio celebrado ante el Tribunal de Jurado (art. 67 LOTJ), y aquellas que resultan de la conformidad de las partes y las que declaran la absolución del acusado por "absoluta carencia de prueba de cargo" o no quedar suficientemente acreditada la participación del inculpado.

Ahora bien, que la sentencia se dicte oralmente no implica la exclusión de su posterior redacción y constancia por escrito conforme a las reglas generales, ni diferencias en cuanto a la exigencia de motivación, también en estas inexcusable. Conforme prevé el art. 789.2 LECrim, el fallo de la sentencia ha de documentarse y ser motivada, siquiera sucintamente, lo que obliga al juzgador a expresar las razones en las que apoya su fallo.

La oralidad de la sentencia permite adelantar el fallo judicial, al tiempo que posibilita que la sentencia devenga firme si, en el acto en que se dicta, las partes manifiestan su intención de no recurrirla (*vid.* art. 789.2 LECrim, *in fine*).

• **Escritas.** De ordinario, la sentencia se dicta de forma escrita y con arreglo a la estructura que determinan los arts. 142 y 789 LECrim que, en esencia, se compone de un triple elemento: la fundamentación del relato fáctico que se declara probado, la subsunción de los hechos en el tipo penal que proceda y las consecuencias punitivas y de carácter civil en caso de condena.

1.2.3. Estructura de la sentencia

La sentencia penal ha de ajustarse a la estructura que señala el art. 142 LECrim, en desarrollo de lo dispuesto por el art. 248.3 LOPJ, que incluye el encabezamiento, la referencia a los antecedentes de hecho o fundamentación fáctica, los fundamentos jurídicos y el fallo.

En el **encabezamiento** de la sentencia se ha de hacer constar el lugar y fecha en el que esta se dicta, así como el número de orden de la resolución y los hechos que son objeto del proceso, esto es, aquellos que han dado lugar a la formación de la causa. Además, ha de incluir la identificación y los datos personales de la parte o partes acusadoras y de la parte acusada —y, en su caso, del actor y responsable civil— a partir del mayor número de datos que sirvan a su identificación. A ello ha de seguir el nombre del/a juzgador/a del/a magistrado/a ponente si la resolución fuera dictada por un tribunal colegiado.

Tras el encabezamiento, la sentencia ha de expresar en párrafos separados y numerados los **antecedentes de hecho** y, a continuación, los **de carácter jurídico,** acompañados de motivación que, en las sentencias penales, ha de abarcar tanto la determinación de los hechos como la calificación jurídica en tanto exigencia que posibilita el control del proceso lógico a través del cual ha llegado el juez a su decisión final.

En el apartado de antecedentes de hecho o fundamentación jurídica recoge la sentencia penal expresión de la imputación, a partir del relato de los hechos y cargos formulados por el Fiscal y el resto de acusaciones y, de otro, la exposición de los puntos más significativos del *iter* procedimental seguido, esto es, los inicios e incidencias de la tramitación del proceso. En los antecedentes de hecho han de consignarse, asimismo, las pretensiones de las partes y los hechos en los que estas se fundan, con expresión de aquellos que se estimen probados (art. 142.2 LECrim). Ahora bien, no solo ha de contener expresión de los distintos elementos que configuran el hecho penal, sino que, en respuesta a la exigencia de motivación, la sentencia ha de contener amplia referencia a las pruebas que han llevado al juez a concluir su existencia, al efecto de posibilitar a la parte defenderse frente a una calificación errónea o hechos que se afirmen existentes. Se impone, pues, como exigencia, que dedique un apartado específico al análisis de la prueba, de suerte que cada referencia fáctica sea acompañada de la consiguiente justificación probatoria. Sin embargo, conforme ha sostenido el TS en su sentencia de 21 de febrero de 2003, "no es necesario que se haga una exhaustiva y casi siempre relativa disección de todas y cada una de las pruebas disponibles, bastando con una argumentación que satisfaga las exigencias derivadas del texto constitucional".

En definitiva, sea a través del relato —forma que parece imponerse en la práctica— sea mediante relación separada y numerada —forma, esta otra, prevista por el propio legislador en el art. 142.2 LECrim y parece que más apropiada— en el apartado reservado a la fundamentación fáctica ha de expresar el juez los hechos que han quedado probados y considera de relevancia para formar su convicción, con expresión de las razones o elementos que le han conducido a esta, con exclusión de cualquier tipo de valoración o calificación jurídica. Se impone, pues, como exigencia, expresar con claridad los hechos, sin ambigüedades o contradicciones entre los que se estimen probados de forma que mutuamente se excluyan, prescindiendo de expresiones que impliquen "una predeterminación del fallo" inapropiadas, en cualquier caso, en un relato fáctico.

El art. 142.3 LECrim exige, por último, consignar entre los fundamentos fácticos las conclusiones definitivas de la acusación y la defensa, cuando no la propuesta por el propio tribunal haciendo uso de la tesis prevista en los arts. 733 y 789.3 LECrim.

En el apartado de fundamentos jurídicos o de Derecho, ha de expresar la sentencia la calificación jurídico-penal que, a juicio del Tribunal, merecen los hechos declarados probados, calificación que resulta de la aplicación a los mismos del derecho penal sustantivo y procesal para, finalmente, llegar al fallo.

Pero, con ser esencial, no basta con que el juez califique jurídicamente el hecho o conjunto de hechos que declara existentes, sino que tras proceder a su encaje en el tipo penal que las partes proponen u otro homogéneo, ha de "exponer las razones jurídicas por las que, sobre la base de determinadas comprobaciones de hecho, ya positivas, ya negativas, ha reconocido ser aplicables o inaplicables ciertas normas jurídicas", con indicación de los artículos de la Ley en los que se funda la sentencia. Debe el juez, pues, citar y explicar los preceptos legales referidos a la calificación de los hechos probados, la participación que en ellos haya tenido el acusado y las circunstancias atenuantes, agravantes o, en su caso, eximentes de responsabilidad criminal.

Esta operación puede arrojar un doble resultado: la falta de tipicidad del hecho —lo que ha de conducir a la absolución del inculpado— o su consideración como delictivo, en cuyo caso, habrán de consignarse no solo los fundamentos legales y doctrinales que han conducido a esta consideración, sino los fundamentos jurídicos del grado de participación del acusado en el mismo y de ejecución o perfeccionamiento del delito, así como de la existencia, en su caso, de eximentes de responsabilidad criminal. Y, si el acusado es considerado responsable del hecho ilícito, la sentencia habrá de fijar los distintos aspectos relacionados con la determinación de la pena, y justificar la entidad o gravedad dentro del posible margen fijado por la ley.

Asimismo, un apartado específico de la fundamentación jurídica ha de hacer referencia a la responsabilidad civil del condenado en los supuestos, nada infrecuentes, de ejercicio conjunto de la acción civil *ex delicto*. El órgano jurisdiccional, pues, ha de calificar jurídicamente los hechos también desde esta perspectiva e indicar, en consecuencia, si de la reparación de los daños e indemnización de los perjuicios derivados de la comisión del delito responde el acusado o un sujeto tercero y, siendo este último, si lo hace de forma directa o solo subsidiaria, así como el grado o alcance de esa responsabilidad.

Por último, en este espacio dedicado a los fundamentos de Derecho, la sentencia ha de hacer alusión a las costas procesales, esto es, debe el juez determinar si existe o no condena en costas, no sin motivar su decisión.

La parte dispositiva de la sentencia acoge **el fallo**, que no es sino el "acto por el cual se declara la voluntad de la ley en orden a la pretensión punitiva hecha valer mediante la acción penal". El fallo judicial contiene el pronunciamiento sobre el objeto del proceso, que debe ser motivado, y toda aquella incidencia surgida en el curso del proceso pendiente de resolución. Se compone, pues, de una doble decisión: de un lado, la referida a la imputación, esto es, la declaración de la condena o absolución del inculpado y, de otro, la relativa a las consecuencias jurídicas de ese juicio.

a) Si el fallo resulta condenatorio, habrá de expresar la concreta pena o medida de seguridad que corresponda, así como el día en que debe comenzar su ejecución y llegar su vencimiento.

b) Si resulta absolutorio, tras declararlo, la sentencia ha de disponer el levantamiento de las medidas cautelares o restrictivas de derechos acordadas y, en particular, ordenar la puesta en libertad del acusado que se hallare provisionalmente preso.

Pero, como se avanzaba, el contenido de la parte dispositiva de la sentencia no se agota con la mera expresión del fallo, sino que se extiende y completa con la exteriorización de las razones por las que el juez resuelve en un sentido determinado. Debe el órgano judicial, pues, justificar la decisión que adopta de absolución o condena del acusado, en el primer caso, declarando probada la inexistencia del hecho, la falta de tipicidad de este último o la concurrencia de una causa de extinción de responsabilidad del inculpado, cuando no mediante la afirmación de la falta de prueba acerca de la existencia del hecho mismo o la participación del acusado, con indicación en ese caso del concreto elemento al que viene referida la insuficiencia probatoria. Si, por contra, el fallo es de signo condenatorio, se exige al juez motivar el alcance de la sanción que definitivamente impone dentro del margen legalmente fijado.

Otras exigencias derivadas del deber de motivación de la sentencia penal, diferentes aspectos relativos a la formación de la convicción del juzgador, efectos que provoca y el análisis singularizado de la sentencia dictada en el procedimiento ante el Tribunal de Jurado, son examinados en la obra que se dedica al estudio en profundidad del proceso penal.

ESQUEMA TEMA 17

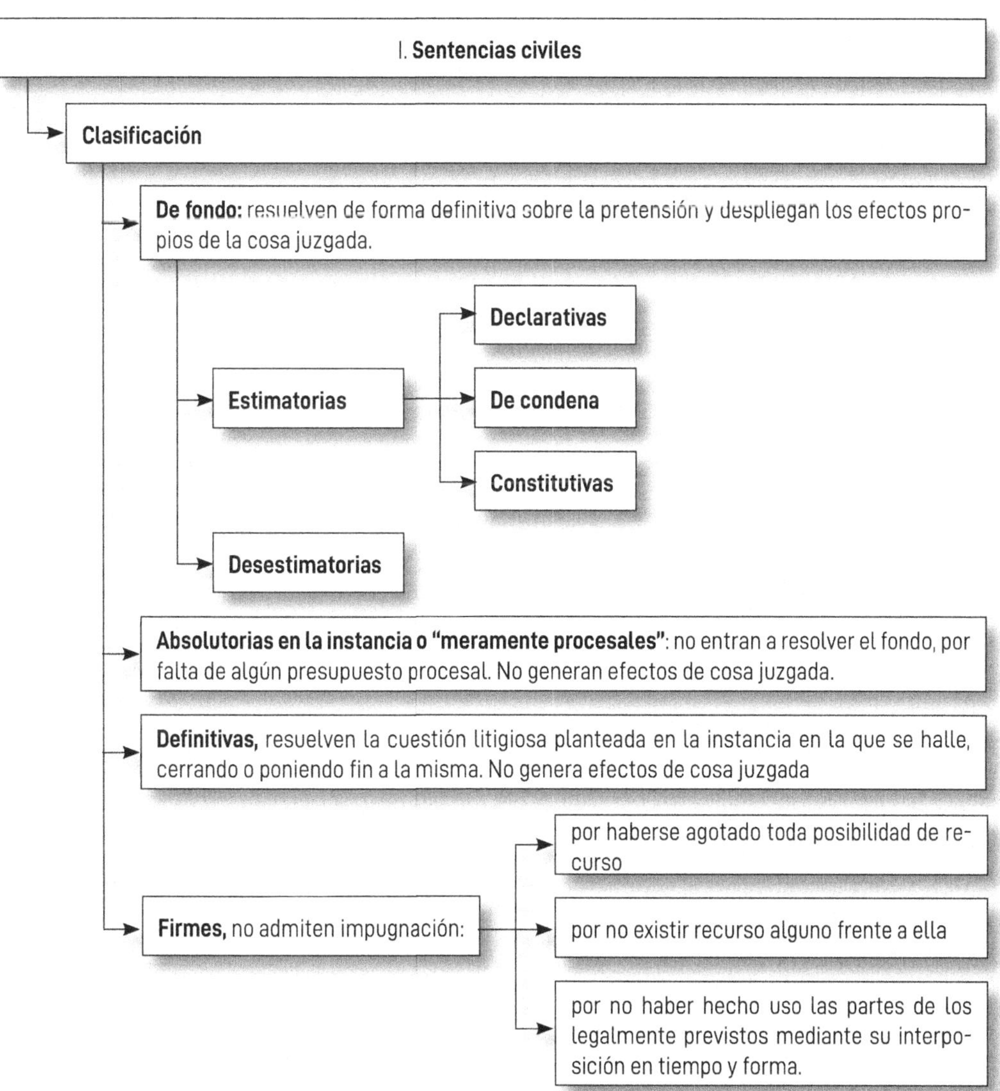

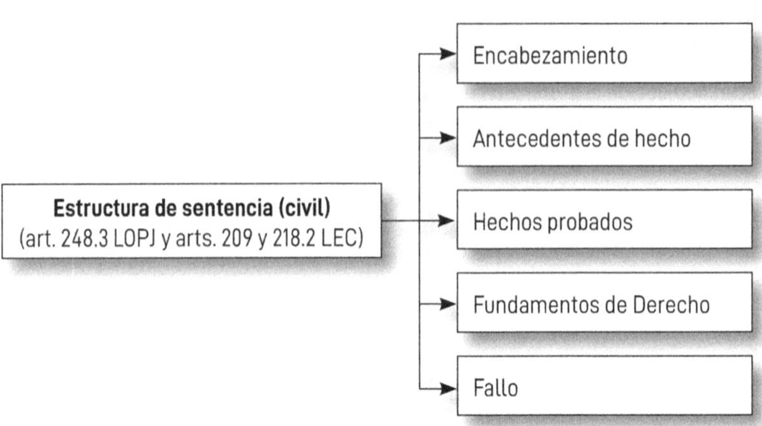
Estructura de sentencia (civil)
(art. 248.3 LOPJ y arts. 209 y 218.2 LEC)
Encabezamiento
Antecedentes de hecho
Hechos probados
Fundamentos de Derecho
Fallo

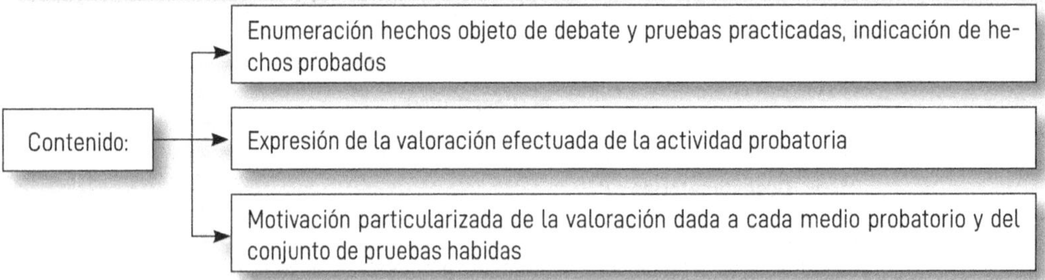
Motivación de las sentencias: implica la obligación para el juzgador de expresar las razones que le llevan a un determinado pronunciamiento (art. 120 CE y 218.2 LEC)
Contenido:
Enumeración hechos objeto de debate y pruebas practicadas, indicación de hechos probados
Expresión de la valoración efectuada de la actividad probatoria
Motivación particularizada de la valoración dada a cada medio probatorio y del conjunto de pruebas habidas

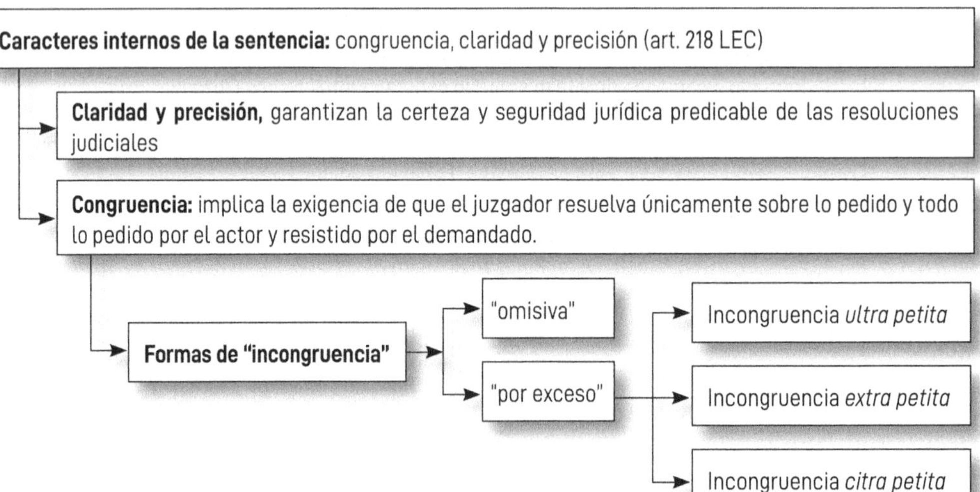
Caracteres internos de la sentencia: congruencia, claridad y precisión (art. 218 LEC)
Claridad y precisión, garantizan la certeza y seguridad jurídica predicable de las resoluciones judiciales
Congruencia: implica la exigencia de que el juzgador resuelva únicamente sobre lo pedido y todo lo pedido por el actor y resistido por el demandado.
Formas de "incongruencia"
"omisiva"
"por exceso"
Incongruencia *ultra petita*
Incongruencia *extra petita*
Incongruencia *citra petita*

El efecto de cosa juzgada: se asigna únicamente a sentencias firmes que resuelven sobre el fondo, no a las sentencias definitivas

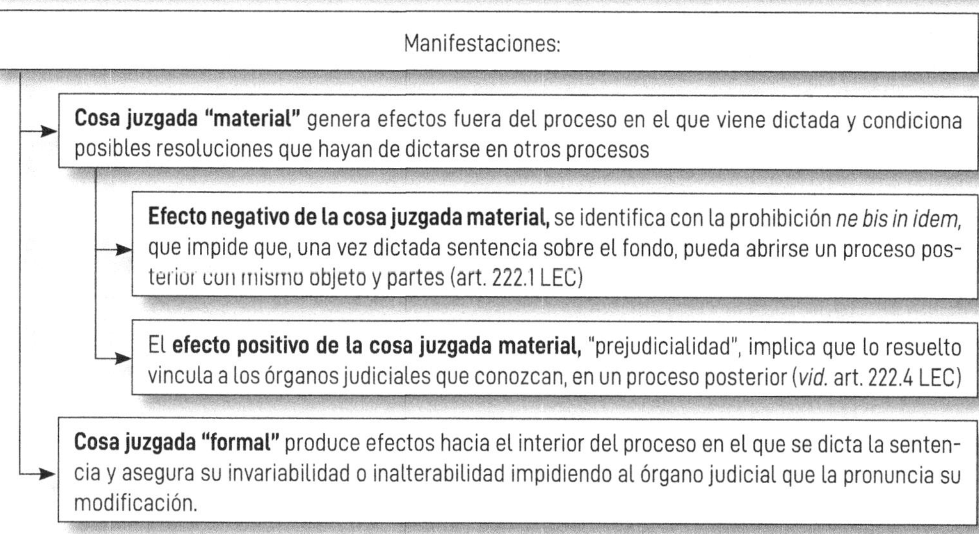

II. Sentencia penal: resuelve la absolución del acusado o su condena, en este caso, declarando la existencia del delito, la responsabilidad de su autor y la concreta pena o medida de seguridad a imponer, y la responsabilidad civil derivada del delito, si media ejercicio conjunto de acción penal y civil (art. 141 LECrim)

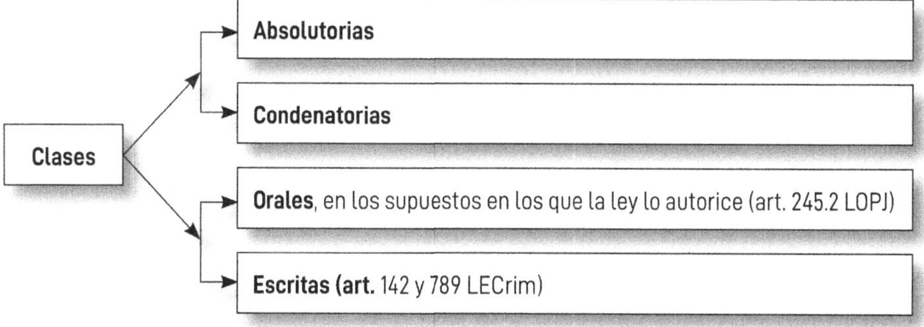

Tema 18

LOS RECURSOS

Belén Rizo Gómez

SUMARIO: 1. NOCIONES GENERALES. 1.1. Concepto. 1.2. Fundamento. 2. CLASES DE RECURSOS. 2.1. Ordinarios y extraordinarios. 2.2. Medio de Impugnación y medio de gravamen. 2.3. Devolutivos y no devolutivos. 3. REQUISITOS DE LOS RECURSOS. 4. EFECTOS DE LOS RECURSOS. 4.1. Devolutivo. 4.2. Suspensivo. 5. LOS RECURSOS EN EL PROCESO CIVIL. ENUMERACIÓN. 6. LOS RECURSOS EN EL PROCESO PENAL. ENUMERACIÓN.

1. NOCIONES GENERALES

1.1. Concepto

Los recursos son instrumentos procesales establecidos al objeto de atacar o combatir una resolución del órgano judicial o del letrado de la Administración de Justicia que se considera incorrecta por no ajustarse a lo dispuesto en el ordenamiento jurídico y que produce un perjuicio para la parte que lo formula.

Es bien sabido que como consecuencia de la prohibición de la autotutela los ciudadanos deben resolver los conflictos por el cauce del proceso. Corresponde a los órganos jurisdiccionales resolver todas las controversias que se puedan suscitar aplicando el ordenamiento jurídico.

Ahora bien, a nadie escapa el hecho de que en tales resoluciones puede mediar el error humano, de manera que se pueden dictar resoluciones injustas e incorrectas. Este motivo justifica con carácter general la recurribilidad de las resoluciones judiciales. Resulta incuestionable el hecho de que la técnica judicial no es infalible, dado que los jueces —y por extensión los letrados de la Administración de justicia— se pueden equivocar y para corregir tales equivocaciones se hace preciso que nuestro ordenamiento procesal articule un sistema de recursos adecuado con el objeto de modificar o anular el contenido de la resolución judicial.

En este estadio, se hace conveniente poner de manifiesto que nuestro sistema opta por la recurribilidad de las resoluciones de nuestros jueces, magistrados y de los letrados de la Administración de Justicia. Para ello, necesariamente debe haberse articulado por la ley la existencia del recurso contra la resolución en cuestión y deben concurrir una serie de requisitos y presupuestos que se requieren para la válida tramitación del recurso. Tales requisitos serán analizados de manera genérica en la presente lección.

1.2. Fundamento

El derecho a los recursos se encuentra integrado en un derecho fundamental de carácter procesal que consagra el artículo 24.1 de la Constitución Española cuando proclama "Todas las personas tienen derecho a obtener la tutela efectiva de los jueces y tribunales en el ejercicio de sus derechos e intereses legítimos, sin que, en ningún caso, pueda producirse indefensión".

En efecto, una de las manifestaciones del derecho a la tutela judicial efectiva, según ha venido proclamando el Tribunal Constitucional en numerosas resoluciones (entre otras muchas, en SSTC. 106/1988, de 25 de junio (Tol. 79.955); 137/1988, de 3 de marzo (Tol. 80.148); 140/1985, de 21 de octubre (Tol. 79.530)), es la relativa al derecho a los recursos legalmente establecidos. Desde esta perspectiva, no instituye un derecho al recurso que sea absoluto e incondicionado, por cuanto únicamente existe cuando el legislador haya articulado el recurso por el cauce adecuado, que es la ley.

Como quiera que esta materia ha sido analizada con detalle en la lección dedicada al estudio de la tutela judicial efectiva, sirva este momento de la exposición para recordar que en el proceso civil los recursos constituyen una opción del legislador o, dicho en otros términos, una cuestión de política legislativa. Así las cosas, el legislador puede o no preverlos, por cuanto no tiene obligación de establecerlos en todo caso. Ciertamente, pueden existir resoluciones que no sean recurribles. Este es el caso de las sentencias dictadas en los juicios verbales tramitados por razón de cuantía cuando la misma no supere 3000 euros pues, como dispone el artículo 455.1 LEC, no serán susceptibles de recurrir en apelación.

Por el contrario, en el proceso penal el artículo 15.5 del Pacto Internacional de Derecho Civiles y Políticos y el artículo 2.1 del Protocolo número 7 al Convenio Europeo de Derecho Humanos y Libertades Fundamentales consagran el derecho a una doble instancia penal en las condiciones que se estudiaron en la lección relativa a la tutela judicial efectiva, a cuyo nos remitimos.

2. CLASES DE RECURSOS

Los recursos se pueden clasificar con base en distintos criterios:

2.1. *Ordinarios y extraordinarios*

Esta clasificación se establece en función de si los motivos de interposición de los recursos constituyen una enumeración cerrada o tasada o, por el contrario, lo motivos de interposición no se encuentran establecidos en la ley.

Así, los recursos extraordinarios son aquellos cuyos motivos de interposición se encuentran enumerados con carácter cerrado o tasado, constituyendo un auténtico *numerus clausus*, de manera que el recurrente únicamente puede articular el recurso con base en los motivos contemplados de manera expresa en la ley. El recurso de casación constituye un recurso extraordinario.

Por el contrario, los recursos ordinarios son aquellos, cuyos motivos de interposición no se encuentran establecidos de manera expresa en la ley, bastando alegar el motivo que considere oportuno el propio recurrente. Se ha de poner de manifiesto que todos los recursos, con excepción del recurso de casación, constituyen recursos ordinarios. Así, por ejemplo, el recurso de apelación constituye un recurso ordinario.

2.2. *Medio de Impugnación y medio de gravamen*

Los recursos constituyen un medio de impugnación o de gravamen en función de si el recurso en cuestión pretende combatir la existencia de infracciones procesales o materiales.

En este sentido, los medios de impugnación se articulan para combatir la existencia infracciones relativas a las normas procesales, mientras que los medios de gravamen se establecen tomando como base la existencia de vulneraciones relativas a las normas de derecho material.

En ocasiones esta clasificación no se lleva a efecto, habida cuenta de que existen recursos de naturaleza mixta. Así, el mismo recurso sirve para combatir infracciones procesales y materiales. Repárese, por ejemplo, en el recurso de apelación civil y penal.

2.3. *Devolutivos y no devolutivos*

Constituye una clasificación de los recursos que se articula en torno al órgano competente para conocer del recurso.

Los recursos no devolutivos son aquellos que se sustancian y resuelven por el mismo órgano que dictó la resolución que se recurre.

Por el contrario, son recursos devolutivos aquellos en que la resolución del recurso se encomienda a un órgano superior y distinto del que emitió la resolución judicial.

Los recursos son devolutivos, salvo alguna excepción como, por ejemplo, el recurso de reposición civil.

3. REQUISITOS DE LOS RECURSOS

Con carácter general, esto es, sin descender en la regulación particular de cada uno de los recursos que legalmente se articulan en nuestro sistema procesal, se establecen una serie de requisitos básicos que deben concurrir en todos ellos y que determinan su admisibilidad. Dado que esta lección constituye una lección introductoria, se pretende en este punto realizar una primera aproximación a la materia que se está comentando. Lo anterior, como se ha avanzado, se realizará a nivel básico, habida cuenta de que los medios de impugnación serán objeto de un estudio detenido cuando se aborden en el ámbito del proceso civil y del proceso penal.

Así pues, los requisitos que deben concurrir de manera ordinaria en todo recurso son:

a) La resolución judicial que se pretende recurrir debe producir un gravamen, esto es, un perjuicio a la parte que plantea el recurso. Se trata de un requisito consustancial a la idea de recurso, ya que sin gravamen no existe legitimación para recurrir.

Dicho gravamen se puede producir cuando la resolución sea desfavorable en todo o en parte. Ello, por ejemplo, sucede cuando se desestima alguna de las diversas pretensiones formuladas.

b) La resolución debe ser recurrible, esto es, la decisión judicial o del letrado de la Administración de Justicia debe ser impugnable en virtud de disposición legal. En otros términos, el legislador debe de haber articulado un recurso para poder combatir la resolución concreta.

c) Además, la resolución debe ser recurrible en virtud del recurso contemplado en la ley. De esta manera, la parte perjudicada por la resolución judicial o del letrado de la Administración de Justicia debe deducir el recurso que sea pertinente para el supuesto que se trate. No cabe una formulación aleatoria de recursos. El recurso formulado debe ser el adecuado, ya que no cabe interponer otro distinto.

d) El recurso debe ser deducido en tiempo oportuno o, dicho en otros términos, debe ser interpuesto en el plazo legalmente estipulado. De esta manera, si el recurrente deja transcurrir el tiempo establecido para formular el recurso en cuestión, precluirá la posibilidad de interponer dicho recurso, no pudiendo deducirse con posterioridad.

Así, por ejemplo, en el proceso civil el plazo para interponer el recurso de apelación frente a las sentencias dictadas en primera instancia, de conformidad con el artículo 458.1 LEC, es de 20 días contados desde el día siguiente de la notificación de la sentencia. El transcurso de dicho plazo convierte a la sentencia en firme, predicándose el efecto de cosa juzgada. Como consecuencia de lo anterior, a partir de dicho momento la resolución judicial no podrá ser atacada.

e) El recurso se ha de interponer ante el órgano competente.

El órgano competente dependerá de diversos factores, como por ejemplo, de la clase de recurso que se formule, del carácter devolutivo o no devolutivo del recurso…

La competencia para conocer los recursos constituye una manifestación de la competencia funcional. Dicha competencia ostenta carácter imperativo, por cuanto constituye un presupuesto procesal relativo al órgano judicial. De conformidad con lo anterior, se predica el examen de oficio de esta clase de competencia por el órgano judicial.

f) Legitimación.

El recurrente debe ser parte en el proceso entablado y se le debe de haber producido, como se ha comentado, un gravamen o perjuicio.

g) Depósito.

En virtud de lo dispuesto en la disposición adicional 15ª de la LOPJ la interposición de recursos ordinarios y extraordinarios en los órdenes jurisdiccionales civil, social y contencioso-administrativo, precisarán de la constitución de un depósito a tal efecto. En el orden penal, este depósito únicamente será exigible a la acusación popular. La cuantía del depósito viene establecida en esta disposición en función de la tipología de recurso.

4. EFECTOS DE LOS RECURSOS

Con carácter general, los efectos de los recursos son:

4.1. Devolutivo

En virtud del efecto devolutivo del recurso conoce de la tramitación y resolución del recurso un órgano superior y distinto del que dictó la resolución. Este órgano se denomina órgano *ad quem*. Piénsese, por ejemplo, en el recurso de apelación o de casación.

Ahora bien, como se ha puesto de manifiesto, no todos los recursos que se articulan en el sistema procesal son devolutivos, por cuanto existen recursos que son no devolutivos, como, por ejemplo, el recurso de reposición.

4.2. Suspensivo

El efecto suspensivo comporta:

- La no ejecución de la resolución judicial que se impugna como consecuencia de la interposición del recurso.
- La pérdida de jurisdicción del órgano *a quo*, esto es, del órgano que dictó la resolución.

No obstante, lo anterior se establece sin perjuicio de la posibilidad de instar la ejecución provisional de la resolución recurrida. Así, si se insta la ejecución provisional de la resolución recurrida, el órgano "a quo" conocerá las actuaciones derivadas de la ejecución provisional, a cuyo efecto el letrado de la Administración de Justicia expedirá testimonio de lo necesario para despachar la ejecución.

5. LOS RECURSOS EN EL PROCESO CIVIL. ENUMERACIÓN

En el presente apartado se pretende ofrecer una visión genérica de los recursos que se articulan en el proceso civil con el objeto de atacar determinadas resoluciones judiciales y de los letrados de la Administración de Justicia, sin perjuicio de que cada uno de ellos sea analizado de manera exhaustiva en el manual relativo al proceso civil.

Así pues, los recursos que se articulan en el orden jurisdiccional civil son:

- El recurso de reposición se formula frente a providencias y autos no definitivos del tribunal y diligencias de ordenación y decretos no definitivos del letrado de la Administración de Justicia (artículo 451 LEC).
- El recurso de revisión se establece contra el decreto resolutivo de la reposición y recurso directo de revisión contra decretos que pongan fin al procedimiento o impidan su continuación (artículo 454 bis 1 LEC). También cabe en aquellos casos en que expresamente se prevea.
- El recurso de apelación se articula frente a sentencias dictadas en toda clase de juicios, autos definitivos y autos no definitivos en los casos en que la

ley lo establezca de manera expresa. Se exceptúan las sentencias dictadas en los juicios verbales por razón de la cuantía cuando esta no supere los 3.000 euros (artículo 455.1 LEC).

- El recurso de casación ha de deducirse frente a las sentencias dictadas en segunda instancia por las audiencias provinciales (artículo 477 LEC).
- El recurso de queja procede frente a la resolución que denegare la tramitación del recurso de casación (artículo 494 LEC).

6. LOS RECURSOS EN EL PROCESO PENAL. ENUMERACIÓN

En la conclusión de la presente lección se procede a enumerar los recursos que se articulan con carácter general en el proceso penal con el objeto de combatir determinadas resoluciones judiciales y de los letrados de la Administración de Justicia. Se pretende con ello ofrecer una visión genérica, sin perjuicio de que cada uno de ellos sea abordado de manera exhaustiva en el manual relativo al proceso penal.

Con carácter general en el orden jurisdiccional penal se articulan los siguientes recursos:

- El recurso de reposición se articula contra las diligencias de ordenación y determinados decretos de los letrados de la Administración de Justicia (artículo 238 bis LECrim).
- El recurso de revisión se formula contra los decretos de los letrados de la Administración de Justicia cuando así lo establezca expresamente la Ley (párrafo segundo del artículo 238 bis LECrim).
- El recurso de reforma es un recurso establecido contra resoluciones interlocutorias, esto es, providencias y autos de los órganos judiciales unipersonales (juzgados de instrucción, juzgados de lo penal...), salvo que la ley lo excluya o prevea otro distinto (artículo 217 LECrim).
- El recurso de súplica se deduce frente a autos de los órganos colegiados, salvo que se excluya este recurso o se prevea otro (artículos 236 y 237 LECrim).
- El recurso de apelación se establece al objeto de combatir contra determinadas resoluciones interlocutorias del juez de instrucción y del juez de lo penal y contra autos definitivos y sentencias (artículos 217 y 766.1 LECrim).
- El recurso de queja procede contra todos los autos no apelables del juez y contra los autos que denegaren la admisión de un recurso de apelación

o que tienen por no preparado el recurso de casación (artículo 218 LECrim).

- El recurso de casación, cuya competencia corresponde a la Sala de lo Penal del Tribunal Supremo, se articula con el objeto de combatir determinadas sentencias y autos definitivos que expresamente señale la ley por infracción de ley o quebrantamiento de forma (artículo 847 y 848 LECrim).

ESQUEMA TEMA 18

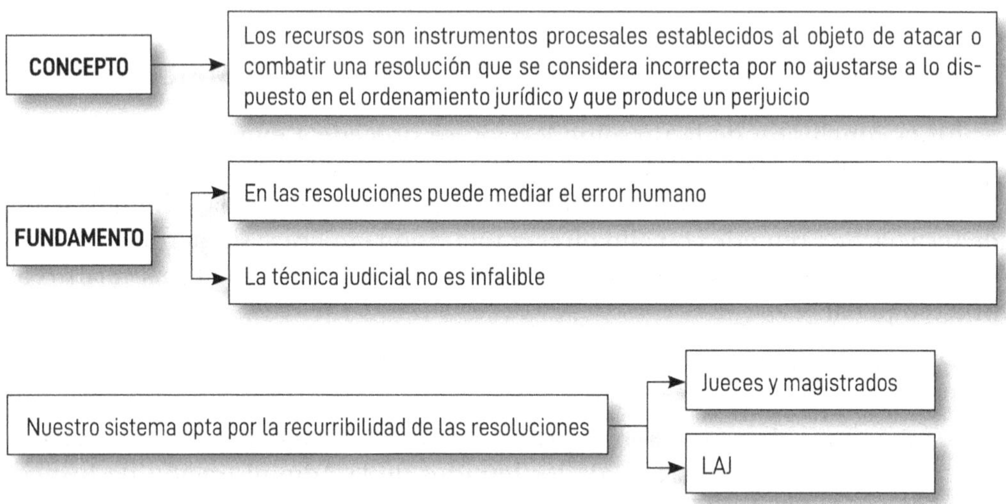

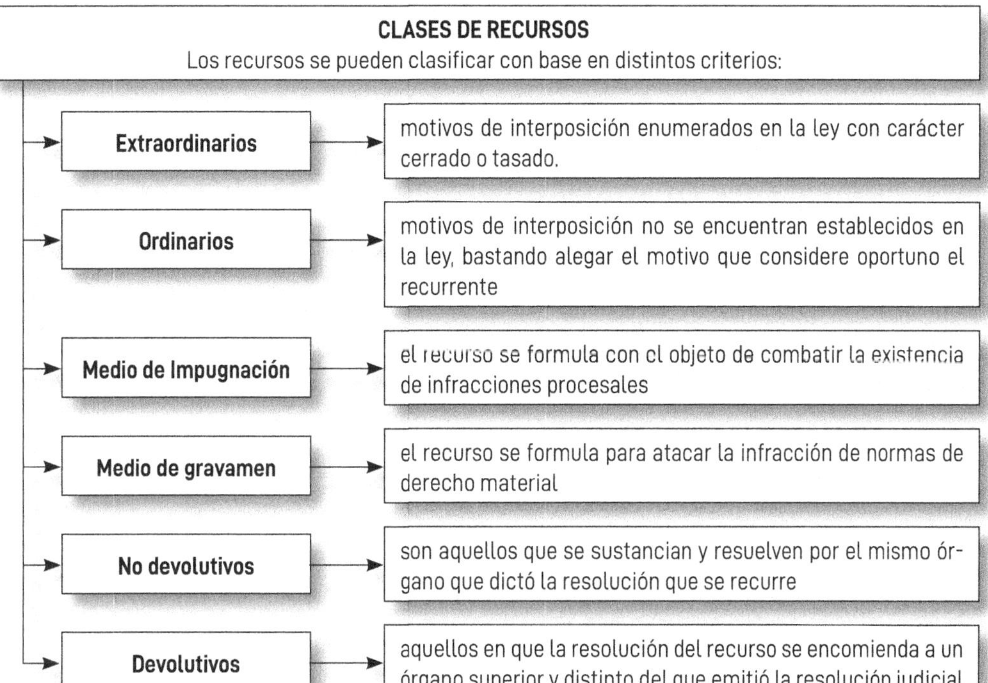

REQUISITOS DE LOS RECURSOS

Con carácter general, los requisitos que deben concurrir en todo recurso son:

1. La resolución judicial debe producir un gravamen o perjuicio
2. La resolución debe ser recurrible
3. La resolución debe ser recurrible en virtud del recurso contemplado en la ley.
4. El recurso debe ser interpuesto en el plazo legalmente estipulado
5. El recurso se ha de interponer ante el órgano competente
6. Legitimación → el recurrente debe ser parte en el proceso entablado o haber podido ser parte
7. Depósito → en el orden penal solo será exigible a la acusación popular

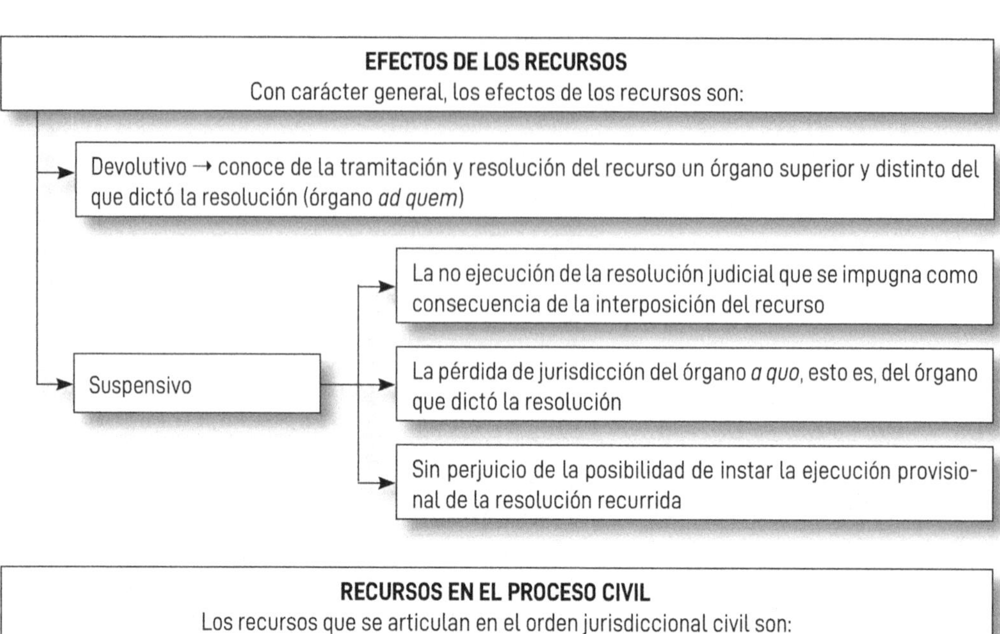

RECURSOS EN EL PROCESO CIVIL

Los recursos que se articulan en el orden jurisdiccional civil son:

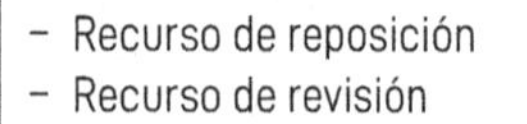

- Recurso de reposición
- Recurso de revisión
- Recurso de apelación
- Recurso de casación
- Recurso de queja

RECURSOS EN EL PROCESO PENAL

En el orden jurisdiccional penal se operan los siguientes recursos:

- Recurso de reposición
- Recurso de revisión
- Recurso de reforma
- Recurso de súplica
- Recurso de apelación
- Recurso de queja
- Recurso de casación

Tema 19

MEDIDAS CAUTELARES Y EJECUCIÓN

Carmen Cuadrado Salinas

SUMARIO: 1. LAS MEDIDAS CAUTELARES. 1.1. Concepto. 1.2. Presupuestos. 1.2.1. El *fumus boni iuris*. 1.2.2. El *periculum in mora*. 1.2.3. La exigencia de prestación de caución por parte del actor. 2. CARACTERES. 2.1. Instrumentalidad. 2.2. Proporcionalidad. 2.3. Provisionalidad y temporalidad. 2.4. Homogeneidad con las medidas de ejecución. 3. CLASES DE MEDIDAS CAUTELARES. 4. EJECUCIÓN DE LAS RESOLUCIONES JUDICIALES. 4.1. Concepto. 4.2. Principios informadores. 4.2.1. Constituye una actividad jurisdiccional. 4.2.2. Es una actividad sustitutiva de la conducta del ejecutado. 4.2.3. La ejecución forzosa se encuentra presidida por el principio dispositivo.

1. LAS MEDIDAS CAUTELARES

1.1. Concepto

El imaginario popular suele entender que la justicia debe ser rápida, esto es, que la resolución judicial que pone fin al proceso se dicte lo antes posible, sin tener en cuenta que en esta idea de justicia rápida se está confundiendo la idea de inmediatez con la de eficacia. Es cierto es que todos estaríamos más satisfechos si el proceso, una vez iniciado mediante la correspondiente demanda, se desarrolle con prontitud, dictándose sentencia condenatoria o absolutoria sin dilación y lo antes posible; sin embargo, lo inmediato no es siempre amigo de lo justo, ni de lo más acertado, y menos de lo más eficaz, y lo inmediato no siempre se traduce en una protección adecuada al derecho vulnerado. La justicia necesita tiempo para actuar y resolver el conflicto que se le ha presentado, de forma eficaz y con todas las garantías. Como suele decirse, para hacer las cosas bien hay que hacerlas con calma, y el proceso no escapa de esta afirmación, por lo que los actos procesales deberán realizarse de acuerdo con los plazos y el tiempo marcado por la ley.

La realidad, no obstante, también demuestra, a diario, que el proceso forzosamente se dilata en el tiempo, excediéndose muchas veces de los plazos que la propia ley establece, y esa dilación inevitable puede, en ocasiones, hacer peligrar la efectividad del derecho que se pretende hacer valer en él. La justicia inmediata no es justicia, pero la tardía difícilmente puede, asimismo, llegar a serlo. Y aquí es donde juegan un papel esencial las medidas cautelares. Es más, en relación con el derecho a la ejecución de las resoluciones judiciales, como una de las manifestaciones del más amplio derecho fundamental a la tutela judicial efectiva del artículo 24.1 de la CE, el TC ha entendido que no es suficiente con que la ley proclame el derecho a la ejecución de las sentencias, sino que también es necesario que se establezcan las medidas necesarias para dar efectividad a dicha resolución judicial, y, a tales efectos, la ley debe reconocer la posibilidad de que el juez o tribunal asegure la futura sentencia a través de las medidas cautelares.

Calamandrei explicaba que la razón de ser de estas medidas se encuentra en evitar el riesgo de que se produzca un daño jurídico provocado, precisamente, por el retraso o retardo de la resolución judicial definitiva. La ley deberá, entonces, tener en cuenta la posibilidad de dicho peligro, y evitarlo facultando a las partes para solicitar la adopción de todas las medidas necesarias que se dirijan a proteger desde el inicio del proceso el derecho que se presume infringido, sin que sea necesario esperar el sentido de la sentencia. Esto quiere decir, en efecto, que la medida cautelar tendrá la virtud de anticipar provisionalmente la ejecución de la sentencia que en su día se dicte no solo desde el momento inicial de la demanda, sino incluso antes si es que existen razones de urgencia y necesidad. De ahí que la adopción por parte del órgano judicial dependerá de la existencia de unos determinados presupuestos: tanto el denominado *periculum in mora* que viene a significar el peligro o riesgo de pérdida de protección del derecho por la demora, dilación o tardanza del propio proceso, como el *fumus boni iuris*, que no es más que la apariencia de la posesión del derecho que pretende protegerse y, en el proceso civil, además, la exigencia de prestación de una caución por parte de quien solicita la medida para cubrir, si los hubiere, los daños que pueda sufrir la parte contra quien esa medida cautelar ha sido adoptada.

Según lo dispuesto en el artículo 726 LEC, las medidas cautelares son **aquellas medidas que posibiliten la efectividad de la tutela judicial efectiva que pueda otorgarse en una eventual sentencia estimatoria, de modo que no pueda verse impedida o dificultada por situaciones producidas durante la pendencia del proceso correspondiente. No podrán ser susceptibles de sustitución por otras medidas menos gravosas o perjudiciales para el demandado y deberán tener un carácter temporal, provisional, condicionado y susceptible de modificación y alzamiento cuando se modifiquen o desaparezcan las razones por las que fueron adoptadas. El tribunal podrá acordar como tales las que consistan en órdenes y prohibiciones de contenido similar a lo que se pretenda en el proceso, sin prejuzgar la sentencia que en definitiva se dicte.**

1.2. Presupuestos

1.2.1. El *fumus boni iuris*

Para la adopción de cualquier medida cautelar la ley no exige que exista una verdadera prueba, sino que es suficiente con la "apariencia" de que el derecho que se alega infringido existe. Esta exigencia de demostrar, al menos, un indicio de que el derecho que se pretende proteger existe obliga al solicitante a aportar datos, argumentos y justificaciones mediante documentos, o por otros medios (por ejemplo, mediante la presentación de un título de propiedad sobre un bien inmueble, fotografías o declaraciones testificales acerca de la posesión de un objeto, etc), que permitan al juez emitir un juicio provisional e indiciario favorable al fundamento de su pretensión; es decir, que lo que alega la parte que solicita la medida cautelar podrá ser valorado como cierto por el juez o tribunal pero sin que ello suponga o alcance a prejuzgar el asunto, como explícitamente señala el art. 728.2 LEC. Ello significa que será preciso que la decisión judicial teniendo como base de la misma los datos que presenta el solicitante tenga la entidad de un juicio de probabilidad cualificada, pero no de certeza absoluta, esta certeza solo podrá alcanzarse tras la practica de la prueba en el juicio oral desarrollado con todas las garantías.

Las medidas cautelares podrán, incluso, solicitarse antes de la presentación de la demanda, cuando existan, además, razones de urgencia que así lo aconsejen, por ejemplo, cuando se presuma razonablemente y se justifique que el futuro demandado hará desaparecer el bien que va a ser objeto del proceso, o que se sitúe en una situación de insolvencia y, por ello, no existan bienes que ejecutar para el pago de la deuda.

En definitiva, *el fumus boni iuris* ha de entenderse como la justificación del derecho que se pretende hacer valer, pero en términos de mera probabilidad, de seriedad de la demanda y siempre fundada en un principio de prueba que, como se ha comentado anteriormente, esté basado en datos, ya sean estos de naturaleza material (documentos), o personal (declaraciones personales). El órgano judicial deberá, pues, realizar una valoración en sede de medidas cautelares, para apreciar la apariencia de buen derecho que, justamente, va a traducirse en el de probabilidad sobre la prosperabilidad de la demanda, precisamente porque el art. 728-2° de la LEC lo que exige es que los datos, argumentos y justificaciones documentales aportados por el solicitante de las medidas cautelares conduzcan a fundar un juicio provisional e indiciario favorable al fundamento de su pretensión.

En el proceso penal, una de las medidas cautelares más conocidas es la prisión provisional. En este caso, el *fumus boni iuris* estaría integrado por la imputación de un delito, que a su vez, estaría basada en la sospecha razonable y razonada de que el sujeto investigado ha participado en la comisión del delito que esta siendo investigado.

En definitiva, para la adopción de la medida cautelar que en concreto se solicite no será suficiente con la concurrencia de este presupuesto de buen derecho que se acaba de estudiar; sino que es necesario, además, que junto al mismo concurra un peligro de demora, de dilación en el tiempo, que ponga en riesgo la eficacia de la sentencia que en su día se dicte.

1.2.2. El *periculum in mora*

Se trata aquí de prever un peligro de mora procesal, es decir, que debido a la duración en el tiempo del proceso, cuando se dicte sentencia el objeto sobre el que debía recaer la misma o ha desaparecido o se ha extinguido, y en consecuencia, es imposible ejecutar la resolución judicial recaída. Por esta razón, solo podrán acordarse medidas cautelares si quien las solicita justifica que, en el caso de que se trate, podrían producirse determinadas situaciones que, como se ha dicho, impidan o dificulten la efectividad de la tutela que pudiere otorgarse en una eventual sentencia estimatoria, tal y como establece el artículo 728.1 LEC.

En el proceso penal este peligro de mora procesal se basa en la posibilidad de fuga del investigado, o de desaparición de elementos de prueba, entre otras.

En definitiva, el *periculum in mora* no es más que la posibilidad de que se originen daños y perjuicios como consecuencia de ciertas situaciones de riesgo que pueden empeorar por el mero transcurso de tiempo, hasta que recaiga la sentencia definitiva. Así, el peligro en la demora encuentra su fundamento en la necesaria respuesta inmediata que deben otorgar los órganos jurisdiccionales, previa instancia de parte, en aquellos supuestos en los que la mera interpretación de la demanda puede llevar a actuaciones voluntarias tendentes a evitar la ejecución de una eventual sentencia de condena, es decir, que el demandado, ante la posibilidad de que le ejecuten decida ponerse en una situación que lo impida. Doctrinalmente se señalan como tipos de riesgos los siguientes:

a) Los riesgos que amenazan la posibilidad práctica de la efectividad de una sentencia en sentido genérico, es decir, por colocarse el demandado en situación de no poder cumplirla. Por ejemplo, el riesgo de insolvencia si se ha interpuesto una pretensión económica.

b) Los riesgos que amenazan la efectividad de la sentencia en el supuesto de una ejecución específica. Por ejemplo, en el caso de entrega de una cosa determinada mueble, si no se halla dicha cosa mueble por no haber adoptado la correspondiente cautela a lo largo del proceso principal, se tendrá que convertir la ejecución específica en una ejecución dineraria.

c) Los riesgos que amenazan la inefectividad de la ejecución en tanto en cuanto no se adopten las medidas cautelares correspondientes, transcurriría el tiempo y llegado el momento de la ejecución de la sentencia que ha sido favorable para el demandante, este podrá encontrarse con una situación irreversible.

d) Los riesgos que amenazan la utilidad práctica de los efectos no ejecutivos de la sentencia. Por ejemplo, la estimación de una pretensión declarativa de dominio devendrá inútil, si en el desarrollo del proceso, el titular registral ha vendido el inmueble a un tercero de buena fe y este lo ha registrado a su favor.

1.2.3. La exigencia de prestación de caución por parte del actor

La medida cautelar puede solicitarse, y otorgarse, antes de la presentación de la demanda, sobre la base de un supuesto derecho, presentando, al menos indiciariamente, datos que así lo hagan suponer. Por supuesto, también podrá solicitarse (y de hecho así sucede en la mayoría de casos) junto con la demanda; y todavía será posible, si es que no se hubiera solicitado antes, tras haber interpuesto la misma. Siempre, eso sí, que, como hemos visto antes, se motive, razone y justifique por parte del solicitante no solo el indicio de existencia del derecho sino también el peligro de mora procesal. Ahora bien, el órgano jurisdiccional también debe tener en cuenta que la ejecución de la concreta medida solicitada puede causar daños o perjuicios para quien la sufre. Es más, cuando termine el proceso en la instancia deberá motivarse en la sentencia que el fundamento del derecho presentado por el solicitante y por el que se decretó la medida cautelar, no tenía la justificación que indiciariamente aparentaba. Por ello, y para de alguna forma garantizar que los daños y perjuicios que probablemente se causen si se ejecutase la medida cautelar, y en caso de que la sentencia no estime la pretensión del demandante, la ley exige que se preste una caución suficiente para responder de esos posibles daños que se puedan producir en la esfera de quien las sufre.

En este sentido el artículo 737 LEC establece, que "*el tribunal decidirá, mediante providencia, sobre la idoneidad de la caución*"; lo que significa que la determinación de la cantidad económica que deba prestar el solicitante de la medida es una cuestión determinable por el órgano judicial, y para la cual deberá tener en cuenta el peligro de mora procesal, es decir, el peligro de frustración de la sentencia que en su día deba dictarse. Y ello es así para la generalidad de los supuestos, salvo algunas excepciones, tales como en los casos de acciones de cesación (en donde se solicita que cese determinada actividad que se entiende perjudicial) en casos de defensa de los intereses de consumidores y usuarios. En estos supuestos el legislador ha previsto que no será necesario prestar caución, puesto que la finalidad de la ley es, principalmente, la de posibilitar una mayor protección a los consumidores y usuarios.

2. CARACTERES

Además del *fumus boni iuris* y del *periculum in* mora, que han sido estudiados, y que se dirigen a establecer los presupuestos sin cuya concurrencia el órgano judicial no podrá acordar una medida cautelar, en estos momentos se estudian los caracteres de estas, es decir, los elementos definen a las mismas y que por ello juegan como características esenciales. Nos encontramos pues con la instrumentalidad, proporcionalidad, provisionalidad y homogeneidad, que no identidad, con la ejecución de la sentencia que se dicte.

2.1. Instrumentalidad

La instrumentalidad constituye la nota típica de las medidas cautelares, y ello porque una medida cautelar no es un fin en sí misma, sino que *sirve* a los fines de un proceso. Y como ya se ha estudiado, el fin del proceso es hacer efectiva la resolución que recaiga en el mismo. De ahí, por tanto, que la vigencia de la medida cautelar y su propia existencia sea instrumental, es decir, dependa de la existencia de un proceso.

La dependencia de la medida cautelar con la existencia del proceso, es decir, del inicio del mismo, es absoluta. De tal forma que, en el caso de que se solicitase y se otorgase una medida cautelar antes del inicio del proceso y no se presentase la demanda en el plazo de los 20 días que establece el artículo 730 de la LEC, la medida solicitada y autorizada se alzaría desapareciendo inmediatamente, sin que produzca resultado alguno. De esta manera, el artículo 726.1 LEC supedita la adopción de cualquier medida cautelar a hacer efectivo el derecho a la tutela judicial efectiva dentro de un concreto proceso que deberá iniciarse en un concreto plazo de tiempo.

2.2. Proporcionalidad

El juego de los artículos 726.1, 746 y 747 LEC son claros al establecer la necesidad de que la medida en concreto que se solicite y que se otorgue debe ser proporcional al cumplimiento de su finalidad (garantizar el cumplimiento y en su caso la ejecución de la sentencia) y causar el menor daño posible a la parte frente a quien se realiza. Es más, esta exigencia de proporcionalidad y de evitar la causación de daños a quien sufre la medida, implica que la concreta cautela solicitada podrá ser sustituida por una caución prestada por el demandado si con ello se da cumplimiento al mismo fin, es decir, a posibilitar el cumplimiento de la sentencia.

2.3. Provisionalidad y temporalidad

El artículo 726.2 LEC establece que las medidas cautelares tiene "*un carácter temporal, provisional, condicionado y susceptible de modificación*". La provisionalidad de las medidas cautelares está íntimamente ligada a la instrumentalidad ya estudiada, en el sentido de que ambas encuentran su fundamento en la misma causa, es decir, en el proceso futuro y en la necesidad de garantizar la futura efectividad de la sentencia. En este sentido la provisionalidad hace referencia a una interinidad, es decir a algo que está vigente mientras se está decidiendo el asunto principal y mientras dura una situación de riesgo; la temporalidad hace referencia a que tiene una duración limitada, es decir, no puede convertirse en una medida ejecutiva que tiene la misión de que lo ejecutado permanezca en el tiempo. Si se piensa que cuando un proceso se inicia no puede determinarse con precisión el momento en que finalizará, con la emisión de la sentencia, no podemos afirmar que una medida cautelar es permanente, podemos afirmar que la medida durará el tiempo necesario, el que exija el desarrollo del proceso. Sin embargo, sí que puede determinarse con certeza cuando finalizará, es decir, el proceso terminará cuando se haya dictado sentencia, o en caso de que subsista el riesgo, en el momento de su ejecución, por ello se dice que la medida cautelar es provisional y es temporal. Esta provisionalidad también implica que la medida pueda alzarse en cualquier momento, siempre que desaparezcan las razones que la motivaron.

Las razones que la motivaron son, como ya se ha estudiado, el riesgo de no poder ejecutar la sentencia, en caso de que esta sea estimatoria de la pretensión del demandante. Siendo esto así, la vigencia de la medida, por ejemplo, un embargo preventivo de un inmueble para evitar que se venda a un tercero y no existan bienes con los que garantizar el pago de la deuda, podrá subsistir hasta la ejecución de la sentencia, esto es, hasta que la sentencia determine que el demandado debe pagar lo debido al demandante y que el pago sea efectivo. Pero, en caso de que dicho riesgo desaparezca, porque el demandado afianza su obligación de pago futuro, el embargo, como medida cautelar podrá desaparecer y quedar sin efecto. Así pues, hablamos de interinidad de la medida en tanto en cuanto su vigencia es incierta al depender no solo de la existencia del proceso, sino de las circunstancias que la originaron, esto significa, pues, que toda medida cautelar es variable y revocable en el momento en que se alteren las circunstancias sobre las cuales se adoptó.

2.4. Homogeneidad con las medidas de ejecución

La homogeneidad de las medidas cautelares con el contenido de la sentencia que en su día se dicte no debe interpretarse como la existencia de identidad entre una y otro. La función de la medida cautelar consiste esencialmente en el aseguramiento del derecho que se afirma, mientras es discutido en el proceso para mantenerlo íntegro en la fase de ejecución; de ahí que la medida cautelar revista cualitativamente las mismas características que la medida ejecutiva, y por ello, entre la medida cautelar y la ejecutiva deberá existir homogeneidad, pero en ningún caso identidad. Esto significa que si la medida llegase a identificarse con el derecho que es objeto litigioso, que se está juzgando o se juzgará en el futuro, dejaría de ser una medida cautelar para convertirse en una auténtica medida ejecutiva y, entonces, estaríamos ante una medida ejecutiva sin título suficiente, puesto que no ha habido resolución judicial que es lo que permitiría su ejecución. Por ejemplo, si lo que se pide en la demanda es el pago de determinada cantidad, y siguiendo el ejemplo empleado anteriormente, se teme que el demandado por no pagar se colocará en situación de insolvencia vendiendo los bienes de que disponga, la medida cautelar podrá ser perfectamente un embargo preventivo de dichos bienes, dicho embargo impedirá la venta de los mismos, y con ello se evitará el riesgo temido (la insolvencia del demandado). Pero si en el mismo supuesto la medida cautelar se concretase en que el demandado ingrese en la cuenta del demandado la cantidad que este último alega que se le debe, estaríamos ante una anticipación del fallo de la sentencia sin proceso previo. En este caso la medida cautelar sería idéntica a la ejecutiva.

3. CLASES DE MEDIDAS CAUTELARES

El artículo 727 LEC recoge un listado de medidas pero sin una finalidad exhaustiva, ni siquiera con la intención de que se interprete como una lista cerrada de posibles opciones; es decir, que las posibles medidas listadas no actúan como un *numerus clausus,* por lo que la autoridad judicial podría, si así lo estima adecuado, adoptar cualquier otra no prevista, siempre que la medida adoptada permita alcanzar el fin previsto por cualquier medida cautelar que, como se ha estudiado anteriormente, es la de permitir que se dicte sentencia y que la misma pueda ejecutarse. De esta forma, la adopción de las medidas cautelares reguladas en los artículos 721 y siguientes de la LEC, viene determinada por la necesidad de asegurar la efectividad de la tutela judicial que pudiera otorgarse en una eventual sentencia estimatoria, siendo sus características la instrumentalidad, entendida como la necesidad de que la medida adoptada sea exclusivamente conducente y adecuada a la finalidad de aseguramiento antes indicada; la proporcionalidad, consistente en que la medida cautelar sea la menos gravosa o perjudicial para el demandado, y no sea susceptible de ser sustituida por otra, así como la provisionalidad y la temporalidad, es decir, su posibilidad de modificación y alzamiento cuando hayan desaparecido las razones que las originó.

Conforme a dicha finalidad, y teniendo presente que el catálogo legal que aparece en el artículo 727 es meramente ejemplificativo de las medidas que pueden solicitarse y, en su caso, adoptarse, el legislador ha previsto las siguientes:

1. El embargo preventivo.
2. La intervención y administración judicial de bienes.
3. El depósito de cosa mueble.
4. Formación de inventario de bienes.
5. Anotación preventiva de demanda.
6. Otras anotaciones registralcs.
7. Orden judicial de cese provisional de una actividad, abstención temporal de realizar una conducta, prohibición temporal de interrumpir actividades o de cesar en la realización de una prestación.
8. Intervención, depósito y consignación de cantidades.
9. Depósito temporal de ejemplares y obras u objetos producidos con infracción de las normas de propiedad industrial o intelectual, así como del material empleado para su producción.
10. Suspensión de acuerdos sociales en las condiciones establecidas por la regla 10ª del artículo 727.

4. EJECUCIÓN DE LAS RESOLUCIONES JUDICIALES

4.1. Concepto

Una vez ha finalizado el proceso mediante sentencia firme, es decir, en el momento en que frente a la sentencia dictada en primera instancia no quepa ya recurso alguno, bien porque se dejaron pasar los plazos previstos para plantearlo, o bien porque ya se plantearon todos los recursos posibles, es cuando da comienzo la denominada fase de ejecución de las resoluciones judiciales.

Sin embargo, la ejecución de resoluciones judiciales no es automática, es decir, que una vez deviene firme la sentencia esta no se ejecuta inmediatamente de oficio. La ejecución puede, entonces, ser voluntaria (cuando el condenado cumple con lo dispuesto en la resolución) o forzosa (cuando aquel a quien la sentencia le dio la razón lo solicita ante el órgano judicial encargado de ejecutar la resolución).

Así pues, una vez la parte actora ha conseguido una sentencia firme y favorable surge un derecho a que se cumpla la resolución en sus justos términos. Este derecho a la ejecución de las resoluciones judiciales es una de las manifestaciones del derecho fundamental a la tutela judicial efectiva del artículo 24.1 y de los artículos 117.3 y 118 de la CE, que concluye, como parte de la potestad jurisdiccional, que se ejecute lo juzgado y la obligación de cumplir con lo establecido y ordenado en las resoluciones judiciales. Y ello de tal forma que la ejecución de las sentencias se traduce en un instrumento de vital importancia para la efectividad de un Estado de Derecho.

El derecho a que la sentencia se cumpla y que aquel a quien el órgano jurisdiccional le dio la razón reconociendo la vulneración de su derecho y ordenado su reposición es, pues, parte esencial del derecho fundamental a la tutela judicial efectiva. Precisamente por ello la ley debe establecer las medidas necesarias para que la ejecución sea posible, y ello se materializa con las medidas cautelares que se han estudiado en líneas precedentes, para allanar el camino a la ejecución, al cumplimiento de lo juzgado, en caso de, como se ha visto, existir obstáculos a dicho fin. Y una vez se ha asegurado la posibilidad de dictar sentencia y de que esta se ejecute, si el condenado no cumple de manera voluntaria, deberán establecerse otras medidas para llevar a efecto la ejecución de manera forzosa. En definitiva, el derecho a la ejecución está íntimamente ligado a la idea de eficacia de la ley, puesto que el cumplimiento de esta debe ser cierta y real, y esto solo ocurrirá con la ejecución de lo resuelto por un órgano judicial.

Las sentencias ejecutables serán, de forma exclusiva, las firmes y de condena, es decir, las que contengan en su parte dispositiva (en el fallo de la sentencia) una obligación de hacer, de no hacer o a pagar una cantidad de dinero, esto es, una obligación monetaria.

4.2. Principios informadores

La ejecución forzosa se traduce en una actividad jurisdiccional, sustitutiva de la conducta de las partes (porque el condenado no cumplió voluntariamente con su obligación) y producida a instancia de estas (en concreto a instancia de la parte a quien la sentencia dio la razón), dado que los derechos o intereses cuya efectividad se pide tiene naturaleza privada, y por tanto, son derechos disponibles. Esto significa que, al tratarse de derechos cuya titularidad es privada, no pública, el Estado no puede interferir en su defensa o protección si la persona a quien pertenece tal derecho no lo solicita.

4.2.1. Constituye una actividad jurisdiccional

El carácter jurisdiccional de la ejecución forzosa deriva explícitamente de lo dispuesto en el artículo 117.3 CE, eso es, que el ejercicio de la potestad jurisdiccional, en todo tipo de procesos, juzgando y haciendo ejecutar lo juzgado, corresponde a exclusivamente a los juzgados y tribunales determinados por la ley. Queda, por ello, prohibida la realización del propio derecho por el particular, no podrá este tomarse la justicia de propia mano, sino acudir a las vías jurisdiccionales señaladas por la Constitución y resto de leyes.

No obstante, el artículo 456 de la LOPJ establece en su apartado 6 a) que los Letrados de la Administración de Justicia tendrán competencias en la Ejecución, cuando así lo prevean las leyes procesales, es decir, en aquellas materias que no estén reservadas a Jueces y Magistrados.

4.2.2. Es una actividad sustitutiva de la conducta del ejecutado

Como ya se ha estudiado la ejecución forzosa se iniciará solo cuando el condenado no haya cumplido con lo ordenado en la sentencia, por ello se dice que es una actividad sustitutiva de la conducta del ejecutado. En caso de cumplimiento voluntario no sería, pues, necesario solicitar la intervención del tribunal.

4.2.3. La ejecución forzosa se encuentra presidida por el principio dispositivo

En el artículo 549.1 de la LEC recoge la vigencia del principio dispositivo al establecer que "se despachará ejecución a petición de parte". Por esta razón la parte que no haya sido satisfecha de forma voluntaria por el condenado deberá solicitar ante el órgano jurisdiccional la demanda de ejecución. También rigen los principios de igualdad y contradicción, sin embargo, muy limitados a la naturaleza de este proceso. Respecto del principio de igualdad claramente queda limitado puesto que la parte solicitante se encuentra en una posición privilegiada respecto de quien debió cumplir con la resolución judicial y no lo hizo, de forma que este último queda en una posición de subordinación respecto de aquel. En cuando al principio de contradicción, el proceso de ejecución no está destinado a si el derecho existió o no, sino quién debe realizar la prestación debida, y este extremo viene indicado en la resolución judicial que se pretende ejecutar, de esta forma el contradictorio no es requerido, salvo en lo referido a las peticiones o alegaciones que al respecto pueda presentar el ejecutado ante el tribunal. Ello significa que la oposición a la ejecución que pueda pretender el demandado está limitada al fondo de la ejecución, es decir, a todo lo referido con los actos de ejecución, no al derecho sobre el objeto, puesto que su debate ya se produjo en el juicio correspondiente, agotándose la posibilidad de debatir de nuevo sobre dicha cuestión.

ESQUEMA TEMA 19

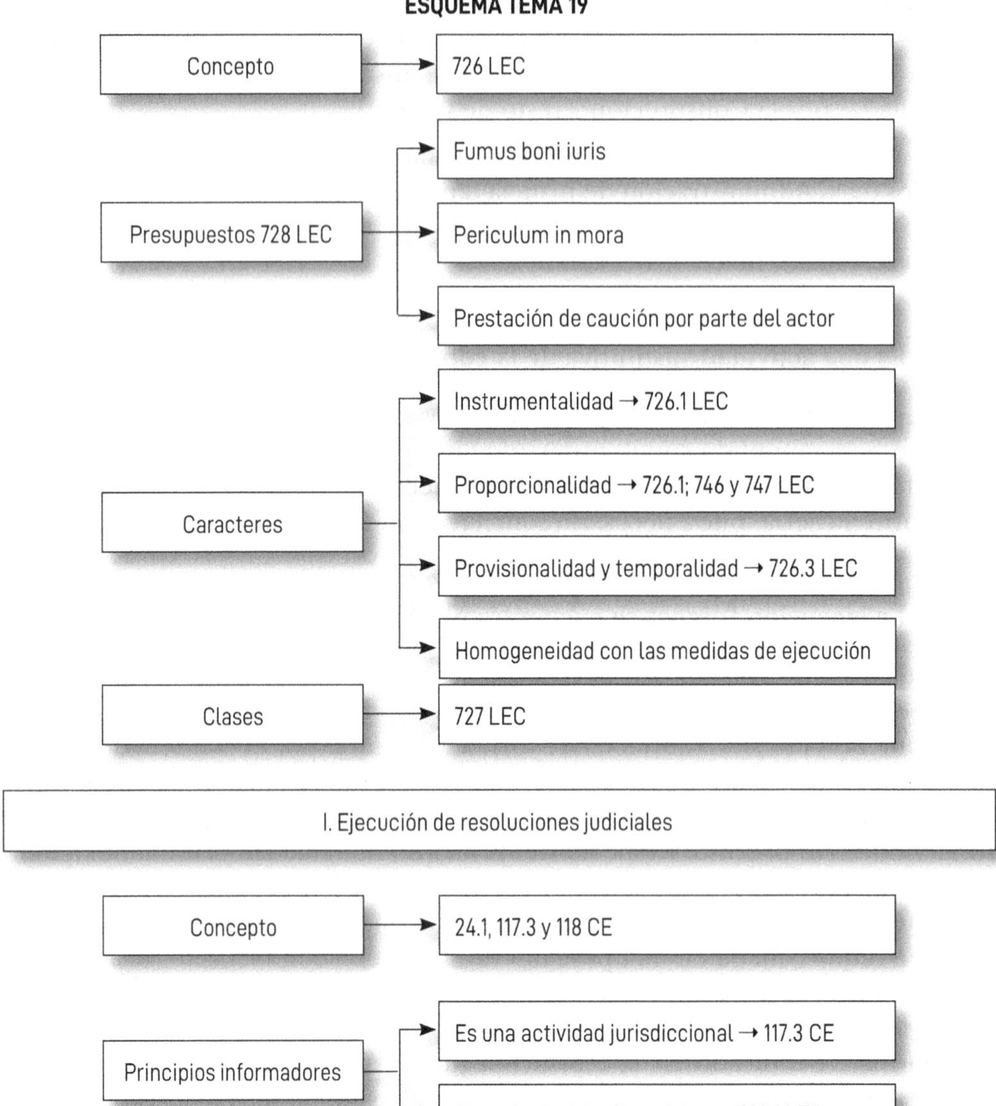